*4*대 성인과 떠나는 **행복여행**

_____ 님의

소중한 행복을 위해 이 책을 드립니다

4대 성인과 떠나는 행복여행

초판 1쇄 인쇄 2021년 5월 26일
초판 1쇄 발행 2021년 6월 07일

지은이 이상만
펴낸이 이동희
기 획 엘로힘
편 집 김문숙
디자인 임서영
펴낸곳 오이코스
주 소 서울 강남구 광평로56길 8-13(수서동) 수서타워 1902호
전 화 02-409-3452
등 록 제 2005-000224호
인 쇄 (주)이앤엘 경기도 파주시 운정로 19-6(상지석동, 나동)

구입문의 하늘유통 Tel.031-947-7777 Fax.0505-365-0691
독자 의견전화 02-409-3452 이메일 oikos-korea@daum.net

ISBN 979-11-89633-01-1
값 15,000원

해피니스 시리즈 2

4대 성인과 떠나는 행복여행

이상만 지음

오이코스

목차

인류의 스승, 4대 성인에게 행복의 길을 묻다

"행복하게 해 주는 것에 대하여 생각해 보아야 한다. 행복이 있으면 우리는 모든 것을 가진 것이며, 행복이 없으면 우리는 그것을 갖기 위해 모든 것을 해야 하기 때문이다."에피쿠로스

사람은 행복하기를 원하고, 세상은 행복하게 살아야 할 곳이다. 따라서 "행복의 추구는 침해할 수 없는 인간의 권리다."(미국인권선언 1776년) 사실 알고 보면 정치, 경제, 사회, 문화, 종교, 학문 등도 모두 우리의 행복을 위해 필요한 것이 아닐까?

행복은 우리의 삶과 분리되어 있지 않다. 삶이 행복이 되고, 행복이 삶이 되어야 한다. 삶과 행복은 쌍쌍둥이처럼 함께 해야 하는 것이다. 얼굴과 미소를 떼어 놓을 수 없듯이 삶과 행복은 서로 떼어 놓을 수 없으리라.

21세기 새롭게 부각되는 행복

예나 지금이나 사람들은 행복을 좇아 평생을 떠돌아 다닌다. 21세기 현대인들은 어느 때, 어느 누구보다 행복해지기 위해 열심히 노력하고 있다. 하지만 결과는 그 반대다. 오히려 엄청 노력하는 만큼, 행복과는 점점 멀어지는 삶을 살고 있다.

과학기술이 발전하면 당연히 행복해지리라고 생각하였으나, 실상은 그렇지 않자, 오늘날 행복이 새롭게 부각되고 있다. 그래서 요즈음 행복이 중요한 이슈로 떠오르고 있다. 심지어 행복산업이 급부상하고 있다. 지나친 행복추구가 행복에 대한 거부반응이 일어나고 있을 정도다. 하지만 누가 행복하기를 원하지 않겠는가?

알버트 아인슈타인은 말했다. "지식과 기술만으로 인류를 행복하고 품위 있는 삶으로 인도할 수 없다는 사실을 잊지 말자."

유발 하라리는 그의 저서 『호모 데우스』에서 인류는 굶주림, 질병, 전쟁을 어느 정도 극복하고 이제 21세기에 이르러, 그 목표는 자연스럽게 '행복'으로 넘어가고 있다고 하였다. 그에 따르면 행복은 불멸不滅, 신성神性과 함께 21세기 최대의 과제로 떠오르고 있다.

"성공은 야망을 낳는다. 인류는 지금까지 이룩한 성취를 딛고 더 과감한 목표를 향해 나아갈 것이다. 전례 없는 수준의 번영, 건강, 평화를 얻은 인류의 다음 목표는 과거의 기록과 현재의 가치들을 고려할 때, 불멸, 행복, 신성이 될 것이다. 굶주림, 질병, 폭력으로 인한 사망률을 줄인 다음에 할 일은 노화와 죽음 그 자체를 극복하는 것이다. 사람들을 극도의 비참함에서 구한 다음에 할 일은 사람들을 더 행복하게 만드는 것이다. 짐승 수준의 생존투쟁에서 인류를 건져 올린 다음 할 일은 인류를 신으로 업그레이드하고, '호모 사피엔스'를 '호모 데우스'로 바꾸는 것이다."유발 하라리

비록 저마다 사는 방식은 다를지라도, 모든 인간은 행복을 지향하고 있다. 행복추구는 인간에게 있어서 가장 보편적인 갈망이다. 그렇다면 우리 모두는 행복해져야 한다. 가족, 친구, 건강, 재산, 지위, 명예 등 모든 것을 가졌어도 행복이 내 곁에 없다면, 삶이 얼마나 허망하겠는가?

"인간이 하는 모든 고된 활동의 최종적인 목표는 행복에 도달하는 것이다. 이 목표 때문에 예술이 발명되었고, 학문이 탐구되었으며, 법체계가 확립되었고, 애국자들과 입법가들의 깊이 있는 지혜로 사회가 조성되었다."데이비드 흄

우리는 행복하기 위해 태어났다. 그러므로 유연한 태도와 인내심을 갖되 과도한 기대는 갖지 말고, 긴장하지 않으면서 항상 열린 마음으로 행복의 길을 모색해야 한다.

어떻게 하면 사람들을 더 행복하게 만들 것인가? 행복의 열쇠, 행복의 길은 무엇인가? 인생에는 정답이 없는 것처럼 행복에도 정답이 없다. 그렇다면 스스로 자신만의 정답을 찾아나가야 한다.

인류의 스승, 4대 성인에게 행복의 길을 묻다

지구상에 살았던 가장 탁월한 스승들에게 묻지 않고, 어떻게 행복할 수 있을까?

어떻게 살 것인가? 본보기로 삼을 만한 인물이 있는가? 삶의 표상이 될 만한 인물을 찾았는가? 내 인생을 올바르게 이끌어줄 내 인생의 롤 모델이 있는가?

세월이 흐를수록 우리의 눈빛이 위대한 성인을 닮아가면 얼마나 좋을까? 어떤 인물을 본보기나 모델로 삼아 가까이 하면, 그 인물과 친해지고 닮아갈 수 있다고 본다. "선한 사람도 성인의 자취를 좇지 않으면 훌륭한 경지에 이를 수 없다."공자

역사는 수많은 위대한 인물들의 이야기를 전한다. 그들 가운데 우리가

가장 주목해야 할 인물이 있다면 4대 성인이다. 그들의 삶과 가르침에 바람직한 인간의 길이 보인다. 그리고 4대 성인은 이상적 인간의 전형이다.

4대 성인은 잘 알려져 있는 바와 같이 공자, 붓다, 소크라테스, 그리고 예수를 지칭한다. 그들은 서로 다른 시대에 다른 지역에서 태어나서 전혀 다른 역사적 및 문화적 배경 속에서 활동했으면서도 시간과 공간, 민족과 문화의 차이를 뛰어넘는 보편적인 도덕률과 위대한 교훈을 남겼다.

그러면 '4대 성인'이란 용어는 어디에서 비롯되었을까? 20세기 독일 실존주의 철학자 칼 야스퍼스는 그의 저서 『위대한 사상가들』에서 인류 역사에서 수많은 위대한 사상가들을 꼽을 수 있지만, 그 가운데 4명의 사상가들 곧 공자, 붓다, 소크라테스, 예수만큼 인류 역사의 전반에 걸쳐서 광범위하고 지속적으로 깊은 영향을 준 사상가는 없다고 평가했다. 일반적으로 여기서부터 '4대 성인'이란 말이 비롯된 것으로 추정되어진다.

칼 야스퍼스는 "인류 역사를 보면 인류는 비슷한 시기에 커다란 소용돌이에 휘말렸는데, 이때 비슷한 문제의식을 가지고 비슷한 가르침을 전하며 인류문명사에 전환점을 만든 인물들이 등장했다"고 말했다. 이들은 현재도 위대한 스승으로 자리 잡았으니, 대표적인 인물이 4대 성인이다.

4대 성인은 인류의 양심과 진선미眞善美의 표상이자, 인류의 도덕윤리 및 문화의 아이콘이다. 그렇기 때문에 시공을 초월해 오늘날까지 세계인들의 마음속에 정신적 지주로 살아 있다.

오늘날 과학기술이 발달해 과거 4대 성인이 활동했던 상황과 여러 가지로 현격한 차이가 있음에도 불구하고, 그들의 말씀은 여전히 우리의 심금을 울리고, 오히려 시간이 흐를수록 더욱 찬란하게 빛나고 있다.

그리고 4대 성인과 행복은 어떤 관련이 있는가? 행복을 스포츠에 빗대어 이야기해보자. 스포츠 중에 인생과 가장 맞닿아 있는 것은 개인적으로 야구라는 생각이 든다. 야구 게임을 하려면 규칙과 진행방법을 알아야 한다. 행복을 야구에 비유한다면 4대 성인은 야구 게임의 규칙과 베이스를 마련한 인물이다. 그런 면에서 참된 행복을 얻고자 하면 4대 성인이 마련해 놓은 행복의 기틀과 규칙을 알아야 한다.

이 책에서 4대 성인에게 행복의 길을 묻는다. 4대 성인이 들려주는 이야기에 귀를 기울여보자. 그들은 세상을 좇지 않고 스스로 길이 된 인물이다. 그들이야말로 참되고 선하게, 아름답고 탁월하게, 그리고 가장 인간답게 인생을 사는 법을 가르쳐 준 인류의 스승이다.

4대 성인은 인류의 정신세계와 행복을 위해 어떤 기여를 했는가?

4대 성인은 지금 세상에는 없다. 하지만 수 천 년이 지난 지금까지도 살아있다. 그들은 우리의 정신과 삶 속에 스며들어 있다. 그만큼 4대 성인의 가르침과 영향력은 특별하다.

4대 성인은 과거 그들이 활약했던 시대부터 지금까지 영향력을 계속 유지하고 있기 때문에 그들은 죽어 사라진 인물이 아니라, 단지 눈앞에만 보이지 않는 인물일 뿐이다. 4대 성인은 그 존재만으로도 이 땅을 신성한 곳으로 만든다.

4대 성인은 인류가 큰 혼란기 곧 아포리아aporia에 빠져서 길을 잃고 방황했던 시기에 등장해서 인간이 나아가야 할 길을 제시했던 특별한 인물이다. 인류 역사를 보면 아포리아 시기에는 반드시 특별한 인물이 등장했다.

오늘날 아포리아 시기에 인류가 나아가야 할 길은 무엇인가? 4대 성인에 대한 기록과 가르침을 현대적으로 재해석해서 오늘날 적용한다면, 오늘날 우리가 처한 정신적 위기를 극복하고 앞으로 어떻게 살아야 할지 방향을 제시해주는 길잡이가 될 것이다.

4대 성인의 삶과 가르침을 깊이 묵상하면 사람의 생각을 올바른 곳으로 돌아오게 한다. 이 땅에 4대 성인의 등장과 활동으로 인해 사람다운 인간의 길이 제대로 열리게 된 것이다. 오늘날에도 4대 성인의 삶과 가르침은 올바른 삶을 위한 영감을 주고, 행복한 삶의 주요한 원천이 되고 있다.

4대 성인은 이 땅에서 올바른 삶과 행복의 초석을 놓았다. 건물의 기초를 튼튼히 하기 위해 기둥 밑에 괴는 주춧돌이 있어야 하는 것처럼 행복에도 주춧돌이 있어야 한다. 참된 행복은 4대 성인이라는 네 개의 주춧돌 위에 세워진다. 그들의 삶과 가르침은 온전한 행복의 토대가 되었다.

인생은 여행이다

인생은 흔히 여행에 비유된다. 동서고금의 수많은 스승들과 작가들이 주로 그렇게 비유했다. 인생이란 행복을 찾아 떠나는 여행이다. 여행을 떠날 각오가 되어 있는 사람만이 인생의 모든 얽매임에서 벗어날 수 있고, 자유로울 수 있고, 행복할 수 있다. 많은 개인적인 불행은 삶을 여행으로 보지 않기 때문에 생긴다.

여행은 일반적으로 우리의 생각과 편견, 그리고 삶의 방식을 바꾸어 준다. 여행은 인생의 터닝 포인트나 뜻밖의 인연을 선물해준다.

여기서는 시공간을 초월하여 4대 성인과 함께 여행을 떠나고자 한다. 흥미진진한 여행이 아닐 수 없다. 그러면 어떤 성격의 여행이 될까? 여행 중에 어떤 대화를 나누게 되며, 어떤 경험을 하고, 어떤 변화가 일어날까? 4대 성인과 함께하는 여행이라면 아주 특별하고 더 없이 행복할 것이다.

여행은 먼저 떠남이다. 여행이란 오늘의 나를 떠나 내일의 나를 만나는 일이다. 새로운 나와 소통하는 일이다. 여행은 나도 몰랐던 나와 만나는 여정이다. "여행은 우리 본래의 모습을 찾아 준다." 알베르 카뮈

내일의 나를 만나면 과거 내 삶을 얼마나 꽁꽁 묶어놓고 있었는지를 깨닫게 된다. "여행을 떠날 각오가 되어 있는 자만이 자기를 묶고 있는 속박에서 벗어나리라." 헤르만 헤세

붓다의 떠남과 구도求道

자신을 묶고 있는 쇠사슬을 과감하게 끊고 여행을 떠나라. 떠난다는 것은 자기의 성城 밖으로 걸어 나오는 것이다. 각자의 성을 열고 바깥으로 걸어 나오지 않는 한, 떠날 수 없기 때문이다. 우리는 우리가 갇혀 있는 성벽을 뛰어넘어야 한다.

BC 6세기, 인도의 젊은 왕자 고타마 싯다르타는 어느 날 여행길을 떠났다. "그는 자신의 왕국을 포기했고, 모든 인연을 끊었으며, 권력과 명예와 부를 버렸으며, 모든 세속적인 즐거움을 버렸고, 거처할 곳 없는 나그네가 되었다." 그의 떠남은 완벽했다. 그 여행의 결과, 그는 깨달음을 얻은 자 곧

붓다가 되었다.

여행 중에 자기성찰은 필수적이다. 여행은 외부 세계에 대한 인식보다는 자기 자신에 대한 반성과 성찰의 기회이자, 자기 탐구의 길이다.

그래서 진정한 여행자는 무리를 지어 여행하지 않는다. 붓다는 깨어서 자기성찰을 하며 홀로 천천히 걸었을 것이다. "사람들은 높은 산과 바다의 거센 파도와 넓게 흐르는 강과 별들을 보며 놀란다. 그러나 정작 스스로에 대해서는 깊이 생각하지 않는다."아우구스티누스

붓다의 여행은 자아 각성과 깨달음의 여정이었다. 각성과 성찰의 과정에서 분열된 자아, 잃어버린 자아, 거짓 자아에서 회복되고 깨닫게 되는 경지가 바로 빛이고 행복이 아니겠는가? 행복과 깨달음은 서로 연결되어 있다.

예수의 만남과 동행

여행을 떠나면 다양한 사람들과 자연스럽게 연결된다. 누군가를 만나 동행하기도 하고, 같은 숙소에서 묵으며 밤새 이야기를 나누기도 한다. 여행을 하다보면 가장 행복한 순간은 좋은 동반자를 만나서 동행하는 것이다.

예수의 생애에 있어서 가장 돋보이는 것 중에 하나는 12제자와의 만남과 동행이다. 그러한 과정에서 12제자는 예수에게서 구원의 복음을 들었고, 참된 사랑을 배웠고, 나눔과 섬김의 삶을 익혔고, 점차적으로 예수처럼 변화되었다.

여행 중에 새로운 것을 받아들이고 변화되기 위해서는 과거의 것을 전

부 비워야 한다. 과거의 기억이 머릿속에 가득 차 있으면 새로운 것을 받아들일 수도 없고 변화될 수도 없다. "마음을 열어라. 경계와 담을 허물어라. 그리고 날아올라라." 척 로퍼

예수는 공생애 3년 동안 12제자와 항상 동행하며 모든 것을 함께 했다. 그 결과 예수의 사상과 가르침은 12제자에게 온전히 전해졌고, 그 제자들의 활약을 통해 예수의 복음이 전 세계로 전파되어, 오늘날 기독교라는 세계적인 종교가 탄생될 수 있었다.

씨앗은 흙을 만나야 싹이 트고, 고기는 물을 만나야 숨을 쉬고, 사람은 좋은 스승을 만나야 변화되고 자아실현이 일어난다.

소크라테스의 깨달음과 사명

여행을 한다는 것은 깨달음과 새로움을 갈망한다는 것이다. 여행을 하다보면 불쑥 깨달음이 온다. 벼락처럼 내리는 깨달음이 있다. 여기서 깨달음이란 세상과 인간, 그리고 사물의 본질을 온전히 이해하며 내면적으로 해방된 상태를 뜻한다. 그래서 깨달음은 최상의 축복이자 행복이다.

특히 4대 성인과 함께 여행을 하다보면 마법 같이 깨달음의 순간이 온다. 여행 중에 깨달음은 예기치 못한 기쁨이다. 여행 중에 새롭게 깨달은 곳에서 삶을 다시 시작하라. 인생은 깨닫고 나서야 비로소 진정한 삶이 시작된다.

여행길이 깨달음의 길이 되기를 바란다. 중국 고전 『주역周易』에 의하면 이 세상에서 우리가 깨우쳐야 할 인생의 도道가 64가지나 있다고 하지 않

는가?

소크라테스의 철학의 화두는 무엇인가? "캐묻고 숙고하지 않는 삶은 가치가 없다." 그는 탁월한 삶을 목표로 삼고 끊임없이 깨달음을 추구했다. 그래서 그는 아테네 시장과 아고라 광장에서 뿐만 아니라, 전쟁터에서도 깊은 사색에 들어갔다. 깊은 사색 중에 깨달음에 이르렀고, 그 깨달음은 사명으로 이어졌다. "깨달음을 얻은 자는 사명을 발견하는 법이다."

깨달음을 얻은 후, 소크라테스는 '아테네의 등에^(쇠파리)'가 되기를 자처했다. 이는 그의 사명감의 발로였다. 등에가 소나 말의 몸에 붙어서 그들을 괴롭혀서 끊임없이 움직이게 만드는 것처럼, 소크라테스 역시 살찌고 게을러빠진 아테네인들에게 끊임없이 질문함으로 깨어있도록 하겠다는 것이다. 사실 잠자는 사람들을 깨우는 것이 철학자의 임무다.

"지혜와 권위에서 가장 명망이 높은 위대한 도시 출신인 아테네 사람들아, 당신들은 돈과 명예와 명성을 얻기 위해서는 가능한 모든 노력을 하면서도 깨달음과 참됨^(진선미)을 위해, 또 자신의 영혼이 잘 되기 위해서는 아무런 노력도 하지 않다니, 부끄럽지 않단 말인가?"_{소크라테스}

소크라테스의 꾸지람은 오늘날 우리 한국인들에게 하는 경고 같지 않은가? 나는 이 글을 대할 때 마다 섬뜩함을 느낀다. 그리고 부끄러운 생각이 든다. 소크라테스가 오늘날 한국사회를 본다면 우리 한국인들에게 '창피한 줄 알라'고 호통을 칠 것이다. 소크라테스는 BC 5세기에 살았지만, 그의 가르침은 21세기 우리에게도 그대로 들어맞는다. 참으로 놀랍지 않은가?

나는 4대 성인의 행적을 탐구하면서 개인적으로 소크라테스에게 가장 친근감을 느꼈다. 그 이유는 나에게 있어 공자, 붓다. 예수는 감히 범접할 수 없는 놀라운 존재이지만, 소크라테스는 그냥 이웃집 좋은 아저씨처럼 친근한 느낌이다. 게다가 왠지 나도 '소크라테스처럼은 살 수 있지 않을까' 하는 생각이 들었다. 나와 크게 다를 바 없는 사람에게 친근감을 느끼는 것은 당연하리라.

소크라테스가 동시대 아테네인들의 생활에 나타난 타락과 붕괴의 징후들을 두려움을 품고 바라보며, 자기 시대가 이미 갈피를 잃었다는 것과 아테네인의 정신세계에 심각한 위기가 닥쳐오는 것을 알았듯이, 오늘날 우리도 한국사회의 위기를 심각하게 바라보아야 한다. 소크라테스는 제자들과 친구들이 그 사실에 눈을 뜨기를 바랐고, 동시대 아테네인들을 깨우기 위해 '아테네의 등에'가 되기를 자처했다. 우리도 그렇게 해야 하지 않을까?

소크라테스는 죽음의 순간까지, 이 등에의 임무에 충실했으며, 온갖 장애와 고난에도 불구하고, 그 임무를 위해 자신의 운명을 피하지 않았다. 그리고 긴 세월에 걸쳐 오늘에 이르기까지 인류가 소크라테스라는 인물을 철학의 모범으로 삼고, 4대 성인으로 존경하는 것도 바로 그러한 사실 때문이 아닐까?

공자의 귀환歸還과 교육문화 창조

　　　　　　　여행은 떠남과 만남, 그리고 깨달음으로 끝나는 것이 아니다. 귀환 곧 출발지로 다시 돌아옴으로 마무리 된다. 여행자가 귀환할 때는 한층 고양된 정신과 성숙한 모습으로 새로워지는 것이다.

공자는 50대 중반의 나이에 고대 중국 곳곳을 두루 다니는 주유천하周遊

天下를 떠났다. 중국 춘추전국시대의 제자백가諸子百家들은 자기를 알아주는 군주를 찾아 천하를 유랑했던 것이다. 공자도 각국을 돌아다니며 70여명의 왕들과 제후들을 만나서 '인仁과 예禮의 도덕정치'를 적극 건의했지만, 결국 어떤 나라에서도 받아들여지지 못했다. 실패했던 것이다.

공자는 60대 후반의 나이에 고향으로 돌아왔다. 오랜 동안의 주유천하에서 관직을 얻지 못하고 출발점으로 다시 귀환한 공자는 어떤 깨달음을 얻었을까? 잃은 것은 무엇이고 얻은 것은 무엇일까? 기대와는 다른 현실에 실망하고 대신 생각지도 않던 어떤 것을 얻고, 그로 인해 인생의 행로가 미묘하게 달라지고, 생각해 보면 여행은 그런 것이 아닐까?

공자의 주유천하는 실패 같으나 성공이었다. 혼신의 힘을 다했으면 성패는 그리 중요하지 않다. 그는 긴 여행 중에 수많은 인간군상人間群像을 만나면서 인간에 대한 많은 이해와 깨달음을 얻었다. 그 여행의 결과로 공자는 정치적 실현에 대한 미련을 버리는 대신, 인문人文의 깊은 통찰을 통해서 새로운 정신문명의 기초를 닦을 수 있었던 것이다.

긴 여행길을 마치고 집에 돌아왔을 때 공자는 지혜가 가득한 성인군자聖人君子가 되어 있었던 것이다. 긴 여행을 통해 그의 사상이 더욱 완숙해졌다는 것은 의심의 여지가 없다. "내 나이 일흔이 되었을 때는 마음이 하고자 하는 대로 해도 법도에서 어긋나지 않았다."공자

긴 여행에서 돌아온 후 인생의 말년에 공자는 주로 유가철학을 정리하고 교육문화 창조에 집중했다. 이즈음 공자는 필생의 숙원 사업인 『춘추春秋』의 저술도 마무리할 수 있었다. 이 역사서는 후에 이어지는 중국의 모든 왕조의 군주들에게 정치 교과서로 읽혀졌다.

그리고 제자들과 함께 『논어』의 기틀을 놓았다. 『논어』를 읽으면 인생

의 의미와 가치, 인간의 본성과 도덕, 그리고 사람들의 생각과 행동양식이 2,500년 전이나 지금이나 크게 변하지 않았음을 알 수 있다. 진정한 스승은 시공간을 초월하여 만인에게 영향을 끼치는 법이다. 시대를 막론하여 불변의 지혜를 알려주기 때문이다.

공자는 전무후무한 교육문화 창조의 업적을 남겨 놓음으로 천고불멸의 찬란한 불빛으로 영원히 살아 있다. 그래서 공자는 사후에 오히려 더 큰 존재감을 가지게 되었고, 성인의 광채가 더욱 빛을 발하게 되었다.

우리가 사는 삶이 하나의 여행이라면, 방향표지판이 있어야 한다. 그 표지판을 따라가야 길을 잃지 않고 제대로 도착할 수 있다. 그 표지판이 4대 성인의 삶과 가르침이다. 그래서 4대 성인과 함께 여행하면 더할 나위 없이 안전하고 든든하다. 이 세상의 모든 것이 다 변해도 그 표지판만큼은 변하지 않고, 또 변해서도 안 된다.

오늘날 우리가 살고 있는 한국은 세계 최저의 출산율과 세계 최고의 자살률을 보이고 있다. 인류 역사에 있어서 전례 없는 불행한 형국形局이다. 미래에 한민족의 존재 자체가 위협받는 아포리아 시기다.

그뿐만이 아니다. 한국은 세계에서 노동시간이 가장 긴 나라 중에 하나이고, 노동자의 죽음이 가장 빈번한 나라다. 세계에서 불평등이 가장 심하고, 모두가 서로를 불신하는 나라다. 무엇보다도 한국은 세계에서 아이들이 가장 우울한 나라라고 한다. 이 모든 것이 경제성장을 최우선시하는 미국적 자본주의를 그대로 받아들인 결과물이라는 생각이 든다.

이 시점에서 우리는 우리 사회의 문제점을 심각하게 살펴볼 수밖에 없다. 더 나아가 4대 성인의 삶과 가르침을 통해 오늘날의 문제점을 진단하고 해결책을 찾으려고 한다.

한편 4대 성인이 존재하지 않았다면 이 책 역시 존재하지 못했다. 여기서 우리는 4대 성인에게서 '행복의 길'을 모색한다. 만약 인류가 4대 성인의 가르침을 그대로 따르기만 한다면 사회의 모든 부조리와 악행은 사라지고, 모든 사람이 완전히 자유롭고 행복해질 것이다.

오래 전에 '우리 인류가 어떻게 살아야 하는가'를 제시해 준 4대 성인의 가르침은 시공간을 초월하여, 오늘날에도 그대로 따를 수 있을 만큼, 믿기지 않을 정도로 보편적인 동시에 현대적이다.

2021년 5월 1일

수서동 해피니스 연구실에서

이상만

1

현대인과 행복, 그리고 4대 성인

"중요한 건 그저 사는 게 아니라 진선미가 이끄는 삶을 사는 것이다." 소크라테스

삶은 그냥 살아가는 것을 의미하지 않는다. 진실하게 살아가는 것을 삶이라고 한다. "지금이라도 제대로 살아라. 하루하루를 단 한번 뿐인 인생인 것처럼 생각하라." 세네카

삶보다 더 소중한 것이 있을까? "삶이 너무나 소중하기 때문에 우리는 삶 아닌 다른 어떤 것도 생각할 여지가 없다." 몽테뉴

"그냥 살아가는 것만으로는 충분하지 않다. 우리는 우리가 어떻게 살아가고 있는지를 알아야 한다. 생각하지 않는 삶은 살 가치가 없다. 우리의 삶을 묵상하고 생각해보고 논의하고 평가하고, 그리고 삶에 대한 견해를 형성해가는 것은 인간의 본질에 속한 것이다." 헨리 나우웬

오늘날 많은 사람들이 나 자신을 잃어버리고 주변 눈치를 보며 '가짜 인생'을 살아가고 있다. 왜 우리 현대인은 가짜 인생을 살고 있는가? 그 이유는 우리가 지나치게 타인의 시선을 의식함으로 정작 스스로에 대해서는 잘 모르기 때문이다. "타인의 시선은 감옥이다." 알베르 까뮈

남의 시선을 통해 자신을 찾고, 남에게 보이는 나를 통해 행복을 찾으며, 돈과 욕망에 이리저리 휩쓸리다가, 내가 어디로 가고 있는지, 내가 진짜 원하는 게 무엇인지를 놓치고 있다.

21세기를 살아가는 우리는 과연 어떻게 살아야 하는가? 여기서는 인류 역사상 가장 훌륭한 삶을 살았다고 평가받는 4대 성인의 삶을 살펴보고자 한다. 4대 성인은 세상이 원하는 욕망에 따르지 않고, 자신의 선한 본성에 따라 자신의 삶을 살았던 인물이다.

우리 삶에서 불행을 일으키는 근원 중 하나가 탐욕이다. 자본주의 사회에서 경제적 여유가 생기면 인간은 자연히 쾌락과 탐욕으로 흘러갈 수밖에 없다.

오늘날 사람들은 온갖 탐욕에 휘둘러 그 욕망을 충족하기 위해 하루하루를 허겁지겁 살아간다. 더 나아가 인간의 탐욕은 만족할 줄을 모르고 또 다른 욕구로 끊임없이 전이된다.

우리는 지금 어디로 가는지도 모르면서 죽기 살기로 달려가고 있지는 않은가? 4대 성인의 가르침으로 우리 삶을 돌아보아야 한다. 내가 지금 어디로 가는지, 무엇 때문에 가는지, 알고 가는 것이 옳지 않겠는가?

행복과 멀어지는 자본주의 생활양식

　　　　　　독일 사회심리학자 에리히 프롬에 따르면 인간은 사회적 산물이다. 그러므로 자본주의 사회에 사는 우리는 불가피하게 자본주의의 영향을 받을 수밖에 없다.

현대인은 자본주의 가치에 따라 끊임없이 돈을 좇아 움직이고 질주하지 않으면 성공할 수 없다고 생각한다. 그리고 성공을 위해서는 스트레스와 과로 정도는 당연한 것이라고 여기게 되었다. 그로 인해 과로사가 빈번하게 발생하는 사회가 되었다.

자본주의는 이윤추구와 경제성장의 성격을 띠고 무한경쟁과 자유시장 경제체제를 지향함으로, 행복에 있어서는 첫 단추를 잘못 꿰었다. 첫 단추를 바르게 꿰지 못하면. 그 뒤의 단추는 계속해서 잘못 꿸 수밖에 없다.

삶은 갈수록 바빠지고 있다. 요즈음 과학기술이 발전하는 만큼 삶의 속도도 놀랍도록 빨라졌다. 하지만 바쁘게 살면 살수록 삶이 나아지는 것이 아니라, 피곤만 쌓인다. 삶의 급속한 변화 때문에 극심한 스트레스와 과로로 강타 당하고 심신이 녹초가 되고 삶이 망가지고 있다. 그 결과 심각한 문제들이 발생되고 있다.

심지어 오늘날 사회에서 높은 스트레스와 더불어 살아가는 전문직 종사자들을 이상적으로 그리는 경향이 있다. TV에서는 촌각을 다투는 급박한 상황에서 일하는 기업인들이나 여러 사건을 바쁘게 처리하는 전문인들을 멋진 모습으로 보여주고 있다.

하지만 이것은 아주 위험한 것이다. 빠르게 굴러가는 일상에 익숙한 우리로서는 삶의 속도를 늦춘다는 것이 어렵게 느껴질 수도 있다. 분주하게 움직이는 것에 익숙하고 삶의 속도에 중독되어 있어서 달리는 속도를 줄인다는 것이 오히려 낯설게만 느껴지고 불안할 수도 있을 것이다. 하지만 이제는 나만의 행복속도를 찾아야 할 때다. 끊임없는 질주에서 벗어나야 한다.

지금, 우리 현대인들은 '어떻게 살아야 하는가' 재검토가 필요하다. 오늘날 현대인은 갈수록 행복과 멀어지는 삶을 살고 있다. 왜 우리 현대인들은 이렇게 밖에 못 사는가? 왜 우리는 만성적인 무기력 속에서 허무한 인생을 살고 있는가? 현대인은 만성적인 불안에 시달린다. 삶의 긴급 처방전이 필요하다. 삶의 교과서가 있어야 한다.

4대 성인은 삶의 태도를 바꿈으로써 자기 자신을 극복한 존재다. 삶의 가치를 어디에 두느냐에 따라 삶의 성격과 모습이 달라지는 법이다.

4대 성인은 세속적인 가치관에 사로잡히지 않은 존재다. 그들은 인류 보편적 가치와 참된 행복의 기틀을 마련하기 위해 전 생애를 걸쳐 투쟁했던 건강하고 생명력이 넘치는 존재다.

쓰레기가 되고 있는 현대인의 삶

"쓰레기야말로 자본주의 사회와 현대인의 삶을 규정하는 가장 어울리는 말이다. 인간이 만든 물건들이 쓰레기가 될 뿐만 아니라, 우리 인간 자체가 쓰레기가 되는 시대로 들어섰다."지그문트 바우만

지구 대부분을 장악한 자본주의의 위기는 곧 지구의 위기다. 그것은 인류가 추구한 현대 물질문명의 필연적 부산물이고 결과다. 오늘날 우리가 직면한 위기는 인간이 인간을 쓰레기로 내몰고 있다는 것이다. 즉 자본주의 체제 속에서 인간은 쓰레기의 지속적인 생산자이면서 또한 인간이 쓰레기가 될 수도 있다는 것이다.

현대사회에서 자본주의 형태에 맞지 않거나 무한 경쟁에서 밀려난 잉여인간은 곧 쓰레기로 취급된다. 모든 필요에서 배제되는 순간, 인간은 쓰레기로 전락하는 것이다. 잉여인간은 자본주의의 입장에서 더 이상 이용 가치가 없는 인간이다.

쓰레기처럼 버려진 인간의 삶 또한 쓰레기와 다를 바 없다. 더 나아가 우리는 자본주의 쳇바퀴 속에서 그동안 허둥지둥 헐레벌떡, 삶을 깊게 음미하지 못한 채 쓰레기 더미처럼 밀려서 허겁지겁 살아온 것은 아닐까? 그래서 '쓰레기가 되는 삶'이 양산되어진다.

하지만 어떤 인간도 그 본성적 특성 때문에 쓰레기가 될 수는 없다. 독일 실존주의 철학자 하이데거에 따르면 모든 인간들에게는 그 존재 자체에 고유하고 성스러운 성격이 내재되어 있다. 하지만 그 존재에 깃들어 있는 '성스러움'이 오늘날에는 사라져 버렸다.

우리가 사람을 인격체가 아닌 그냥 자원으로 간주할 때 사람이 갖는 성스러운 성격은 은폐되고 만다. 그 경우 사람은 자신의 고유한 존재의 빛을 드러내지 못하고 인간 쓰레기로 전락한다.

이에 반해 우리가 인간을 그 무엇으로도 대체할 수 없는 성스러운 존재로 여길 때 인간은 결코 무시될 수 없는 고유한 존재로 부각되는 것이다.

하버드대학교 정치학 교수 마이클 샌델은 그의 저서 『돈으로 살 수 없는 것들』에서 오늘날 시장주의의 문제점을 강력하게 제기했다. 모든 것이 사장화되고 가격이 매겨지고 사고 팔 수 있는 상품이 되어서는 안 된다는 것이다.

인공지능, 사물인터넷, 빅 데이터, 정보통신기술ICT 등으로 대표되는 4차 산업혁명은 장차 수많은 사람들을 고용시장에서 몰아낼 것이다. 우리 대부분은 잉여인간으로 생존권마저 위협당할 것이다. 그러면 과거 착취와 불평등 분배보다 더 큰 나쁜 지경에 빠질 수 있다. 현대인은 하루아침에 실업자 곧 잉여인간으로 내몰릴 수 있기 때문이다. 하루 앞을 예측하기 힘든 불확실한 격랑 속에서 우리는 살아가야 한다. 안개 속 같은 삶을 우리는 어떻게 살아야 할 것인가? 쓰레기로 내몰려야 할까?

하이데거는 그의 저서 『존재와 시간』에서 현대인의 일상적 삶이 잡담과 호기심, 탐닉과 향락 등으로 점철되어 있다고 보았다. 그러한 삶에는 우리가 존경할 만한 어떠한 의미와 가치도 존재하지 않는다. 따라서 하이데거는 그러한 삶은 어떠한 무게와 존엄도 갖지 않는 공허한 무無에 불과하다고 말했다.

독일 철학자 니체는 우리가 진정한 자신을 찾고자 한다면, 동물이 아니라 인간으로 살고자 한다면, 고독 속으로 달아나라고 권한다. 군중 속에 떠밀리는 삶에서 벗어나 침묵과 자각과 성찰의 시간을 갖으라고 권한다. 그리하여 진정한 자기 본성 곧 '참된 나'에서 출발하는 인생목표를 세우라고 한다. 우리는 우리의 삶이 쓰레기가 아니라 볼품 있는 삶을 만들려고 애써야 한다.

자본주의 절정기에 우리는 비상상태를 맞이하고 있다

오늘날, 전 세계 대다수의 사람들이 지향하는 생활은 소유하고 축적하며 물건을 끊임없이 신상품으로 바꾸고 소비하는 자본주의 생활양식이다.

이러한 사회 분위기에 휩쓸려 우리는 더 많이 가져야 행복할 수 있다는 덫에 걸려들어 끊임없이 돈을 좇아 달려가는 형국이 아닐까? 5억을 모은 사람은 10억을 목표로 뛰고, 10억을 모으면 20억을 목표로 뛴다. 최종 목표라는 것은 없다. 인간은 기본적으로 탐욕스런 존재이기 때문에 자본주의란 괴물이 탄생했는지도 모른다.

그렇다. 자본주의 최면술에 걸려 현대인은 바쁘게 살고 있다. 끊임없이 일을 만들고, 시간에 쫓기고, 돈을 목표로 돌진하고 있다. 어디서 와서 어디로 가는지도 모르면서, 피로회복제와 영양제를 먹어가며 정신없이 사방으로 뛰어다니고 있다.

인간이 이룬 모든 물질문명의 절정은 예외 없이 타락의 길을 걷는다. 지금이 자본주의의 절정기이고 타락의 노정에 있는 것은 아닐까?

"인간은 과연 '소유와 축적'만을 이상으로 삼아 구축된 문명 속에서 행복할 수 있고, 또한 다른 존재와 더불어 조화를 이루며 살 수 있는가? 이에 대해 4대 성인은 말한다. 아니라고. 돈과 재물은 살아가는 데 중요한 수단이긴 하나, 그 자체로 목적이 될 수 없다고. 소유의 욕망은 그 특성상 영원히 채워질 수 없다. 그리고 거기엔 욕구불만과 폭력의 씨앗이 들어 있다. 인간의 욕망은 자신이 가지고 있지 않은 것을 갖고 싶어 하며 급기야 다른 사람의 것을 강제로 빼앗으려 든다."프레데릭 르누아르

자본주의 타락은 행복의 근본 토대를 무너뜨리고 있다. 현대 자본주의를 주도하는 미국에서 뚜렷하게 타락과 쇠퇴의 징조가 보인다. 그 타락과 쇠퇴의 모습은 물질만능주의로 인한 도덕붕괴, 빈부격차심화, 그리고 인간소외현상 등이다.

지난 2차 세계대전 후, 미국은 호경기를 구가했다. 자타가 공인하는 전 세계의 리더로 동경의 대상이 되었다. 실로 자유와 평화가 빛나는 나라였다. 하지만 그것을 허상이 아니었을까? 어쨌든 그렇게 빛나던 미국은 이제 변질되었고, 국제사회에서 도덕적 리더십은 이미 상실되었다.

자본주의 물질문명의 결과, 세계 초강대국으로 자리 잡은 미국은 돈과 탐욕, 섹스와 마약, 도박과 알코올, 총기와 폭력 등으로 범벅이 된 향락문

화의 온상이 되어, 그러한 세속적이고 퇴폐적인 것들을 온 세상에 계속 퍼트리고 있다. 4대 성인은 감각적 쾌락의 덧없음과 무상함에 대해 한시도 경계를 늦춘 적이 없다. "감각적 쾌락은 독약과 같으니 집착과 고뇌, 그리고 고통을 낳는다." 붓다

전 세계가 미국의 영향권 아래 놓여 있다. 알다시피 오늘날 한국은 미국의 복사판 곧 작은 미국이다. 어떤 학자는 한국은 '미국보다 더 미국적인 나라'라고 말할 정도다.

미국적 자본주의의 문제점은 인간보다 돈이 우선이라는 것이다. 그로 인해 실종된 인간의 존엄성을 어떻게 다시 되찾을 것인가? 인간이 주인이 되고 모든 인간이 동등하게 존중받는 사회가 행복의 바탕이다.

하지만 희망을 버리지는 말자. 인류의 긴 역사를 두고 보면 암흑기에 위대한 인물과 사상이 출현하였다. "어둠이 깊으면 어디엔가 빛이 드러나는 법이다. 위기는 항상 새로운 기회를 제공한다. 위기의 상황에서 늘 위대한 인물이 나온다."

동양의 공자, 노자, 맹자, 순자, 묵자, 한비자 등 위대한 사상가들은 전쟁과 도적이 난무했던 춘추전국시대에 출현하였던 것이다. 서양도 마찬가지다. 서양 철학의 기초를 놓은 위대한 철학자들 곧 소크라테스, 플라톤, 아리스토텔레스 등도 고대 그리스가 세속화되고 부패가 깊었을 때 출현하였다.

과거 동서양의 현자들은 인류의 암흑기에 한 자루의 촛불을 켰고, 그 빛은 인류의 등불이 되었다. 어둠 속에 피어난 찬란한 사상과 지혜는 인류의 영원한 정신적 지주가 되고, 길을 밝히는 빛이 되었다.

기축시대와 아포리아^{aporia}, 그리고 4대 성인

기축시대(the Axial Age 축의 시대)는 독일 실존주의 철학자 칼 야스퍼스(Karl Jaspers 1883-1969)가 그의 저서 『역사의 기원과 목표』에서 처음 사용한 말이다. 그는 BC 800년부터 BC 200년까지 600년 동안을 인류 문명의 중요한 토대가 놓여진 시대로 보았고, 그 시기를 기축시대라고 불렀던 것이다.

하지만 여기서는 예수와 12제자, 사도 바울과 기독교 교부학자들이 활동했던 시기(AD 1년부터 200년까지)를 포함해서 BC 800년부터 AD 200년까지 1천년 동안을 기축시대로 보고자 한다. AD 1-200년 시기에 구축된 기독교 사상은 유럽의 정신과 문화에 막대한 영향을 미쳤기 때문이다.

기축시대의 특징은 도덕이 붕괴하여 전쟁과 살육이 난무한 시대에 세상을 구하기 위해 수많은 사상가들이 등장함으로 일종의 정신적 혁명이 일어났다는 것이다. 그 실례 중에 하나가 고대 중국의 춘추전국시대다.

BC 771년, 주나라 유왕의 죽음과 함께 춘추전국시대가 시작되었다. 기존의 가치는 무너지고 전쟁과 살육이 일상화 되면서 약자들의 삶이 철저하게 짓밟히는 절망적인 시대가 열린 것이다. 하지만 절망과 어둠은 오히려 새로운 생각의 탄생의 밑거름이 된다. 절망적이기에 더욱 절실한 마음으로 희망을 찾아 나선 이들, 세상의 고통에서 눈 돌리지 않고 짓밟히는 이들의 편에서 새로운 세상을 꿈꾼 사람들, 인류 역사상 가장 거대한 생각의 폭발을 보여준 그들을 우리는 제자백가諸子百家라고 부른다.-어느 TV방송의 다큐에서

춘추전국시대의 사상은 매우 다양하게 나타났다. 공자와 맹자는 인간은 태어날 때부터 선한 본성 곧 인仁을 가지고 있으며, 그 인을 밖으로 끄집어내어 예禮를 실현하자고 주장했다. 순자는 인간의 본성은 동물과 다를 바가 없다며 예치禮治를 주장했다. 묵자는 모든 이를 차별 없이 사랑하자는 겸애兼愛를 주장했으며, 그는 전쟁을 억제하기 위해 방어권을 주장하며 약소국을 도와 전쟁터를 누볐다. 법가는 인간은 교화 가능성이 없으므로 강력한 법에 의한 엄격한 통치를 해야 한다고 주장했다. 고자는 인간에게는 성욕과 식욕밖에 없다고 주장했다. 노자와 장자는 인위人爲를 배격하고 자연의 순리를 따라야 한다고 주장했다. 춘추전국시대는 다양한 사상들이 폭발했던 그야말로 기축시대였다.

기축시대는 세계의 주요 종교와 철학이 탄생한 인류사의 가장 경이로운 시기, 역사상 가장 뜨거운 창조의 시기였다. 인류 정신사의 거대한 전환점이 되었던 시기였다. 새로운 영감과 통찰이 가장 뜨겁게 폭발했던 시기였다. 그래서 인류문화의 중심축이 되었다는 의미로 기축시대 혹은 축의 시대라고 부른다.

그 실례로서 동양의 경우를 살펴보자. 기축시대에 가장 두드러지게 활동한 3명의 사상가 곧 공자, 붓다, 노자의 생존 연대는 거의 비슷하다. 3명의 사상가들이 직접적으로 관계한 유교, 불교, 도교는 중국을 비롯한 동양의 전통 문화의 체계를 구성하는 3대 사상이다. 그 사상들은 서로 영향을 주고받는 가운데 오늘날 동양의 전통적인 종교와 사상의 토대를 놓았다.

앞에서 언급하였듯이 기축시대는 전쟁과 폭력이 난무했던 시기였는데, 큰 혼란의 와중에서도 인류의 평화를 지키기 위해서 인류애와 영적 성찰의 가르침을 전한 위대한 사상가들이 대거 등장했던 것이다.

이러한 양상은 오늘과도 별로 다를 바 없다. 우리 인류는 20세기에 이르러 전례 없는 규모로 폭력이 분출하는 광경을 목격했다. 1차 2차 세계대전, 나치 독일의 유대인 학살, 한국 전쟁, 베트남 전쟁, 르완다인들이 도끼로 저지른 골육상잔, 옛 유고 군인들이 승리에 취해 유희 삼아 어미가 보는 앞에서 아기들의 목을 자른 끔찍한 행위 등, 지금도 전쟁과 테러, 폭력과 갈등, 양극화로 인한 증오가 만연하고 있다. 오늘날 지구는 인간의 존엄성 상실, 생명존중사상의 약화, 환경파괴, 지구온난화 등으로 큰 곤경에 빠져있다.

이러한 위기를 어떻게 극복해서 큰 난관에서 빠져나올 수 있는가? 왜 우리는 4대 성인에게 도움을 청해야 하는가? 인류는 큰 위기의 시기를 만나면 언제나 과거 기축시대를 돌아보며 '답'을 찾아야 한다. 기축시대에 활동했던 위대한 스승들에게 '어떻게 살 것인가'를 묻고 길을 찾아야 한다.

4대 성인은 자신들이 살았던 당시에 발생했던 다양한 문제들을 해결하기 위해 깊이 사고하며, 인습에 얽매이지 않고, 끊임없이 새로운 발상을 고안했다. 그리고 당시의 사람들뿐만 아니라 미래의 사람들에게도 호소했다. 다시 말해 4대 성인은 시공간을 초월하여 모든 인류를 향해 이야기했던 것이다.

그래서 우리 시대의 문제점을 해결하기 위해서 인류의 정신적 발전에 중심축을 이루었던 과거 기축시대에서 영감을 얻을 수 있다는 것이다. 기축시대에 발생한 사상이 정신적 자양분이 되어서 인류의 정신문명을 키워냈다. 우리는 4대 성인이 이끄는 기축시대의 통찰을 통해 현재의 문제를 해결할 수 있고, 오늘날 위기를 극복할 수 있다.

오늘날 현대인의 위기는 이럴 수도 저럴 수도 없는 난감한 상황 곧 아포리아 상태다. 예를 들자면 오늘날 자본주의가 초래한 비인간성과 경제발전에 따른 정신세계의 피폐를 알면서도 자본주의에서 벗어날 수도 없고, 경제발전을 포기할 수도 없는 노릇이다. 진퇴양난의 아포리아 형국이다.

그야말로 해결책이 없는 난제로 보인다. 아포리아에 빠진 현대인은 4대 성인에게 도움을 청하고 길을 물을 수밖에 없다. 우리가 언제 그들보다 현명했던 적이 있었던가?

"세상이 다 흐려졌을 때, 비로소 깨끗하고 맑은 사람이 드러난다. 어찌하여 세속의 사람들은 돈 많은 부귀한 사람을 중시하고, 깨끗하고 맑은 사람을 하찮게 여기는 것일까?"_{공자}

인간의 본질적인 가치마저 무너지는 어지러운 세상을 경험했던 공자는 끊임없이 인仁과 예禮를 외쳤다. "예가 아니면 보지 말고, 예가 아니면 듣지 말며, 예가 아니면 말하지 말고, 예가 아니면 행동하지 말라."

공자의 행적을 기록한 『논어』의 가장 큰 특징은 아무리 참혹한 상황에서도 '인간은 학습과 상호관계 속에서 성장할 수 있다'는 긍정적인 입장에서 인간을 보았다는 것이다. 공자는 인간을 끝까지 포기하지 않았고, 바람직한 '인간의 길'을 제시하기 위해 혼신의 힘을 다하였다.

4대 성인은 기축시대 곧 인류의 위기 상황에서 등장하여 하나같이 어떻게 살 것인가를 이야기 했다. 그들이 말한 인류의 살길은 양심에 따른 보편적인 도덕률인데 곧 황금률과 진선미다. 오늘날 인류의 살길도 별

반 다르지 않다.

새로운 기축시대에 직면했다

　　　　21세기 인류는 자신의 욕망을 채우기 위해 과학기술의 발전에 박차를 가하고 있다. 자본주의의 덫에 걸린 인류는 모든 것을 자신의 욕구충족의 수단으로 사용하고 있다. "이 시대를 지배하는 것은 이성이 아니라 광기다."하이데거

모든 시대의 역사가들은 자신들의 시대를 '과도기 또는 기축시대'라고 이야기했다고 한다. 하지만 지금은 그야말로 '새로운 기축시대'다. 왜 그럴까? 자본주의와 돈이 세상을 완전히 점령했기 때문이다.

역사상 인류가 이 정도까지 탐욕의 노예로 전락했던 시기가 일찍이 없었다. 오늘날 욕심에 빠져서 탐욕의 노예가 되어 길을 잃은 인류에게 필요한 것은 무엇일까?

예전의 기축시대보다 훨씬 더 큰 위기가 오늘날 기축시대다. 사람들이 돈맛에 빠져들어 양육강식이 창궐하는 21세기 기축시대에는 인류의 보편적인 도덕률이 무너지고, 정신적 아포리아 상태에 빠졌다. 인류가 오늘날처럼 극심한 욕망에 사로잡혀 있던 적이 일찍이 없었다.

기본적으로 인간이라면 으레 지켜야 할 도리 곧 보편적 도덕률을 회복하여 다시 전통적인 질서와 가치를 회복하여야 할 것이고, 사람의 길, 인간다운 삶의 회복이 절실하다.

21세기에는 과거 세계대전 같은 대규모 전쟁이 딱히 일어나지 않기에 언뜻 평화가 지배하고 있는 것처럼 보인다. 그러나 독일 실존주의 철학자

하이데거는 현대기술문명에서 전쟁상태와 평화상태 사이에는 본질적인 차이가 없다고 보았다.

왜냐하면 오늘날은 과거처럼 무력에 의한 전쟁은 아니더라도 경제 전쟁이 일어나고 있고, 각국이 그 전쟁에서 승리하기 위해 자연과 인간의 에너지를 최대한 뽑아내고 있는 것이 오늘날의 실상이기 때문이다.

오늘날 과학기술시대는 가장 이성적인 세계인 것 같지만, 실상은 그렇지 않다. 하이데거의 표현대로 그야말로 '광기가 지배하는 시대'다. 우리가 세계정세와 주변을 바라보면, 이 시대는 미친 시대라는 생각을 누구나 하게 될 것이다.

인류는 지구를 순식간에 파괴할 수 있는 신무기들을 계속 계발하고 있다. 세계의 각국들은 지구를 순식간에 파괴할 수 있고, 인류 전부를 멸망시킬 수 있는 기술을 끊임없이 증대시키고 있는 것이다.

그리고 지금 이 순간에도 생태계는 계속 무너지고 있다. 인류는 진보의 이름으로 세계를 악취 나는 유독한 장소로 변모시키고 있는 것이다. 인간은 공기, 물, 흙, 동물, 심지어 인간 자신까지 오염시키고 있다. 이러한 방법이 너무나도 대규모적이므로, 앞으로 100년이 지나가기 전에 지구에 전과 같이 인간이 살 수 있을지가 의문이다.

탐욕은 항상 보다 더 큰 탐욕을 불러일으킨다. 21세기 기술문명의 탐욕스러운 광기는 지금 4차 산업혁명을 통해 노골적으로 드러나고 있다. 이제 막 시작된 4차 산업이 어디로 흐를지, 그 결과가 어떨지, 그 한계가 어디가 될지 아무도 모른다. 일부 학자들은 결국 4차 산업혁명은 인류의 종말을 몰고 올 것이라고 조심스럽게 예견하고 있다.

21세기, 여전히 수많은 사람들은 갖가지 사상과 종교적 이념, 정치적 이데올리기, 경제발전 등의 명목으로 희생양이 되고 있다. 이 광기의 시대를 우리를 어떻게 극복할 수 있을까?

오늘날 우리는 지금의 위기를 극복하려면 어떤 자세가 필요한가? 이 시대의 위기를 극복하려면 무엇보다도 이 시대가 위기의 시대임을 깨달아야 한다. 더 나아가 온몸으로 뼈저리게 느껴야 한다. 우리 시대가 아포리아 형국에 놓여 있다는 것을 인정해야 한다. "어둠을 부인하지 않아야 빛을 받아들일 수 있다."데비 포드

하지만 현대인은 이 시대를 위기의 시대로 느끼기는커녕 오히려 자신이 만들어낸 물건들에 도취되어 있다. 하이데거는 이러한 사태를 '위기 상실의 위기'라고 불렀다. 그는 이 시대의 위기를 사람들이 깨닫지도 느끼지도 못한다는 것 자체가 바로 오늘날의 위기가 갖는 근본적인 심각성이라고 보았던 것이다.

인류가 중병에 걸려 있지만 살길이 있다. 4대 성인이 있으니까. 새로운 기축시대에 4대 성인의 부활이 절실하다. 4대 성인의 가르침에 귀를 기울이고 그들의 가르침에서 해답을 찾아야 한다. 4대 성인이 인류를 살리기 위해 내놓은 답은 일시적인 진통제가 아니라, 궁극적인 치유제이기에, 오늘날 우리에게도 그 효력이 있다.

1 현대인의 삶과 행복

"삶은 선물이다. 또한 삶은 행복이며, 매순간은 영원한 행복이 될 수 있다. 이 사실을 젊어서 알았더라면 좋았을 것을!"도스토예프스키

삶은 이미 우리 앞에 자리 잡고 있다. 삶은 선물이다. 그것도 기적 같은, 신비로운 선물이다. 삶은 기적이고, 우리는 살아 있다. 살아 있다는 것이 행복이다. 어느 수행자는 말했다. "감사하라. 움직이는 우주 속에 네가 살아 있기에!"

삶이란 우리가 생각하는 것보다 훨씬 더 깊고 심오한 무엇이 있음이 분명하다. 삶에는 근본적인 성스러움이라는 것이 내재한다. 그것을 깨닫게 될 때 비로소 삶의 소중함을 알게 된다. "삶이란 하도 소중해서 매일 매일 그것을 자랑스레 떠받들어야 한다."칸트

"삶보다 더 소중한 것은 없으며, 행복해지기 위해서는 삶을 사랑하고 이를 적절하고 유연하게 자신의 고유한 천성에 따라 향유하기만 하면 된다."몽테뉴

"삶은 소중한 것이기에 삶이 아닌 것은 살고 싶지 않았다. 사소한 문제에 얽매여 인생을 낭비하고 싶지 않았다."헨리 데이비드 소로

원래 산다는 것은 그 자체로 축제다. 축제는 사람들의 마음이 열리게 하고 하나로 묶어주는 역할을 한다. 어린 아이들을 보라. 어린 아이들에게는 일상의 모든 일이 놀이요 축제다. 아이들은 모이면 늘 깔깔거리며 놀이를 하며 재미있게 지낸다. 원래 삶은 그런 것이다.

하지만 어른이 되어 갈수록 산다는 것이 짐이나 고역이 되어가고 있다. 우리는 어린 아이의 마음으로 돌아가야 한다. 그래서 산다는 것 자체를 하나의 축제로 여기며 즐길 수 있어야 한다. 자기 삶을 축제로 만드는 사람은 이미 행복한 사람이다.

삶은 날마다 새로워져야 한다. 삶은 고정관념의 틀에서 빠져나옴으로써 새로워진다. 삶이 새로워지면 정신이 상승하고 활력이 넘친다. 삶이 펄펄 살아 숨 쉬게 된다.

근본적으로 삶을 긍정하는 것이 행복의 기본정서다. 따라서 행복하기 위해 우리가 취해야 할 태도는 나에게 주어진 삶을 긍정하고 사랑하고 감사하는 것이다.

시련과 역경을 자신이 성장할 수 있는 좋은 기회로 여기면 그 속에서도 감사할 수 있다. 감사는 힘든 고난조차도 나를 고양시키는 하나의 기회로 승화시키는 것이다.

시련과 역경 속에서도 행복을 추구한다는 것은 삶을 무한히 긍정하고 삶과 다시 화해하는 것을 의미한다. 행복은 우리에게 살 수 있는 힘을 북돋아준다. 행복한 상태에서는 영혼이 점점 선명해지고 몸이 상쾌해진다.

삶은 생명의 흐름이다. 그 생명의 흐름에 자신을 맡김으로써, 우리는 비로소 행복할 수 있다. 행복은 우리가 지쳐서 쓰러지는 순간에도 기운을 다시 북돋아 일으켜 세운다. 고된 삶에서도 생생하게 살아 숨 쉬게 해주는 것이 행복의 역할 중에 하나다.

인생을 살다보면 수없이 많은 장애물을 만나게 된다. 부정적인 사람은 그 장애물을 걸림돌이라고 생각하지만, 긍정적인 사람은 그것을 디딤돌이라고 생각한다.

삶의 모든 일을 긍정적으로 바라보면 운명이 바뀐다. 좋은 일이 생기면 좋고, 나쁜 일이 생기더라도 예방주사를 맞는다고 생각하는 것, 이것이 긍정적인 사고방식이다. 긍정적인 마음을 갖고 살면 행복이 습관처럼 깃든다.

"진정한 현자는 자유로우며 흥겹다. 그는 전적으로 생의 자발적인 리듬에 몸을 맡긴 채 거기에 아무것도 덧붙이지 않는다. 세상을 선물처럼 받아들인다. 그는 세계와 함께 춤을 춘다. 그는 불멸이다." 장자

행복은 자기 자신을 제대로 아는 것에서 시작된다

인간은 인간답게 살면서도 나답게 살 수 있어야 한다. 그렇게 사는 것이 행복한 삶이다. 진정한 행복은 자기 자신이 되는 것이다. 자기 자신이 되려면 나 자신을 제대로 알아야 한다.

자본주의 사회에서 '나'라는 정체성은 '내가 가진 것과 소비하는 것'으로 확인된다. 하지만 이는 '진짜 나'가 아니다. '나는 누구인가' 진정한 행복은 자기 자신을 아는 것에서부터 시작된다. 나의 본성을 성찰하고 나를 행복하게 하는 것이 무엇인지 생각해보자. 과거 어느 스승이 말했다. "나 자신을 제대로 아는 것이 천하를 아는 것보다 더 중요한 깨달음이다."

자기답게 사는 것이 행복이다. 자기답게 살려면 먼저 자기가 어떤 존재인지 알아야 한다. '나는 누구인가'를 묻고 또 물어야 한다. 이것은 자기이

해의 기본이다. "현재의 나 자신을 내려놓으면 진정한 나 자신이 된다."노자

그리고 자기가 좋아하는 것, 자기를 행복하게 하는 것, 자신의 긍지를 심어주는 활동이 무엇인지 알아야 한다. 그러자면 끊임없이 자아성찰의 시간이 필요하다.

모든 일은 나로부터 나아가 나에게로 돌아온다. 내가 짓고 내가 받는 것이다. 행복과 불행이 밖에서 오는 게 아니라, 나 자신으로부터 비롯된다는 사실은 확실히 깨달으면 행복의 길이 열린다.

일반적으로 사람들은 자신의 행복과 불행이 밖에서 온다고 착각하고 밖에 의존해서 행복을 구하고자 애쓴다. 하지만 행복과 불행은 모두 내가 만드는 것이다. 진실로 모든 행복과 불행은 다른 사람이 만드는 것이 아니다.

행복추구는 어쩌면 나만의 '나나랜드'를 찾아 가는 여정이 아닐까? 나나랜드는 "사회의 기준이나 타인의 시선에 연연하지 않고, 자신을 있는 그대로 긍정하며 나만의 기준에 따라 살아가는 삶의 트렌드를 일컫는 신조어다."네이버 지식백과

행복한 삶은 자신만의 고유하고 성스러움을 드러낸다. 무엇을 하든 자기답게 해야 다른 것들과 차별화되고 매력적인 느낌을 줄 수 있다. 획일적이고 똑같은 것은 감동을 불러일으키지 못한다.

삶에는 근본적인 성스러움이 내재한다. 그것은 존재의 존엄성이라고 할 만하다. 그래서 제아무리 남루하고 비천한 삶 속에서도 인간은 매일 행복해져야 한다는 제안을 받는다.

4대 성인의 삶과 가르침은 인간답게 나답게 살아가는 중요한 기반이 될 수 있다. 4대 성인과 함께 떠나는 여행은 올바른 길을 가는 데 큰 도움을 준다고 확신한다.

현대인에게는 삶이 없다

행복은 평온하고 온전한 삶이다. 어디에도 얽매이지 않는 자유로운 삶이다. 행복한 사람들은 삶을 하나의 기회로 볼 줄 안다. 삶을 살면서 놀라운 기회를 만들어낼 줄 아는 것이다.

행복의 핵심은 삶이다. 하지만 현대인에게는 삶이 없고, 온통 물질과 소유와 쾌락에 사로잡힌 바쁜 스케줄만 있을 뿐이다. 그래서 "오늘날의 인간은 삶에 굶주려 있다. 따라서 현대인은 죽도록 불행하다."에리히 프롬

그 결과 오늘날 현대인들은 고삐 풀린 망아지처럼 방향을 잃고 조급하고 바쁜 삶을 정신없이 살고 있다. 비정한 속도의 경쟁 속에서 현대인들은 안정을 잃고 초조하게 살아간다.

따라서 요즈음 '어떻게 살 것인가'에 대한 관심이 부쩍 늘어났다. 갈수록 삶이 힘들어지고 있다는 이야기다. 우리는 급변하는 세상 가운데 수많은 사람들과 다양한 관계 속에서 각자의 삶을 살아가고 있다. 그 관계 속에서 전혀 예기치 않았던 뜻밖의 일들이 매일같이 일어나고 있다. 그 가운데 우리는 큰 아픔과 고통을 겪으며 살고 있다. 바쁘고 조급한 시대, 삶의 진정한 의미는 무엇일까? "사는 일은 평생을 두고 배워야 한다."세네카

우리가 살고 있는 21세기는 고도의 물질문명 시대다. 반면에 정신문명은 치명적으로 후퇴한 시대이기도 하다. 과학기술의 발달은 인류에게 물질적인 풍요로움을 가져다 주었지만 오히려 행복은 후퇴하였다. 오늘날 현대인은 과학기술이 발달하면 저절로 행복해질 수 있다는 환상은 더 이상 믿지 않는 것 같다.

사실 우리시대의 가장 심각한 문제점은 외형적인 요소보다는 양심과 도덕과 같은 내면적인 문제다. 나 역시 그렇다.

결국 우리의 삶이 힘겨운 까닭은 양심에 이끌린 진선미의 삶이 아닌, 우리 자신의 욕심에 이끌린 세속적인 생활을 하기 때문이다. 세속적 욕망이 우리의 삶에 덫을 놓는다. "사람들이 저마다 똑똑한 척하지만 함정과 덫에 걸리는 줄 모른다."『중용』에서

만약 현대인들이 이런 문제를 해결하지 못한다면 행복은커녕 생존조차 보장받지 못할 것이다. 현대인들은 사방에서 파멸의 위협을 받고, 허황된 행복을 속삭이는 위험한 약속과 환상에 에워싸여 있다.

왜 사람들은 삶에 지쳐서 포로처럼 하루하루 힘겹게 살아가고 있는 것일까? 늘 평안과 기쁨과 감격 속에서 행복하게 살 수는 없는 것일까? 나는 4대 성인의 삶과 가르침, 그리고 진선미에서 그 해답을 찾고자 한다. 그 해답은 양심에 이끌린 진선미의 삶이다.

세속적 욕망이 이끄는 삶은 진선미의 삶과는 정반대의 삶이다. 그러한 삶은 갈수록 상황을 더욱 더 악화시킬 뿐이다.

예수는 이 땅에 살아가는 사람들을 '수고하고 무거운 짐 진 자들'이라고 지칭하였다.마태복음 11장 삶이 왜 짐이 되었는가?

현대인은 자본주의의 덫에 걸려 끊임없이 부를 축적하고 쾌락을 탐닉한다. 그러한 삶은 짐으로 나타날 수밖에 없다. 무한히 소비하고 물질을 향락하기 위해서는 죽을 때까지 노동할 수밖에 없기 때문에 삶은 짐이 되어버렸다.

철학자 하이데거는 말했다. "인간은 자신이 만들지도 않았고 자신이 마음대로 바꿀 수 없는 세상에 내던져진 존재다." 그렇다면 인간에게 삶은 짐으로 나타날 수밖에 없다.

현대인은 탐욕의 노예가 되어서 노동하는 동물이 되어 버렸다. 그리고

노동의 대가로 주어지는 갖가지 물질적 혜택에 빠져서 노동과 쾌락 외에는 그 어떤 것에도 의미를 두지 않는 공허한 삶을 살고 있다.

정신적 가치는 무시한 채 물질적 가치만을 추구하는 삶은 공허할 수밖에 없다. 그러한 삶은 열심히 살면 살수록 더 공허해질 따름이다. 공허함을 달래기 위해 오락, 쇼핑, 향락 등에 마음을 붙여 소일하면서 삶이 풍요로워졌다고 착각하며 산다.

공허한 인간은 무의미한 호기심과 잡담을 통해 생생한 삶을 산다고 착각하고 있다. 21세기 한국사회의 모습 중에 하나가 호기심과 잡담을 제공하는 가벼운 가십거리다. 그러한 삶은 공허할 수밖에 없다.

삶의 방향감각과 의미를 상실한 채, 허망하게 살아가는 현대인

행복은 무언가를 지향하며 인생을 의미있게 사는 것이다. 하지만 현대인은 삶의 방향감각을 상실하고, 인생의 목적과 의미를 상실한채 허망하게 살아가고 있다. 실존주의 철학자 하이데거가 지적했듯이 현대인은 잡담과 호기심, 그리고 비교의식이 지배하는 공허한 삶을 살고 있다.

영성 신학자 유진 피터슨(Eugene H. Peterson 1932-2018)은 허망하게 살아가는 현대인의 모습을 다음과 같이 묘사했다. "그토록 많은 사람들이 어째서 그렇게 형편없이 살아가고 있는지 참으로 아이러니컬하다. 악하게 산다기보다는 허망하게 살아가는 모습 말이다. 비참하게 산다기보다는 미련하게 사는 모습, 우리 사회에서 두각을 나타내는 이들을 보면 흠모할 만한 면이 거의 없고 본받을 점은 더더욱 없다. 주변에 유명인사는 있으나 성인聖人은 전무한 형편이다."

자본주의 사회 속에서 사람들은 자신의 고유한 정체성과 존재감이 상실되고 있다. 이러한 존재상실에서 오는 공허함을 무엇으로 채울 수 있을까?

"오늘날 우리는 권태와 무기력으로부터 벗어나기 위해 소비와 오락 등자극적인 것에 탐닉하거나, 남의 흠을 들추어 자신의 우월함을 확인하려는 가십거리로 하루를 채우고 있다."하이데거

오늘날 우리의 삶을 안정시켜주고, 그 의미와 가치를 부여해주는 인문학적, 근원적인 질문은 자취를 감추었다. 그래서 삶의 토대가 지금처럼 불안했던 적이 없었다. 삶의 의미와 가치, 그리고 방향이 무너짐으로 우리는 그야말로 불안과 염려, 불확실성과 스트레스 등으로 고통 받고 있다.

오늘날 사람들의 대다수는 무엇이 진정한 삶인지에 대한 고뇌도 하지 않은 채, 기존의 사회가 정해준 삶의 방식을 그대로 따르며 살고 있다. 그러한 삶을 철학자 하이데거는 '세상 사람의 삶'이라고 칭했는데, 이는 자기를 상실하고 세속적인 가치를 추구하는 데 빠져 있는 무의미한 삶을 말한다. 그리고 철학자 니체는 그러한 삶을 '말세인의 삶'이라고 칭했는데, 이는 밑바닥까지 전락한 인간의 하찮은 삶을 말한다.

삶Life이냐? 자본주의Capitalism냐?

자본주의는 삶을 죽인다. 자본주의는 전통과 인간관계를 붕괴시킨다. 자본주의는 생태계를 파괴한다. 한번 파괴된 생태계는 복원이 어렵다. 자본주의 체제는 인류의 멸망까지 초래할 위험한 체제다.

우리는 자본주의의 온갖 잡다한 문제에 얽매여 소중한 인생을 낭비하

고 있지는 않은가? 자본주의의 부산물인 배금주의는 인간존엄성을 심각하게 훼손시키고, 결국 그러한 병폐는 부메랑이 되어 당사자에게 돌아오게 된다.

1845년, 미국 철학자이자 사회운동가인 헨리 데이비드 소로(Henry David Thoreau 1817-1862)는 자본주의 문명을 등지고 월든 호숫가 숲속으로 들어갔다. 산업화와 소비지상주의, 그리고 물질적 풍요에서 벗어나 자신의 의도대로 인생을 자유롭게 살고 싶었기 때문이다. 거대한 자본주의 체제 속에서는 어느 누구도 자기 의지대로 행동할 수 없는 자본주의의 부속품으로 전락하기 때문이다.

그는 인간이 자본주의의 조류에 따라가지 않아도 행복할 수 있음을 실험하고 싶었던 것이다. 그는 자신이 직접 지은 작은 통나무집에서 그가 꿈꾸어 왔던 단순한 삶을 시작했다. 숲에서 얻거나 손수 경작한 것으로 식량을 얻고, 명상과 자연관찰, 산책과 독서를 하고, 밤에는 등잔에 불을 밝히고 글을 썼다.

자본주의는 자전거와 같다. 멈추면 넘어진다. 끊임없이 생산해내고 소비를 조장한다. 그 당시 소로의 눈에 비친 사람들은 돈과 일의 노예였다. 자본주의의 중노동과 과소비의 악순환을 끊기 위해 소로는 자발적 가난을 선택했다. 그렇게 얻은 자유로 영혼을 돌보고 삶을 성찰하는 시간을 가졌다. 간소한 삶을 통해 자연과 교감하고 참다운 삶을 누리게 되었다.

우리나라 직장인 열 명 중 아홉은 '번 아웃 증후군'Burnout syndrome에 시달리고 있는 것으로 나타났다. 번 아웃 증후군이란 의욕적으로 일에 몰두하던 사람이 극도의 신체적, 정신적 피로감을 호소하며 무기력해지는 현상인데, 심해지면 과로사에 이른다.

오늘날 현대인은 거대한 자본주의 체제 속에서 자기 의지대로 행동할 수 없는 작은 인간으로 전락함으로서 무력감을 느낀다. 사람은 누구나 자기보다 큰 존재 앞에서 한없이 작아지는 걸 느끼며 비참한 기분에 사로잡힌다. 상대의 한마디 말과 행동에 내가 얼마나 하찮은 존재인지를 깨달으며 한숨을 짓기도 한다.

중앙대 김누리 교수에 따르면 "한국인의 대다수는 자본주의 이데올리기를 아무런 의심 없이 자신의 신념으로 삼고 있다"고 한다. 승자독식 이데올리기, 경쟁 이데올리기, 소비 이데올리기 등이 한국인의 내면에 깊이 심겨져 신념화되고 있는 것이다.

자본주의 체제 속에서 사회는 경제 정의와 윤리성이 무너짐으로 부익부 빈익빈 현상이 일어나기 마련이다. 자본주의는 행복의 절대요소인 '자유와 평등'을 집어삼키고, 자본주의에 예속되게 하고, 불평등한 사회를 조장한다.

오늘날 한국의 사회구조는 천민자본주의의 전형적인 모습을 보이고 있다. 이탈리아 철학자 프랑코 베라르디Franco Bifo Berardi는 그의 저서 『죽음의 스펙터클』에서 한국사회의 네 가지 특징을 이야기했는데, 즉 끝없는 경쟁, 극단적인 개인주의, 일상의 사막화, 생활리듬의 초가속화다. 그러한 네 가지 특징은 마치 '지옥의 구성목록'처럼 느껴져서 온몸이 오싹해진다. 우리는 왜 이렇게 되었을까? 한국사회는 자본주의 경쟁의 덫에 걸려 점점 더 지옥의 늪에 빠져들고 있는 실정이다. 참으로 암담하다.

자본주의의 '최대 다수의 최대 행복'

영국 사상가 제레미 벤담(Jeremy Bentham 1748-1832)은 '최대 다수의 최대 행복' 곧 가장 많은 사람들에게 가장 큰 행복을 주는 양적 공리주의(功利主義 utilitaranism)가 최고선最高善이라고 하였다.

벤담은 정치, 경제, 사회, 문화, 도덕 등의 모든 계통이 추구해야 할 중요한 가치는 세상 모든 사람들의 행복을 증진하는 것으로 보았다. 자본주의 사회는 최대 다수가 최대 효용을 얻는 것을 목표로 한다.

'최대 다수가 최대 행복'(the great happiness of the greatest number)을 누리는 사회가 합리주의 사회라는 벤담의 공리주의는 오늘날까지 자본주의 사회를 지배하는 주류 이념이다.

하지만 공리주의에는 치명적인 약점이 내재하고 있다. 즉 다수의 행복을 위해서는 소수가 희생해도 어쩔 수 없다는 생각이 은연중에 깔려 있는 것이다.

공리주의에 친숙한 한국인은 다수의 이익을 위해 소수를 희생하는 것은 타당하다는 생각을 하고 있지는 않은가? 그러한 자본주의 행복관에 빠져 있지는 않은가?

'최대 다수의 최대 행복'하면 러시아 작가 도스토예프스키의『죄와 벌』이 생각난다. 어느 날 대학생 라스콜리니코프는 술집에서 근처에 살고있는 전당포 노파에 관한 이야기를 우연히 엿듣고 생각했다. "모두에게 해를 끼치는 못되고 병든 하찮은 한 노파를 죽이고, 그 소유를 빼앗아서 무수히 많은 가난한 사람들을 도울 수 있다면, 그렇게 하는 것이 좋지 않을까?"

이는 전형적인 공리주의 발상이다. 하지만 우리는 생각해 볼 것이 있다. 다수의 선을 위해서 소수의 희생을 감행해도 괜찮은 것인가? 우리는 삶 속에서 종종 『죄와 벌』의 주인공 라스콜리니코프가 된다. 다수의 행복을 위해서는 소수의 무가치한 존재를 희생해도 무방하다고 생각한다.

다른 사람들의 희생과 고통 곧 타인의 불행의 댓가로 내가 행복해지는 것은 정당한가? 남의 불행이 곧 나의 행복이 되어도 괜찮은가? 과거 귀족들은 노예들이 가져다주는 물질로 향락을 일삼았다. 그들은 노예들의 불행을 바탕으로 자신들의 행복을 추구한 대표적인 실례다.

오늘날 우리가 누리는 행복도 누군가의 희생에 의한 것인지도 모른다. 우리가 누리는 행복 때문에 희생당하고 있는 사람들은 없는가? 우리의 안락함을 위해 희생당하는 많은 희생양들이 있다. 오늘날 선진국이 누리는 행복도 가난한 나라의 희생에 의한 것일지도 모른다.

다른 사람의 희생을 통해 내가 누리는 오멜라스Omelas의 행복은 정당한 행복이 아니다. "나에게 있어 의롭지 못한 부귀영화富貴榮華는 뜬구름만 같으니라."공자

우리 한국인에게는 공리주의 윤리관이 친숙한 듯 보인다. 서구의 자본주의를 토대로 고속산업화 과정을 거치다 보니 '최대 다수의 최대 행복'이 사회의 슬로건이 되었던 것 같다. 우리 한국인에게 있어 경제성장과 국민의 부를 증진시키는 것이 그동안 정의고 윤리가 되지 않았는가? 그래서 무수한 다른 가치와 소수인의 행복을 희생시키지는 않았는가? 우리는 사회적 합의가 필요할 때는 공리주의의 기준으로 해결하지는 않았는가?

오늘날 우리사회를 이끌고 있는 '국내 총생산' 곧 GDPgross domestic product의 신화는 공리주의에 그 이론적 토대를 두고 있다.

벤담의 공리주의는 쾌락과 고통은 주관적이며 사람마다 다르다는 사실을 간과했다. 그리하여 벤담의 양적 공리주의에 내재된 약점을 보완하기

위하여 존 스튜어트 밀(John Stuart Mill 1806-1873)은 질적 공리주의를 주장하였다. 밀은 그의 저서 『자유론』에서 "배부른 돼지가 되기보다는 배고픈 인간이 되는 편이 낫고, 만족해하는 바보가 되기보다는 불만족스러운 소크라테스가 되는 편이 낫다"란 말을 남기기도 했다.

존 롤스(John Rawls 1921-2002)는 그의 저서 『정의론』에서 정의에 있어서 문제의식을 공리주의에 대한 저격에서부터 시작한다. 공리주의는 사회적 약자들을 소외시킨다는 면에서 공정성에 어긋난다. 공리주의자가 '최대 다수의 최대 행복'이라는 미명하에 사회적 약자와 소외계층의 행복을 희생시킨다는 점을 날카롭게 비판하면서, 사회전체의 행복 총량이 얼마나 커지느냐의 문제가 아니라, 사회 구성원 각각이 얼마만큼의 몫을 배분받는 것이 정당한가에 대한 공정성에 대해서 경각심을 가져야 한다는 날카로운 메시지를 던졌다.

"결국 국민이 바라는 것은 무엇인가? 국민은 생산이 아니라 행복을 바란다. 생산이 중요한 것은 그것이 행복의 물질적 바탕을 제공하기 때문이다. 생산은 수단일 뿐 목적이 아니다."존 롤스

행복추구권과 '국내 총행복'GDH

1776년 미국 건국의 아버지들은 생명추구권, 자유추구권과 함께 행복추구권을 양도할 수 없는 인간의 기본 권리로 규정했다.

최근에 사상가들과 정치가들 중에는 GDP(국내 총생산, Gross Domestic Product) 대신에 GDH(국내 총행복, Gross Domestic Happiness)로 보완하거나 대체할 것을 요구하고 있다.

그만큼 행복은 인간에게 중요한 것이다. 아리스토텔레스와 에피쿠로스와 같은 철학자들은 행복을 최고선이라고 규정하였다. 에피쿠로스는 제자들에게 행복해지는 것은 힘든 일이라고 말했다. 행복은 쉽게 오지 않는다. 그래서 그는 행복으로 가는 길을 안내하기 위한 행동수칙을 알려주기도 했다.

지난 몇 십 년 동안 인류는 유례없는 물질적 성취를 이루었지만, 지금 사람들이 옛날 조상들보다 훨씬 더 행복해졌는지 생각해 볼 일이다. 물질적 성취로 얻는 행복은 오래 지속되지 않는다. 돈, 명예, 쾌락을 맹목적으로 추구하면 비참해질 뿐이다.

장기적으로 보면 진탕 먹고 마시는 것보다 절제된 삶이 더 많은 행복을 준다. 그래서 에피쿠로스는 절제된 식생활과 함께 성욕을 억제할 것을 권했다. 그는 무절제한 쾌락추구는 사람을 행복하게 만들기보다 비참하게 만들 가능성이 높다고 경계했다.

행복은 요상하고 복합적이다. 과거 가난했던 시절에 굶주린 서민을 행복하게 하려면 어느 정도의 음식으로 충분했다. 하지만 오늘날 물질적으로는 풍족하지만 따분하고 외로운 가정주부를 행복하게 하려면 어떻게 해야 할까?

자본주의가 낳은 생화학적 행복추구

21세기 행복은 경제성이 높고 전망이 좋은 프로젝트다. 따라서 오늘날 행복이 점차 상품화 되어 가면서 '행복산업'이라는 말도 등장했다. 행복이 각광받는 상업적인 상품으로 등장했던 것이다. 그로 인해 행복 추구가 거부감을 일으키는 면도 없지는 않다.

오늘날 자본주의 사회에서 인류는 약물복용 등의 생화학적 행복 추구에 관심이 많다. 그리고 생화학적 쾌락 추구가 심각한 문제가 되고 있다. 생화학적 기제를 조작해서까지 행복을 추구하는 자본주의 병폐는 현대 사회의 기반을 흔들고 있다. 그럼에도 불구하고 자본주의는 쾌락이 영원히 지속되도록 생화학 물질을 개발하는데 혈안이 되어 있다.

자본주의 사회에서 행복은 곧 쾌감이다. 해가 갈수록 인내심은 줄고 쾌감에 대한 갈구는 더 커진다. 과학연구와 경제활동도 그 목표에 맞춰져, 한순간도 쾌감을 멈추지 않도록 끊임없이 쾌감을 제공하는 제품들과 약품들을 생산하는 것이다.

말초신경을 자극하는 표피적이고 찰나적인 쾌락을 행복으로 착각한다면, 이는 오히려 삶의 독약이 될 수도 있다.

사람들은 외로움을 달래기 위해 술을 마시고, 마음을 안정시키려고 담배를 피우고, 황홀감을 맛보기 위해 코카인, 비아그라, 엑스터시 등을 복용한다.

사람들은 공부하고 일하고 가족을 부양함으로써 느끼는 행복감을 적정량의 화학물질을 통해 훨씬 더 쉽게 얻으려 한다. 이는 사회적, 경제적 질서자체를 뒤흔드는 위험이다.

생화학적 행복 추구는 세계 최대의 범죄원인이기도 하다. 오늘날 수많은 범죄가 마약, 각종 환각제 등과 같은 약물 때문에 일어나고 있다. 최근에 미국연방교도소에 수감된 죄수들 가운데 절반이 약물 때문이라고 한다. 마약 관련 범죄가 날로 증가하고 있다. 오늘날 세계 각국들이 생화학적 범죄와 인정사정 없는 전쟁을 벌이는 이유가 여기에 있다.

붓다는 쾌감을 추구하는 것이 바로 인간 고통의 근원이라고 말했다. 쾌감은 순간의 기쁨을 주겠지만, 그 후 더 많은 것을 갈구하게 한다. 그러므로 흥분된 감각이나 쾌감을 아무리 많이 경험해도 결코 만족하지 못할 것이다.

만일 우리가 찰나적인 쾌감을 행복으로 여기고 점점 더 많은 쾌감을 갈구한다면, 쉬지 않고 그런 감각을 뒤좇는 것 외에는 달리 방법이 없을 것이다. 이런 식으로 계속 쾌감을 갈구하면 할수록 점점 더 많은 스트레스와 불만을 느낄 것이다.

인기스타들이 날마다 대중들의 큰 관심과 환호성을 받으며 사는 것은 어떤 기분일까? 아마도 똑같은 흥분을 느끼기 위해 계속 복용량을 늘려야 하는 마약과도 같을 것이다. 페달에 일단 발을 올리고 나면, 멈추지 않고 계속 밟아야 한다. 그렇다면 돈과 성공, 인기를 손에 쥐는 것은 축복인가, 저주인가?

그러므로 진정한 행복을 얻으려면 감각적인 쾌락을 탐닉할 것이 아니라, 오히려 벗어날 필요가 있다.

왜 올바른 행복인가?

여기서 현대사회의 문제점을 제기하고, 더 나아가 바람직한 행복을 천명天命하는 까닭은, 오늘날 수많은 사람들이 자본주의 체제 속에서 감각적 쾌락, 그리고 일시적이고 상대적인 행복을 탐닉하고 있기 때문이다.

생각해보면 어느 정도의 행복은 맛보았던 것 같다. 만약 그것이 행복이라고 부른다면 말이다. 하지만 그것은 행복이 아니라 오감을 자극하는 짜릿한 기분 곧 일종의 쾌감이었다.

우리는 쾌감이 곧 행복이라고 믿고, 오직 쾌감의 양을 늘리기 위해 자본주의 문명을 발달시켜 왔던 것은 아닐까? 그로 인해 그릇된 행복만 양성시킨 것은 아닐까? 여하튼 그 결과는 심각하다. 현대인은 엄청난 피로에 시달리며 내적 황폐화에 고통당하고 있다. 바쁜 스케줄 속에 삶의 목적과 방향을 잃고 내면의 혼돈 속에서 방황하고 있다. 새로운 살 길을 찾고 있다. 당신은 어떤가?

일찍이 붓다는 말했다. "육체의 쾌락에는 반드시 고뇌가 따른다. 나는 6년간의 수행을 통해 깨달음을 얻어 그러한 고뇌에서 벗어났다. 세상 사람들은 이런 도리를 알지 못해 욕정에 빠져 있다."

오늘날 수많은 사람들이 그릇된 행복으로 인해 비정상적인 생활을 한다. 그릇된 행복은 현대인들에게 삶의 혼란만 가중시켰을 뿐, 삶의 갈증을 해소시켜 주지는 못하였다. 이를테면 물을 마셔야 하는데 콜라를 마심으로 갈증만 더 커지고 있는 것이다. 더 이상 간과할 수 없는 중차대한 문제다. 그러므로 바른 행복을 소개할 필요가 절실하다. 예컨대 그릇된 행복을 막는 최선의 길은 양심과 진선미에 기초한 올바른 행복을 소개하는 것이다.

탐욕의 불속으로 뛰어드는 현대인

'돈이 많으면 행복할 것이다.' 과연 그럴까? 그것은 함정이다. 사실 인류는 수 천 년 동안 이 함정에서 벗어나지 못했고, 그 결과 점점 더 탐욕의 늪에 빠져들어 한 순간도 자신의 인생의 주인이 되지 못하고 자본주의의 노예로 전락하였다.

　오늘날 '행복은 돈과 소유에 의해 좌우된다'는 자본주의 행복관이 현대인의 신조가 되어 버렸다. 하지만 물질이 풍부하게 넘쳐날수록 정신은 황폐해지고, 영혼은 출구도 없는 미로에 빠져 방황하게 된다. 불나방처럼 제 몸이 한 줌의 재로 까맣게 타 버릴 때까지 욕망의 불속에 뛰어드는 것을 멈출 수가 없다.

　영국 작가 톨킨(J.R.R. Tolkien 1892-1973)은 그의 소설 『호빗』과 『반지의 제왕』을 통해 우리에게 던지는 메시지는 무엇인가? 인간에게는 황금에 대한 욕망이 마음속 깊이 뿌리박혀 있다. 그런데 우리는 『호빗』에 등장하는 용 곧 탐욕의 화신 '스마우그'처럼 황금을 사용할 줄도 모르고 누리지도 못하면서 그저 영원히 '소유'하고자 하는 것은 아닌가? 그리고 황금에 대한 욕망은 그 자체로 끝나는 것이 아니라, 황금을 물신화物神化함으로써 물질이 인간존재를 지배하는 형국으로 치닫는다. 이처럼 황금 그 자체에 최고의 가치를 부여하는 것은 곧 인간소외와 정신의 죽음을 의미한다. 톨킨은 물질에 지배된 인간의식, 물질화된 사회, 물질과 이익추구에서 비롯된 자본주의 사업의 위험성에 대한 경고의 메시지를 던지고 있는 것이다.

　세속적 탐욕에 집착하면 삶의 여유가 없기 때문에 행복할 수가 없다. 하나라도 더 갖겠다고 욕심을 부리며, 남보다 앞서겠다고 몸부림 치는 곳에 어떤 행복이 깃들겠는가? 모든 집착과 탐욕에서 자유로워져야 행복해진다.

　현대인은 자신이 죽을 줄도 모르고, 아니 죽을 줄 뻔히 알면서도 불 속으로 뛰어드는 불나방처럼 남보다 좀 더 많이 소유하고 싶은 충동 하나로 욕망의 불속에 자신을 내던지는 우매한 존재가 되어 버렸다.

　그리스 신화 속 시시포스Sisyphos가 끊임없이 굴러 떨어지는 바위를 밀

어 올리는 벌을 받았듯이, 자본주의의 노예가 되면 끊임없이 탐욕의 구렁
텅이로 굴러 떨어지는 벌을 받는다. 현대인은 이 벌에서 어떻게 벗어날 수
있을까?

무비판적으로 자본주의 체제 속으로 깊숙이 들어가는 것은 지옥으로의
행진이 될 수 있다.

자본주의에 물들어 버린 현대인의 행복관

어느 수행자는 말했다. "세상이 온통 입만 열면 하나
같이 돈돈 하는 세태다. 어디에 인간의 진정한 행복과 삶의 가치가 있는지
곰곰이 헤아려 보아야 한다. 우리를 행복하게 해 주는 것은 돈과 소유만이
아니다. 행복의 소재는 여기저기에 무수히 널려 있다. 그런데 행복해질 수
있는 그 가슴을 우리는 잃어 가고 있다."

한국전쟁 후 극심한 빈곤에 시달렸던 우리나라는 사람 됨됨이에 신경
쓸 겨를도 없이, 생존과 경제성장을 향해 달려야만 했다. 전쟁으로 폐허가
된 나라를 일으켜 세우려고 발버둥 치다보면 인성人性이나 사람다운 삶을
돌아볼 겨를이 없었던 것이다. 경제성장이 우선이었고, 일과 기술이 먼저
였다. 그런 노력의 결과로 초고속 경제성장을 이루어 어느 정도 먹고 살만
한 나라가 되었다.

하지만 사람다운 삶을 등한시하고 성장 위주로 살다보니 곳곳에서 문
제가 터지기 시작했다. 가장 큰 문제가 인간소외와 도덕붕괴다. 인간으로
서 당연히 해야 할 일을 행하지 않게 된 것이다.

국내외 전문가들이 지적한 우리나라가 행복하지 못한 이유로는 과도한

물질주의, 지나친 경쟁, 과정과 결과에 대한 그릇된 생각, 비교문화 등이다. 그러한 이유는 모두 자본주의와 직결되어 있다.

자본주의 사회에서 다들 상대적 박탈감 속에서 자기가 더 불행하다고 느낀다. 어느 경제학자는 말했다. "한국사회는 서양의 물질편중의 과학문명과 그 기반 위에 선 그릇된 자본주의, 그리고 서구적인 이데올리기에 의한 계급의식과 대립사상 등으로 인해 인간존재가 말할 수 없이 위협을 받고 있다."

한국사회에는 서로 나누고 배려하기보다 자기만 아는 이기적인 사람이 많아졌다. 함께하는 동료와 친구를 경쟁상대로 대하며 폭력을 일삼고 죽음에 이르게 하는 일들이 빈번히 발생하고 있다. 4대 성인이 일찍이 염려한 불행한 일들이 우리 사회에서 전염병처럼 번지더니 오늘날 만연하고 있다.

사회 곳곳에서 파열음이 들리다보니 이제야 사람다운 삶, 즉 인성을 강조하기 시작했다. 인성 없는 지식과 성공은 행복은커녕 큰 문제를 초래하고 불행해질 뿐이다.

최근 들어 인성과 사람다운 삶에 대한 갈망이 일어나고 있다. 어쩌면 이러한 새로운 기류가 자본주의에 물든 사회를 치유하고, 더 나아가 인류사를 획기적으로 변화시킬지도 모를 일이다. 그러한 놀라운 변화가 일어나기를 기대해 본다.

소비하는 사회, 소비하는 인간

우리는 소비가 판을 치는 세상에 살고 있다. 오늘날 자본주의는 소비에 의해 확장되고 있으며, 소비의 중요성이 날로 커지고 있다. 자본주의는 손쉬운 행복관을 제시하고 있다. "행복하려면 상품을 구매하라!"

과거 자본주의는 노동과 생산성을 중시하고 소비의 측면은 주목하지 않은 반면, 최근에는 소비의 측면을 주목하고 현대인을 '소비하는 인간'으로 길들이고 있다. 우리는 소비가 일상화된 사회에 살고 있다.

과거에는 노동과 생산에 의해 발전되는 '생산시대'였지만, 최근에는 생산이 과잉된 시대로 이제 대규모 공장에서 쏟아지는 생산품을 소비해야만 하는 '소비시대'다. 그렇게 끊임없이 소비해야만 생산기계를 쉬지 않고 돌려서 다시 생산을 하게 되고 자본주의의 수레바퀴가 돌아가기 때문이다.

소비사회는 물질적 풍요를 가져다준다는 구실 아래 끊임없이 새로운 상품과 새로운 욕망을 창출하고, 새로운 욕망을 유발하기 위해 광고하는 특별한 테크닉을 구사하고 있다.

'소비하는 것은 좋은 것이다.' 이것은 바로 자본주의의 믿음이자 슬로건이다. 오늘날은 소비를 날마다 광고하는 사회다. 자본주의는 모든 사람들을 소비자로 탈바꿈 시키는데 성공했다. "세상에는 많은 사람들이 있다. 사람들은 모두 슬프다. 그래서 사람들은 돈을 쓰기로 한다. 물건을 산다. 그러면 모두 행복해진다!"

기업들은 소비를 조장하기 위해 광고하고 매스미디어를 통해 풍요롭고 자유롭고 행복한 삶과 미래를 약속한다. 현대인은 이러한 거짓 신화의 망령에서 이끌려 자본주의 체제에 순응하는 인간으로 길들여지고, 소비하는 인간으로 전락하는 것이다.

에리히 프롬은 그의 저서 『건전한 사회 The sane society』에서 "현대인이 소비지향적인 산업사회에서 소외당하고 자기 자신으로부터 멀어졌다"고

하였다.

자본주의가 낳은 헛된 욕망에 사로잡혀 진정으로 행복할 기회를 놓치지 말자. 『논어』에 보면 '과유불급'過猶不及이라는 말이 나온다. 이는 '중용'을 강조한 말로, 무엇이든 적정선을 지키지 않으면 화禍가 된다는 말이다.

오늘날 자신도 모르는 사이에 소비사회, 위험사회로 내몰린 현대인에게는 사랑이 메말랐고 희망이 사라졌다. 현대인은 길을 잃고 방황하며, 고뇌하고, 분노한다. 그래서 여기서는 4대 성인의 삶과 가르침을 통해, 길을 찾으려고 한다. 산다는 것은 길을 찾는 것이고, 행복하다는 것은 본디 올바른 길을 간다는 것이 아닐까?

자본주의 사회에서 진정한 행복은 가능한가?

자본주의 사회에서 가장 큰 영향력을 발휘하는 것은 돈이다. 돈이 사람보다 우선하는 사회에서 진정한 행복은 가능한가?

자본주의의 문제점은 돈에 대한 무한한 신뢰다. 돈만 가지면 자유로운 느낌이 들고, 돈으로 무엇이든 할 수 있다는 믿음이 있다. 그래서 무조건 돈이 많은 사람이 우월하고, 돈이 없는 사람이 열등하다는 심리가 현대인의 저변에 짙게 깔려 있다.

너도나도 돈 냄새를 좇아다니느라 너무 많은 소중한 것들을 잃고, 무가치한 삶을 살게 된다. 도대체 우리는 돈을 얼마나 소유해야 만족할 수 있을까?

어느 수행자가 말했다. "인간의 역사는 어떻게 보면 소유사所有史처럼 느껴진다. 보다 많은 자기네 몫을 위해 끊임없이 싸우고 있는 것 같다. 그저 하나라도 더 많이 갖고자 하는 일념으로 매진하고 있는 것이다."

프란츠 카프카의 소설『변신』의 주인공처럼 돈을 벌지 못하면 누구에게도 인정받지 못하고, 심지어 가족에게조차도 사랑받지 못하고 버림받는 세상이 되어 버렸다. 아무짝에도 쓸모가 없는 벌레처럼 되어 버렸다.

자본주의가 현대인을 속물인간으로 세속화시키고, 더 나아가 쾌락을 좇고, 공허감을 느끼고, 허무주의에 빠지게 만든다. 이는 자본주의 경제체제의 부산물로 과도한 경쟁, 공동체 붕괴, 무력감, 고립감, 권태감 등이 쾌락주의와 허무주의를 양산하기 때문이다.

독일 사회심리학자 에리히 프롬(Erich Fromm 1900-1980)은 인간의 행복과 불행에 대해 매우 통찰력 있으면서도 신선한 담론을 전개했다. 그는 대표작『소유냐 존재냐』에서 인간의 삶을 존재양식과 소유양식, 두 가지로 구분했다. 소유양식은 삶의 목표를 소유에 두는 것이다. 그것은 많이 소유한 만큼 삶이 풍요롭고 행복해질 수 있다고 보는 것이다. 소유양식은 오늘날 자본주의 사회에서 대다수의 사람들이 지향하는 삶의 양식이다.

프롬은 자본주의 사회의 불행을 예견했다. "소유는 곧 속박이다. 소유를 버리면 존재가 행복해진다." 그는 현대 자본주의 사회가 만들어내는 사회적 성격, 즉 '소유지향'이 인간을 불행하게 만든다고 주장했다. 4대 성인은 하나같이 인간이 행복하기 위해서는 '소유를 갈망하지 말 것'을 가르쳤다.

행복이 '인간본성의 실현'이라면 자본주의 사회에서 과연 행복이 가능할까? 에리히 프롬은 자본주의 사회에서는 진정한 행복이 가능하지 않다고 보았다. 왜냐하면 자본주의 사회는 인간의 본성에 역행하기 때문이다.

프롬은 자본주의 사회구조 속에서 어떻게 진실된 삶을 찾아 가야 하는

지 방향을 제시하고자 했다. 물질적으로는 풍요해졌지만 갈수록 인간의 마음과 정신은 피폐해지고 사회는 조각나서 개인들은 더욱 고독해졌다. 상대적인 결핍과 위화감, 거기에 존재감의 상실, 외로움, 정신적 퇴보, 불안감, 소외감, 그리고 진짜 무엇을 원하는지 알 수도 없는 것이 현대인의 실존이요 혼란이다.

자본주의는 '소유형 인간'을 양산한다. 소유형 인간은 불행할 수밖에 없다. 그 이유는 무엇인가?

첫째, 소유형 인간은 더 많은 것을 얻기 위해 일하기 때문에 불행하다. 탐욕에 물든 사람은 아무리 소유해도 부족함을 느끼기 때문이다.

둘째, 자본주의 체제 속에서는 더 많이 소유하기 위해 경쟁을 해야 하기 때문에 타인에게 적대적일 수밖에 없다. "우리가 가진 것과 남에게 보여지는 것만을 토대로 행복을 구축하려 한다면, 끝없이 계속되는 불만상태, 경쟁, 적대관계, 인생의 여러 곡절, 예측할 수 없는 운명 등이 우리의 행복을 무너뜨릴 것이다."^{에리히 프롬}

셋째, 자본주의 소유욕이라는 것은 무한 증식하는 속성이 있어 끝이 없고 만족이 없기 때문이다. 만족이 없는 사람은 불행할 수밖에 없다. 그래서 노자는 말했다. "많이 갖는 게 중요한 게 아니라 만족하는 게 중요하다." 가난해도 만족할 줄 아는 것이 행복이라는 것이다. 지족자부^{知足者富}, 즉 족함을 아는 자가 진짜 부자다.

반면 '존재형 인간'은 소유에 집착하지 않기 때문에 매사에 평화롭고, 삶을 소유물로 생각하지 않기 때문에 죽음에 대한 두려움도 덜하다고 한다. 게다가 소유가 아닌, 더 높은 자아실현을 이루기 위해 살기 때문에 의미있고 가치있는 일을 추구한다.

자본주의가 낳은 소유중심의 생활양식이 불행을 초래한다

"인간은 더 많이 소유하는 것이 아니라 더 많이 존재하는 것으로 행복해질 수 있다. 헛된 소유욕에 이끌리지 말고 살아있음 자체에 충만감을 느끼며 인간을 비롯한 모든 자연을 사랑하는 삶을 살라. 이러한 존재양식의 삶 속에서만 궁극적인 행복을 경험할 수 있다." 에리히 프롬

오늘날 현대인은 TV, 자동차, 스마트폰, 냉장고, 에어컨, 세탁기 등과 같은 문명의 이기들을 손에 넣어왔고, 그때마다 쾌감을 느껴 왔다. 쾌감을 느끼는 빈도가 늘어나면서 우리는 불감증에 걸려 어떤 것에도 만족하지 못하게 되었다.

오늘날 현대인은 자본주의가 조장한 물질만능주의에 몸과 정신, 그리고 영혼까지 오염된 채, 세속적 퇴폐문화에 길들여져 있기에, 알게 모르게 돈과 쾌락을 좇아 불나방이 불속에 자신을 내던지듯이, 자신을 내던지는 위험천만한 지경에 빠져있다.

우리들의 소유관념이 때로는 우리들의 눈을 멀게 한다. 사람이란 물질에 탐닉하면 양심이 흐려진다. 그래서 간디는 말했다. "내게는 소유가 범죄처럼 느껴진다."

소유를 유지하려는 데서 필연적으로 경쟁심, 폭력, 상실에의 두려움, 타인에 대한 적대감, 억누름, 착취 등이 싹트지만, 존재를 유지하려는 데서는 필연적으로 사랑, 나눔, 공유, 배려, 성장 등이 동반된다.

에리히 프롬은 소유적 삶의 양식으로는 결코 만족스러운 상태가 될 수 없다고 주장하며, 다음과 같은 의미심장한 질문을 던졌다. "만약 나의 소유가 곧 나의 존재라면 내가 가진 것을 잃을 경우 나는 어떤 존재가 되는가?"

"존재의 삶을 사는 인간은 독립적이고 능동적으로 행동한다. 이런 부류

의 사람들은 껍데기에 연연하지 않고 자기 자신으로 존재하는 것에 관심을 기울인다. 즉 이들은 더 많은 것을 소유하고자 노예의 삶을 사는 것이 아니라 자유롭게 자신의 인생을 살아가는 주인의 삶을 산다."에리히 프롬

우리의 삶은 소유와 존재 중 어느 쪽에 가깝다고 생각하는가? 4대 성인은 소유와 거처를 과감히 버리고, 언제나 새로운 곳으로 기꺼이 떠날 수 있었던 인물이었다.

소유는 축적할수록 염려가 많아진다. 소유에 대한 집착에서 벗어나는 만큼 삶에 대한 두려움도 줄어든다. 그만큼 잃을까봐 조바심 낼게 없으니까.

인간은 금수가 될 수도 있다

인간은 성자가 될 수 있는 성스러움과 악마가 될 수 있는 추악함이 공존하는 묘한 존재다.

과거 어느 정복자는 자신이 정복한 나라의 성인 남자들을 모두 살해했을 때 그들의 가족들과 여자들이 울부짖는 소리를 들으며 쾌감을 느꼈다고 한다. 인간이 어느 정도까지 악마가 될 수 있는지를 단적으로 보여주는 실례라고 할 수 있겠다.

자본주의 사회에 사는 사람들은 무력감, 권태감, 고독감, 그리고 허무감 등의 감정을 극복하기 위해 다양한 형태를 드러낸다고 한다. 그것은 성스러운 형태를 띨 수도 있고 악마적인 형태를 띨 수도 있다. 그것이 인간이 다른 동물들과 다른 점이기도 하다.

나치의 죽음의 수용소에서 살아남아서, 그 끔찍한 경험을 토대로 정신세계와 사고체계를 탐구했던 유태계 정신과 의사 빅터 프랭클(Viktor Emil Frankl

1905-1997)은 그의 저서 『죽음의 수용소』에서 말했다. "자극과 반응 사이에는 공간이 있다. 그 공간에는 우리의 반응을 선택하는 자유와 힘이 있다. 그 반응에 우리의 성장과 행복이 달려있다."

서울대 최인철 교수는 그의 저서 『프리젠트 Present』에서 빅터 프랭크의 글에 다음과 같은 주석을 붙였다. "행복한 삶을 추구한다는 것은 어떤 삶의 자극이 들어와도 놀랍도록 지혜로운 반응을 만들어 낼 수 있는 깊고 넓은 내면의 공간을 만들어 내는 작업이다."

자극과 반응 사이에는 우리가 선택할 수 있는 자유가 있다는 것이다. 그 공간에서의 선택이 우리의 삶의 질을 결정짓는다.

대부분의 사람들은 자극에 대해서 본능적으로 반응한다. 배고프면 먹고, 신제품을 보면 관심을 가지고 구매한다. 조그만 일로 쉽게 화내고 낙담한다.

하지만 성숙한 사람은 자극에 대해서 본능적으로 반응하지 않는다. 그런 사람은 자각과 성찰의 시간을 갖고 인생을 주도적으로 끌고 나아간다. 그러므로 성숙한 사람이 되려면 자극과 반응 사이에 공간에서 자각과 성찰의 시간을 가져야 한다.

얼굴은 인간이나 마음은 짐승 같은 인면수심人面獸心이 되지 않기 위해서는 자극과 반응 사이에 자각과 성찰의 시간이 필요하다.

'자각과 성찰'은 소크라테스의 기본적인 사상과 가르침이다. 소크라테스는 자기가 평소 옳다고 생각하는 것도 다시 한 번 숙고할 필요가 있다고 말했다. 이미 확신을 가지고 받아들인 정치적 신념이나 종교적 신앙에 대해서도 생각하고 또 생각해봐야 한다는 것이다.

그럴 때에 우리는 오류를 극복할 수 있고 더 많은 것이 보이기 시작한다는 것이다. 이미 진리라고 인정된 것이라도 다시 검토해보고, 합리적이며 객관적으로 검증된 것만 받아들이도록 노력해야 한다. "스스로 캐묻지 않고 숙고하지 않는 삶은 살 가치가 없다."_{소크라테스}

우리 인간이 다른 동물과 구별되는 점은 무엇일까? 크게 두 가지 능력, 즉 사고력과 판단력을 갖고 있다는 점이다. 그런데 우리 인간의 특성이자 자랑거리인 이 능력을 포기하고 자본주의의 노예가 된다는 것은 인간임을 포기한다는 것이다. 금수로 돌아가자는 것이다.

천민자본주의^(야수 자본주의) 세태 속에서 인간성 상실과 소외, 삶의 가치와 의미를 잃고 방황하는 현대인들을 어떻게 올바른 길로 인도할 것인가? 진선미의 가치를 어떻게 다시 회복할 수 있을까?

인류 보편적 도덕률, 황금률^(黃金律 golden rule)을 회복하자!

인류의 역사에서 사회가 극심한 혼란기인 기축시대에 4대 성인이 등장하여 하나같이 인류의 보편적 도덕률을 가르쳤다. 인간 안에는 보편적인 양심이 존재하는데, 그것을 따르는 삶이 황금률과 진선미다. 황금률과 진선미는 모든 사상과 종교의 합일점이다.

4대 성인의 가르침 곧 황금률과 진선미가 인류의 올바른 삶에 대한 답이다. 보편적인 답을 제시했기에 공자, 붓다. 소크라테스, 예수가 4대 성인으로 추앙받게 되었고, 기축시대의 아포리아를 훌륭하게 대처함으로 성인으로서의 면모를 보여 주었던 것이다.

공자의 인仁과 예禮, 붓다의 자비와 무소유, 소크라테스의 자각과 성찰, 예수의 사랑과 희생은 그 형태는 조금씩 다를지라도 이야기의 핵심은 황금률이다. "다른 사람이 해 주었으면 하는 행위를 하라. 네가 남한테 고통받기 싫듯이 남한테 고통주지 말라." 보편적 도덕률을 공통적으로 이야기했던 것이다.

오늘날 우리 시대는 과거 기축시대보다 훨씬 더 심각한 위기에 처해 있다고 봐야 할 것이다. 그렇다면 어느 때보다 보편적 도덕률을 절실하게 필요로 한다.

현대물질문명의 유토피아 환상幻想은 무너졌다

현대물질문명의 궁극적인 목표는 과학기술의 발전을 통해 풍요와 번영의 유토피아 건설이라고 할 수 있다. 현대사회는 과학기술의 유토피아에 대한 맹목적인 환상에 도취되어 있지는 않은가? 하지만 과학기술문명의 약속은 한낱 환상으로 끝났다. 우리 시대의 신화요 끔직한 악몽이었다. 일종의 몽상임이었음이 확연히 드러났다.

과학기술문명이 현대인에게 큰 기대감을 준 것은 사실이다. 하지만 그것은 잠시였다. 곧이어 그 위험 때문에 불안과 두려움에 휩싸이게 되었다. 인류는 인간에 대한 깊은 이해가 없다면, 과학기술의 발전은 인간에게 재앙이 될 수 있다는 사실을 알아야 한다.

오늘날 과학기술의 진보는 사람들의 의식과 생활양식을 크게 바꾸어 놓았다. 사회의 격심한 변화 속에서 미래에 대한 불안과 염려가 급증하고 있다. 사람들은 조금만 더 기술이 발전하고 지식이 쌓이면 상황이 역전되고, 상태가 호전될 수 있다고 생각하며 늘 미래에 초점을 두고 살고 있다. 하지만 상황은 호전되지 않고 있다. 이는 앞으로도 마찬가지일 것이다. 역사학자들은 지난 20세기야말로 인류 역사상 가장 혼란했고, 살인이 난무했던 시대였다고 단정했다.

지난 20세기는 구소련의 사회주의 혁명을 시작으로 1차 2차 세계대전, 동유럽과 중국의 공산화 과정, 한국 전쟁, 베트남 전쟁을 거치는 과정에서 실로 엄청난 사람들이 죽었다.

그야말로 20세기는 유토피아의 환상으로 시작하였으나 끔찍한 악몽으로 끝났던 것이다. 양심문화가 사라지고 보편적 도덕률이 상실한 곳에 인간성 상실과 이기적 욕심문화가 판을 치고 있다. 인간은 얼마든지 금수가 될 수 있다는 사실을 여실히 보여주었다.

왜 21세기에 인문학인가?

인문학은 인류의 지혜로 피어난 꽃이다. 인문학의 꽃에는 인간을 성찰하고 인간답게 하는 향기가 퍼져 나온다.

인문학은 말 그대로 인간에 대해 탐구함으로써 사람다운 인간의 길을 모색하는 학문이다. 인문학은 인간을 인간답게 만드는 학문인 것이다.

사람이 어떻게 살아왔고, 앞으로 어떻게 살아가야 하며, 자유로운 주체로서의 삶을 살아가는 방법과 이미 살아왔던 삶의 궤적을 살필 수 있도록 해준다.

먼 옛날, 사람들이 모여 살면서부터 머리를 맞대고 삶의 문제를 생각하기 시작했다. 이러한 인간의 지혜가 철학, 역사, 문학 등으로 발전하였고, 긴 세월이 흐르면서 '인문학'이라는 이름으로 정착되었다. 서양에 소크라테스와 그 후예들이 있었다면, 동양에서는 공자, 맹자, 노자, 장자 등이 있었다.

인문고전을 대하면 과거부터 지금까지 긴 시간 동안 사라지지 않고 수 많은 사람들에게 영향력을 발휘해온 사상과 가르침이 있다는 사실이 경이 롭고 대단하게 느껴진다.

21세기 자본주의 체제에서 실종된 인간성을 회복하여 인간답게 사는 길을 모색해야 한다. 인간성을 회복하기 위해서는 인문학만한 것도 없다.

사회심리학자 에리히 프롬은 자본주의의 급격한 팽창과 1차 2차 세계 대전과 그리고 미국의 물질만능주의를 겪으면서 인간의 욕망에서 시작된 개인과 사회 갈등을 인문학적으로 그 해결책을 제시하려고 하였다.

자본주의에 맞서서 대응할 수 있는 인문학적 태도는 무엇인가? 자본주 의를 통제하지 못하면 우리는 자신의 인생의 주인이 되지 못하고 자본주 의의 노예로 전락할 것이다.

우리에게 필요한 것은 바로 양심을 자각하고 자기 자신을 성찰하는 일 이다. 그것이 바로 인문학의 출발점이고, 황금률을 삶 속에서 실천해 나가 는 것이다. 돈을 향해 달려가는 삶을 멈추고 과연 '나는 누구이며 어떻게 살 것인가' 하는 인문학적 성찰을 한다면, 우리 안에 내재해 있는 양심과 진선미를 발견하게 될 것이다.

사람이 사람답게 살려면 먼저 자기 자신을 성찰할 수 있어야 한다. 자기 성찰과 반성부터 해야 인생의 의미와 행복을 찾을 수 있고, 올바른 길을 모색할 수 있다. 자신의 처지와 분수도 모르고 소유욕에 사로잡히게 되면, 그 욕망의 좁은 공간에 갇혀 정신과 깨달음의 문이 열리지 않는다.

자본주의 사회에서 진정한 행복을 위해서는 돈을 좇기보다 양심자각, 자아성찰, 정신세계에 더 많은 노력을 기울여야 한다. 자본주의 사회에 의 해 통상적으로 길들여진 교육이 아닌 스스로 생각하며 삶의 길을 열어가

는 인문고전 교육이 필요하다. 또 인생의 문제를 해결하는 지혜를 키워나
가야 한다.

인문학의 범주에 속하는 철학, 종교, 신화, 역사, 문학, 예술 등은 어떻게
세상을 살아가야 하는지, 그리고 어떻게 사람답게 살아갈 수 있는지를 파
악할 수 있는 통찰력을 제공한다.

인문학이 필요한 이유들

언제부터인가 인문학이 외면받기 시작했다. 한마디로
'문사철'(문학, 역사, 철학)은 돈이 안 되는 학문이라는 이유 때문이었다. 오늘날
취업위주의 교육과 업적위주의 사회에서 인문학이 들어설 틈이 없어 보인
다. 하루가 다르게 과학기술이 발달해 가는 요즘, 인문학은 시대에 뒤떨어
진 낡은 학문이라는 인식이 널리 퍼진 것이다. 그래서 '인문학의 위기'라
는 말이 회자되고 있는 실정이다.

하지만 다행히 최근 인문학에 대한 관심이 높아지고 있다고 한다. 그러
면 오늘날 사람들이 인문학을 찾는 이유는 무엇인가?

첫째, 오늘날 물질문화로 인한 정신적 공허감에 시달리는 사람들이 삶
의 의미와 가치를 인문학에서 찾고자 한다. 불확실한 시대를 사는 현대인
들이 현명한 삶을 사는 데 인문학이 도움이 된다고 생각하는 것이다.

현대물질문명의 소용돌이 속에서 현대인들은 공허감에 시달린다. 이제
현대인들은 금세기에 들어서서 새로운 대안을 찾고 있다. 그 대안 중에 하
나가 인문학이다. 인문학은 과거로부터 현재에 이르기까지 인간성 상실로
촉발된 제반 문제들을 근원적으로 해결하고, 미래의 비전을 열어갈 수 있

는 열쇠다.

인문학 곧 철학, 종교, 문학, 예술 등은 삶의 목표와 실존의 이유, 그리고 인간의 궁극적인 목적을 다룬다. 인문학은 삶의 방향과 밀접하게 관계되어 있다. 그래서 삶의 의미와 가치를 찾는 사람이라면 누구나 인문학을 공부해야 한다.

둘째, 인문학이 경제발전에 어느 정도 도움이 될 수 있다는 생각 때문인 것 같다. 최근 기업의 경영자들은 인문학 탐구를 통해 회사경영의 통찰력과 안목을 키운다고 한다. 예를 들어 삼성그룹의 창립자 고^故 이병철 회장도 삼성이 있게 된 원동력으로 『논어』를 거론했다. 그 외에도 여러 기업인들은 사마천의 『사기』, 에드워드 기번의 『로마제국 쇠망사』, 처칠의 『뜨거운 승리』, 간디의 『자서전』 등을 읽었다고 한다.

인문학은 뜬구름을 잡는 학문이 아니다. 인문학은 현실 문제를 직시하고 해결할 지혜다. 인문학은 삶의 고비마다 만나게 되는 닫힌 문들을 열어줄 지혜의 열쇠인 것이다.

셋째, 인문학을 찾는 또 다른 이유는 '창의성'이다. 오늘날 기업에는 창의성이 절실하다. 창의성이 얼마나 절실했으면 어느 기업가는 다음과 같은 말을 했을까? "소크라테스와 점심식사를 함께 할 수 있다면 애플이 가진 모든 기술과 맞바꾸어도 좋다."_{스티브 잡스}

애플의 창업자 스티브 잡스는 수시로 인문학적 인재가 필요하다고 이야기했다. 남다른 통찰력의 소유자인 잡스는 미국 리드대학교^{Reed College} 시절 호메로스, 플라톤, 카프카 등의 인문학 서적들을 탐독한 것이 애플을 만드는 데 큰 힘이 되었다고 말하였다. "인문학과 과학 사이에는 마법이 존재한다. 애플은 항상 인문학과 기술의 교차로에 놓여 있다."

마이크로소프트의 빌 게이츠도 인문학의 도움으로 컴퓨터산업을 일으킬 수 있었다고 말하였다. 이처럼 오늘날 첨단산업을 일으킨 기업가들이 인문학의 중요성을 이야기했다. 인문학은 창의성과 인간관계를 향상시킬 수 있는 좋은 분야다.

넷째, 오늘날 극심한 세속화에 매몰된 현대인은 '어떻게 살 것인가'하는 인문학적 성찰의 시간을 필요로 한다.

인문학은 자신을 돌아보게 하고 새로운 삶의 방식에 눈뜨게 한다. 자기의 삶을 역사적으로, 전체적으로, 다각적으로, 그리고 내부적으로 들여다보게 해준다.

현대인은 자본주의의 노예에서 벗어나 진정한 주인이 되기 위해서는 인문학적 성찰이 필요하다는 것을 인식하기 시작한 것 같다.

다섯째, 삶의 여유가 있으면 취미생활을 하게 되는데, 그 취미 중 하나로 인문고전을 읽는 것이다. 먹고 사는 문제가 어느 정도 해결된 중장년층과 노년층이 일종의 취미생활로 인문학을 공부하는 것이다. 중장년층은 어느 정도 인생을 살고 난후, '내가 잘 살고 있는 걸까' 하는 질문이 일어난다. '인간답게 잘 산다는 게 무엇인가' 하는 질문과 함께 인간다운 삶에 관심이 일어나기 시작한다.

인문고전은 나보다 앞서 세상을 살았던 선조들의 지혜와 삶이 담긴 생생한 보물창고와도 같다. 그래서 인문고전은 행복한 삶과는 뗄 수 없는 탁월한 도구다.

그리고 순수한 지적 호기심으로 인문학을 시작하는 일반인도 있다. 그냥 배우는 것이 좋고 공부가 좋아서 인문학에 입문하는 사람들이다.

인도에는 브라만 법전에 따라 인생을 네 가지 주기로 살아가는 전통이 있다. 나이 50세가 되면 임서기林棲期를 맞이하는데, 그때는 집을 나와 숲속에 은둔하며 혼자 수행하는 주기다. 오늘날 우리도 50세의 나이가 되면 인문기人文期, 즉 인문의 숲에 거하며 수행하는 자세로 살아가는 것도 좋을 것 같다.

여섯째, 인문학은 국제적 감각과 상식을 높여 준다. 오늘날은 국제화 시대다. 인문적 지식은 국제화 시대에 반드시 갖추어야 할 기본소양이라고 할 수 있겠다.

외국인을 제대로 알기 위해서는 그들의 문화바탕을 알아야 한다. 서양이면 『성경』『그리스 로마 신화』『일리아드』『오디세이』 등을 통해 서양인의 사상, 종교, 문화를 알아야 한다. 한국, 중국, 일본, 베트남 등 동아시아이면 유교, 도교, 불교 등을 통해 동아시아인의 종교와 사상을 알아야 한다.

무역을 하거나 외교상 업무를 처리할 때 상대국가에 대한 인문학 지식을 활용하면서 효과적으로 적절히 대응할 수 있다. 어떻게 보면 적은 투자로 가장 큰 효과를 볼 수 있는 것이다.

반기문 전 유엔사무총장이 오바마 전 미국대통령 생일 때『도덕경』에 나오는 글귀 '상선약수'上善若水를 표구로 만들어서 선물했던 것을 보았다. 우리나라 대통령이 중국 국가지도자를 만나서 대담할 때 중국고전에 나오는 사자성어를 인용하는 것을 자주 볼 수 있다.

일곱째, 인문학은 인성人性을 높여 준다. 인간을 이해하고 인격을 수양하는 학문이 바로 인문학이기 때문이다.

나이가 들면 마법처럼 저절로 인성이 높아질 것이라는 생각은 잘못되었다. 인성은 학습을 통해서 습득할 수 있다. 또 자신의 노력으로 얼마든지 향상시킬 수 있다. 그러므로 적절한 기회가 오기를 기다리지 말고, 지금 바로 인성을 도야해야 한다.

고대 그리스 철학자 아리스토텔레스에 따르면 유덕한 사람은 행복한 삶을 살게 되어 있다. 그래서 덕성교육이 중요하다. 올바른 삶을 산다면 행복해진다. 친절하게 산다면 행복해 질 수밖에 없다.

인문학은 자기 자신을 돌아보게 한다. 자기 성찰을 통해 자신의 부족을 발견하고 인격수양의 필요성을 느끼게 해 준다. 이것이야말로 인문학이 주는 소중한 가치다.

여덟째, 인문학은 인간의 행복을 증진하는 학문이다. 인문학은 인간의 지혜를 모아서 인간의 행복을 증진하기 위해 시작되었다. 우리가 어려운 시련을 당했을 때, 그 시련을 극복할 수 있는 지혜를 제공하고 행복한 삶을 가져다주는 것이 인문학이다.

인문학은 삶의 참된 가치를 가르쳐주기 때문에 사람을 행복의 길로 안내한다. 그래서 인생을 제대로 행복하게 살고 싶다면 인문학을 배워야 한다.

인문학 자체가 인간에 대한 이해도를 높이는 학문이기 때문에 자기 자신과 주위 사람들에 대한 이해와 함께 사회생활의 만족도를 높일 수 있다.

오늘날 인문학에 대한 빈곤은 사회전체의 빈곤으로 이어져 우리사회를 각박하게 만든다. 개개인의 교양인 인문학적 토대를 갖추었을 때 우리 사회는 그야말로 행복한 사회의 토대가 갖추어졌다고 할 수 있겠다.

이와 같이 인문학은 우리 모두의 행복을 증진시키는 분야이기 때문에 모든 사람에게 필요한 학문이다.

묻는 곳에 길이 보인다

　　　　　　　　　　인류는 언제나 질문을 가졌고 질문과 함께 발전했다. 질문을 한다는 것은 우리가 어떻게 살아야 할지 생각한다는 것이고, 그것이 지혜로운 삶의 출발점이다. 질문을 통해서 생각을 확장하고 심화해 나가는 것이다.

인문학은 질문을 던지는 학문이다. 인간은 자신의 삶에 대해서 끊임없이 질문을 던지고 답을 모색하는 가운데 성장한다. 답은 틀릴 수 있지만 질문은 틀리지 않는다. 질문은 나의 무지함을 드러내는 것이 아니라 도약의 기회를 생성시키기 위한 좋은 방법이다.

오늘날 자본주의의 덫에서 벗어나려면 평소에 당연하게 여겼던 것에 대해 질문을 던질 수 있어야 한다. 어느 과학자는 말했다. "하나를 알면 모르는 게 열이 생긴다. 연구와 발전은 새로운 질문을 발견하는 것이다."

인문적 사고는 질문과 고민에서부터 시작한다. '이대로 살아도 괜찮은 것인가' '탁월한 삶이란 무엇인가' 이와 같이 누구나 한 번쯤 해봤을, 하지만 굳이 입 밖으로 내지 못했던, 내 삶에 대한 질문이 바로 인문학적 사고의 도화선이 된다.

어떻게 질문할 수 있는가? 좋은 질문을 하려면 인문고전을 읽어야 한다. "책을 읽다 보면 자연스럽게 질문이 떠오른다. 이 사람은 왜 이런 선택을 했을까? 이런 환경에서 나라면 어떻게 했을까? 지금 나에게 비슷한 일이 생긴다면 어떻게 해야 할까? 그들이 어떤 선택을 하고, 그로 인해 얼마나 고통을 받았으며 어떤 최후를 맞이하는지 보면서 인간과 인생에 대해 묻게 되는 것이다. 책은 많은 사람과 상황과 사건, 사회와 시대를 경험하게 해주면서, 나를 만들어 가고 다른 사람을 이해할 수 있는 기회를 제공

한다."김현

　그런 의미에서 인문고전은 분명 의미있고 행복한 인생을 위한 매뉴얼이라고 할 수 있다.

　소크라테스는 끊임없이 질문을 던지며, 그 질문을 받은 사람들이 스스로 깨우치도록 이끄는 철학자로 유명하다. 산파술이라고 불리는 이 대화의 방법은 사람들에게 무언가를 가르치기보다는 질문을 거듭함으로써 당사자가 인지하지 못했던 새로운 생각과 사상을 낳게 하는 방법이다.

　우리가 잘 아는 '너 자신을 알라'는 격언은 소크라테스가 무지한 사람들이 스스로 깨우치고 지혜를 낳을 수 있도록 던졌던 말이다. 자신의 무지를 깨달아야만 비로소 진리를 얻고자하는 마음이 생겨나는 법이다. '나는 누구인가' 이러한 질문이 중요한 이유는 나에 대한 성찰과 함께 인간이라는 존재에 대한 질문의 시작점이기 때문이다.

　내가 누구인지 묻는 행위는 '나는 어떤 사람이 되어야 하는가', 그리고 '나는 어떻게 살아야 하는가' 하는 질문으로 이어지는 법이다. 더 나아가 '나는 누구인가'에 대한 성찰은 결국 '인간이란 무엇인가, 어떻게 사는 것이 인간다운 삶인가'라는 문제와 연결되는 것이다.

　따라서 질문은 인간으로서 인간다운 사람이 되어 인간다운 삶을 사는데 있어 꼭 필요한 것이다. 또한 인문학적 질문은 그 영역이 점점 확장되어 사회 전반의 질문으로 이어지는 법이다.

　독일 사회심리학자 에리히 프롬은 자본주의의 물질문화 풍조 속에서 어떻게 인간답게 살아야 하는지 질문을 던졌다. 그는 인간의 본질은 대답이 아니고 질문이라고 했다. 자신이 어떤 질문을 갖고 사느냐에 따라 인생의 방향이 달라지기 때문이다. 우리가 하는 질문이 우리의 삶을 만들어 간다.

"우리가 왜 사는지, 무엇 때문에 사는지에 대한 질문을 포기하지 마라. 그 질문을 포기하는 순간 우리의 낭만은 끝이 나는 거다."_{낭만닥터 김사부}

오늘날 자본주의 사회에서 정말로 필요한 것은 인문학적 질문을 하는 것이다. 스스로 묻고 생각할 줄 아는 사람은 그 어떤 위기에도 자기 나름대로의 답을 찾아나갈 것이다. 인문학은 스스로 묻고 답을 찾아가는 학문이다.

2 현대인의 행복을 가로막는 자본주의

"사람을 행복하게 만드는 성공한 삶의 징표가 될 수 있는 게 무엇이라고 생각하는가? 황금이 가득한 금고인가? 아니면 진선미의 미덕을 존중하는 삶인가?" 소크라테스

　본서 『4대 성인과 떠나는 행복여행』은 오늘날 자본주의 사회에 팽배해 있는 비도덕적이고 비인간적인 성격과 모습을 비판하는 데서 출발한다. 널리 알려진 바와 같이 오늘날은 인간성 상실과 함께 인간이 상품화되는 시대이기도 하다. 이른바 '인성교육'이 강조되는 이유도 바로 여기에 있다.

　오늘날 자본주의의 발달로 경제성장을 이루었지만, 갈수록 세속화 되고 비인간화되는 세태 속에서 현대인은 인간성을 잃고, 내면적 기아 속에 헤매고 있다. 이는 현대인의 행복에 가장 큰 장애가 되고 있다.

　오늘날 도덕성 회복과 인문학 교육은 우리가 단순히 좀 더 올바른 삶을 영위하기 위한 것만은 아니다. 오늘날 과학기술의 불확실한 발달과 무책임한 개발로 인해 인류가 종말을 맞을 수도 있다는 위기에 대처하기 위한 중대한 보루로서, 인류를 지키기 위한 막중한 과제이기도 하다.

자본주의의 흐름을 경계하라

우리는 자본주의 시대에 살고 있다. 자본주의자들은 천국이 눈앞에 있다고 약속한다. 실제로 긍정적인 신호가 조금 보이기도 한다. 기대 수명, 어린이 사망률, 영양섭취, 주택환경, 교육시설 등 물질적인 기준에서는 상당히 나아졌다.

하지만 자본주의 시스템에서 경제성장은 거듭했을지라도 기아와 궁핍으로 살아가는 사람들은 더욱 많아지고 있다. 이는 자본주의의 병폐인 불균형 발전과 불평등 분배에서 야기된 것이다.

자본주의가 발전할수록 소득의 격차가 확대되어 양극화 현상이 심화되고, 인간소외가 일어나고, 자연환경이 파괴되고, 인류의 종말이라는 위험을 초래하고 있다.

이러한 상황에서 인류는 행복할 수 있을까? 경제성장이 인류를 행복하게 만들지 않고 오히려 불행을 초래한다면, 그 성장이 무슨 소용이 있겠는가?

자본주의란 자본의 증식을 목적으로 끊임없이 이익을 추구하는 이데올로기다. 오늘날 그 자본주의가 구舊사회주의 국가들의 붕괴로 인해 중국, 러시아, 동유럽 등이 가세함으로 거대한 세계시장 형성과 IT기술의 비약적 발전으로 글로벌 자본주의로 발전하여 막강한 세력을 떨치고 있다.

이 거대한 글로벌 자본주의는 세계 곳곳에 잠자고 있던 자원을 시장거래의 장에 끌어내서 경제성장을 촉진하고 있다.

자본주의 경제체제에서 돈이 만능해결의 열쇠가 되어버렸다. 오늘날 모든 것이 돈으로 환산되고 있다. 금권만능주의 사회다. 인간의 신분과 가치도 재산정도에 따라 구분되어진다. 그래서 현대인은 돈에 혈안이 되어 인간의 보편적인 가치와 도덕률조차 무시되고 있다. 돈이 최고신最高神

이 되었다.

부자가 되기 위해 돈에 집착하면 돈은 사람을 집어삼킨다. 돈은 사람의 편의를 위해서 생겨난 수단인데, 그 돈이 목적이 되어 버렸다. 돈이 목적이 된 사람은 사람이 해서는 안 되는 짓까지 하게 되는 것이다.

부의 척도를 돈이 많고 적음으로 하지 말고, '기부를 얼마나 하는가' 등의 기준으로, 그 사람의 덕이나 인품으로 가름해야 한다. 현대인은 외적으로는 부유하나 내적으로는 빈곤하다.

자본주의 사회에서 돈과 명예는 피하기 힘든 매력을 발산한다. 자본주의 체제 속에서 살면서 이 두 가지가 결핍됐을 때 과연 진정 행복할 수 있을지 의문도 든다. 하지만 우리는 우리 삶을 만족시킬 도구들을 이미 모두 갖고 있다. 삶의 기본적인 즐거움을 누리기 위해 우리가 생각하는 만큼, 그 만큼의 돈과 명예는 필요하지 않다.

무엇보다도 세속적인 부는 결코 인간을 행복하게 만들지 못한다. 인간은 돈과 물질을 맹목적으로 따라가면 인생이 엉망이 된다. 그런 물질을 지나치게 추구하면 영혼이 망가지는 법이다.

어느 수행자는 말했다. "인간의 삶이 비참하고 혼란스러운 가장 큰 이유는 돈과 소유물이 곧 나 자신이라고 착각하기 때문이다."

4대 성인에게 지혜를 구하고 길을 묻다

도대체 왜 그렇게 열심히 물질적인 성공을 추구할까? 물질적인 성공이 결코 절대적인 행복의 조건이 아닌데도, 사람들은 왜 그것에 목을 맬까?

나는 사람들의 이런 모순적인 심리에 대한 4대 성인의 생각이 궁금했다. 4대 성인의 답은 의외로 간단하다. 사람들이 잘못 알고 있거나 몰라서 그렇다는 것이다. 부자가 되고 명성이 높아지면 정말로 행복해질 것이라고 착각하고 있기 때문이라는 것이다. '무지가 악이다.'

4대 성인에게 부자가 되고 유명해지려는 야심은 인생에 있어 반드시 피해야 할 독약이다. 4대 성인은 말했다. "돈과 명예의 유혹을 피해야 한다. 그것들은 결코 우리를 행복하게 해주지 못한다."

4대 성인은 행복에 이르는 길을 우리에게 알려준다. 돈과 인기가 아니더라도 얼마든지 우리가 행복할 수 있는 방법이 존재한다는 것이다. 재산, 명예, 권력 등을 통해 세인의 관심을 추구하는 대신, 지혜롭고 선한 삶을 추구하는 것이다. 삶에서 황금률과 진선미와 같은 미덕을 추구해야 한다. '인자는 무적이다.'

부자, 유명인, 권세가가 되어 타인에게 주목받는 방법 외에도 현명하고 도덕적인 사람이 되어서 타인에게 충분히 사랑받을 수 있다. 4대 성인의 가르침에 따라 지혜와 도덕의 길을 걷는 현자들도 주목과 존경을 받을 수 있는 것이다.

4대 성인은 가르침뿐만 아니라, 그들의 삶 속에서 인간이란 어떻게 살아야 하는지 알려 주었다. 그들의 삶과 가르침을 알면 어떻게 살아야 할지 지혜가 생기고 길이 보인다.

삶의 여유와 행복을 집어삼키는 자본주의

오늘날 현대인은 세속적 욕망에서 벗어나 일상의 모

든 일을 접고 자연 속에서 호젓한 마음으로 산과 강, 풀과 꽃 등을 바라볼 때 느끼는 여유로운 마음이 있는가?

자본주의 사회의 급변과 무한 경쟁에서 벗어나 모든 긴장을 풀고 마음 편히 쉴 수 있는 곳이 있는가? 고향이 상실되고 삶의 여유를 잃어버린 시대에 어떻게 하면 삶의 여유를 되찾을 수 있을까?

자본주의가 만들어내는 현란한 상품에서 벗어나 생각만 해도 '편안하고 아늑한 곳' 곧 고향과 같은 목가적인 곳으로 다시 돌아가는 것이 가능할까? 우리에게 자연 속에서 달을 보고, 별을 관찰할 여유가 있는가?

오늘날 자본주의 체제는 도저히 과거로 돌아갈 수 없는 세상을 만들어 놓았다. 자본주의에 익숙해진 현대인들은 결코 과거의 목가적인 시대로 돌아갈 수는 없을 것이다. 그렇다면 우리는 이런 상황에서 어떻게 대응해야 할까?

과연 자본주의는 정말 훌륭한 경제체제인가? 급변하는 세상에 적응하는 데만 열중하다보니 우리는 세상의 어떤 것 하나와도 차분한 교감을 나누지 못하고 있다. 인간은 자본주의에 의해 행복해질 수 있는가?

오늘날 이 세계는 인간이 고유하고 성스러운 자신의 존재를 드러내는 곳이 아니라, 인간은 한낱 생산을 위한 인적 자원으로 여겨지면서, 그 생산 에너지를 최대한 뽑아내도록 내몰리고 있다. 이런 의미에서 하이데거는 오늘날의 비인격화된 세상을 '황폐한 세계'라고 불렀다.

온 세상이 온통 자본주의의 물결에 휩쓸려 경제성장에 혈안이 되고 있는 요즘에 삶의 여유와 행복을 추구하는 나라가 있는데 곧 부탄이다.

히말라야 산맥에 있는 입헌군주국인 부탄은 글로벌 자본주의의 흐름을 타고 급성장하고 있는 중국과 인도 사이에 긴 가난한 소국으로 일종의 '쇄

국상태'를 유지하고 있는 특이한 나라다.

그러면 왜 세계의 대다수의 국가들이 각국의 이익을 추구하는 글로벌 자본주의 시대에 들어가 있는데, 부탄은 굳이 자본주의 경제효율성과 시장원리로부터 일정한 거리를 두는 국가정책을 펼치고 있는가?

그것은 1972년, 당시의 국왕이 '국민의 행복은 결코 경제발전으로 측정할 수 없다'는 관점에서 '국내 총생산'GDP의 추구보다는 '국민 총행복량'(GNH, Gross National Happiness)의 향상을 지향하는 국가이념을 내걸었고, 그 방침을 대다수의 국민들이 지지했기 때문이다.

그렇다면 부탄사람들이 생각하는 '행복'이란 무엇인가? 먼저 정신적으로는 티벳불교에 기초를 둔 전통적인 생활양식을 유지하는 것이고, 그와 동시에 자연과 조화를 이루면서 여유와 평화를 우선한다는 것이다.

다시 말하면 부탄사람들은 자본주의 시장 속에서 살아가는 것이 아니고, 전통적인 사회의 유대 속에서 자연과 함께 살아가는 길을 선택했던 것이다.

그 결과로 부탄사람들의 얼굴은 늘 밝으며 하루하루를 여유있게 살아가고 있는 것처럼 보인다. 부탄국민은 외적으로는 가난해도 내적으로는 부유해서 마음이 거칠지 않고 온순하고 친절하다.

그들의 밝은 모습, 미래의 불확실성에 대한 불안감이 없는 사회의 안정감, 그리고 무엇보다도 가난하지만 그로 인해 정신까지 침식당하지 않은 사회의 건전성이 자본주의 사람들에게 강렬한 인상을 풍긴다. 부탄은 목가적이며 국민들이 낙천적이고 밝은 것은 자본주의의 병폐가 별로 나타나지 않기 때문이다.

영국 레이체스터 대학이 여러 가지 지표를 사용하여 전 세계 사람들의

'행복지수'를 나라별로 조사한 결과, 부탄은 복지가 충실한 북유럽 국가들과 나란히 행복지수가 세계전체에서 8위, 아시아에서는 1위에 올랐다고 한다. 그리고 실제로 거의 대다수의 부탄사람들은 '지금 자기 생활에 만족하고 있다'고 대답한다.

천민자본주의賤民資本主義

독일 사회학자 막스 베버(Max Weber 1864-1920)는 그의 저서 『프로테스탄트 윤리와 자본주의 정신』에서 개신교 윤리로부터 자본주의 정신의 기원을 찾았다. 그는 개신교가 자본주의 정신의 형성에 얼마나 큰 영향을 주었는지를 밝혀냈다. 개신교의 검약적 윤리가 사람들을 노동에 충실하게 만들었고, 그래서 이전 사회와 다른 자본주의 특유의 노동윤리가 형성되었다고 분석했다.

개신교는 전통적으로 근면, 절약, 정직을 강조하고 금주, 도박, 윤락행위 등을 금지할 것을 가르친다. 그런 교훈을 따르고 살면 개인과 사회는 당연히 번영해진다. 서구 기독교 국가들이 부유한 것은 그러한 이유 때문이다.

개신교 사상과 삶의 결과가 부의 축적을 낳은 것이다. 그리고 개신교는 공산주의와는 달리 성실한 노동의 댓가로 얻은 개인의 재산 소유권을 인정하고 보호한다.

개신교 신자(프로테스탄트)에게 노동의 의미는 각별한데, 개인의 직업을 하나님이 부여해준 의무 곧 '소명'召命으로 여기는 것이다. 그들에게 노동은 하나님의 뜻을 따라 살아가는 신성한 길인 셈이다.

'직업소명설'이란 모든 직업은 하나님의 부름에 의한 거룩한 것이라는 존 캘빈(John Calvin 1509-1564)의 직업윤리를 말한다. 목사나 사제 등 성직만이 아니라 일반직업들도 하나님이 부여해준 거룩한 일이라는 것으로, 주로 상공업자들에게 지지를 받았다.

직업소명설에 의하면 나에게 주어진 재능을 힘껏 발휘하여 일하며, 그 대가를 취하는 것은 정당한 것이다. 따라서 개신교 신자들은 하나님께 받은 소명을 실현하기 위해 열심히 일한다. 이러한 프로테스탄트의 윤리의식이 '자본주의 정신'으로 자리매김하여 자본주의를 발달시키는 동력 중 하나가 된다.

또한 개신교 신자들은 근검절약을 주요 생활모토로 삼았는데, 그것은 은행에 돈이 모이는 계기가 되어 산업자금의 원천이 된다. 그래서 유럽의 경우에 자본주의가 개신교 지역인 북부유럽이 가톨릭지역인 남부유럽보다 더욱 발전한 것이다.

위에서 살펴 본 것 같이 서구 자본주의는 오늘날처럼 이기적인 욕심과 물질문명주의로부터 시작된 것은 아니었다. 오히려 개인은 열심히 일해서 부유하게 되면 잉여 재산으로 가난한 자들을 도와야 한다는 기독교의 가르침으로 시작되었다. 그래서 기독교 사회에서 사회구제활동이 활발하게 일어나고 있다.

성경은 "빈궁한 자에게 구제할 것이 있기 위하여 누구나 열심히 일해야 한다"고 하였다. 구제와 자선은 기독교 윤리의 핵심을 이루고 있는 부분이다.

서구에서 자본주의가 탄생하였을 때, 초기 자본주의는 기독교 윤리에 의해 통제될 수가 있었다. 본래 억제되지 않는 인간의 탐욕의 위협이 기독교 윤리에 의해 통제되어 사람들이 기독교 윤리와 정신에 입각해서 정의롭게 일하고 구제활동을 했던 것이다.

그러나 오늘날 자본주의는 통제되지 못하고 있다. 그 이유는 오늘날 기독교 윤리가 와해되었고, 정의롭게 일하는 것과 저축에 대한 도덕적 태도마저 무너져, 오직 이기적 욕심만 남았기 때문이다.

미국과 서구유럽이 세속화됨으로 기독교 자본주의 본질인 구제와 나눔은 사라지고, 이기적 이윤추구와 부의 축적만 남았다. 그래서 천민자본주의로 전락하였던 것이다.

천민자본주의pariah capitalism는 근대 자본주의와 구분되는 즉, 근대 이전의 비합리적인 자본주의를 가리키는 말인데, 막스 베버가 처음으로 사용했던 말이다. 일반적으로 낡고 비인간적인, 그리고 폐쇄적인 자본주의를 지칭할 때 쓰이는 말이다.

베버가 다시 살아나서 노동과 직업에 대한 소명의식은 사라지고, 탐욕이 가득하고 부에 집착하는 오늘날의 자본주의를 접하면 매우 천한 배금주의로 단정할 것이다. 자본주의의 부산물인 비인격화, 인간소외, 빈부격차, 부동산 투기, 정경유착 등으로 인해 '천민자본주의'라고 신랄하게 비판할 것이다.

천민자본주의의 또 다른 말로 '야수 자본주의'가 있다. 이 말은 자본주의를 자유롭게 놓아두면 인간을 잡아먹는 야수가 된다는 의미다. "자본주의는 야수의 속성을 가지고 있으므로 사회에서 인간을 잡아먹는 것을 막아내는 것이 정치의 책무다."김누리

여기서 '인간을 잡아먹는 야수'는 자본주의 자유시장 경제체제에서 필연적으로 발생할 수밖에 없는 실업과 불평등, 빈곤과 불안 등을 말한다. 알다시피 이는 오늘날 한국사회가 지옥으로 치닫게 된 결정적인 요인이기

도 하다.

"한국의 자본주의는 근래에 들어서 약탈성이 대단히 강해졌다. 거의 야수 자본주의의 전형을 보여주고 있다. 우리의 잘못된 정치 지형이 그렇게 만들어 놓은 것이다. 야수성을 효과적으로 제어할 어떤 정치 세력도 존재하지 않기 때문에 한국은 자본주의 역사상 유례가 없는 약탈적 자본주의 사회가 된 것이다. 자본주의의 효율성은 살리되 그 약탈성은 제어하여, 더 이상 인간을 잡아먹지 못하게 해야 한다."_{김누리}

한국의 약탈적 야수 자본주의가 변모하여 인간화되고 탈 물질주의가 될 수 있을까? 자본주의의 야수성을 어떻게 잠재울 것인가? 이와 같은 문제는 한국사회의 큰 과제가 아닐 수 없다. 어떠한 경제체제가 진정한 의미에서 인간의 행복에 연결될 수 있는지 점검하고 대책을 세워야 한다.

공동체 정신과 공동선共同善

개인은 공동체의 산물이며 공동체로부터 분리되어 살 수 없다. 공동체를 무시하거나 사적인 이익을 공동체보다 우선하는 사회는 건강한 사회가 아니다.

오늘날 한국사회의 타락한 자본주의에 젖은 상당수의 사람들은 자유주의라는 이름으로 개인의 사적인 이익과 영역을 공동체보다 우선시하고 있다.

영국 사회학자 존 스튜어트 밀(John Stuart Mill 1806-1873)은 그의 저서 『자유론』에서 "개인의 사적인 행위와 신조는 그것이 타인에게 해를 끼치지 않는 한, 그 어떤 명목으로도 간섭 받아서는 안 된다"고 하면서 설혹 "그런 간섭들이 개인을 좀 더 행복하게 해 주고, 좀 더 바르고 현명하게 해 줄 수 있는 것이라고 해도 정당화될 수 없다"고 하였다. 밀은 '모든 형태의 간섭의 부재'를 자유로 보았던 것이다. 그는 개인의 자유를 공동체의 공동선을 비롯한 그 무엇보다도 우선시하였다. 과연 그러한 사회가 행복할까?

오늘날 우리 사고의 바탕에는 개인의 사적인 자유와 이익이 최우선이라는 생각이 깔려 있다. 그러한 사고방식이 우리 사회의 공공성公共性을 훼손하고 있다. 우리는 개개인의 사적인 이익을 위해 '공정함'을 훼손시키는 문제를 심각하게 살펴보아야 한다.

물질주의 가치관 곧 배금주의에 빠진 우리 사회가 사적인 이익을 위해 공공의 이익 곧 공동선을 저버리면, 시민들의 연대감이나 사회로서의 일체감이 상실되어 갈 것이다.

2020년, '코로나19 사태'를 맞이하여 공동선을 위한 공동체정신(시민의식)이 얼마나 중요한지 절실하게 보여주었다. 세계 각국의 방역 시스템이 겁잡을 수 없이 무너져서 세계가 아수라장이 되어버렸다. 그 이유가 무엇인가? 그 이유는 한마디로 자유방임주의에 길들여진 현대인들이 공동선을 위한 공동체정신이 약해졌기 때문이다.

각자 자기 눈에 좋을 대로 행하는 이런 이기적 자유주의를 그대로 방치하면, 사람들의 연대감이나 사회공동체의 일체감이 상실되어 세상은 이기적으로 변화되어 갈 것이다.

모든 사람들이 균등하게 행복을 누리는 공동선이 구현되는 사회가 되기 위해서는 공동체 정신과 공공의식(시민의식)이 함양되고 성숙되어야 한다. 이는 행복한 사회를 뒷받침하는 토대이기 때문이다.

"공정 사회의 실현을 위해 강한 공동체 의식이 필요하다면, 공공선

common good의 증진을 위해 노력하도록 시민들을 이끌 방법을 모색해야 한다. 공정한 사회에서는 시민들이 공공생활에 대한 어떤 태도와 생각을 갖는지 무관심해서는 안 된다. 순전히 개인적인 관점에서만 좋은 삶을 정의하는 태도를 멀리하고 건전한 시민의 덕성을 배양해야 한다."마이클 샌델

공동체의 공동선을 위해 사적 이익을 양보할 수 있는 희생정신과 이타적인 행위도 모두 시민의식에 속한다. 로마의 정치가이자 철학자인 키케로는 공공의 삶을 위해 개인의 삶을 희생할 수 있는 사람을 이상적인 인간으로 보았다.

민주사회에서 왜 도덕적 가치가 중요한가? "윤리적 기반을 잃은 정치와 경제야말로 국가와 국민의 공공선에 해악을 끼치는 가장 무서운 적이다. 따라서 정치인과 경제인의 도덕성은 일반인보다 높아야 한다."마이클 샌델

사람은 누구나 '행복하면서도 좋은 삶'을 추구한다. 하지만 공정함과 시민의 덕성에 대한 공유된 이해 없이 그러한 삶을 실현하기는 어렵다. 인간은 보답을 바라지 않고 순수하게 봉사할 때 참된 행복감을 느끼게 된다.

인성 부재에서 기인된 시민의식의 결여 때문에 각종 사회문제가 발생하고 있다. 한국인의 시민의식은 바닥을 치고 있다. 이러한 시민의식의 퇴조는 결국 인간사회를 파편화시켜, 인간 스스로 파멸을 초래할 수 있다.

아프리카 피그미족은 매우 가난하지만 행복한 것 같다. 그들은 행복한 이유를 말한다. "우리들 중에 누군가가 먹을 것을 구해오면, 함께 먹으며 웃고, 흥이 나면 밤새 축제를 벌이지요. 그래서 행복하지요."

오늘날 우리는 얼마나 자주 만나서 대화하고, 웃고, 음식을 나누며 밤새 축제를 벌이는가? 우리들이 행복하지 못한 이유가 있다면 명확하다. 공동체의 삶이 상실되었기 때문이다.

모든 제약으로부터 자유로워진 인간은 공동체의 따뜻한 인간관계를 잃고 사회 속에서 고립되고 만다. 그러한 치명적인 결과가 일어나기 전에 자유의 일부를 통제에 맡길 각오가 필요하다.

피그미족과 부탄과 같이 자본주의와 개인주의에 물들지 않고 전통적인 유대감을 유지하며 사는 사람들이 얼마나 순수하고 평화롭게 보이는가? 그런 나라에서는 자유방임주의가 초래하는 인간소외, 빈부격차 등의 불행이 아직 나타나지 않는 것이다.

4대 성인은 하나같이 공동체 시민의식을 가르치며 행동으로 보여 주었다. 그들은 황금률에 따라 타인을 배려하고, 공동선을 위해 자신을 희생하고 봉사하는 공동체 정신을 발휘하는 적극적인 사랑으로 시민의 가장 기본적인 자세를 갖추고 살았다.

보이지 않는 손 invisible hand

영국 경제학자 애덤 스미스(Adam Smith 1723-1790)의 '보이지 않는 손'은 널리 알려진 경제학 용어다. 애덤 스미스는 자유시장에 자원 배분을 맡기면 '보이지 않은 손'에 의해 최적의 자원 분배가 진행되고, 실업도 없어진다고 주장하였다. 이것은 영국의 신흥 부르주아지 계급에 의한 산업혁명이 일어난 바로 그 시기에 일어난 경제개념이다.

애덤 스미스 이래의 근대 경제학은 자유로운 시장에서 경쟁을 하면 경제는 역동적으로 성장하고, '보이지 않는 손'에 의해 가장 적당한 자원 분배가 달성된다고 보았다.

하지만 통제와 규율이 없는 자유는 무질서를 초래한다. 자본주의는 인류가 고안한 훌륭한 체제라고 할지라도, 그것을 자유방임으로 내버려 두면 엄청난 폭력성을 발휘하게 되므로 우리들은 그것을 잘 제어하는 지혜를 발휘하지 않으면 안 된다.

오늘날 우리사회는 자유경쟁이 만들어내는 불공평이나 빈부격차, 인간 유대 관계와 공동체정신 파괴 등으로 인해 고통 받고 있다. 그리고 지구는 환경오염과 파괴 등으로 몸살을 앓고 있다. 그러한 문제들을 해결할 수 있는 방안을 마련하는 것이 시급하다.

통제나 규제가 없는 자유로운 시장은 단기적으로는 경제가 활성화 되는 것처럼 보이지만, 장기적으로는 점점 더 자본주의를 불안정하게 만들어 그 부작용은 되돌아갈 수 없을 정도까지 증폭한다. 이것이 바로 자본주의의 자괴현상이다.

적절한 통제가 이루어진다면 자본주의는 비틀거리면서도 존속할 수 있겠지만, 자유방임주의가 주장하는 것과 같이 전혀 통제가 없는 자유거래 시장을 만들어 버리면 자본주의는 자멸하고 인류는 파멸에 빠지게 될 것이다.

왜 그런가? 헝가리 경제학자 칼 폴라니가 말했다. "시장경제 아래서는 자유나 평화를 제도화할 수 없다. 시장경제의 목적은 이익과 번영을 만들어내는 것이고, 자유와 평화를 만들어내는 것이 아니기 때문이다."

자유에는 규율이 필요하다. 규율과 통제가 없는 자유는 무질서를 초래한다. 자유방임주의 경제체제 아래서 자유를 방치하면 자본주의라는 괴물의 폭력성은 더욱 왕성해져 우리를 크게 위협한다. 따라서 우리는 이 괴물에게 족쇄를 물리고 길들이는 것이 필요하다. 자유방임주의는 자본주의의 자괴, 그리고 인류의 자멸을 촉진하게 될 것이다.

우리들은 자본주의라는 괴물에게 굴레를 씌울 수 있는 지혜를 찾아내야 한다. 괴물의 움직임을 구속하는 효과적인 족쇄를 만들어 내야 한다.

그것을 위해서 먼저 우리들은 '욕망의 억제'라는 것을 배우지 않으면 안된다. 괴물이 폭주하게 만들고 인류를 멸망의 늪으로 몰아간 것은 다름 아닌 욕망을 억제할 수 없었던 바로 우리 자신이기 때문이다. 이대로 가만히 있으면 결국 자본주의 괴물은 더욱 거칠게 날뛰기 시작해서 맹위를 떨칠 것이다. 그리고 그 재앙은 반드시 우리 자신에게 덮칠 것이다.

거대한 늪에 빠진 '한국형 불행'

"정말이지 우리는 참 '이상한 나라'에 살고 있다. 세계가 부러워하는 정치 민주화를 이루고, 세상이 놀라워하는 경제성장도 거두었는데, 우리의 불행은 날로 커져만 가고 있다. 세계에서 자살률이 가장 높은 나라, 세계에서 노동시간이 가장 긴 나라, 세계에서 불평등이 가장 심한 나라, 세계에서 노동자의 죽음이 가장 빈번한 나라가 대한민국이다. 그뿐 아니다. 대한민국은 세계에서 아이들이 가장 우울한 나라이고, 세계에서 아이들을 가장 적게 낳는 나라이며, 세계에서 모두가 모두를 가장 불신하는 나라다. 이쯤 되면 가히 인간이 살 수 없는 지옥이라 불러도 과장이 아니겠다. 젊은 세대가 '헬조선'이란 말을 만들어 낸 것은 결코 타박할 일이 아니다."김누리

오늘날 한국사회에 신형 범죄, '묻지 마' 범죄, 각종 사기 등이 꾸준히 늘고 있다. 그야말로 아포리아 상태다. 알다시피 우리 한국인들의 입이 거칠어지고 있다. 지금처럼 풍요로운 사회에서 궤도를 이탈한, 예의와 품위

가 결여된 언행이 유독 늘어난 이유가 무엇일까?

우리 한국은 엄청난 경제성장을 이루었음에도 불구하고 왜 이렇게 비참하게 살아야 할까? 이러한 난국에 봉착했을 때 어디에서 해답을 찾아야 할까? 4대 성인이다.

만약 4대 성인이 오늘날 한국사회에서 활동한다면 어떤 가르침을 펼칠 것인가? 아마도 정신적 위기상황에서 발생하는 도덕붕괴와 비인간성을 보고 보편적 도덕률 회복을 외치지 않을까?

오늘날 우리는 정신적으로나 도덕적으로 매우 혼란스러운 상태에 직면해 있음을 우리 모두는 실감하고 있다. 4대 성인이라는 거울에 오늘의 한국사회를 비추어 보면서, 그 해결책을 구해야 하지 않을까?

4대 성인은 '서재 속의 성자'가 아니었다. 그들은 삶의 현장에서 치열하게 살았던 성인들이었다. 그래서 그들의 가르침은 현실적이고 구체적이다.

그 어느 때보다 공자의 인仁과 예禮, 붓다의 자비와 무소유, 소크라테스의 자각과 성찰, 예수의 사랑과 희생이 더욱 절실하게 필요한 시점에 우리는 서 있는 것이다.

자본주의를 통제할 만한 강한 신념이나 윤리가 있는가?

오늘날 보편적인 도덕률이 사라지고 금수의 본능이 나오고 있다. 약육강식과 승자독식의 자본주의는 위험수위를 넘어섰다. 어느 싱가포르 경제학자가 경제 심포지엄에서 서구학자들에게 말했다.

"서방세계가 직면한 결정적인 문제는 서구인들이 과연 자본주의를 주도하고 길들일 수 있을 만큼 강력한 윤리적 역량을 갖추고 있느냐는 것입니다. 나는 서구인들에게 그런 역량이 없다고 생각합니다."

서구의 자본주의에 대한 성가신 비난에 심포지엄은 흥분된 분위기로 술렁거렸고, 많은 서구인들의 심경을 불편하게 했다고 한다. 하지만 우리는 이 발언을 귀담아 들을 필요가 있다.

자본주의의 폭발적인 파괴력을 억제하고 지도하는 일은 보통 어려운 과제가 아니다. 그래서 오늘날 가장 시급한 문제는 자본주의가 그릇된 방향으로 전개되어갈 때 그것을 제어할 방법이 있느냐는 것이다. 오늘날은 과거보다 영적, 도덕적, 사회적으로 훨씬 더 불확실한 상태에 있다. 과연 자본주의를 통제할 만한 강한 신념이나 윤리가 있는가? 바로 이것이 오늘날 현대문명의 궤도이탈을 우려하는 사람들의 관심사가 아니겠는가?

'제 무덤 파기'를 아는가? "부르주아(자본가)가 생산하는 것은 결국 자신의 무덤을 파는 것이다." 마르크스의 이 말은 어느 정도까지는 사실인 것 같다.

오늘날 자본주의는 물질적인 성공으로 인하여 스스로 무너지고 있는 것 같다. 신중히 경계하지 않으면 자본주의는 탐욕과 부패를 낳을 것이고, 그 탐욕과 부패가 결국 자본주의 사회를 파괴하게 될 것이다.

인문학자들이 자본주의를 비판하는 주된 이유는 무엇인가? 그 이유 중에 하나는 자본주의를 통제하지 못하면 우리는 시간이 흐를수록 자본주의의 획일화된 노예로 전락하기 때문이다. 우리는 각자가 내 인생의 주인공이 되어 내가 좋아하는 것을 하지 못하는 불행한 인생을 살게 된다는 것이다.

쉽지는 않겠지만 현재로서 가장 좋은 대안은 인문학적 소양을 높이는 것이다. 많은 사람들이 인문학적 지식과 높은 교양을 갖고 자각과 성찰의 삶을 산다면 거센 자본주의 바람에도 쉽게 무너지지 않을 것이다.

불확실한 미래를 살아가는 데 필요한 가장 강력한 역량은 인문학적 통찰력이다. 통찰력이 있으면 현재와 미래를 꿰뚫어 볼 수 있다. 그 통찰력으로 내가 나아갈 길의 모습을 볼 수 있으므로 올바른 삶을 살아갈 수 있다.

자본주의와 인문학, 과학기술과 도덕윤리가 서로 조화될 수 있을 때 탈출구를 찾을 수 있지 않을까 생각한다. 물질문명이 극도로 발달한 오늘날, 4대 성인과 인문고전에서 인간의 가치를 일깨우는 인문학 정신을 되살려야 한다.

경제학은 언제나 윤리학의 안내를 받아야 한다. 왜 경제학의 아버지 애덤 스미스는 윤리학『도덕 감정론』을 먼저 쓰고 나서 경제학『국부론』을 집필했을까? 경제학은 자신을 바르게 이끌어 줄 윤리학이 있을 때, 그 가치가 바르게 드러나고 인간에게 유익한 것이다.

오직 물질적 재화의 증대와 사익만을 추구하는 자본주의적 가치관을 넘어, 진정으로 인간을 행복하게 해주는 새로운 경제학을 탐색할 필요가 있다.

자본주의 선언 : 돈이 만물의 척도다

고대 그리스 철학자 프로타고라스의 '인간은 만물의 척도다'라는 명언이 있다. 이 명언은 '인간이 모든 만물의 중심'이라는 인간존중사상의 발로가 아닐까?

하지만 오늘날은 어떤가? 인간이 만물의 중심인가? 돈이 만물의 중심인가? 오늘날은 돈이 모든 것의 가치를 판정하는 최고자리에 앉아 있다.

돈이야말로 만물의 척도요 신이다.

"돈이란 자신을 맹목적으로 떠받드는 자들을 제멋대로 농락하는 잔혹한 신이다. 소유하는 자가 마침내 소유당하는 신세로 전락하는 셈이다. 돈과 내밀한 관계를 맺으면, 바로 그 돈에 얽매이게 된다. 그렇기에 돈에서 어느 정도 초연해야 하되, 적절한 지혜도 함께 해야 할 필요가 있다. 일단 돈을 신으로 섬기고 난 뒤에도, 그것을 다시 악마로 여기며, 모든 문제의 원인으로 몰아붙이는 경우가 드물지 않기 때문이다." 베르트랑 베르줄리

자본주의 사회에서 돈의 힘은 절대적이다. 그러다 보니 모두가 돈을 많이 버는 것을 최고의 성공으로 여긴다. 돈이 많으면 하고 싶은 일이 무엇이든 마음껏 할 수 있다고 생각하기에 수단과 방법을 가리지 않고 돈을 벌려고 하는 것이 자본주의 사회의 모양새다. 하지만 돈을 벌기 위해 우리의 열정을 불태우는 것이 과연 지혜로운 처사인지 다시 한번 생각해 보아야 한다.

자본주의의 아버지라고 일컫는 애덤 스미스 조차도 그의 저서 『도덕 감정론』에서 돈과 명예만으로는 행복해지지 않는다고 분명하게 밝혔다. 행복은 사랑하고 사랑받는 존재가 되어야 누릴 수 있는 것이라고 했다. 돈과 명예는 보편적인 행복방정식에 들어맞지 않는다.

오늘날 자본주의 사회에서는 돈이 절대자의 자리에 빌붙어, 그 추악한 자태를 점점 겉으로 드러내고 있다. 돈맛에 눈이 뒤집힌 사람은 사리사욕에 빠지게 된다. 사리사욕에 빠진 사람은 자신의 이익이나 욕망이 방해를 받게 되면, 가족, 친구, 이웃, 은인, 국가 등 무엇이든 간에 배신하는 일조차 마다하지 않는다. 게다가 여기에는 양심의 가책도 없다. 사리사욕에 눈이 뒤집혀 판단력을 상실했기 때문이다.

인간의 사리사욕을 막을 길은 없는가? 좋은 사회를 실현하는 첫 번째 시책은 사리사욕의 욕구를 억제하는 것이다.

4대 성인 사이에 공통점이 있는데, 재물에 초연하고 돈을 중요하게 여기지 않고 사리사욕에 빠지지 않았다는 점이다. 4대 성인이 이 땅에 와서 절박하게 부르짖은 일은 "제발 돈 돈 돈 하지 말고, 욕심 좀 내려놓고 인류가 함께 잘 살 수 있는 길이 있으니 곧 양심적으로 살라는 것이다. 역지사지易地思之하고 남을 배려하며 살아가라는 것이다."

돈벼락을 맞으면 행복할까?

현대인의 돈에 대한 생각은 어떤가? "돈만 가지면 자유로운 느낌이 들고, 돈만 가지면 무엇이든 할 수 있다는 생각이 든다. 따라서 행복하려면 돈이 있어야 한다. 돈이 전부다."

이와 같은 현대인의 돈에 대한 생각은 모든 가치는 오직 하나의 가치 곧 금전적인 가치로 바꾸어 계산하는 자본주의의 본질적인 문제가 깔려있음을 보여주는 단적인 실례. 그런 생각과 삶에서 벗어남을 통해서만 인간은 비로소 자유롭고 행복할 수 있을 것이다.

돈과 행복의 관계에 대한 최근 연구에 의하면, 수입이 일정수준에 이르면 돈을 얼마나 소유하느냐 보다 돈을 어떻게 사용하느냐가 중요해진다고 한다. 알다시피 돈은 잘 사용하면 복이지만 잘못 사용하면 독이다. 하루아침에 벼락부자를 꿈꾸는 사람은 각종 유혹에 빠져서 반드시 패망하게 되어 있다. "돈벼락 한번 맞아 봤으면, 그러면 행복하겠다." 이는 덫이요 함정이다.

오늘날 돈은 일상생활과 사회활동에 필수적이다. 하지만 돈이 모든 일의 궁극적 목표일까? "돈은 비타민과 비슷한 구석이 있다. 비타민 결핍은 몸에 여러 문제를 만들지만, 적정량 이상의 섭취는 더 이상의 유익이 없다." 서은국

행복한 사람은 일상의 소소한 즐거움을 자주 느끼는 사람이다. 돈에 민감할수록 행복 더듬이는 둔감해져서 일상의 소소한 즐거움에 무감각해진다고 한다. "돈이란 언제나 끝에 가서 사람을 우울하게 만들어버린다." 『호밀밭의 추수꾼』에서

빈곤을 벗어난 사회에서 돈은 더 이상 행복의 키워드가 아니다. 돈은 소소한 즐거움을 마비시키는 기능만 한다. "돈은 마음만 먹으면 무엇이든 얻을 수 있다는 착각을 심어준다. 그래서 초콜릿 같은 시시한 것에 마음을 두지 않게 하고, 돈을 생각할수록 이런 자극을 음미하는 능력을 감소시킨다. 심지어 돈을 생각하면 사람이라는 자극에도 관심을 덜 갖게 한다." 서은국

돈과 시간은 자신이 아닌 남을 위해 쓸 때 더 행복해진다는 연구들도 나오고 있다. 노약자와 장애인을 위해 봉사할 때 행복감을 느끼는 이유도 행복의 관점에서 보면 돈과 시간을 자신이 아닌 남을 위해 사용하기 때문이다.

애덤 스미스는 행복을 얻기 위해 돈을 따르는 삶이 얼마나 헛된지, '물욕의 덧없음'을 이야기했다. "돈이나 명예는 결코 인간의 행복을 완성하지 못한다. 그럼에도 우리는 부와 명예에 대한 야망을 버리지 못한다. 그리고 그 두 가지 조건이 우리를 행복하게 만드는 핵심적인 역할을 한다고 생각한다. 왜 우리 인간은 이렇게 생각하는 걸까? 사람들은 더 많은 돈이 더 큰 행복을 가져다줄 것이라고 생각하고 행동한다. 그래서 사람들은 이미 가

진 것보다 더 많은 재산과 더 높은 수입을 원한다."애덤 스미스

오늘날 돈과 행복의 관계성에 관한 조사에 의하면 돈이 개인의 행복에 결정적인 요인이 되고 있지 않음을 보여 준다. 이것은 놀라운 사실이 아닐 수 없다. 이러한 조사는 현대인에게 깊이 뿌리내린 믿음 곧 돈이 행복의 가장 중요한 요인이라는 생각이 잘못되었다는 것을 보여준다.

"확실히 최소한의 돈이 있어야 행복해지는 데 도움이 된다. 그렇지만 끝없이 부를 추구하는 것 역시 돈이 아주 없는 것만큼이나 해롭다. 돈의 노예가 되지 않기 위해서는, 기본적인 욕구가 충족되는 바로 그 순간부터 물질적 욕망을 제한해야만 가족과 친구에게 자신의 열정과 내면세계에 더 많은 비중을 할애할 수 있다고, 고대의 현자들은 충고했다."프레데릭 르누아르

돈은 온갖 문제의 원인이다

"돈을 사랑하는 것이 일만 악의 뿌리다."디모데전서 6장

행복하고 싶은가? 그렇다면 돈에 집착하지 말아야 한다. 돈은 그것을 소유한 사람에게 걱정거리와 고통일 뿐 아니라 족쇄다. 설령 금으로 만들어졌다 해도 족쇄는 나쁜 것이다.

부자가 되기를 지나치게 열망하는 사람은 불행에서 벗어나지를 못한다. 자족하지 못하고 욕심을 부리는 사람은 절대로 행복할 수 없다. 많은 사람들이 돈 때문에 파멸했으며, 대체로 부자가 가난한 사람보다 돈 때문에 걱정을 더 많이 하는 듯하다. 즉 돈이 온갖 근심의 원인이다.

자본주의 원리는 딱 하나다. 무조건 돈을 가진 사람이 우월한 지위를 확보하고, 돈이 없는 사람은 열등한 지위에 처할 수밖에 없다.

그 실례로 오늘날은 과거와 같은 신분제도는 사라졌지만, 새로운 신분 제도가 형성되었다. 그 기준은 돈이다. 바로 부자라면 무조건 숭배하는 황금만능주의 사회풍조가 만들어낸 신분제도다. 당황스럽고 혐오감마저 들게 하는 신분제도가 아닐 수 없다.

오늘날 우리는 누구나 돈을 많이 가지기를 바란다. 왜 그런가? 돈을 많이 가지면 행복해질 수 있다고 믿기 때문이다. 하지만 오늘날 돈은 행복은커녕 불행의 씨앗이 되고 있다. 빈곤처럼 돈도 걱정거리를 만들어 낸다. 실제로 많은 부자들이 돈의 주인이 아닌 돈의 노예가 되고 있다.

돈을 많이 가지면 가질수록 행복할 것이라고 생각하지만 실상은 그렇지 않다고 한다. 돈을 어느 정도 소유해서 결핍에서 벗어난 사람들은 더 이상의 돈을 가져도 행복지수는 올라가지 않는다고 한다.

"생수 한 병은 갈증의 고통을 없애주지만, 갈증을 해소한 사람에게 물은 더 이상 행복을 주지 못한다. 많은 사람들이 추구하는 돈이나 건강 같은 인생의 조건들은 사막에서의 물과 비슷하다. 일상의 불편과 고통을 줄이는 데는 효력이 있지만, 결핍에서 벗어난 인생을 더 유의미하게 행복하게 만들지는 못한다."서은국

부가 행복을 줄 수 있을까? 돈으로 건강, 재능, 친구, 아름다움, 행복한 가정 등을 살 수 있을까? 돈을 좇는 사람은 정말 하고 싶은 것을 할 여유 따윈 아예 생각조차 못한다. 그러니 한순간도 자신의 인생의 주인이 되지 못하고 돈의 노예로 전락한다.

돈을 꽉 붙잡고 살면 내 삶이 탁해지고 불행해진다. 그러면 내가 무엇을 붙잡고 살아야 할까? 돈인가? 진선미인가? 진선미를 꽉 붙잡고 살아야지 내 삶이 맑아지고 행복해진다. 진선미를 붙잡기 위해서는 깨워있어야 한다.

가난할지라도 올바른 삶은 그 자체로 보상 받는다. 공자는 말했다. "제나라 환공은 큰 부자였지만 아무도 그를 좋아하지 않았다. 백이는 굶어 죽었지만 지금까지도 사람들은 그의 죽음을 애도한다." 양심과 진선미에 따라 사는 사람은 반드시 부끄럽지 않게 살게 된다. 그리고 그 보상은 크다.

오늘날 우리는 가난을 부끄럽게 여기고 있지는 않은가? 과거 우리 한국인은 가난을 부끄럽게 여기지 않았다. 가난을 부끄럽게 여기거나 죄로 여기는 것은 근대 자본주의의 산물이다. 과거 우리 조상들은 가난과 함께 사는 법을 알고 있었고, 그 가운데 만족하는 법을 터득했다. 가난 속에서 삶의 여유를 즐겼던 것이다. 과거 선비들에게는 가난은 미덕이었다.

과거 현자들은 필요 이상의 물질을 가지려고 하지 않았다. 검소하게 살거나 무소유의 삶을 살았다. 알렉산더 대왕이 거지 철학자 디오게네스에게 대왕이라는 권위를 내세워 "도와줄 것이 없느냐?"고 물었을 때, "햇빛을 가리니 좀 비켜달라"고 말했다는 이야기는 유명하다. 디오게네스는 필요한 것이 거의 없었다. 반면, 알렉산더 대왕은 전 세계를 다 가져도 충족되지 않는 욕망이 있었다. 욕망이 크면 클수록 삶은 힘겨워지고 행복과는 멀어진다.

돈으로 살 수 없게끔 해야 하는 것들

"우리는 거의 무엇이든 사고 팔 수 있는 시대에 살고 있다. 이는 오늘날 시장만능주의 시대의 자화상이다. 하지만 세상에는 돈으로 살 수 없는 것들이 있는데, 요즘에는 그리 많이 남아있지 않다. 모든 것이 거래 대상이 되고 있기 때문이다. '사고 판다'는 논리가 더 이상 물질적인 재화에만 국한되지 않고 점차 현대인의 삶 전체를 지배하기 시작했다. 최근에 시장과 시장가치가 원래는 속하지 않았던 삶의 영역으로 팽창한 것이다. 이제 시장이 지닌 도덕적 한계를 곰곰이 생각해 볼 시점에 이르렀다. 돈으로 사서는 안 되는 것이 무엇인지 점검할 필요가 있다."마이클 샌델

돈으로 살 수 없는 것이 거의 없는 시대에 돈으로 사고 팔아서 안 되는 것이 있다. 돈으로 살 수 없게끔 해야 하는 것이 분명히 존재한다. 사람의 가치와 전통적인 소중한 가치는 돈으로 환산하면 안 된다. 돈 앞에 인간본연의 가치와 지켜야 할 것들이 없어지는 것을 막아야 한다. 부모가 자식을 사고 팔거나 시민이 투표권을 사고 파는 것은 허용되지 않는다. 돈으로 구매해서는 안 되는 것까지 돈으로 사고 팔면, 인간으로서 지켜야 할 도덕적 가치는 무너진다.

공정한 사회를 어떻게 구축할지, 시장가치가 가족, 지역사회, 공공선을 훼손하거나 잠식하지 못하게 하려면 어떻게 해야 할지에 대한 해답을 찾아야 한다.

마이클 샌델은 그의 저서 『돈으로 살 수 없는 것들』에서 오늘날 우리가 거의 상식적으로 받아들이는 것들에 대해 문제를 제기한다. 그 실례가 오늘날 사고 파는 것이 합법화되고 일상화된 복권이다. 요즈음 주위를 돌아보면 돈으로 해결할 수 없는 것들이 거의 없다. 이런 시대에 샌델은 이의를 제기하는 것이다.

"오늘날 현대사회는 복권의 최고의 고객들, 즉 노동자 계층, 소수민족, 빈민층을 상대로 가장 적극적인 광고를 펴고 있다. 미국의 어느 빈민가에 세워져 있는 한 대형 복권광고판에는 '인생을 역전시킬 수 있는 기회'라고 현란하게 쓰여 있다. 복권광고는 엄청난 대박의 주인공이 될 수 있다는,

그래서 더 이상 뼈 빠지게 일할 필요가 없다는 환상을 자극한다."마이클 샌델

모든 것을 교환 가능한 것으로 만들어 버리면 시민적 참여, 공공성, 사랑과 우정, 명예 등 인간사회의 모든 덕목이 사라지게 되는 것이다. 효율성을 추구하기보다는 '무엇이 정말로 소중한 것인가' '어떻게 살고 싶은가' 등과 같은 근본적인 질문에 우리는 답해야 한다.

모두가 거래 대상이 되는 사회를 만들지 않고서도 시장경제 체제가 제공하는 최상의 이익까지 누릴 수 있으려면 어떻게 해야 할까? 우리는 시장이 공공선에 기여할 수 있는 영역과 시장논리를 적용하면 안 되는 영역을 어떻게 결정할 것인가?

우리는 모든 것이 상품화되는 시대에 살고 있지만 돈으로 사고 팔 때 분명 마음 한구석이 불편해지는 관행이 있다. 예를 들자면 공동체의 가치를 경제적 가치로 대체하려는 정책을 대하면 우리의 마음은 불편해지는 것이다.

오늘날 합법적인 새치기가 있다. 과거 '선착순의 미덕'이 무너지고 있는 것이다. 우리는 어릴 때부터 새치기해서는 안 된다고 배웠다. "차례를 기다려야 한다. 새치기는 나쁜 짓이다."

이 원칙은 버스정류장, 놀이터, 극장, 병원대기실, 공중화장실 등 모든 곳에서 적절하게 적용되었다. 우리는 자기 앞으로 끼어드는 사람에게 분노했다. 하지만 요즈음은 어떤가?

오늘날 약간의 돈만 더 내면 놀이공원의 인기놀이기구에서 줄을 서서 기다릴 필요 없이 빨리 이용할 수 있다. 미국 오락시설인 디즈니랜드나 유니버설 스튜디오에는 두 종류의 티켓을 판매하고 있는데, 즉 일반자유이용권과 패스트트랙fast track 티켓이다. 돈을 더 많이 지불하고 패스트트랙 티

켓을 구입하면 줄을 서지 않고 빨리 놀이기구를 이용할 수 있다. 그러니까 돈을 내고 합법적으로 새치기를 할 수 있는 제도다. 이런 제도가 공평하다고 생각하는가?

돈으로 패스트트랙을 사서 공공연하게 새치기하는 것은 괜찮을까? 그러한 새치기 권리를 파는 행위가 공공연히 이루어져 관행이 되고 정당화되고 있다. 예전에 놀이공원에 놀러온 가족들이 줄을 서서 차례를 기다리는 줄서기가 평등의 상징이었던 시대가 지났다.

놀이공원의 본질은 모든 사람들이 즐겁게 노는 곳이다. 이곳에서조차 사회구성원들 간에 소외감, 위화감, 차별감 등을 조장하고 있는 것이다.

물론 놀이공원의 패스트트랙 제도는 회사와 이용객, 사회 등 모두가 서로 합의된 제도다. 하지만 서로 합의하면 정의로운가? 과연 이것이 정의로운가? 이는 자본주의의 적폐문화가 아닐까? 인류에 반하는 사고에서 초래된 제도는 아닐까?

차례대로 줄을 서서 기다리는 미덕이 지니는 가치는 무엇이며, 이것이 시장논리에 지배당할 때 어떤 일이 벌어질까? 샌델 교수에 의하면 모든 것이 돈으로 환원하게 되면 돈 있는 자와 없는 자 사이의 불공정한 문제가 발생하고, 그리고 공공선이나 윤리 같은 것들이 가치를 잃게 되는 부패의 문제가 발생한다는 것이다.

이런 사회분위기를 경고하는 책이 마이클 샌델의 『돈으로 살 수 없는 것들』이다. 이 책은 자본주의 자유시장이 초래하는 부조리를 다룬다. 모든 것이 시장화되고, 가격이 매겨지고, 사고 팔 수 있는 상품이 되어서는 안 된다는 것이다.

어떤 것을 달성하기 위해 들어가는 시간과 노력이 돈을 주면 살 수 있게 되는 순간, 그 가치를 잃게 되는 것이다.

한국사회는 원래 불공정에 대해 굉장히 민감한 편이다. 게다가 오늘날 불공정한 모습이 사회전반에 만연하면서 공정성에 대한 관심이 높아지고 있다. 공정성은 우리 사회를 뒷받침해주는 토대다.

오늘날 돈으로 해결할 수 없는 문제는 거의 없어 보인다. 그러한 현상은 사회공정성을 침범하고, 광범위한 부패를 초래하고, 사건이나 사물의 본질적인 가치와 의미를 잃고, 타락하게 된다.

세계가 모두 자본주의화 되어가는 시점에 돈의 힘은 점점 막강해지고 있다. 점점 돈의 힘이 강해지면서 공정성과 도덕윤리의 선을 침범하고 있다. 돈 앞에 인간본연의 가치와 지켜야 할 기본가치들이 후퇴하고 있다. 하지만 사람의 가치는 돈으로 환산하면 안 된다. 모든 것이 사장화 되고 가격이 매겨지고 사고 팔 수 있는 상품이 되어서는 안 된다는 것이다.

마이클 샌델은 모든 것이 돈으로 환산될 경우 결국 우정, 사랑, 명예, 도덕, 진선미, 정의 등과 같은 소중한 가치들이 소멸될 것이라고 예견했다.

하지만 오늘날 자유시장 논리가 우리의 삶의 구석구석을 지배해 버렸다. 모든 것을 사고 팔 수 있는 사회는 불평등과 부패, 그리고 공정성의 문제가 야기되고, 사회가 불행에 빠진다.

이 시점에서 우리는 돈으로 사려고 해서도 안 되고, 또한 팔려고 해서도 안 되는 것이 무엇인지를 생각해야만 한다.

현대인의 우상이 되어 버린 과학기술과 4차 산업혁명

최근 과학기술은 비약적으로 발전하고 있다. 우리는

하루가 다르게 변화되는 세상 속에 던져져 있다. 날마다 새로운 첨단제품들이 쏟아져 나오고 있다.

"인류는 지금 전례 없는 기술의 힘에 접근하고 있지만, 그것으로 무엇을 해야 하는지 잘 모른다. 다가 올 몇 십 년 동안 우리는 유전공학, 인공지능, 나노기술을 이용해 천국 또는 지옥을 건설할 수 있을 것이다. 현명한 선택이 가져올 혜택은 어마어마한 반면, 현명하지 못한 결정의 대가는 인류자체를 소멸에 이르게 할 것이다. 현명한 선택을 하느냐 마느냐는 우리에게 달려 있다."_{유발 하라리}

철학자 하이데거는 현대인에게 과학기술은 단순히 인간을 위한 도구가 아니라 종교가 되어버렸다고 한다. 예컨대 산업종교다. 신앙인이 신에 의존하는 것 이상으로 현대인은 과학기술에 의존하고 있다. 과학기술이 유일하게 올바른 길이라고 믿고 있다는 것이다.

따라서 오늘날 현대인들은 기독교, 이슬람교, 불교 등과 같은 전통적인 종교를 믿고 있을지라도, 그들이 생활 속에 믿고 있는 것은 과학기술의 힘이다.

하이데거 철학은 여러 가지 의의가 있지만, 가장 큰 의의 중 하나는 과학기술시대의 한계를 직시하고, 그 극복방안을 찾고 있다는 것이다. 그는 인간의 이성적 통제 하에서 과학기술이 사용되어야 하지, 그렇지 않는다면 인류에게 재앙이 될 수 있다고 했다.

"과학기술을 업신여긴다는 것은 아무리 생각해도 말이 안 된다. 순전한 위선이 아니라면, 매일 그 혜택을 누리면서도 그걸 뻔뻔스럽게 경멸할 사람이 누가 있겠는가! 하지만 이번에도 역시 꼼꼼하게 살펴볼 것은 살펴보아야 하지 않겠는가?"_{베르트랑 베르줄리}

오늘날 현대기술문명의 근본적인 문제점은 과학기술이라는 도구를 제대로 사용할 수 있을 만큼 사람들이 도덕적으로 성숙하지 못하다는 데 있다는 것이다. 다시 말해 과학기술의 사용을 지배하는 것은 이성적인 고려가 아니라, 자본주의의 이기심과 이윤의 극대화에 따른 것이다.

"사람들은 보통 현대기술문명의 문제점을 인간의 도덕적 능력이 과학기술의 발달속도를 따라가지 못한다는 데서 찾는다. 다시 말해 현대기술문명의 근본적인 문제점은 비판적이고 윤리적인 이성을 멀리하고 도구적인 기술만을 발전시킨다는 데에 있다는 것이다." 하이데거

새로운 미래는 우리에게 달려있다. 인공지능을 비롯한 과학기술의 혁신이 궁극적으로 더 나은 인간의 삶을 위한 것이어야 한다.

4차 산업혁명과 인류의 종말

오늘날 인류는 4차 산업혁명 시대에 진입했다. 4차 산업혁명은 미래를 가늠하기 힘들 정도로 급속하게 발전을 거듭하고 있다. 그야말로 지금 우리는 예측 불가능한 미래와 마주하고 있는 것이다.

독일 사회심리학자 에른스트 디터 란터만은 그의 저서 『불안사회』에서 "인간에게는 예측가능하고 확실하며 안정적이고 통제 가능한 것을 원하는 기본욕구가 있다"고 했다. 그런 면에서 4차 산업혁명은 우리에게는 큰 기대감과 함께 불안감을 준다. 4차 산업혁명은 도대체 예측할 수 없는 미래다.

4차 산업혁명이 우리의 행복을 가져다 줄 것인가? 인류를 파괴할 것인가? 4차 산업혁명은 인류에게 엄청난 혜택을 제공하는 한편, 그에 상응하는 과제도 안겨줄 것이다.

유발 하라리는 그의 저서 『호모 데우스』에서 21세기에 인류는 불멸, 행복, 신성을 추구한다고 하였다. 인류가 이 세 가지를 추구한다는 것은 성능을 업그레이드해 신神이 되겠다는 것이다. 미래의 인류는 신처럼 창조하고 파괴하는 힘을 획득해 호모 사피엔스를 호모 데우스로 업그레이드 할 것이다.

유발 하라리에 따르면 미래의 인류가 노화와 죽음을 극복해서 불멸의 존재가 되기 위해서는 먼저 자신의 생물학적 기질과 체질을 신처럼 제어할 수 있어야 한다. 인간을 신처럼 업그레이드하는 데는 생명공학, 사이보그 공학, 그리고 비非유기체 합성 등이 동원된다.

4차 산업혁명이 우리 인류를 어디로 이끌지, 신과 비슷해진 미래의 인류는 어떤 모습을 할지, 지금은 알 수 없다. 인공지능과 생명기술과 정보기술이 합쳐지면서 인류역사상 최대도전에 직면한 인류의 앞날은 어떻게 될 것인가?

오늘날 4차 산업혁명은 과학기술과 정보혁신을 통해 기존의 틀을 깨고, '새로운 가치'를 세상에 내놓았다. 실제로 4차 산업혁명은 세상을 급속도로 바꾸고 있다. 지금 우리 앞에 세상을 뒤흔들 대전환의 물결이 밀려오고 있다.

인간의 뇌를 모방한 초지능 컴퓨터가 그 어떤 인간들보다 능가하다고 가정해보면 지능의 폭발이 일어날 것이고, 인간의 지능은 한참 뒤쳐질 것이다. 결국 인공지능이 인간을 흡수하여서 인간과 세상을 지배할 것이다.

그러한 인공지능이 인간에게 고분고분할 것인가? 인간이 그 인공지능을 통제하지 못한다면, 그 결과는 어떨 것인가? 이것은 핵무기만큼이나 위험할 것이다.

영국 과학자 스티븐 호킹도 인공지능이 통제할 수 없을 정도로 발전하면 인류에게는 종말을 가져다 줄 것이라고 말했다. 결국 자본주의의 과학기술문명이 인류의 종말을 가져올 것이다.

미래에 인공지능이 인류를 지배할 것이라는 것이 중론이다. 스티븐 호킹과 빌 게이츠는 "인류는 로봇에 의해 지배당할 것이다"라고 하였다. 인류는 로봇에 의해 멸망당할 수도 있다.

오늘날 과학기술의 발달속도를 볼 때 2,100년이면 현생 인류는 사라질 것이라는 유발 하라리의 전망이 억지스럽게만 느껴지지 않는다.

"사피엔스 종은 최종적으로 멸종될 것이다. 인류는 사피엔스라는 종을 버리고 새로운 종으로 나아가게 될 것이다. 유전자가 조작되어 새로운 인류로 탄생하는 것이다. 사이보그 공학의 도움으로 인간이 기계로 강화되는 아이언맨과 같은 것이다. 그리고 비유기물 공학은 컴퓨터에 인격을 부여해서 탄생한 비전이나 울트론 같은 새로운 형태의 생명체라고 볼 수 있겠다." 유발 하라리

해결책은 4차 산업혁명에 도덕성을 불어넣는 것이 아닐까?

무엇이 현명한 길인가? 불가능이나 나쁜 결과보다는 가능성과 해결책에 대해 이야기하는 것이 현명할 것이다. 가능성에 대해 이야기하면 구체적인 해결책은 아직 확실하지 않을지라도 우리의 생각 속에 사소한 변화가 일어나기 시작한다. 사소한 변화가 쌓여서 새로운 가능성과 해결책이 형성되는 것이다.

잘 알려진 바와 같이 과학기술은 인간에게 긍정적인 측면과 부정적인

측면을 모두 보여주고 있다. 다른 말로 표현하자면 칼이 우리가 사용하기에 따라 유용하기도 하고 유해하기도 한 것처럼 과학기술 그 자체는 이로운 것도 아니고 해로운 것도 아니다. 그것은 결국 그 도구를 사용하는 인간의 양심과 도덕성에 달려 있는 것이다.

인공지능의 위험성을 예방하기 위해서는 인문학과 도덕성이 4차 산업혁명을 통제할 수 있어야 한다. 도덕성이 인공지능을 통제하지 않으면 인류는 로봇에게 지배당하고, 심지어 멸망당할 수도 있을 것이다.

"컴퓨터가 인간의 모든 것을 대체할 수 있다는 발상이 가장 위험하다. 인공지능의 맹점은 도덕성이 없다는 것이다."

여기서 우리는 현대 자본주의 사회에서 인문학의 가치를 묻지 않을 수 없다. 효율성과 경제적인 가치만을 의미있는 판단기준으로 행사하는 현대 사회에서는 흔히 인문학의 무용성이 논의된다.

이는 앞으로 인문학도 경제성이 있는 인문학만이 살아남을 것이라는 이야기다. 모든 것이 자본의 논리가 관철되는 이 세상에서 이제 인문학까지 자본주의의 하수인 역할을 하게 될 것이며, 그래야 한다는 것이다.

왜 인문학이 돈벌이의 수단이 되어야 하는가? 기술을 개발하고 회사의 매출을 올리는 도구가 되어야 하는가? 이는 스티브 잡스가 인문학과 기술을 접목시켰기에 애플의 창의적인 제품을 내놓을 수 있었다는 이야기 때문일 것이다.

하지만 21세기에 인문학은 그 어떤 것으로도 대체할 수 없는 중대한 임무를 지녔다. 인문학은 인간의 삶을 구성하는 모든 문화와 사회 발전에 대해서 그것이 인간에게 주는 의미와 가치를 판단하고, 4차 산업혁명에 대한 비판적인 기능을 수행해야 한다.

4차 산업혁명 시대에 발생할 수 있는 모든 문제의 해결책은 결국 인간에게 달려있다. 아무리 과학기술이 발전해도 그것을 사용하는 주체는 결국 인간이기 때문이다. 과학기술은 우리의 선택에 따라 유토피아로 안내할 수도 있고, 아니면 디스토피아로 추락할 수도 있다. 인간의 본성과 이성을 어떻게 하면 선하고 좋은 방향으로 선도할 수 있는가? 여기에 해답이 있다고 본다.

인문학적 자각과 성찰의 힘으로 자본주의의 위험성을 감지하자

모든 것은 극도로 발전했다. 그러나 자신과 사회를 성찰하고 반성하는 '자각과 성찰'의 기술은 도태되었다. 오늘날 자아와 성찰의 덕목이 실종했다. 하지만 오늘날은 어느 때보다도 소크라테스의 자각과 성찰의 정신이 필요하다. 4차 산업혁명 시대에 무조건 모든 것을 수용하지 말고, 옳고 그름을 따져가며 비판하고 수용해야 한다.

철학, 종교, 신화, 문학, 역사 등 인문학은 세상과 사람을 바라보는 통찰력을 키워준다. 세상과 사람을 둘러싸고 일어나는 일들을 통합적, 유기적, 비판적으로 보고, 그 이면을 꿰뚫어 볼 수 있는 안목을 갖게 해줌으로 모든 위험과 재앙으로부터 지켜준다.

왜 이 지구상에 나치가 600만 명의 유대인들을 학살한 홀로코스트 Holocaust가 일어났는가? 이는 자각과 성찰의 삶이 결여되었기 때문이다. 권위에 대한 복종이 아닌 인간으로서의 비판의식과 황금률의 보편적 도덕률이 살아 있었다면, 결코 그런 일은 일어나지 않았을 것이다. 결국 인류의 도덕적 파탄이 참혹한 홀로코스트를 초래하였던 것이다.

독일계 유대인 태생의 미국 거주 정치철학자 한나 아렌트(Hannah Arendt 1906-1975)는 그녀의 저서 『예루살렘의 아이히만』에서 '악의 평범성'이라는 개념을 정립하였다. 그녀는 2차 세계대전 때 유대인 학살의 핵심 책임자였던 나치전범인 칼 아돌프 아이히만의 재판을 보며 그 개념을 정립하였는데, 우리는 그녀가 아이히만에게 했던 말을 늘 기억해야 한다. "당신의 죄는 사유의 불능성, 그중에서도 타인의 입장에서 생각하기의 무능성이다."

"인간은 다 그렇지 뭐, 생각 없이 사는 것이 제일 속 편해." 이와 같은 자각과 성찰이 없는 삶이 죄를 짓고 사회를 위험에 빠뜨리게 하는 것이다. 홀로코스트와 같은 참혹한 일이 다시 반복되지 않기 위해서는 자각과 성찰을 통해 통렬한 반성이 있어야 한다.

현대사회는 위험사회다. 우리는 이미 위험사회에 깊숙이 빠져들고 있다. 오늘날 경이로운 과학의 발전은 전례 없는 대규모 재난을 언제든지 초래할 수 있다. 앞으로 얼마나 더 끔찍한 가공스러운 일이 일어날지 모른다. 과거 히틀러와 무솔리니의 파시즘이나 스탈린식 사회주의가 몰고 온 인류대학살 사건은 모두 도덕붕괴로 비롯된 자각과 성찰이 없는 삶이 초래한 비극이다.

오늘날 물질문명의 위험은 통제 불가능성과 불확실성이다. 인간은 통제 불가능하고 불확실의 위험에 더 큰 공포를 느낀다. 예를 들자면 4차 산업혁명의 인공지능발전과 대량실직사태, 지구온난화, 환경오염, 핵무기 생산 등은 통제가 불가능한 것 같다.

위험사회에서 위험이 일단 작동하기 시작하면 인간의 의도와 바람과는 전혀 무관하게 흘러가며, 인간의 능력으로 통제 불가능하게 커지는 경향이 있다. 그러면 인간은 속수무책이 되어버림으로 엄청난 공포감을 느끼게 된다.

그렇다면 위험사회로부터 벗어나기 위해서는 어떻게 해야 할까? 독일 사회학자 울리히 백Ulich Beck은 과학기술에 대한 맹목적 신뢰에서 벗어나서, 지금까지의 근대화로 인한 문제점을 보완할 수 있는 인문학적 사유와 성찰을 통해 올바른 방향을 모색해야 한다고 주장했다.

위험사회를 극복하려면 과학기술에 대한 사회적 제어력을 높여야 한다. 과학기술에 대한 의존성을 줄이고, 첨단과학 자체의 불확실성을 점차 줄여나가야 한다.

자본주의 사회에서 필요로 하는 덕, 중용中庸

동서양의 철학자들은 행복한 삶을 위해 꼭 필요로 하는 덕목으로 '중용'moderate을 이야기했다. 중용은 삶의 중심을 잡아주는 무게추로서 동서양의 행복론에서 서로 겹치는 영역이다.

중용은 동양의 행복론에서 핵심적인 덕목이다. 공자의 손자 자사子思는 그의 저서『중용』에서 중용과 행복과의 관계에 대해 다음과 같이 말했다. "일상생활 속에서 반성하고 성찰하는 가운데 중용을 찾고, 중용의 상태에서 자신이 갖고 있는 능력과 덕을 실현하는 것이 진정한 행복이다."

중용은 고대 그리스 철학자 아리스토텔레스의 행복론에 있어서도 가장 중요한 덕목이다. "중용의 길을 걸으면 행복해진다. 중용의 도를 실현하는 것이 진정한 행복이다. 중용의 도를 터득하기 위해서는 일단 양극단을 피하는 일부터 하라!"

아리스토텔레스에게 있어 중용은 양극단을 피해서 지혜롭게 처신하는 것이다. 예를 들어 친절이라는 미덕을 생각해보자. 지나치게 친절하면 아부를 하게 되고, 전혀 친절하지 않으면 무례를 범하게 된다. 양극단을 피해서 중용의 길을 걸으면 친절해지고 행복해진다. 양극단에 치우치면 행복할 수 없다.

중용은 지나치지도 모자라지도 않게 행동하는 것이다. 아리스토텔레스는 처음부터 중용을 아는 것이 아니라, 모자람과 넘침을 알아가면서 스스로 '중용의 도'를 깨우치는 것이라고 말했다.

지혜가 모자라면 미련하고, 지혜가 넘치면 약삭빠르고, 지혜는 미련함과 야사빠름 사이에 있는데, 그 중간 지점이 중용이다. 양극단에 치우쳤을 때 수많은 불행이 야기되는 법이다.

인간은 관계 속에 살아가는 존재이기에 타인을 방치하거나 폭력을 행사하면 나도 행복할 수 없다. 방치해서도 안 되고 지나치게 간섭해서 통제해서도 안 되고, 적절하게 행동하므로 중용을 지키면 행복해진다.

용기가 모자라면 비겁이고, 넘치면 만용이고, 용기는 비겁과 만용 사이에 있는데, 그 균형점이 바로 중용이다. 절제가 없으면 탐욕이고, 너무 많으면 금욕이고, 절제는 탐욕과 금욕 사이에 있는데, 그 균형점이 바로 중용이다.

자본주의 사회에 살면서 물질과 돈에 너무 치우치지 말자. 극단은 불행을 초래한다. 균형을 놓쳐서는 안 된다. 중용은 삶의 어느 극단에 치우치지 않는 현명함, 무엇을 할 때 끝까지 고민하고 모든 방안을 검토하는 치열함, 모든 가능성을 고려하는 완벽함의 다른 말이다.

행복하려면 매사에 적절한 삶 곧 중용이 중요하다. 성경에도 중용의 지혜가 담겨져 있다. "나를 가난하게도 마옵시고 부하게도 마옵시고 필요한

양식으로 먹이소서."_{잠언 30장}

　과유불급^{過猶不及} 곧 '넘침은 모자람만 못하다.' 소욕지족^{少欲知足} 곧 '적은 것에 만족하자.' 이렇게 중용의 덕을 바탕으로 살아야 행복해진다.

3 자본주의가 풀어놓은 악령에서 벗어나라

"우리는 우리가 만들지도 않았고 마음대로 바꿀 수도 없는 세계에 내던져 있다." 하이데거

영국 극작가 셰익스피어는 그의 대표작 '4대 비극'을 통해 무엇을 보여주려고 했는가? 양심적인 삶보다는 세속적인 욕망에 빠져서 명예와 지위, 돈과 권력, 부와 쾌락을 얻기 위해 수단과 방법을 가리지 않는 인간의 흉악한 모습이 어떠한지를 적나라하게 보여주고자 하지 않았을까?

셰익스피어의 불후의 명작으로 불리는 '4대 비극' 곧 『햄릿』『오셀로』『리어왕』『맥베스』는 인간이 어디까지 타락할 수 있으며, 타락의 결과는 어떻게 되는지를 끔찍하게 보여준다. 그렇게 살았던 인생의 최후는 언제나 비극이었다. 그야말로 악몽이었다.

비극적인 결말 속에서 셰익스피어는 어떻게 사는 것이 올바르고 행복한 삶인지를 독자들에게 스스로 생각해 보라고 '생각의 단서'를 제공하며 인생의 의미와 가치를 깨우친다.

셰익스피어의 4대 비극이 보여주듯이 인간은 자신의 욕망을 채우기 위해 탐욕스럽고 파렴치한 행동을 일삼는 위험한 존재다. 인간은 얼마든지 금수가 될 수 있는 것이다.

오늘날 우리시대는 셰익스피어의 4대 비극에서와 같이 자본주의가 풀어 놓은 온갖 탐욕과 부패, 악행과 부조리가 세상에 가득하다. 이러한 악령들이 우리 사회와 인간 속에 만연하고 있다.

자본주의가 만들어 낸 악령이 지금 우리 사회를 떠돌며 우리를 비인간적으로 만들며 불행에 빠뜨리기 위해 호시탐탐 노리고 있는 것은 엄연한 사실이다. 그러면 자본주의가 풀어놓은 악령은 무엇인가?

우리 둘레를 배회하고 있는 악령들은 인간소외, 비인간화, 탐욕, 빈부격차, 무한경쟁, 비교의식, 배금주의, 이기심, 적대감, 허무주의, 쾌락주의 등 이루 헤아릴 수가 없다. 이와 같은 악령들은 현대 자본주의가 낳은 필연적인 결과이거나 부산물이다.

"자본주의는 본질적으로 폭력성을 가지고 있는 것이다. 자유방임주의 경제체제 아래서 자유를 방치하면 자본주의라는 괴물의 폭력성은 더욱 왕성해져 우리를 크게 위협한다. 따라서 우리는 이 괴물에게 족쇄를 물리고 길들이는 것이 필요하다."나키타니 이와오

자본주의 괴물을 길들이지 않으면 인간은 소외되고 인간사회는 파괴된다. 이 사실을 우리는 새삼 인식할 필요가 있는 것이다. 하지만 우리는 자본주의를 한층 더 순진하게 믿고, 자유경제체제의 시장원리야말로 유일한 것이라고 착각하고 있지는 않은가?

그 결과 지금 세계에는 심각한 인간소외가 확산되고, 사회의 분열도 진행되고 있는데, 이것은 실로 헝가리 경제학자 칼 폴라니가 서구의 시장경제 체제를 분석한 그의 저서 『거대한 전환 The Great Transformation』에서 말한 '악마의 시스템'의 파괴력이 초래한 것이라고 볼 수 있다. 그에 따르면 시장경제란 전혀 도달할 수 없는 유토피아다. 결국 디스토피아가 되어 인간

의 꿈과 행복을 근본적으로 파괴할 수밖에 없다는 것이다.

인간의 탐욕이 자본주의의 과도한 이윤추구와 무한자유경쟁이라는 괴물을 낳아 키우고 말았다. 그 결과가 지금 발생하고 있는 것이다. 그렇다면 우리는 어떻게 해야 할까? 괴물과 결탁해 이기심과 이윤추구에 몰두하며 비인간의 길을 계속 가야할까? 아니면, 다시 정상적인 인간으로 돌아갈 수 있는 길을 애써 찾아야 하지 않을까?

자본주의가 풀어놓은 악령에서 벗어남으로써 비로소 우리는 원래의 인간다움으로 돌아갈 수 있는 것이다.

광기에 사로잡힌 현대인

"이 시대를 지배하는 것은 이성이 아니라 광기다." 하이데거

오늘날 우리시대는 이성의 시대인가, 광기의 시대인가? 하이데거는 현대인은 광기어린 의지에 사로잡혀 있고, 그것에 의해 끊임없이 내몰리고 있다고 한다.

하이데거는 1차 2차 세계대전을 모두 겪었는데, 과학기술문명의 탐욕스러운 광기가 그 전쟁을 통하여, 가장 노골적으로 드러났다고 보았다. 그 전쟁에서 인간과 자연을 철저하게 에너지원energy源으로만 사용되었고, 전쟁에 이기기 위해 모든 나라가 인간과 자연 에너지를 총동원하였다.

정신노동자는 신무기를 개발하는 에너지로 쓰였고, 육체노동자는 폭탄과 무기를 활용하는 에너지로 쓰였고, 자연은 폭탄과 무기를 만드는 에너지로 쓰였다. 여기서 나온 게 바로 핵무기 탄생이었다.

현대사회는 모든 것을 자신의 욕구충족의 수단으로 간주한다. 그래서

인간을 비롯한 모든 것들로 하여금 끊임없이 자신들의 에너지를 내놓도록 몰아대는 현대세계는 이성이 아닌 광기에 사로잡혀 있는 듯 하다.

21세기는 전쟁이 없는 평화의 시기가 이루어진 것 같지만, 현대기술문명에서는 전쟁상태와 평화상태가 본질적으로 차이가 없다. 무력에 의한 전쟁 대신 경제전쟁이 일어나고 있다. 각 나라가 경제전쟁에서 승리하기 위해 인간과 자연의 에너지를 최대한 뽑아내고 있기 때문에 하이데거는 과학기술시대라고 불리우는 현대를 '광기의 시대'라고 한다.

"지금 이 순간에도 생태계는 무너지고 있지만 아무런 손을 쓸수도 없고 지구를 순식간에 파괴할 수 있는 무기들은 계속 만들어지고 있다. 제대로 된 이성의 시대라면 해결책이 나와야 마땅하지만 그렇지 못하기 때문에 미친 광기의 시대다."_{하이데거}

영국 작가 메리 셸리가 만들어낸 괴물 프랑켄슈타인과 마찬가지로 자본주의라는 괴물은 그를 만든 인류 그 자체를 멸망시킬 수 있을 정도로 폭주하고 있다. 그 괴물은 끊임없이 인간을 이용하고, 조작하고, 속이고, 소외시키는 것을 일삼는다.

자본주의가 풀어놓은 악령, 인간소외

"세계는 황폐해졌고, 신들은 떠나버렸으며, 대지는 파괴되고, 인간들은 정체성과 인격을 상실한 채 버려졌다."_{하이데거}

자본주의는 자본의 증식을 목적으로 끊임없이 이익을 추구하는 이데올리기다. 그러한 자본주의의 목적과 성격 때문에 자본주의의 비극은 시작된다. 첫 단추부터 잘못 꿰어진 것이다.

오늘날 자본주의는 모든 가치를 오직 하나의 가치 곧 금전적인 가치로 바꾸어 계산하게 된다. 인간소외는 그러한 자본주의의 본질적인 문제가 깔려 있기 때문에 파생된다. 자본주의 사회에서 인간은 인격이 아닌 물건, 상품, 기계부품 등으로 취급당한다.

자본주의 사회에서는 사람을 상품의 가치가 있으면 사랑하고, 상품의 가치가 없으면 사랑하지 않는다. 어떤 대상을 제대로 사랑하려면 인간 본성을 사랑해야 한다. 그 사람의 본성을 사랑해야지 상품으로 취급해서는 안 된다. 인생은 경제적 가치가 아니라 도덕적 가치로 평가되어야 한다.

오늘날 자본주의가 풀어놓은 악령이 우리 사회를 떠돌며 인간을 소외시키고 있다. 인간소외란 인간이 자기 본질을 상실하여 비인간적인 상태에 놓이는 것을 말한다. 전염병처럼 퍼져서 온 인류가 그 역병에 감염되어 버렸다.

행복과 편리를 위해 인간의 손으로 탄생시킨 기계가 인간을 소외시키고, 현대인은 그 기계에 비굴하고 무기력하게 복종한다. 원래 인간이 자신의 생활을 풍부하게 하기 위해 만들어낸 물질이 인간으로부터 독립하여 거꾸로 인간을 지배하고 있는 현상이 일어나고 있는 것이다.

찰리 채플린의 영화『모던 타임즈』를 떠올려 보자. 공장에서 주인공 찰리는 나사를 조이는 기계 취급을 받는다. 즉 현대사회에서 인간은 인격체로 대우받는 것이 아니라 마치 기계의 부속품처럼 언제든지 대체될 수 있는 것이다. 인간이 물건처럼 되어버린 것이다.

경제성장은 필요하지만 그 성장이 인간을 행복하게 만들어주지 못하면 의미가 없다. 사람을 소외시키는 경제성장은 성장이라고 할 수 없다.

인간은 거대한 경제시스템 하에서 미미한 역할을 수행하는 부품이 되어 버렸다. 이러한 부류의 인간이 관심을 갖는 것은 어떤 직종에 근무하고 있는지, 돈은 얼마를 벌고 있는지, 재산은 얼마나 가지고 있는지, 무슨 차를 타고 있는지, 어느 동네에 살고 있는지 등 외형적인 것이다. 빈껍데기에만 관심을 주고 받는다. 이때 돈은 수단이 아니라 목적으로 기능하고 있다.

사회심리학자 에리히 프롬은 말했다. "더 많은 것을 가져야 행복할 수 있다는 미디어가 만든 환상 속에 다수의 사람들은 기꺼이 자신의 존재를 내던지고 물질적 성취에 집착한다." 그래서 인간은 자신이 하나의 상품으로 전락했다는 사실에 개의치 않거나, 자신에게 발생한 인간소외라는 비극에 대해서도 인지하지 못한다.

"서양철학 전통에서 인간은 이성적 동물로 파악되었고, 이러한 인간 이해가 극에 달한 것이 바로 과학기술문명이다. 이 시대의 과학기술은 전지전능한 신과 같은 존재가 되었다. 우리는 스스로 과학기술문명의 주체라고 자부하고 살지만, 실은 현대라는 거대한 기계속의 부품으로 소모되고 있을 뿐이다." 하이데거

마르크스는 '자본주의 사회의 주체는 인간이 아니라 화폐'라고 했는데, 정말 돈이 인간을 밀어내고 우리 사회의 주인이 되어 버렸다. 돈은 인간이 필요에 의해서 발명한 것이지만, 지금은 돈이 인간을 지배하고 있는 것이다. 이처럼 현대사회는 인간이 소외되고 돈이 주인이 된 완전히 전도된 사회다.

독일 사회학자 게오르그 짐멜은 그의 저서 『돈의 철학』에서 과거 모든 인간관계는 직접적이었지만 돈이 끼어 들면서 그 관계가 멀어졌다고 봤

다. 이 과정에서 인간소외가 생겨났다고 했다.

"돈이 목적이 되면 직업에 대한 소명의식이 소멸하고 어떤 직업에 종사하든 돈만 많이 벌면 그만이라는 생각이 든다. 그러한 '약삭빠름'이 미덕화되면 직업을 선택하는 개인의 인격은 사라지고 많은 돈을 벌겠다는 맹목만이 남는다. 이처럼 돈은 인간 개개인의 관심이나 직업적 개성, 취향 등을 중요하지 않거나 무차별적인 것으로 만들어버린다. 직업종사자가 스스로의 인격으로부터 소외되든 그렇지 않든, 그리고 인간으로서 최종적으로 달성하고자 했던 인격적 목적이 무엇이든지 간에 소득을 극대화하는 것만이 목표가 된다." ^{게오르그 짐멜}

자본주의 체제 안에서는 모든 인간관계는 금전적인 관계로 전환된다. 자본주의가 풀어놓은 악령이 그렇게 만들어 버리는 것이다. 이것이 자본주의의 비극이다. 짐멜은 돈이 삶의 목적이 되는 것을 개탄했다. 그는 돈은 그저 우리 삶의 질을 고양시키는 수단으로 활용되어야 하지, 목적이 되어서는 안 된다고 주장했던 것이다.

1916년, 그러한 비극을 적나라하게 보여준 소설이 발표되었다. 유대인계 체코 작가 프란츠 카프카의 『변신』이다. 카프카는 그 소설에서 자본주의가 풀어놓은 악령 곧 인간소외가 무엇인지 적나라하게 보여 준다. 『변신』은 현대인의 불안한 내면세계와 소외의식, 사회의 부조리를 잘 보여주는 작품이다. 인간성 상실의 시대에 인간이 인간 자체로 존중받지 못하고 소외되고 버려지는 형국이 처참하다.

그 소설이 보여주는 무서운 진실은 가장 순수하고 아름다워야 할 가족관계조차도 경제적인 가치에 토대를 두고 있다는 것이다. 그 소설에서 가족과 사회는 더 이상 따뜻한 공동체의 공간이 아닌, 자신의 필요에 따라 인간을 도구로 사용하는 험악한 공간으로 묘사된다.

어떻게 가족 간에 그럴 수 있는가? 『변신』의 주인공 그레고르 가족의 비인간성을 어떻게 이해해야 할까? 요즈음 우리 주변에는 이보다 더한 일도 자주 일어나고 있는 실정이다. 보험금을 타려고 남편이나 아내를 살해하는 사람들이 비일비재하다.

돈을 벌지 못하면 누구에게도 사랑받지 못한다. 돈을 못 버는 아버지와 남편을 가족은 더 이상 사랑하지 않는다. 마찬가지로 성적이 떨어지면 아이도 사랑받지 못한다.

"인간 상호관계도 마찬가지로 소외되어 있다. 마치 인간과의 관계가 아니라 사물과의 관계인 것 같다. 하지만 이런 도구화와 소외가 가장 치명적인 악영향을 미치는 곳은 자아와 관계다. 인간은 상품뿐 아니라 자기 자신도 팔면서 스스로를 상품으로 여긴다." 에리히 프롬

미국에서는 2차 세계대전 이후에 거대한 경제질서 속에 개인들이 한낱 부품으로 전락하는 세태에 반하여 정신적인 자유와 반항적인 자세를 추구했던 움직임이 일어났다. 이를 '비트세대'the beat generation라고 하는데, 제임스 딘(James Dean 1931-1955) 같은 배우가 비트세대의 아이돌이었다.

그러한 비트세대가 큰 관심을 보였던 것 중 하나가 선불교禪佛教였다. 당시 급진적인 미국 젊은이들은 고리타분한 서구의 전통문화와 물질문명에서 벗어나 신비롭고 영적인 동아시아의 선불교에 열광했다. 고요한 참선參禪에 빠져들었던 것이다.

자본주의는 갈수록 비대해지고 있다. 오늘날 자본주의는 구舊사회주의 국가들의 붕괴로 인한 세계시장의 확대개방과 IT기술의 비약적 발전으로, 글로벌Global 자본주의라는 거대한 괴물로 변모해 인류를 멸망의 길로 내

몰고 있다.

분명 자본주의는 인류에게 물질적인 부와 번영을 가져다주었다. 하지만 그러한 물질적 발전은 인간의 존엄성, 인간관계, 전통문화, 그리고 우리들의 생존 그 자체를 지탱하는 자연환경도 파괴하고 있다. 그리고 글로벌 자본주의 시대에 들어와 그런 경향에 더욱 박차가 가해지고 있다.

자본주의 체제에서 인간소외는 불가피한 현상으로 보인다. 인간은 자본으로부터 밀려남으로 인간소외 현상이 일어날 수밖에 없는 것이다. "현대 자본주의라는 거대한 시스템 속에서 현대인은 한낱 부품으로 전락했고 인간의 존재가치는 상실되어 버렸다."하이데거

인간에게 봉사하고 행복을 선사하기 위해 인간에 의해 탄생된 자본주의 시스템이 오히려 인간을 소외시키는 괴물이 되었고, 모든 인간이 그 괴물에게 비굴하고 무기력하게 복종하고 있다.

자본주의 아래서 인간은 그저 상품으로서 거래되는 존재에 지나지 않게 되었다. 시장원리 속에서는 인간의 존엄성 같은 것은 처음부터 없었다. 그래서 자본주의는 인간의 가치를 파괴하고, 인간으로부터 자존감을 박탈하는 악마적인 힘을 발휘하고 있는 것이다.

이렇게 해서 '노동의 상품화'가 인간으로부터 일의 즐거움을 빼앗아버렸다. 노동자는 자기가 하고 있는 일의 의미를 이해하지 못하므로 일이 그저 참고 견뎌내야 하는 고역이 된 것이다. 인간은 일에서 소외된 것이다. 자아를 실현하는 노동과정이 컨베이어 생산 시스템으로 전락했을 때, 노동자가 느끼는 비참함은 이루 말할 수 없고, 자아의 상실감이 매우 크다.

악마의 시스템

경제학자 칼 폴라니는 그의 저서 『거대한 전환』에서 자본주의는 개인을 사회로부터 고립시키는 '악마의 시스템'이라고 했다. 이 시스템이 인간이 본래 가지고 있는 사회적 동물로서의 측면을 파괴한다는 것이다. 폴라니는 자본주의 시장경제 체제가 '악마의 시스템'이 되어 사회의 구조를 왜곡시키고, 최종적으로는 인간성도 파괴하는 결정적인 요소가 된다고 하였다.

자본주의 경제체제 속에서 돈을 잘 버는 것이 '자본주의의 정의'이고, 그 경쟁에서 패배하여 직장이나 재산을 잃는 것은 어디까지나 자기 책임이라고 하는 자본주의 자유시장에서 인간은 과연 행복할 수 있을까?

자본주의 자유시장 원리가 본질적으로 개인과 개인의 유대를 파괴하고, 사회적 가치의 파괴를 초래하는 '악마의 시스템'의 모습이 보인다. 하이데거에 따르면 이와 같은 세태 속에서 현대인이 느끼는 공허함과 무력감은 현대 자본주의의 필연적인 결과다.

오늘날 악마의 시스템은 빈부격차를 확대시키고, 인간소외를 야기하고, 불확실한 미래를 만들고, 자연환경을 회복이 불가능할 정도로 파괴하고 있다. 그야말로 아포리아 형국이다. 여기에 인간은 어떻게 대처해야 할까? 여기서는 4대 성인의 가르침으로부터 그 해결책을 모색하고자 한다.

판도라의 상자에서 나온 괴물

자본주의가 4차 산업혁명에 박차를 가하고 있다. 4차 산업혁명은 인류에게 '판도라의 상자'Pandora's box가 아닐까? 판도라의 상자는 인류의 불행이 어떻게 시작되었는지를 보여주는 이야기다.

판도라의 상자는 그리스 신화에 나오는 이야기다. 판도라라는 여성이 '열지 말라'는 뚜껑을 열었더니, 그 속에서 온갖 재앙이 나와서 세상에 퍼지고, 그 상자 속에는 '희망'만이 남았다는 이야기다.

일단 판도라의 상자에서 나온 것은 다시 되돌아갈 수 없고, 다시 상자의 뚜껑을 닫을 수도 없다고 한다. 마찬가지로 4차 산업혁명이라는 판도라의 상자의 뚜껑을 다시 닫는 것은 거의 불가능한 일이다.

그래도 어떻게 해서든지 판도라의 상자의 뚜껑을 다시 닫지 않으면 안 되는 것이다. 그렇지 않으면 이 세상은 점점 더 비참하게 되어 버리는 것이다. 판도라의 상자에서 나온 괴물들은 인류의 미래를 혼란 속에 몰아넣고 있기 때문이다.

오늘날 행복하려면 공동선共同善을 지향하는 공동체 의식의 회복이 절실하다

인간소외 현상이 갈수록 심화되고 있다. 이와 같은 세태 속에서 현대인이 느끼는 공허함과 무력감은 갈수록 커지고 있다.

인간소외 현상은 인간이 본래 가지고 있는 인간성이 상실되어 인간다운 삶을 잃어버리는 현상을 말한다.

인간소외 시대에 모든 인간이 함께 잘 살고 행복해지는 공동선을 지향하는 공동체 의식이 중요하다. '남의 불행에서 행복을 느낀다.' '사촌이 땅을 사면 배가 아프다.' 그런 심보를 가지고는 결코 행복할 수 없다. 공동선을 지향하며 다같이 행복해야 한다. 파편화된 개인주의자들만이 넘쳐나는 사회가 아니라, 사회구성원들이 상호존중하고 함께 행복해지는 사회를 지향해야 한다.

오늘날 공동체 의식이 무너지고 있다. 황금률과 공감능력이 상실되었다. 자본주의의 최정점에 이른 미국사회가 이를 잘 보여주고 있다.

공동체 의식과 공동선이 무너진 사회는 어떤 모습일까? 오늘날 회사에서는 사내 경쟁이 치열해서 복도에서 마주쳐도 인사도 잘 하지 않고, 좋은 동료관계를 맺는 데는 관심이 별로 없다고 한다. 회사원들은 오로지 자기이익만 생각하고, 자기 고객에 대해서는 서로 철저히 숨기고, 심지어 동료의 계약을 교묘하게 가로채 공을 차지하기도 한다. 그러한 사회에서 행복할 수 있을까?

돈이 있느냐 없느냐에 따라 사회적 지위와 권한 등이 달라진다면 사람들은 사회가 불공정하고 부패했다고 느낄 것이다. 최근 들어 돈 있는 사람들에게는 법조차 관대한 것 같다. 오늘날 한국사회의 문제점으로 부상되고 있는 이른바 '금수저와 흙수저' 계급론이 발생하는 것이다.

그래서 공동선과 공동체주의가 중요하다. 쉽게 말해 사람들 각자가 자신의 사적 이익에만 관심이 있는 사회가 아니라, 시민들 간에 연대의식을 추구할 줄 아는 사회를 지향해야 한다.

마을 자치활동에 적극적으로 참여한다든가, 기부나 봉사를 자주 실천한다든가, 애국심을 보이며 국가가 요구하는 의무사항을 잘 지킨다든가 하는 것들, 이런 것들은 공동체에 정의를 가져다주는 행동들이다. 공동체주의자들의 표현으로 하자면 '공동선'을 실현하는 행동들인 것이다.

본래 공동체주의는 자유주의 개인주의적 성격에 따른 윤리토대의 상실, 도덕공동체의 와해와 이기적 개인주의의 팽배 등의 문제점을 비판하면서 등장하였다. 하지만 이는 어디까지나 자유주의의 극단적인 개인주의 성향을 비판한 것일 뿐 결코 개인의 권리와 자유를 경시하지는 않는다.

공동선이란 주어진 모든 공동체 구성원을 위하여 균형있게 분배되고 사회에도 이익이 되는 것을 말한다. 공동선과 공공적 이익은 개인의 이익과 어긋나지 않고, 그것을 북돋아 주는 기반이 되어야 한다.

우리는 공공의 삶을 회복하려면 좀 더 부지런히 미덕을 행사해야 한다. 시민의 덕성은 활발한 시민활동을 통해 증가한다. 시민의 미덕을 사용하지 않으면 그 미덕을 잃어버리게 되는 것이다. 이타주의, 관용, 시민정신은 사용할수록 고갈되는 상품이 아니다. 오히려 사용하면 사용할수록 발달하고 더욱 강해지는 근육에 가깝다. "우리는 정당하게 행동함으로써 정당해지고, 절제함으로써 절제하는 사람이 되고, 용감하게 행동함으로써 용감해진다."아리스토텔레스

커다란 혼미, 자본주의가 인류를 파멸의 길로 몰고 간다

지금 세상은 혼란에 빠져 있다. 자본주의가 온 세상을 탐욕으로 물들이고 있다. 자본주의 암세포가 온 세상에 번지더니, 급기야 인간성과 도덕성은 사라지고 탐욕이 세상을 뒤덮고 있다. 왜 이런 세상이 되고 말았을까?

"오늘날의 세계는 가속도가 붙은 채 내리막길을 걷잡을 수 없이 달리고 있는 기차와 같다. 사람들은 자신이 과연 그쪽으로 가야만 하는지 의심하면서도 안전하게 뛰어내릴 그 방법을 찾지 못해, 불안에 떨면서도 어쩔 수 없이 앉아 있는 꼴이다."엘모 스톤

오늘날 너나없이 모두가 부자가 되고 싶어 한다. 자본주의는 우리에게

마구잡이 경쟁을 유발한다. 자본주의 사회에서 사람들은 돈을 벌기 위해 일거리를 찾아 이리저리 옮겨 다니며 바쁘게 움직인다.

오늘날 현대인은 가만히 있지를 못한다. 마치 꿀벌이 꿀을 찾고 벌새가 먹이를 좇아 다니듯 분주하다. 따라서 조용히 마음을 가라앉히고 사물을 냉철하게 바라보는 것이야말로 현대인 모두에게 가장 필요한 수양이라는 생각이 든다.

그러면 더 많이 소유하고 더 많이 소비할수록 행복할까? 우리는 과거보다 더 행복해졌는가? 오히려 인간의 가치는 날이 갈수록 하락 일로에 있고 행복과 멀어지고 있다. 어느 작가는 말했다.

"오늘날 우리는 자본주의 시스템 속에서 만족을 모르는 욕망에 내몰림으로써 경쟁과 비교에 사로잡혀 있다. 사람들은 부와 재물을 좇으며 삶을 허비한다. 숨이 막힐 때까지 자만과 기만으로 채운다. 그리하여 그들은 탈진과 과로로 침몰하고 있다."

자본주의는 인간의 허영심을 자극하는 시스템이다. 자본주의의 과잉생산과 과잉소비와 포식사회가 인간을 병들게 한다. 지나친 소비는 미덕이 아니라 악덕임에도 불구하고 자본주의는 이를 조장한다.

너도나도 돈에만 집중하는 가운데 소중한 가치를 잃고 있다는 사실조차 깨닫지 못한다. 자본주의는 '소탐대실小貪大失'의 전형적인 체계다. 하지만 그 대가는 부메랑이 되어 업보業報처럼 되돌아온다.

작은 것이 귀하고 아름답다. 작고 사소한 것을 소중하게 여길 줄 알고, 또한 감사하게 여길 줄 아는 데서 건강한 행복이 발생한다. 단순과 간소함 속에 깃드는 순수한 기쁨을 잃어서는 안 된다.

자본주의의 심각성은 물질적 풍요와 부귀는 성취하였지만, 그것을 감당

할 정신력과 도덕성을 갖추지 못했다는 데에 있다. 자본주의는 필연적으로 영혼의 혼탁, 도덕적 타락, 사회적 부패, 배금주의 등을 초래한다. 자본주의는 세상에 물질적 풍요는 가져올지라도, 인간에게 참된 행복을 주지는 못한다.

자본주의의 본성 자체를 바꿔 놓을 수 있을까?

자본주의의 본성은 무엇인가? 이윤추구와 생산성 확대는 자본주의 속에 단단히 박혀 있는 본성이다. 이런 본성을 바탕으로 자본주의는 움직이고 발달하여 왔다. 그러한 자본주의 경제체제의 본성에서 유래된 사회적인 문제가 소외와 착취다.

자본주의 사회에서 인간은 단지 경제적 목적을 위한 수단으로 취급당하고 있으며, 이는 자본가들로 하여금 많은 사람들을 착취할 수 있게 만드는 것이다.

경제전문가들은 자본주의의 해결책으로 임금인상, 작업시간단축, 연금대책 등의 부분적인 개혁을 이야기한다. 그러한 해결책은 환영할만한 조치이긴 하지만, 그렇다고 해서 자본주의의 본성 자체를 근본적으로 바꿔놓진 못한다.

칼 마르크스의 주장대로 자본주의 체제 안에서 사람들은 자신이 생산하는 상품으로부터 소외되고, 또한 그 생산에 연관된 사회적 관계로부터 소외되기 때문에 본래의 모습을 잃어간다.

노동자와 노동의 바람직한 관계는 무엇인가? 노동이 노동자의 본성의 일부분이 되어서, 노동자가 노동을 통해 자아실현을 할 수 있어야 한다.

그렇지 못할 경우에는 도리어 육체적 피로와 정신적 저하를 느끼게 됨으로 불행하게 될 것이다.

해결책은 무엇인가? 문제를 해결하려면 먼저 문제 자체를 인정해야 한다. 그러면 아무리 심각한 문제라고 해도 최소한 해결책에 접근할 수 있는 기회가 생긴다. 그리고 위험상황을 살펴서 문제의 본질을 파악해야 한다. 문제를 명확히 파악한다면 해결책은 나오는 법이다.

무슨 일이 일어날지 알 수 없는 암울한 상황에서 어떻게 해야 자본주의 재앙을 피할 수 있을까? 인문학적 성찰과 통찰력을 키워야 한다. 인문학적 성찰과 모든 일의 본질을 꿰뚫어 보는 통찰력은 아무리 암울한 상황에서도 질서의 세계를 이끌어 낼 수 있을 것이다. 끔찍한 혼돈의 상태에서도 새롭게 회복될 가능성은 존재한다.

혼돈 속에서 우리는 어떻게 해야 하는가?

세상이 올바른 방향으로 움직이지 않으면 기본이 무너지고 혼돈이 모습을 드러낸다. 그런 혼돈은 뱀처럼 우리를 혼란에 빠뜨리고 마비시킨다. 그 뱀은 꿈틀거리며 우리를 공격한다. 뱀은 탐욕일 수도 있고, 비인간성일수도 있다.

삶의 혼돈을 직시하고 정면으로 맞서라. 그렇지 않으면 혼돈은 점점 커져서 질서는 무너지고, 미래의 삶은 혼란에 빠질 것이다. 우리가 지금 용기를 내지 않고, 과감히 맞서 싸우지 않는다면, 나중에 혼돈의 뱀은 거대한 용이 되어 우리를 공격할 것이다.

우리가 소중히 여기던 것이 모두 산산조각이 나고, 우리는 자신이 누구인지도 모르겠고, 이 세상이 어떻게 돌아가는지 알 수 없을 때, 우리의 눈을 어디로 돌려야 할까? 어둡고 깊은 구렁텅이에서 괴물들이 끊임없이 튀어나오는 지하세계에서 우리는 무엇을 봐야 할까?

극도의 이기적 자본주의가 빚어내는 과도한 경쟁사회 속에서 우리는 무엇을 보는가? 눈앞에 일어나는 사건을 도무지 이해할 수 없을 때, 더 이상 질서의 상태가 아닐 때, 우리의 시선을 어디에 두어야 할까? 모든 것이 무너져 내릴 때는 무엇보다도 먼저 그 혼돈을 똑바로 바라봐야 한다. '도대체 이 모든 것은 무엇을 뜻하는 걸까?'

"포기하는 순간 핑계거리만 찾게 되고, 할 수 있다고 생각하는 순간 방법을 찾게 된다."낭만닥터 김사부

오늘날 현실과 동떨어진 이야기 같지만 과거 기축시대를 예로 들어 보겠다. 알다시피 공자가 활동했던 중국 춘추전국시대는 침략과 살육이 난무했던 시대였다. 잠시라도 한눈을 팔면 나라를 빼앗기고 삶의 터전을 잃어버리는 일이 다반사였다. 살아남기 위해서는 야합과 배신도 불사했다. 그런 무시무시한 삶의 현장에서 공자는 '사람답게 살아가는 길'을 모색하며 인문학을 탐구했다.

인문학은 인간이란 무엇이고, 왜 태어났으며, 어떻게 살아가야 하는지를 탐구한다. 그러한 탐구를 통해 인간다운 삶이 무엇인지를 깨우치고, 삶을 보다 올바르고 선하게, 아름답고 탁월하게, 그리고 인간답게 살아가는 방법을 터득하게 된다.

오늘날 우리는 인문학이 추구하는 기본가치로 돌아가야 한다. 그것은 나 자신에게 진실된 삶, 이웃과 더불어 사는 인간다운 삶, 그리고 아름다움을 추구하는 멋진 삶과 의미있는 죽음으로 이어지는 것이다.

동양사상의 뿌리가 된 유교사상은 인간 됨됨이를 무엇보다 강조하고 있다. 『논어』는 사람답게 사는 길에 대한 고전이다. 공자는 『논어』에서 어떤 상황에서도 '인仁과 예'禮를 버리지 말아야 한다고 말했다. 여기서 인은 품성과 덕성을 갖춘 내면을 말하고, 예는 인간이라면 마땅히 갖추어야 할 예의범절을 말한다. 맹자도 사람이 갖추어야 할 품성을 '인의예지'仁義禮智 덕목을 들었다. 인의예지는 사람 됨됨이에 초점이 맞춰진 덕목이다.

공자와 맹자뿐만 아니라 한 시대를 이끌었던 동서양의 철학자나 사상가들은 모두 도덕적인 삶을 강조했다. 특히 아리스토텔레스는 행복한 삶을 살기 위해서는 도덕적인 행동이 필요함을 역설했다. 그는 보편적인 도덕률을 실천하는 것이 무엇보다 중요하다고 말했는데, 보편적인 도덕률이 습관으로 형성되어야 한다고 했다. 그것은 자신의 노력으로 얼마든지 보편적인 도덕률을 갖출 수 있다는 것이다. 그런 삶의 가치를 『니코마코스 윤리학』에 담아 그의 아들에게 전해 주었다.

아리스토텔레스가 말하는 보편적인 도덕률은 용기, 절제, 지혜, 정의, 친절 등을 행하는 것이다. 이런 덕목이 습관이 될 때까지 실천해야 한다. 그러한 보편적인 덕목들이 조화를 유지할 때 비로소 진정한 행복을 소유할 수 있다고 보았다.

자본주의가 빼앗아 가는 것들

자본주의는 인류역사를 통틀어 인류에게 물질적으로는 가장 풍요로운 시대를 선물한 것은 사실이다. 그럼에도 불구하고 비인간화, 인간소외, 물질만능주의, 빈부격차, 비교의식, 무한경쟁 등 부정적인 측면은 간과할 수는 없다.

자본주의의 풍요는 대가를 요구한다. 자본주의는 우리에게서 무언가를 빼앗아 간다. 우리에게서 너무나 소중한 것들을 빼앗아 간다. 우리는 자본주의로 인하여 인간의 존엄성, 인간애, 가족애, 관계중심의 삶, 영적 삶, 자연, 여유, 조용한 시간 등 행복의 필수요소들을 상실했다.

우리는 물질적인 부를 추구하는 동안 정말 소중한 것을 잃어가고 있다. 우리는 과학기술의 발달로 물질적인 부를 축적하는 반면, 정서적인 면은 파탄의 지경에 이르렀다. 배금주의는 정서적 파탄을 불러일으킨다. 정서적 파탄은 마약과 알코올 남용, 도박과 향락, 종교적 광신 등과 같은 불온한 사회문제를 일으킨다.

21세기는 '우울과 불안의 시대'가 되어가고 있다. 현대인들은 어느 시대보다 훨씬 더 심각한 우울증과 불안증을 겪고 있다. 물질적인 가치를 중요하게 생각하는 사람일수록 행복지수가 떨어지고 우울과 불안, 신체적 이상증세 등으로 인해 불행이 더 커지는 것으로 나타났다. 요즘 아이들은 부모 세대보다 우울증에 시달릴 위험이 점점 더 커지고 있다.

우리 사회 전체가 도덕 불감증에 빠져 있다. 자본주의의 노예가 되어 돈에 집착하다 보면 자신도 모르게 도덕 불감증에 걸리게 된다. 도덕 불감증은 비도덕적 행위에 대해서 그것이 도덕적으로 잘못되어 있는지 모르거나 양심의 가책을 느끼지 못하는 증상을 말한다.

요즘 우리 주위에서 발생하고 있는 각종 범죄는 우리 사회의 도덕 불감증이 얼마나 심각한가를 보여주고 있다. 도덕 불감증이 만연된 자본주의 사회에서 각 개인은 무엇이 옳고 그른지 판단하는 능력을 상실했다.

왜 오늘날 그리스를 비롯한 일부 유럽국가들이 '디폴트'default 곧 채무불

이행 상태에 놓여 있는가? 그 이유는 여러 가지가 있겠지만, 전문가들은 도덕성 상실을 주범으로 꼽고 있다. 도덕성이 파괴되어 탈세와 부패가 만연하기 때문에 국가가 재정적자와 외화보유의 고갈로 인해 지급불능상태에 빠졌다는 것이다.

부패한 국민들은 탈세를 하기 위해 뇌물도 서슴지 않았고, 부자들은 세금을 적게 내기 위해 사업등록지를 다른 나라로 옮기기까지 했다. 그러한 나라들을 보고 있노라면 우리나라의 미래도 심히 걱정스럽다. 그러한 문제가 우리나라에도 일어나지 않는다고 자신있게 말할 수 있겠는가? 그래서 도덕붕괴를 방지하기 위한 인문학 교육과 시민의식 함양이 시급하다.

자본주의 사회에서 왜 도덕적 가치가 중요한가?

경제성장이 최고의 선이요, 돈과 쾌락이 화두가 되어버린 시대다. 이러한 상황에서 경제 외에 여타의 가치들은 쉽게 무시되곤 한다. 오늘날 사람들은 도덕성, 양심, 정의, 인간성, 정직성 등에 관련된 이야기는 애써 피하고, 경제정책과 취업, 그리고 복지 프로그램 등에 주로 관심을 보이는 경향이 있다.

오늘날 경제중심의 사회가 낳은 문제는 심각하다. "도덕적 해이와 거짓말, 각종 로비와 공직자의 부패, 경제인의 각종 특혜와 비윤리적인 이권개입, 일반시민의 도덕 불감증 등 경제논리에 가려 어느 정도의 비도덕은 묵인할 수 있다는, 근거가 빈약한 관용이 사회 저변에 광범위하게 퍼져 있다."마이클 샌델

오늘날 사회전반에 걸쳐 나타난 도덕 불감증과 최근에 치열한 논쟁의

대상이 되고 있는 도덕적 현안은 양심과 도덕성이 거의 고갈되었음을 보여준다.

오늘날 도덕의 타락은 여러 가지 형태로 나타난다. 가장 흔한 것은 모든 것이 금전적인 가치로 평가된다는 것이다. 그 실례로 복권과 도박이 급격히 활성화된 사례를 들 수 있다. 과거에는 모든 나라에서 불법이었던 복권사업과 도박사업이 언젠가부터 갑자기 각국 정부의 수입의 원천으로 변모해서 국가의 주요한 사업이 되어가고 있다.

그리고 오늘날 상업주의가 스포츠, 영화, 담배, 주류, 마약, 매춘, 공공서비스, 환경오염, 온실가스배출권, 줄기세포연구, 의료보험, 존엄사, 배아복제, 사회보장제도, 낙태, 동성애 등 사회의 중대한 현안을 물들이고 있다. 상업주의는 수많은 이익을 제공하지만 도덕성의 결여와 인간의 존엄성 상실, 그리고 각종 사회적 부조리를 유발하고 있는 것이다.

인간행동의 원동력은 금전욕, 명예욕, 권력욕, 성욕 등 다양한 욕구에 기인한다. 인간의 욕구는 끝이 없다. 연간 수입이 수백억 원이어도 만족하고 물러나서 유유자적하게 생활하는 경영자는 별로 없다. 서민의 눈으로 보면 부러울 정도의 수입이나 재산을 가지고 있는 재벌도 거기에 만족하지 못하고 끊임없이 돈을 모은다.

오늘날 빈부격차는 전례 없이 심화되고 있다. 빈부격차는 우리 사회의 공동체 개념과 결속력을 붕괴시키는 원인이 되고 있다.

마하트마 간디는 우리 사회를 해치는 7대 사회악을 들었다. 즉 원칙 없는 정치, 도덕 없는 경제, 노동 없는 부, 인격 없는 교육, 인간성 없는 과학, 윤리 없는 쾌락, 헌신 없는 종교가 그것이다.

개인이 어떤 도덕적 기준과 원칙을 가지고 있느냐에 따라서 사회의 모든 전반적인 결정이 달라진다. 정치와 경제, 사회와 문화는 도덕적 가치에 기반을 두어야 한다. 도덕적 기반을 잃은 사회는 궁극적으로 행복할 수가 없다.

인간의 본성에는 양심과 올바른 삶에 대한 갈망이 있는 법이다. 그래서 사람들은 자연스레 가장 기초적인 보편적 도덕률에 대한 갈증을 호소한다.

도덕성은 과연 회복될 수 있는가? 어쩌다 우리 사회가 양심과 도덕성을 잃어버렸는지를 파악하고, 우리 시대에 어떻게 도덕적 가치를 회복하고, 우리 사회에 다시 도덕성을 불어 넣을 수 있는지를 모색해야 한다.

4 외적인 성공보다는 내면의 성숙이 중요하다

"진정한 행복의 원천은 우리의 내면에 있다. 다른 곳에서 행복을 찾는 것은 어리석다. 자기 안에 없는 행복은 다른 어디에도 없다." 톨스토이

행복은 빙산과 같다. 빙산은 커다란 얼음덩어리의 일부만이 물위에 노출된 채 떠다닌다. 행복도 아주 작은 일부만이 물 위에 노출되어 보일뿐이다. 하지만 행복의 대부분은 내면이라는 물속에 잠겨 있어서 보이지 않는다.

우리는 행복을 주로 바깥에서 찾으려고 한다. 하지만 삶을 행복하게 만드는 것은 우리 내면에 있다. 행복은 자신의 내면의 상태에 달려있지, 외부 여건에 달려 있는 것이 아니다. 행복과 불행을 결정하는 것은 우리 내면이 쥐고 있다.

자신의 내면의 삶에서 피어나는 행복이야말로 진정한 행복이다. 하지만 오늘날 부와 성공과 같은 외적 요소를 과대평가하고, 평온과 만족 같은 내적 요소는 과소평가하고 있다. 행복을 내면에서 찾지 않고 외부에서 찾으려는 현대인은 행복의 근원에서 멀어지고 있다. 오늘날 행복의 토대가 무너졌다.

현자의 행복은 내재적이다. 그 행복은 주로 외부 세계로부터 비롯되는 요소 곧 물질, 권력, 명예, 인기 등에 좌우되지 않으며, 오직 내면세계의 조

화에 달려 있다. 현자가 행복한 건 자신의 내면에서 평화를 발견했기 때문이다. 현자는 세상을 바꾸려 하기보다 자신을 바꾸기 위해 모든 노력을 쏟아 붓는다.

현자들이 추구하는 행복은 주로 영혼의 평온과 내면의 자유다. 현자들은 이 세상에 대해 어떠한 기대도 하지 않기에 불평도 없다. 어떠한 것에도 적대감을 가지지 않고 모든 것을 긍정적으로 받아들이며 가급적 즐기며, 어떤 상황에서도 내면의 평화를 유지하려고 한다.

현대인의 내면상태

현대인은 더 많이 일하나 삶의 여유와 기쁨은 오히려 줄어들고 있다. 바쁘지만 따분하고, 수많은 사람을 만나고 있지만 외로움은 더 커지고 있다. 피로, 중압감, 탈진, 우울증, 내면의 황폐함 등이 갈수록 늘어나고 있다. 외적인 성공을 구가하는 삶에 자신이 함몰되고 있지는 않은가? 무엇이 문제인가? 어디에서부터 문제가 발생했는가?

현대인은 불안감에 시달린다. 그 불안감은 날로 커지고 있다. 인정받지 못함에 대한 불안, 경제상황에 대한 불안, 미래에 대한 불안, 이러한 불안이 우울증으로 나타나기도 한다. 요즈음 우울증 환자들이 급증하고 있다. 세계는 거대한 정신병원이 되어가고 있다.

오늘날 자본주의 사회에서의 모든 불안의 주된 원인들은 너무 소유에 의존하거나 집착하기 때문이다. 남들만큼 가지지 못했거나, 또한 많이 소유했다고 해도 그것을 언제든지 잃을 수 있다는 염려에서 불안이 야기된다. 그렇게 사회생활을 하는 사람이라면 누구나 다 불안감을 가질 수밖에 없는 것이다.

스위스 출신 작가 알랭 드 보통(Alain de Botton)은 그의 저서 『불안』에서 현대인이 겪는 불안의 원인을 사랑결핍, 속물근성, 기대, 능력주의, 불확실성으로 꼽았다. 그에게 따르면 돈, 명성, 영향력 등이 없으면 불안을 느끼는데, 이것들은 결과적으로 사랑결핍의 상징이라고 한다. 이는 곧 인정욕구의 결핍이라고도 볼 수 있다. 남에게 인정받지 못하는 데서 오는 불안감인 것이다. 그래서 그 해결책으로 남들 시선에서 벗어나서 자기 자신에게 집중하고 자신의 내면을 돌아보라는 것이다.

속물근성은 일정한 지위와 소유를 얻지 못하게 될 때 느끼는 불안이다. 속물들이 집착하는 것이 바로 사회적 지위와 그에 따른 대접이다. 자본주의 사회에서는 사회적 지위가 돈과 연결되는 것이다.

자신의 능력과 부가 동일시되는 자본주의 사회에서 가난은 불편과 더불어 자신의 능력 없음을 나타내는 모욕으로 드러난다. 그래서 오늘날 가난에 대한 불안이 가중될 수밖에 없는 것이다.

과거에는 가난이 자랑스러울 때도 있었다. 중세 유럽의 기독교 사회에서 가난이 이상적인 삶의 기준이 되기도 했다. 조선시대의 유교 사회에서도 가난이 이상적인 삶의 모습이었다.

알다시피 한국, 일본, 미국, 영국 등의 자본주의 국가의 행복지수가 비교적 낮다. 그 이유는 내면을 무시하고 물질적인 부를 지나치게 강조하는 풍조가 강하기 때문이다. 그렇게 하면 부와 쾌락을 추구하는 과정에서 참된 행복은 작아지고 불행은 커진다.

행복하려면 돈이나 지위 같은 세속적 가치에 매몰되지 말고 자신의 본연의 모습을 찾고 내면을 성숙하게 가꾸어야 한다. 우리의 내면은 고요와 평온을 지향하고 있으나 세속적 욕망은 그것을 가로 막는다.

"우리 삶이 충만해지기 위해서는 자연과 사물 등 존재하는 모든 것에 대해 경이와 기쁨을 느끼는 인간 고유의 감정을 회복해야 한다." 하이데거

왜 인문학인가? 인문학은 인간과 세상을 바라보는 가치관 정립에 커다란 역할을 한다. 한편으로는 인간의 내면성을 강조하고 인간의 존엄성과 품위, 세속에도 흔들리지 않는 도덕성을 강조한다.

행복의 발생지는 내면이다

내면이 평화로우면 세상도 평화롭다. 내면이 행복하면 세상도 행복해진다. 그러므로 무엇보다도 내면을 갈고 닦아야 한다. 참된 행복은 건강한 내면에서 나온다. 내면은 행복의 발생지이자 행복이 숨쉬는 공간이다. "무릇 지킬만한 것보다 더욱 네 마음(내면)을 지켜라. 생명의 근원이 이에서 남이니라." 잠언 3장

행복하고 싶다면 우리의 내면부터 부지런히 정성껏 가꾸어야 한다. 마음 밭에 잡초가 무성한데 어떻게 행복의 꽃이 활짝 피기를 바라겠는가? 내면을 가꾸는 일은 행복을 위한 기초공사와 같다. "내면을 들여다보라. 내면에 행복의 샘(선한 샘)이 있을 것이다. 당신이 파면 팔수록 더 많은 샘물이 솟구칠 것이다." 마르쿠스 아우렐리우스

오늘날 현대인의 바쁘고 분주한 삶에는 자신의 내면세계를 쌓아 올릴 시간과 공간이 없다. 어느 수행자는 말했다. "자본주의 사회에서 사람들은 물질이나 외적인 부를 축적하고 유지하느라, 시간과 노력을 다 써 버리기 때문에 사랑, 인내, 너그러움, 평정 같은 내적인 부를 키울 기회를 전혀 갖

지 못하고 있다. 이러한 불균형은 사람들이 이혼이나 심각한 질병, 만성이 된 신체적 고통이나 감정적 고통의 문제에 맞닥뜨렸을 때 특히 취약함을 드러낸다."욘게이 밍규르 린포체

모든 것은 우리 내면에서 나오기 때문에 내면을 관리한다는 것은 삶을 관리한다는 것이다. 내면을 관리하는 요령은 무엇보다도 내면을 고요하고 긍정적이고 평화롭게 하는 것이다. 밖이 아무리 시끄럽고 혼란해도 우리의 내면은 늘 고요하고 평화로워야 한다.

"내면은 신이 머무르는 공간으로 우리가 신과 만나는 장소다. 내면이라는 공간에는 신성한 샘물이 솟아난다. 우리는 이 세상을 살아갈 진정한 힘을 이 샘물에서 얻을 수 있다. 우리가 살 수 있게 생명력을 공급하는 곳이 내면이다."요가난다

외적인 성공보다는 내면의 성숙이 중요하다. 성공의 기준이 물질적 소유가 아니라 도덕적 가치가 되어야 한다. 인간성과 도덕성을 수많은 가치 중에 으뜸으로 여기는 사회를 우리 스스로 만들어 가야 한다.

"따지고 보면 행복과 불행은 내 안에 있다. 결국 마음먹기에 달려 있다. 그래서 불행한 사람은 어디를 가든 불행할 것이고, 긍정적인 마음으로 행복을 찾은 사람은 어디를 가든, 어떤 환경에 놓이든 행복할 것이다."프레데릭 르누아르

무엇보다 내면을 아름답게 가꾸어라

소크라테스가 활동했던 당시 고대 아테네는 전통질서가 무너지고 아포리아(혼돈) 상태에 빠졌다. 물질만능주의와 외모지상주의

가 만연하던 시기에 아테네인들이 돈과 쾌락에 빠져 양심과 도덕성을 잃어 버렸다. 그때 뜻밖의 인물이 등장했으니, 바로 소크라테스다.

그는 당시 아테네 분위기와는 전혀 어울리지 않는 인물이었다. 그는 겉모습보다 내면을 아름답게 가꿀 것을 가르쳤던 것이다. 내면의 아름다움, 영혼의 최선의 상태, 자기를 성찰하는 삶, 진선미의 회복을 외쳤던 것이다.

소크라테스는 아테네 시민들에게 아테네의 문제를 주지시키며 바르게 살 것을 가르쳤다. 그가 지적한 아테네의 문제점은 부와 명예와 명성은 많이 획득하려고 하면서도 지혜와 진리와 영혼의 최선의 상태에 대해서는 관심도 없고 생각조차 하지 않는다는 것이었다.

이것이 소크라테스가 생각한 그 시대의 가장 큰 문제점이었다. 소크라테스는 사람들이 스스로 캐묻고 숙고하는 삶을 살지 않기 때문에 모든 문제가 발생한다고 생각했다.

도덕성의 결여는 탐욕과 쾌락의 노예로 전락할 수 있다. 이는 오늘날 우리 한국인에게도 그대로 해당되는 것이다. 소크라테스의 말을 거울삼아 자아 성찰과 숙고하는 삶을 살아야 한다.

인간은 옳은 일을 할 때 행복감을 느끼는 법이다. 그러므로 인간이 어떻게 사는 것이 올바르게 사는 것인지에 대해 깊은 자각과 인문학적인 성찰이 필요하다. "숙고하지 않는 삶을 살 가치가 없다."_{소크라테스}

지금 왜 우리에게 도덕성 회복이 절실한가? 소크라테스가 당시 고대 아테네인들에게 던졌던 질문을 다시 한번 되새겨 보자.

"당신은 당신의 시대에 대해서 고민을 하면서 영혼의 '아레테'(최선의 상태, 탁월함)를 추구하고 있는가? 한번이라도 '어떻게 살아야 지금 이 상황에서 인간다운 삶을 살 수 있을까' 고민해 본다면 당신의 삶은 훨씬 더 품위있고, 가치있는 삶이 될 것이다."

행복한 삶은 사람 됨됨이에서 비롯된다

누가 진정으로 행복한 사람인가? 가진 것이 많든 적든 간에 인격을 갈고 닦고 덕(德)을 쌓으며 양심에 따라 올바른 삶을 사는 사람이다. 덕이란 무엇인가? 덕은 인격이다. 행복은 인격에 있지 물질에 있지 않다. 아무리 부유하더라도 인격이 부족하면 불행하고, 궁핍하더라도 인격이 훌륭하면 행복하기 마련이다. 도덕성과 인간성 곧 사람 됨됨이가 행복한 삶의 토대다.

어느 수행자는 말했다. "현대인의 대다수는 덕을 쌓으려고 하지 않는다. 눈앞의 이해관계에만 급급한 나머지 인간의 내면을 가꾸려고 하지 않는다. 그래서 마음이 평온하지 않고 행복하지 못하다."

행복은 결코 밖에서 오는 것이 아니라 내면에서 솟아나는 것이다. 똑같은 조건에 있으면서도 누군가는 행복을 느끼며 살고 누군가는 불만 속에서 평생을 살아간다.

소크라테스 당시 고대 그리스 아테네인의 이상적인 인간상은 호메로스의 서사시에 나오는 영웅들, 말하자면 아킬레우스와 오디세우스 등과 같이 전형적으로 외향적 가치를 구현하는 인물이다. 또한 그들은 그러한 인간이 가장 행복한 인간이라고 생각했던 것 같다. 오늘날 우리의 상황과 별반 차이가 없다.

그러나 소크라테스의 견해는 그 반대였다. 그러한 외형적 인물은 이성과 양심이 아니라, 욕구와 야망의 노예일 뿐이기 때문에 자기 자신의 주인이 될 수 없고, 진정한 의미의 행복을 누릴 수도 없다고 보았다. 더구나 그러한 외형적인 인물들로 사회가 가득할 때 국가도 위험해질 수 있다고 보았다.

하지만 소크라테스의 그러한 생각은 당시 아테네인들을 불편하게 만들었고, 아테네의 전통, 신들, 그리고 영웅들을 모욕하는 처사로 받아 들였다. 결국 부패한 아테네인들은 소크라테스에게 유죄를 판결하고 독약을 내리고 말았던 것이다.

일반적으로 세속적 욕구의 노예가 된 사람은 깊이 생각하기를 싫어한다. 반성하고 비판하는 자각과 성찰의 기능이 약화되어 있기 때문이다. 냉철한 이성적 성찰과 합리적 판단능력의 실종은 결국 타락과 멸망으로 가는 지름길이다.

외적 성공에서 내적 성숙으로!

"우리가 세상에 존재하는 의미는 흔히 생각하듯이 번영에 있는 것이 아니라 영혼의 성장에 있다." 알렉산더 솔제니친

겉이 화려하다고 내면도 화려할까? 입에 금수저를 물고 태어났다는 것만으로 행복한 인생이 보장되는 걸까? 비록 엄청난 부와 명성을 누리는 화려한 사람도 내면은 오히려 한없이 공허하고 외로워서 술과 마약을 하며 자살을 시도하는 경우를 흔히 볼 수 있다.

과거 현자들은 가난하면서도 유유자적한 행복을 누렸다. 하지만 왕들은 많은 것을 갖고서도 행복하지 못했다. 왜 그럴까? "당신은 누추한 오두막에서 행복한 왕이 될 수 있고, 호화로운 궁궐에 있으면서도 불행으로 고문

당하는 죄수가 될 수도 있다."_{요가난다}

4대 성인은 하나같이 외적 성공보다는 내적 성숙을 중요하게 여겼다. 행복은 외부의 조건보다는 자신의 마음가짐과 내면의 삶에 달려 있다.

"행복이란 세속적 가치추구에서 얻을 수 있는 커다란 성공에서 오는 것이 아니다. 행복은 세상적인 성취가 아닌 내면적이고 정신적인 것으로 받아들여라. 그러면 내가 꿈꾸어온 것 이상의 것을 줄 것이다."_{요가난다}

만약 원하는 것이 순간의 쾌락이라면 차라리 마약을 먹는 편이 나을 것이다. 하지만 순간의 쾌락은 후에 발생하는 부작용으로 고통만 더할 뿐이다. 반짝거리며 보기 좋은 쾌락은 결국은 여름 한 철 부는 계절풍처럼 덧없이 지나가 버리고 후유증만 남길 뿐이다.

소크라테스는 부, 명성, 권력 등의 외형적인 것이 아니라, 내면의 탁월함을 추구해야 한다는 것을, 그의 삶 전체를 통해 역설하였던 성인이었다. 물질과 외모에 빠져 영혼(내면)을 탁월하게 하는 일을 게을리 하면, 그만큼 마음의 즐거움과 순전한 행복을 잃게 된다고 가르쳤다. 단지 사는 것이 아니라 진선미, 즉 참되고 선하게, 아름답고 탁월하게, 그리고 인간답게 사는 것이 중요하고, 그러한 삶이 진정으로 행복한 삶이라는 것이다. 그는 자신의 모든 것을 걸고 진선미의 삶을 권장하였다.

'나는 누구이며, 왜 살며, 어떻게 살 것인가?' 근원적인 질문을 통해 내면의 삶을 돌아보고 내 삶을 바로 세워야 한다. 내 삶에 대한 진지한 사색을 통해 내 삶의 의미와 가치를 바로 알아야 한다. 캐묻고 사색하는 자각과 성찰의 삶에 흔들리지 않는 깊은 행복이 깃든다. 이는 모든 행복의 토대요 바탕이다. 여기에 우리의 행복을 바로 세워야 한다.

내면 깊은 곳으로 들어가서 자기만의 가치를 발견하라. 자신의 가슴이 늘 갈망해오던 감미로운 행복은 내면에 있다. 행복이란 본연의 모습과 절대적인 자유로 돌아가는 것이다. 어느 수행자는 말했다. "외부 지향적인 삶을 최소화함으로써 내적인 삶을 마음껏 확장하고 풍부하게 할 수 있다."

소크라테스의 위대성은 무엇인가?

"이것은 신이 명령한 것이네. 나는 신에 대한 나의 이 봉사보다 더 좋은 일은 이 나라에 없다고 생각하네. 내가 돌아다니면서 한 일은 자신의 영혼이 최선의 상태가 되도록 영혼에 대해서 마음을 쓰라는 것이네." 『소크라테스의 변론』에서

2,500년 전, 소크라테스 당시 고대 아테네인들은 황금만능주의와 외모 지상주의에 빠져들어 사회가 심각하게 타락하고 부패하였다. 이러한 어두운 시기에 소크라테스는 어둠 속에 잠자는 아테네인들을 깨우는 '아테네의 등에'(아테네의 쇠파리)를 자처했다.

그래서 소크라테스는 아테네 광장과 골목을 돌아다니며 만나는 사람마다 그들의 영혼을 깨우기 위해 질문을 던졌다. 소크라테스는 외모와는 달리 붙임성은 좋았다. 아테네에선 아무도 그의 질문공세를 벗어날 수 없었다. 정치가, 철학자. 웅변가, 상인, 군인, 대장장이, 무두장이, 신발 만드는 사람, 사제, 측량인 등 그 누구도 예외가 될 수 없었다.

"신이 나를 점지한 이유는 잠시의 틈도 없이 언제 어디서나 아테네인들을 찌르고 자극하게 하기 위함이라고 생각하네. 만약 내가 사형 당하면 신의 뜻에 따라 이 도시를 사랑하며, 소나 말을 성가시게 하는 등에처럼 아테네인들을 자극하는 나 같은 시민을 또 찾기란 어려울 것이네." 『소크라테

소크라테스는 당시의 시대기류에 전혀 어울리지 않는 인물이었다. 그는 외형이 아니라 내면의 아름다움과 탁월함을 이야기했던 것이다 "내가 돌아다니면서 하는 일은 바로 이것이다. 부와 명성을 쌓고 꽃미남과 몸짱이 되는 것을 내면(영혼)이 탁월해지도록 힘쓰는 일보다 더 열심히 해서는 안 된다는 것이다. 이러한 진실을 젊은이에게나 늙은이에게나 설득하는 일이다. 부에서 덕이 생기는 것이 아니라, 덕에서 부와 인간의 다른 모든 재화가 자기 것이든 공동의 것이든 생겨난다는 걸 알려주기 위해서다."

내면에 관심을 가지고 따뜻하게 대하라. 그리고 인간의 내면에 덕을 쌓아야 한다. 덕은 수양과 자기희생으로 쌓인다. 덕행은 영혼의 아름다움, 인간을 한없이 높여 줄 수 있는 디딤돌이다.

인간을 인간답게 하는 것은 육체가 아니라 정신이며, 그 중에서도 특히 자각과 성찰의 정신활동이다. 따라서 물질적인 것보다 정신적인 것을 더 소중히 여겨야 한다. 감각적이고 물질적인 것보다 이성적이고 정신적인 가치를 추구하는 자각과 성찰의 삶을 살아야 한다.

물질적인 것을 소유하고자 하면 그것을 지니는 데 한계가 있고, 더욱 더 많은 것을 갖고 싶어지기 때문에 경쟁심이 생기고, 필연적으로 다른 사람들과 갈등을 일으키기 마련이다.

그러나 정신적 가치를 향유하고자 하면 그러한 문제들로부터 자유로워질 뿐 아니라 정신적 능력을 고양시키고, 순수한 영혼을 지속적으로 간직하게 된다. 여기서 특별히 주의해야 할 것은 물질적 가치를 추구하기 위해서 정신적 가치를 수단으로 이용하지 않는 것이다.

행복의 토대인 내면 바로 세우기

"현대문명의 위기는 무엇인가? 과학기술과 같은 외형적, 물적 문명은 토끼처럼 빠르게 뛰어가는 데 비해서 정신문명은 거북이처럼 느리게 그 뒤를 따라가고 있다는 데 있다."토인비

"과학기술의 발전으로 삶이 과거보다 윤택해졌음에도 불구하고 많은 이들이 공허함을 느끼는 이유는 문명의 발전과 상응하는 '정신적 보충'이 없기 때문이다."폴 투르니에

내면(정신)을 가꾸지 않고 행복을 추구하는 것은 기초공사를 제대로 하지 않고 건물층수를 올리는 것과 같다. 그와 같은 행복의 탑은 하늘을 찌르더라도 내면이 받쳐주지 못하기에, 모래성같이 순식간에 허망하게 무너져 내릴 것이다.

따라서 당장은 효과가 나지 않고 상당히 시간이 걸리더라도 기초를 갈고 닦는 일에 시간을 내고 집중해야 한다. 일단 탄탄하게 닦인 기초는 지속적인 행복을 보장한다. 양심과 도덕성에 기반을 둔, 내면의 삶을 튼튼히 쌓아 올렸을 때 올바르고 지속적인 행복이 보장된다.

사람들은 대부분 문제가 발생하면 외부의 것부터 바꾸려고 한다. 하지만 문제의 해결은 바로 자기 자신, 그것도 내면을 진선미답게, 즉 참되고 선하게, 아름답고 탁월하게, 그리고 인간답게 가꾸는 것에서부터 시작해야 한다. 먼저 내면이 바뀌어야 외부도 바뀌기 때문이다. 문제는 세상을 바꾸려는 사람은 많지만 자기 자신을 바꾸려는 사람은 많지가 않다는 것이다.

물질적 욕망에서 자유로워지는 것, 온갖 잡다한 세속적 대중문화의 유혹에서 벗어나는 것, 궁극적으로 내면이 맑고 향기롭고 평화로워 지는 것,

이러한 덕목은 내적 수양에서 비롯된다. 내면을 갈고 닦으며 가꾸자. 어느 수행자가 말했다. "우리의 내면은 날마다 새롭게 피어나는 꽃처럼 그렇게 피어나고 향기로워야 한다."

내면이 행복해야 외면도 행복해진다

내면을 아름답게 가꾸면 외면도 자연히 아름다워지고 행복해진다. 내면이 행복하면 모든 것이 행복해진다.

어느 수행자가 말했다. "참된 행복은 밖에서 오는 것이 아니라 우리의 내면에서 꽃처럼 피어난다. 오늘날 우리는 외형적인 것, 물질적인 것, 겉모습에만 너무 관심을 갖다 보니까 마음이 황폐해질 대로 황폐해졌다. 우리의 입과 행동에서 거칠고 험한 것이 나오는 것은 내면이 순화되지 못했기 때문이다."

인간은 원래 영적인 동물이다. 영적, 정신적 성장을 외면하고 오로지 외적, 물질적 성공만을 추구하는 현대 물질문명은 영적, 정신적 삶을 피폐케 한다.

외적 호화로운 생활은 오히려 내면을 공허하게 할 따름이다. 아무리 많은 소유물을 지녔다 할지라도 내면이 불안정하고 평화롭지 않으면 행복할 수가 없다. 그러므로 소유가 많고 적음에 상관없이, 사람은 모두 소박하고 단순한 생활을 지향할 필요가 있다. 소박하고 단순한 삶 속에 내면이 고요해지고 평온해진다. 내면의 고요 속에 행복이 깃드는 것이다.

현대인들의 모든 감각세포는 소란스러운 밖을 향해 쏠려 있다. 잠시의 감각적인 즐거움에 중독되어 있다. 부와 명예와 바쁜 스케줄이 성공의 척도가 되고 있다. 그러한 가운데 자신의 내면세계는 날마다 황폐해지고 있다. 자신이 자각하지 못한 채 서서히 망가지고 있는 것이다. 바로 이것이 현대인의 죽음에 이르는 병이다.

내적 빈곤은 외적 소유욕으로 나타난다. 사람은 내적 만족이 없으면 외적 소유로 그 자리를 채우려고 하는 경향을 보이는 것이다. 이러한 경향은 날마다 자기 무덤을 파고 있는 것과 같다.

행복하게 산다는 것은 내면(마음)의 평온함을 뜻한다

스토아학파에게 깊은 매력을 느꼈던 고대 로마의 정치가이자 사상가 키케로(Cicero BC 106-43)는 말했다. "행복하게 산다는 것은 마음의 평온함을 뜻한다." 키케로는 험난한 시대에 누구보다도 처절하게 살았다. BC 49-46년, 로마 내전 때 그는 갈리아(Gallia, 지금의 프랑스와 벨기에, 서부 독일, 북부 이탈리아 일부) 지방을 정복했던 율리우스 카이사르(Julius Caesar BC 100-44)에 맞서 '공화정의 원칙'을 지키려고 애썼지만 실패했다. 결국 처형되었다.

스토아학파는 행복을 '마음의 평화'에 두었는데, 이는 흔들림이나 동요가 없는 고요한 마음의 상태 곧 '아타락시아'ataraxia를 말한다. 헬레니즘 시대에 도시국가가 무너지면서 사회적 혼란이 발생하고 전쟁이 빈번해지자, 스토아학파와 에피쿠로스학파가 '마음의 평화와 금욕주의'에 기반을 둔 행복을 추구하였던 것이다. "잃고 얻는 것에 연연하지 않고, 높고 낮아짐에 흔들리지 않는 자유로운 영혼은 행복하다."

모든 일은 마음에서 발생한다. 그러므로 마음에서 조절되지 않으면 나중에는 겁잡을 수 없이 일이 커져 버린다. 따라서 우리가 우선적으로 다스려야 하는 것이 마음이다. 마음을 날마다 갈고 닦아서 마음의 평화를 이루어야 한다. 내 마음의 평화가 가정과 이웃과 사회, 그리고 나라와 세계의 평화로 이어지기 때문이다.

세상은 행복하게 살아야 할 곳이다. 그러면 사람은 어떻게 행복해지는가? 무엇보다도 먼저 마음의 여유와 평화를 가져야 행복해지는데, 마음의 여유와 평화는 행복감을 만들어 내는 원천이다. 내 마음에 여유와 평화가 깃들면 우리가 내딛는 걸음 하나하나에서 행복이 피어날 것이다.

하지만 요즘 세상은 점점 물질 위주로 변해 가고, 인류는 외형적인 성장을 향해서 줄기차게 달려가고 있다. 그로 인해 우리의 마음은 경쟁심과 탐욕에 휩싸여 여유와 평화를 잃고 행복과는 점점 더 멀어지기만 한다. 마음의 여유와 평화를 얻으려면 모든 세속적 집착과 물질적 탐욕에서 벗어나야 한다. 가진 것이 적을수록 염려와 불안도 적어진다.

행복하려면 자본주의의 소유 지향적 삶에서
4대 성인의 존재 지향적 삶으로 전환하라!

"인간은 더 많이 소유하는 것이 아니라 더 많이 존재하는 것으로 행복해질 수 있다. 헛된 소유욕에 이끌리지 말고 살아있는 존재, 그 자체에 충만감을 느끼며 인간을 비롯한 모든 자연을 사랑하는 삶을 살자. 이러한 존재양식의 삶 속에서만 궁극적인 행복을 경험할 수 있다." 에리히 프롬

독일 태생의 사회심리학자 에리히 프롬(Erich Fromm 1900-1980)은 인간의 행복과 불행에 대해 매우 통찰력 있으면서도 신선한 담론을 전개했다. 그

는 대표작 『소유냐 존재냐』에서 인간의 삶을 존재양식과 소유양식, 두 가지로 구분했다. 소유양식은 삶의 목표를 소유에 두는 삶인데, 그것은 많이 소유한 만큼 삶이 풍요롭고 행복해 질 수 있다고 보는 것이다. 소유양식은 오늘날 자본주의 사회에서 대다수의 사람들이 추구하고 있는 세속적 삶의 양식이다.

실로 현대인은 많이 소유할수록 행복해질 것이라 생각하고 있으며, 또한 그 어느 때보다 더 많이 소유하고 있다. 그러나 현대인은 자신이 소유한 것에 예속되어 불안과 염려만 커지고 더 바빠질 뿐 더 행복해지지는 않는다.

소유 지향적 삶은 현대 자본주의 사회를 상징하는 생활양식이다. 우리는 우리가 소유하고 있는 물질로 자신의 존재와 가치, 그리고 주체성을 증명하는데 익숙해졌다. 이러한 관계는 물질뿐만 아니라 가정, 이웃, 신분, 경력, 결혼, 학업, 직업, 자녀교육, 종교 등 모든 곳에 영향을 미치고 있다.

진정한 사랑이란 서로의 존재를 바라보게 될 때에 이루어지는 것이다. 결혼 후에 나이가 들어 얼굴주름이 늘고 체형이 엉망이 되더라도 여전히 사이좋게 시간을 보낼 수 있는 것은 상대의 존재자체가 사랑스럽기 때문이다. 그야말로 거문고와 비파가 서로 잘 어울리는 듯 금슬琴瑟 좋은 부부로 행복하게 살 수 있는 것이다.

그저 살아있고 이 땅에 존재한다는 사실에 늘 감사하며, 그 단순한 행복감을 만끽하라. "자신이 현재 살아있음으로 해서 단 한 사람의 인생이라도 행복해지는 것, 이것이 진정한 성공이다."랄프 왈도 에머슨

현대인의 병을 치유하는 존재양식의 삶

에리히 프롬은 현대사회가 정신적으로 병들어 있다고 보았다. 그는 현대인의 병적인 삶과 사회구조를 치유하기 위해서 평생 동안 진지하게 고뇌했던 심리학자였다. 프롬에 따르면 현대인은 소유에서 삶의 의미와 가치를 찾으면서 실질적으로는 삶의 공허함을 느끼고 있으며, 현대사회는 사람들을 끊임없이 경쟁으로 몰아감으로써, 사람들을 이기적이고 계산적인 인간으로 만들고 있다.

현대인의 병적 삶을 치유하기 위한 처방으로 프롬은 '존재양식의 삶'을 제안했다. 프롬은 우리가 추구해야 할 이상적인 삶을 존재양식의 삶으로 보았던 것이다. 존재양식은 찰나적인 쾌락이나 소유를 추구하는 삶이 아니라, 사람의 존재 그 자체를 소중히 여기며 서로의 존재를 기뻐하고 축하하고, 서로의 존재를 깊이 이해하고 사랑함으로써 인생의 기쁨과 행복을 추구하는 삶이다. 존재 중심적 삶에는 행복의 색조가 가득하다. 이런 존재 중심적 삶에서 우리는 얼마나 많은 것을 소유하고 있는가와 상관없이 삶의 진정한 행복을 향유할 수 있다.

소유양식은 쾌감을 낳는 반면에 존재양식은 참된 행복을 낳는다. 쾌감은 우리가 식욕이나 성욕과 같은 감각적인 욕망이나 권력욕이나 명예욕을 충족시킬 때 느끼게 되는 감정이다. 이에 반해 참된 행복은 우리가 자신의 잠재적인 선한 능력을 온전히 실현하게 될 때, 즉 우리가 진선미의 덕을 구현하고 자유롭고 능동적인 존재가 될 때 느끼게 된다.

참된 행복 속에서 우리는 자신이 올바른 삶을 살고 있다는 사실을 확인하게 된다. 이에 반해 쾌감 속에서 우리는 자신의 삶이 잘못된 길에 빠져 있다는 불안감과 함께 공허감에 휩싸이게 된다.

풍요로운 것 같지만 실상은 궁핍한 시대

철학자 하이데거에 따르면 소비할 물질이 넘쳐나는 21세기는 얼핏 보기에는 풍요로운 시대같이 보이지만 실제로는 '궁핍한 시대'다.

물질문명 속에서 인간이 발하는 성스러운 빛은 사라지고 모두 빛바랜 모습을 드러내고 있을 뿐이다. 하이데거가 이 시대를 궁핍한 시대라고 일컫는 이유는 바로 그것 때문이다.

"우리가 살고 있는 이 시대가 전대미문의 물질적 풍요를 누리고 있는 것처럼 보이지만 가장 중요한 것이 결여되어 있다. 우리 삶이 진정으로 충만해지기 위해 절대적으로 필요한 '성스러움'이 빠져 있는 것이다."_{하이데거}

하이데거는 우리의 삶이 진정으로 충만해지기 위해서는 존재의 성스러움을 경험해야 한다고 보았다. 그렇다면 행복과 성스러움은 어떠한 관계가 있을까? 행복을 뜻하는 그리스어 '에우다이모니아'eudaimonia는 '에우'(eu 좋은)와 '다이모니아'(daimonia 영혼)의 합성어로서 '좋은 영혼'을 의미한다. 좋은 영혼은 '성스러운 존재'인 것이다.

하이데거는 현대사회에는 '성스러움'이 빠져 있다고 했다. 성스러움이 존재하지 않는 세계는 인간이 비인격화되고, 모든 것이 물적 자원이나 수단으로 간주되는 세계는 궁핍한 세계일 수밖에 없다고 말했다.

"이러한 상황에서 과학기술시대의 인간은 정신적인 공허감에 시달린다. 그리고 여러 가지 대용물을 만들어 그 마음을 채우려고 한다. 이렇게 현란한 인공물들과 갖가지 오락거리 및 향락거리들을 만들고 그것들에 둘러싸여 살면서 우리는 자신의 삶이 풍요로워졌다고 착각하는 것이다."_{박찬국}

"궁핍한 시대를 사는 현대인은 의식적 혹은 무의식적으로 삶의 고독감,

허무감, 무력감을 느낀다. 그리고 자극적인 오락과 향락에 탐닉함으로써 고독과 허무와 무력으로부터 벗어나려 한다."하이데거

하이데거는 '존재자에게서 존재가 빠져 달아나버렸다'고 했다. 이 말은 존재자가 갖는 성스러운 성격이 은폐되고, 존재자가 한갓 에너지 자원으로 나타난다는 것을 의미한다. 이런 의미에서 우리 시대는 궁핍한 시대인데, 현대인들은 이러한 궁핍을 자각하기는커녕 자본주의 사회를 가장 풍요로운 사회라고 여기고 있는 실정이다.

"20세기에 일어난 1차 2차 세계대전, 나치즘이나 공산주의와 같은 전체주의적 지배, 그리고 모든 것을 사고 파는 상품으로 전락시키는 자본주의도 우리가 존재자들의 성스러운 성격을 망각한 데서 비롯된 것이다."하이데거

인간은 마땅히 '성스러운 존재'로 간주되어야 한다

"인간은 누구나 인간자체로서 가치와 성스러움이 있다. 그건 분명한 사실이다. 인간에게서 성스러운 빛, 즉 인간고유의 존재의 빛을 느껴라!"하이데거

인간을 성스러운 존재로 경험할 때 우리는 새삼 '인간이 존재한다'는 사실에 대해 경이로움을 느낄 수 있다. 인간은 성스러운 존재, 다시 말해서 함부로 할 수 없는 고유한 성격을 갖고 있는 존귀한 존재다.

인간이 도구나 수단으로 존재하지 않고 고유한 존재를 갖는 것으로 나타날 때, 우리는 인간에게서 발하는 성스러운 빛을 보게 된다.

인간은 원래 경이로운 존재였지만 그동안 우리는 자본주의가 낳은 물

질문명에 빠져, 결과적으로 인간의 비인격화를 초래하였다. 인간의 성스러움을 어떻게 회복할 것인가?

우리는 모든 종류의 비교의식을 떠나 각각의 인간자체에 대해서 경이를 느낄 수 있어야 한다. 인간의 경이로움을 담을 수 있는 열린 마음이 필요하다.

"존재상실의 공허함은 세계와 사물을 경이롭게 봄으로써 극복할 수 있다. 세속의 일들에 대한 호기심이나 잡담에서 벗어나 사물과 세계의 신비에 조용히 마음을 열 때 존재들은 무한한 깊이를 갖는 것으로 드러난다. 그때 비로소 우리 삶은 진정으로 충만해진다." 하이데거

과도한 물질주의는 행복에 치명적인 결과를 초래한다

자본주의와 참된 행복은 태생적으로 서로 궁합이 맞지 않는다. 자본주의는 과도한 물질주의를 추구함으로 인해 행복의 주체인 인간을 소외시키기 때문이다. 하지만 인간은 행복의 주체이자 원천이다.

돈이 많은 사람은 '사람이 없어도 혼자 얼마든지 행복할 수 있다'고 하며 사람을 무시하는 경향이 있다. 돈의 존재감이 커지는 만큼 사람의 존재감은 작아진다. 돈에 대한 생각을 많이 할수록 사람에 대한 관심이 줄어든다. "행복해지기 위해 돈에 집착할수록 정작 행복의 원천이 되는 사람으로부터는 멀어지는 모순이 발생한다." 서은국

자본주의 사회에서 우리는 원하는 것을 얻지 못해서 괴롭고, 가지고 있는 것을 잃을까 괴롭다. 물질적인 부와 세속적 명성을 쌓는 일은 안전함과 만족감을 주는 것과는 거리가 멀며, 오히려 염려와 불안을 더 할 뿐이다.

그리고 물질적 소유로 절대로 정신적 갈망을 해결할 수 없다.

요즘 미니멀 라이프minimal life에 대한 관심이 커지고 있다. 미니멀 라이프는 불필요한 것을 끊고, 소중한 것에 더 집중하는 삶이다. 과유불급過猶不及, 즉 조금 부족하게 살아도 괜찮다는 것이다. 유행처럼 번지고 있는 미니멀 라이프는 소유와 소비에 대한 현대인의 피로감을 반증하는 현상이다.

미국 초월주의 철학자 헨리 데이비드 소로(Henry David Thoreau 1817~1862)의 저서 『월든』은 미니멀 라이프의 교과서라고 할 수 있겠다. 소로는 사람들은 잡다한 문제에 얽매여 인생을 낭비하고 있다고 하며, 무엇이든 간소하게 살려는 태도를 지녀야 한다고 하였다. 마하트마 간디와 법정 등 많은 사상가들이 『월든』을 인생의 책으로 삼고 미니멀 라이프를 실천하였다.

우리가 미니멀 라이프를 선택한 이유는 소로의 말처럼 사려 깊은 삶을 살며 인생의 본질적인 삶에 집중하기 위해서가 되어야 한다. 소로는 간소한 삶과 자연과 교감하는 삶을 통해 영혼을 돌보고 삶을 성찰하기 위해 미니멀 라이프를 택했던 것이다. 내면에 좀 더 집중하고 싶다면 분명 지금부터 조금씩 물건을 줄여 나가기를 해야 한다.

사람은 소유의 많고 적음에 상관없이 소박한 생활을 지향할 필요가 있다. 소박한 삶은 인간본연의 모습이기도 하다. 소박한 생활을 할 때 내면세계는 풍부해지고 인생은 더욱 깊이를 더하며 삶에서 진정한 행복을 느끼게 된다.

헨리 데이비드 소로는 사람들의 탐욕이 이 세상의 모든 범죄와 전쟁의 원인이라고 보면서 소박한 삶이야말로 세상의 악을 소멸시키는 가장 확실한 길이라고 말했다.

하이데거는 사람들이 소유와 향락에 대한 욕망 때문에 소박한 자연의 소리를 들을 수 있는 능력을 상실한 데서 현대문명의 불행이 야기되었다고 생각했다. 현대인들에게 있어 소박하고 한적한 자연은 따분하고 단조로운 것으로 보일 뿐이다. 반면에 기계 돌아가는 소리는 모든 문제를 해결해줄 신의 소리로 들린다.

하이데거는 단순한 것이야말로 인간이 소중히 여겨야 할 진정한 보배라고 하였다. 이런 맥락에서 하이데거는 소로와 뜻을 같이 한다.

소로와 하이데거는 과학기술 이전에 세계와 사물들과 관계하는 보다 근원적인 방식이 있고, 그러한 근원적인 방식에 근거하여 세계와 사물들과 합일을 이룰 때 인간은 자신의 삶에 대해 만족할 수 있다고 보았다.

소로와 하이데거는 인간은 자연세계에 대해서 그것을 지배하는 주체로서 마주 서 있는 것이 아니라 오히려 자연 속에서 태어나고, 그것에 의존해서 살다가, 그 안에서 죽어가는 존재라는 사실을 상기시킨다. 따라서 자연이 우리에게 하는 말을 들을 수 있는 감응력의 회복이 절실하다고 주장한다.

일상화된 자본주의 과속에서 벗어나 행복속도를 찾아라

현대 자본주의를 상징하는 중요한 단어 중에 하나는 '속도'다. 가장 빠른 시간 내에 가장 많은 성과를 내는 효율성이 현대사회의 가장 중요한 가치관으로 자리 잡았다. 그로 인해 대다수의 현대인은 현기증을 느낄 정도로 빠른 속도 속에서 정신없이 살고 있다.

자본주의 시대의 흐름에 편승해서 우리 모두는 어쩔 수 없이 질풍노도의 세월을 보내고 있다. 우리 모두는 제어장치가 고장 난 채, 고속질주하고 있는 전복 비행기를 타고 있는 것은 아닐까?

살인속도로 내달리는 우리의 삶을 그대로 방치한다면 우리는 소리만 요란하고 바쁘기만 할 뿐, 불행한 삶을 살다가 생을 마감하고 말 것이다. 우리에게 필요한 건 가속이 아니라 감속이다.

쉼 없이 돌아가는 일정과 뜨거운 경쟁으로 현대인의 일상의 삶은 호흡 곤란 증세를 겪고 있다. 빨리 성공하려는 욕구에 기진맥진 상태에 놓여 있다. 자본주의 체제 속에서 욕망은 눈덩이처럼 커져 간다. 더 많이 소유하면 더 행복하게 된다는 자기 최면에 걸린 것이다.

인간은 지칠 줄 모르는 욕망을 좇다가 결국은 탐욕의 노예가 되어 행복과는 동떨어진 삶을 살게 된다. 도저히 빠져나올 수 없는 욕망의 깊은 구렁텅이에 빠지게 된다.

경쟁과 소유 중심의 빨리 빨리 생활양식은 자본주의의 부산물로서 현대인의 심신을 지치게 한다. 행복속도를 찾는 이유는 무엇인가? 나를 돌아볼 수 있는 시간과 진정한 삶이 무엇인지 생각할 수 있는 여유를 찾기 위해서다.

분주함과 성급함은 원래의 삶이 아니다. 이는 행복의 최대 장애물이다. 행복하려면 고요하고 단순한 삶으로 돌아가야 한다. 일상화된 과속에서 벗어나 행복속도를 찾아야 한다. 행복하게 살기 위해서는 느리게 살아야 한다.

세속화의 물결이 거셀수록 영적, 정신적 갈망도 강하다

"오늘날 자본주의 체제에서 경쟁이 날로 심해지고, 물질적인 부를 신성시하는 오늘날 사회에 대해, 많은 사람들이 혐오감과 절망감을 느끼고 있다. 이러한 사람들은 깊은 혼란에 빠져 불안에 떨고 있으며, 삶과 존재에 대해 보다 정신적인 의미를 찾으려 한다."^{필립 반 덴 보슈}

대개의 문화권에서 인간은 영혼을 갖고 있는 영적 존재로 보고 있다. 인간은 육적 존재뿐만 아니라 영적 존재이기에 인간에게는 영혼에 대한 개념과 영혼불멸의 사상이 내재해 있는 것이다.

인간은 본성적으로 영적 존재이므로 영적, 정신적 삶을 갈망한다. 바다에 파도가 일어나듯이 인간의 내면에는 영적 파도가 끊임없이 일어난다. 따라서 오로지 외적, 물질적 성공만을 지향하는 현대 물질문명은 영적, 정신적 삶을 피폐케 한다.

오늘날 물질과 쾌락 위주의 세속화 과정에서 현대인의 인간성과 영성은 날로 메말라 가고 있다. 게다가 지나친 세속적 가치추구는 현대인으로 하여금 영적 세계와 분리된 삶을 조장한다.

하지만 물질과 쾌락 위주의 세속화의 바람이 강할수록 영적 갈망 또한 강하다. 이는 풍선을 누르면 누를수록 그 저항력도 더 커지는 것과 같은 이치다.

오늘날 현대인은 내면 깊은 곳으로부터 끔찍한 영적 외로움을 느끼고 있는 것 같다. 따라서 현대인들은 기성 종교에는 무관심할지라도 영적 삶에는 깊은 관심을 드러낸다.

영성은 종교가 아니다. 따라서 현대인은 종교를 초월하여 각종 영적 삶을 추구하고 있다. 자신에게 맞는 영성을 스스로 찾아 나선다. 뉴에이지 운동, 명상, 요가, 참선, 단전호흡, 뇌호흡, 마음수련, 환생, 최면술, 점성술, 강신술, 신접, 마술 등이 기승을 부리고 있다.

홍수가 나면 물이 혼탁해지듯이 오늘날 영성의 홍수 속에 영적 환경이 갈수록 더 혼탁해지고 있다. 영성계의 오염은 현대인의 마음과 정신을 병들게 한다.

오늘날 우리는 각종 사이비 영성과 잘못된 영성을 분별하고 조심해야 한다. 즉 올바른 영성을 통해 건강한 영적 삶을 추구해야 한다.

4대 성인의 삶과 가르침은 사람의 영혼에 파고드는 잔잔한 영적 힘 때문에 귀를 기울이게 된다.

명상으로 마음 다스리기

최근 들어 세계 각지에서 명상이 인기다. 요즈음 실리콘 밸리의 IT 종사자들 사이에서도 뜨고 있는 것이 명상이라고 한다. 그리고 회사 경영자들이나 연예인들, 스포츠를 비롯한 각종 분야에서 인지도가 높은 유명 인사들이 명상을 하고 있다는 이야기가 흔히 들린다. 특히 아침 명상을 즐기는 사람들이 많아졌다고 한다.

명상은 내면을 맑고 고요한 상태로 유지하는 것을 목표로 한다. 참으로 행복하기 위해서는 내면의 갈등을 해소하고 내면의 상태가 고요해야 한다.

내면이 아름다운 사람은 외면 또한 아름다운 법이다. 내면과 외면의 아름다움을 유지하는 사람의 삶에는 평온과 행복이 흘러 들어오게 마련이다.

명상을 한다는 것은 좋은 때든 나쁜 때든 한결 같이 삶 속에 맑고 고요한 숨결을 불어넣는다는 것이다. 이는 장자의 말과도 일맥상통한다. "현자는 무상무념無念無想이다. 마음의 평정이 균형을 확고히 해준다. 완전히 무아

無我의 경지에 달한 초연한 상태가 자유를 가져다주고, 모든 불안과 고통, 해로운 영향을 떨쳐내 준다. 청명한 마음을 지님으로써 현자는 맑고 고요한 정신 상태를 유지하고, 그 스스로 환하게 빛난다."장자

명상이야말로 순전하고 상서로운 행복이 자신에게 깃들이게 하는 가장 좋은 방법이 아니겠는가? 늘 명상을 해야 깨어있을 수 있고, 그래야 순간순간 미혹에 물들었다가도 바로바로 빠져나와 맑은 내면의 상태를 보존할 수 있다.

"매일 내면의 깊은 명상을 통해 부단히 행복을 찾아라. 그리하면 그대는 반드시 영원한 행복을 찾을 것이다. 내면으로 들어가기 위한 꾸준한 노력을 기울여라. 그리하면 그대는 최고의 행복이 거기 있음을 알게 될 것이다."요가난다

5 자본주의 체제에서 행복하기 위한
10가지 제안

삶은 자고로 행복해야 한다. 여하튼 이 세상에 태어난 이상, 행복하게 살아야 할 일이다. 모든 종교와 철학과 사상, 나아가 인간의 모든 정신적, 육체적 활동도 궁극적으로는 행복을 찾는 작업일 것이다. "사람은 행복해지길 원하고, 행복밖에 바라지 않으며, 행복을 바라지 않고는 살 수 없다."파스칼

삶이 그대로 행복이 되는 것이 이상적인 행복이다. 이처럼 삶과 행복은 서로 분리되어서는 안 되는 동반자의 관계다. 쌍쌍둥이다.

행복은 삶의 모든 순간에 있다. 삶이 행복이 된다면 우리가 걷는 길이 꽃길이 될 것이요, 우리의 삶은 꽃이 되어 향기를 내뿜을 것이다.

자본주의 체제 속에서는 어떻게 행복할 수 있을까? 21세기를 사는 우리는 어차피 자본주의를 벗어나서 살 수는 없는 노릇이다. 자본주의 체제 속에서도 행복할 수 있는 길을 찾는 것은 우리의 최대의 과제가 아닐 수 없다. 그렇다면 그 길을 열심히 모색해야 하지 않을까?

어떠한 상황에서도 행복하여라!

"어떤 상황에서도 행복해지기를 배워라. 상황이 변하

기를 기다리지 말고 어떤 상황에서도 행복해지기를 노력하라."_{요가난다}

인간의 모든 삶은 행복이라는 단 하나의 목적을 향해 있다. 그러므로 '행복'은 모든 사람들의 화두다. "행복해지기 위해서 나는 무엇을 해야 하는가? 어떻게 하면 행복해질 수 있을까?" 이러한 질문을 늘 하며 살 수밖에 없다.

"행복은 분명히 인생의 목적이고, 이를 위한 모든 인간의 활동은 단지 긴 사슬처럼 엮인 수단에 불과하다. 결국 인간의 모든 삶이란 그렇게 만들어졌으며, 전적으로 행복이라는 단 하나의 목적을 향해 있는 것이다."필립 반 덴 보슈

"자유로운 인간, 아무것에도 구애받지 않고 자신의 삶의 방식을 스스로 선택할 수 있는 인간만이 행복하다."아리스토텔레스

나는 누구와도 바꿀 수 없는 소중한 존재이고, 내 인생은 누구도 대신할 수 없다. 내가 주도적으로 행복해야 할 인생이다. 어떤 상황에서도 차분하고 행복하게 지내는 방법을 스스로 터득하자.

행복해진다는 것은 모든 욕망이 충족된 상태를 뜻하는가? 일반적으로 행복의 정의는 "원하는 바가 완벽하게 충족되어 아무것도 필요하지 않고 부족한 것이 더 이상 없는 상태다." 그렇다면 '그러한 행복이 과연 가능한 것인가'라는 의문이 든다. 왜냐하면 현실적으로 인간의 모든 욕망을 채울 수 없기 때문이다.

하지만 자본주의는 인간의 모든 욕망을 전부 채워줄 수 있다고 호언장담한다. 도저히 도달할 수 없는 유토피아를 약속했던 것이다.

그 허탈한 약속을 믿고 현대인들은 마치 몽유병에 걸린 듯 무의식적으로 자본주의에 끌려가고 있다. 자본주의는 사람들이 자신의 삶을 진지하게 성

찰하기보다 물질적 욕망과 쾌락주의에 빠져들게 만들었다. 자신에 대한 성찰 없이 말초적인 쾌락을 추구하는 태도는 허무주의의 새로운 형태다.

그토록 열망해 마지않는 과학기술의 혁신과 경제발전이 인간을 행복하게 만들었는가? 상업자본주의가 낳은 탐욕과 쾌락의 이데올리기가 팽배한 오늘날 시대에 과연 참된 행복이 가능한가?

오늘날 현대인의 삶은 행복은커녕 형편없이 망가지고 있다. 따라서 우리는 4대 성인의 지혜가 필요하다. 특히 소크라테스의 자각과 성찰의 정신과 삶을 필요로 한다.

자본주의의 독소에 중독되어 정신이 혼미하여 길이 안 보일 때는 어떻게 해야 하는가? 길이 안 보일 때는 내 인생의 길잡이, 4대 성인에게 묻고 또 물어라. 그리고 혼자 자문해 보라. '4대 성인이라면 어떻게 할까?'

4대 성인의 가르침에 따라 행복의 방정식을 풀어라

우리 모두는 왜 이렇게 죽기 살기로 일하는가? 다시 한번 자신의 삶을 점검할 필요가 있다. 내 인생을 제대로 살고 있는지 점검하는 시간, 즉 인생의 작전타임이 필요하다. 자신의 인생을 점검하고 제대로 살기 위해서는 먼저 4대 성인이라는 거울에 자신을 비추어 볼 수 있어야 한다. 그리고 4대 성인에게 자신을 맡길 수 있어야 한다. 4대 성인은 우리의 인생을 올바른 곳으로 안내해 주는 '길잡이'이기 때문이다.

오늘날 자본주의의 난제를 4대 성인의 가르침을 통해 풀어가고자 한다. 4대 성인은 전 생애를 통해 우리에게 조언을 건네고 있다. 4대 성인의 가르침에서 행복인자들을 추출하여 행복의 방정식을 풀고자 한다.

4대 성인의 가르침에 나 자신을 맡겨보자. 그러면 해결책이 열릴 것이다. 어느 작가의 표현을 빌리자면 "천상의 구원처럼 내게 내려와, 혼자서는 빠져나올 수 없는 허무로부터 나를 건져준다."마르셀 프루스트

오늘날 자본주의 체제 속에서 인류가 길을 잃었다. 어떻게 길을 찾을 것인가? 무엇보다도 4대 성인을 길잡이로 삼아야 하지 않을까?

[제안*1*] 4대 성인을 내 인생의 길잡이(롤 모델)로 삼아라

혼돈의 시대, 당신을 올바른 방향으로 안내해 주는 길잡이(나침반)는 있는가? 내 인생의 롤 모델role model은 있는가?

'어떻게 살 것인가' 안팎으로 진지하게 묻고 또 물어야 한다. 그리고 내 삶의 멘토를 찾아야 한다. 본받고 싶은 이상적인 인물을 찾아 인생의 거울로 삼아라. 누구를 거울로 삼느냐에 따라 인생이 완전히 달라질 수도 있다.

혼자서 삶의 목표를 정해서 좌우로 치우치지 않고 똑바로 살아가는 것은 쉽지가 않다. 그러므로 시공간을 초월하여 이 땅에서 가장 올바르게 살았던 인물들을 찾아서 그들을 멘토로 삼고, 그들의 삶을 롤 모델로 삼아, 그 삶을 최대한 본받는 것이 최선이 아닐까?

많은 사람들이 4대 성인의 가르침은 심오하고 어려울 것이라고 생각하지만, 실상은 그렇지 않다. 4대 성인의 사상은 추상적이고 현학적이기 보다는 대다수의 평범한 사람들이 이해할 수 있는 쉽고 명료한 가르침이 주를 이룬다. 나에게 4대 성인의 가르침은 삶의 현장 곳곳에서 새로운 시야를 열어주고 활기를 불어넣어 주는 멘토 역할을 톡톡히 해주고 있다.

어떻게 살아야 할지 막막한 순간, 시대를 초월한 위대한 성인들의 발자

취는 망망대해의 등대이자, 방향키가 되어줄 것이다. 4대 성인의 발자취는 인생의 본질에 대한 깊은 통찰과 조언을 해준다.

오늘날 자본주의의 심각성은 삶의 의미와 가치의 실종이다. 자본주의에 중독되면 삶의 의미와 가치, 그리고 길을 잃어버린다. 그래서 인생을 낭비하게 되고 방황하게 된다.

4대 성인을 본받아 삶의 의미와 가치 곧 살아야 할 이유를 바로 설정하라! "살아야 하는 이유를 아는 사람은 어떤 어려움도 이겨낼 수 있다!"

행복이란 삶의 방향과 의미가 제대로 설정됨에서 시작되기에, 그렇지 않으면 진정한 행복은 없다. 참된 행복을 위해 삶의 의미와 방향을 바로 잡는 과정은 필수다. 이는 행복의 시작과 토대다. 방향만 맞으면 행복은 보장된 것이나 마찬가지다.

> **4대 성인을 길잡이로 삼는다는 것은 삶의 의미와 가치를 찾고,**
> **삶의 방향을 올바르게 설정한다는 것을 의미한다.**

"의미있고 가치있는 삶에 푹 빠져 살다보면 자신도 모르는 사이에 행복해진다." 마틴 셀리그만

삶의 방향과 의미를 바로 잡는 자만이 삶의 주인이 되고 진정한 행복을 누릴 수 있다. 행복한 삶을 원한다면 삶의 방향부터 먼저 바로 잡아라! 그렇게 하기 위해서는 무엇보다도 먼저 내 인생의 롤 모델을 설정해야 한다. 우리의 삶이 잘못된 것은 내 인생의 롤 모델이 없기 때문이며, 그것 때문에 행복한 삶도 얻지 못한다.

인생에는 반드시 목표가 있어야 한다. 목표 없는 인생은 끊임없이 표류

하며 방황하게 되어있다. 그래서 목표가 없는 인생은 공허하다. 인생에서 목표가 생기면 인생은 충실해지고 흥미진진해지고 행복해진다.

[제안2] 4대 성인을 본받아 인류 보편적 도덕률 곧 황금률을 실천하자

"그러므로 무엇이든지 남에게 대접을 받고자 하는 대로 너희도 남을 대접하라. 이것이 율법이요 선지자니라."예수

황금률黃金律은 여러 종교, 도덕, 철학에서 볼 수 있는 인류 공통적인 윤리다. 이는 온 세상의 보편적 도덕률이다. 보편적인 도덕률이 행복이다. "인간의 본성이 실현되는 것이 행복이다."에리히 프롬

"남에게 바라는 대로 먼저 남에게 해주어라"는 황금률은 누구나 다 안다. 그리고 그렇게 사는 것이 옳다는 것은 인정한다. 문제는 실천이다. 황금률의 덕을 실천하는 사람에게는 대적할 상대가 사라진다. 인자무적仁者無敵이다.

당신이 진정으로 행복해지기를 원하는가? 그렇다면 양심에 따라 보편적 도덕률을 실천하는 것부터 시작하라. 당신이 불행해지고 싶은가? 그렇다면 자신의 이기적인 욕망에 따라 제멋대로 살아가면 된다.

왜 보편적 도덕률 곧 황금률인가? 오늘날 자본주의 세태 속에서 보편적 도덕률이 실종되었다. 보편적 도덕률의 대표적인 것이 황금률인데, 이는 모든 사상과 종교의 합일점이다.

4대 성인은 오늘날 같이 인류의 보편적 가치가 유린당할 때, 불같이 일어난 존재다. 인류가 돈맛을 알고, 탐욕에 빠지고, 도덕윤리가 무너지고, 사회가 혼란해질 때, 동시다발적으로 성인들이 이 땅에 등장하여 황금률

을 외치며, 진정한 행복의 틀을 제시했고, 행복의 버팀목을 바로 세웠다. 그래서 4대 성인은 양심의 아이콘이요, 황금률의 표본으로 추앙받는 성인이 되었다.

4대 성인은 각종 악습을 비롯해 인간을 억압하는 모든 것을 맞서 싸웠다. 시대와 장소를 초월하여 끊임없이 일어나는 세속적 물질주의도 예외는 아니었다.

4대 성인은 늘 깨어있으면서 양심에 따라 황금률과 진선미를 실천했던 성스러운 존재다. 그래서 그들의 삶이 곧 그들의 메시지가 되고 사상이 되었다.

4대 성인은 인류에게 그 이전에는 존재조차 하지 않았던 행복의 개념을 제공했다. 4대 성인이 만들어낸 윤리와 행복은 훗날 인류의 삶의 틀을 새롭게 형성했던 것이다.

인생을 살다보면 방향성을 잃고 방황할 때가 있다. 방황하지 않기 위해서 어떤 가치를 붙잡고 버팀목처럼 세워야 하는가? 중심이 무너지지 않기 위해서 어떻게 해야 하는가? 그럴 때에는 4대 성인의 가르침 곧 보편적 도덕률이 바로 서야지, 세상의 중심이 잡히고 기강이 무너지지 않고 유지된다.

[제안3] 공자처럼 인간에 대한 따뜻한 시선을 가지자

공자라면 어떻게 살까? 인간소외의 시대 곧 인간의 가치와 존엄성이 무너진 시대에 공자라면 어떻게 처신할까?

오늘날 이 땅에 공자가 존재한다면 이렇게 질책할 것이다. "인간의 길, 사람다운 삶을 회복하라! 인간에 대한 예의를 갖추라!"

2,500년 전, 공자는 인간에 대한 따뜻한 시선을 가지고 인간의 길, 사람다운 삶을 탐구하고 인간의 가치를 이야기했다. 인간에 대한 따뜻한 시선을 가지는 것이 인간에 대한 예의다.

왜 공자는 그토록 인간의 존엄성을 강조하며 인간성 회복을 부르짖었는가? 그는 인간의 존엄성이 짓밟히고 얼굴만 사람이지 짐승만도 못한 인면수심人面獸心의 시대에 살았기 때문이었다. 그가 살았던 시대는 낯짝이 두껍고 부끄러움을 모르는 사람이 넘쳐나는 후안무치厚顔無恥의 시대였다.

"공자가 태어나서 활동했던 시대는 강자가 약자를 짓밟는 것이 당연하게 여겨지던 난세였다. 인권은 찾아보기 힘든 비인간화 사회였다. 명백한 약탈과 살육조차 승자의 정당한 권리로 받아들여졌던 것이다. 약육강식의 세상이 되면 통치자들은 백성을 부국강병을 위한 수단으로 착취의 대상으로만 여긴다. 당연히 백성들도 살아남기 위한 생존경쟁 속에 오로지 증오심만을 키우게 된다. 인간에 대한 신뢰는 땅에 떨어지고 인간적인 관계는 모두 파괴된다. 이런 참혹한 세상에서 우리는 과연 누구를 믿고 살아야 할까? 이 아귀다툼을 벌이는 인간 중에 과연 믿을 사람이 있기는 할까?"어느 TV방송 다큐에서

인간의 존엄성은 어디에서 오는가? 공자에 따르면 인간의 본성은 하늘로부터 왔는데, 하늘은 선하므로 인간의 본성도 하늘을 닮아 선하다. 인간의 본성에는 어진 마음 곧 인仁이 있는데, 이것은 동물과는 달리 인간만이 가지고 있는 덕성이다.

그러므로 공자는 바른 인간이 되기 위해서는 나쁜 기질을 억누르고 원래 타고난 선한 본성을 되살려야 한다고 했다. "사람의 본성은 원래 바르다. 사는 동안 이 바른 본성을 잃어버리게 되면 결코 행복할 수 없다."중국금언

공자는 사람이 어떠한 것보다 우위에 있다고 가르쳤다. 그는 존엄한 인격을 갖춘 사람을 자연계의 어떤 물건과도 혼동해서 수단으로 취급해서는 안 된다고 하였다. "사람과 물건의 관계에서 사람이 물건보다 훨씬 중요하다. 사람과 사람의 관계에서 마땅히 상호존중하고 서로 사랑해야 한다."_{공자}

그래서 공자의 가르침은 보편적인 인간주의를 지향하며 사람의 가치와 존엄성을 중시한다. 왜냐하면 사람은 인격을 지닌 존엄한 개체이기 때문이다. 모든 사람은 그 자체가 목적이지 도구적 수단이 아니다. 어느 유행가 가사처럼 "누가 뭐래도 사람이 꽃보다 아름답다."

현대의 찬란한 물질문명 속에 인간 그 자체가 시들어 간다. 자본주의 체제 속에서 정신없이 살다보면 인간은 한 없이 작아진다. 돈이나 물질에 집착하면, 그것이 사람보다 더 중요한 존재가 되고 만다.

오늘날 자본주의 사회에서는 생명경시 풍조가 만연하고 인간의 존엄성이 상실되었다. 공자처럼 인간의 길, 사람다운 삶을 추구하자. 공자를 비롯한 4대 성인은 온전한 인간, 참된 인간, 탁월한 인간이 되는 길을 알려준다. 인간의 길, 사람다운 삶에서 행복이 나온다.

[제안4] 붓다처럼 각종 세속적 욕망에서 벗어나라

오늘날과 같은 자본주의 시대에 붓다가 산다면 어떻게 처신할까? 오늘날 이 땅에 붓다가 존재한다면 이렇게 질책할 것이다. "자본주의 체제에 사로잡혀서 언제까지 탐욕의 노예로 살 것인가? 모든 세속적 욕망에서 벗어나라."

붓다는 인간의 모든 불행의 원인을 욕망에 있다고 보았다. 붓다에 따르면 세상의 각종 욕망에 사로잡혀 살아가는 현대인은 도저히 행복할 수가 없다.

붓다처럼 세상의 모든 욕망에서 벗어나 내면의 평온한 삶을 추구하자. 더 소유한다고 해서 삶이 더 행복해지는 것은 아니다.

자본주의는 '남들보다 더 많이 소유하고 소비하는 것이 행복이다'라고 끊임없이 현대인의 의식 속에 주입시킨다. 많이 가질수록 행복해진다는 말은 진실일까? 우리는 정말 더 많이 갖지 못해서 불행한 것일까?

더 큰 집, 더 비싼 차, 더 멋진 옷, 더 고급스러운 취미생활, 더 많이 가지면 행복할까? 결코 그렇지 않다. 물질적 소유로는 정신적 욕구를 해결할 수 없다.

행복은 풍부한 것에 있는 것이 아니다. 오히려 덜어내고, 내려놓고, 절제할 때 찾아오는 법이다. 나에게는 불필요한 것을 덜어냄으로써 얻게 된 시간적, 정신적 자유를 누릴 수 있다.

행복하려면 외적인 성공이 아니라 내면의 삶을 가꾸라. 내면이 어디에도 얽매이지 않고 자유로워야 한다. 내면이 자유로워지려면 붓다처럼 탐욕에서 자유로워져야 한다. 그러면 자기만의 고유하고 간편한 행복을 누리게 될 것이다.

삶에 가장 큰 영향을 끼치는 것은 성패가 아닌 사람의 마음이다. "부귀공명富貴功名을 얻었다 한들 내면을 채우지 못한다면, 공허함으로 방황하게 될 뿐이다."

"성공과 실패, 영예와 모욕을 평상심으로 대할 수 있다면 나아감과 물러섬에 초연할 수 있고 인생을 담담한 미소로 대할 수 있을 것이다. 이것이 바로 인생의 최고의 경지다."장샤오형

[제안5] 소크라테스처럼 자각과 성찰의 삶을 살자

소크라테스가 오늘날 같은 자본주의 체제에 산다면 어떻게 처신할까? 그리고 우리에게 어떻게 충고할까?

"왜 당신은 심신을 갈고 닦고 인격을 고양시키는 데 시간과 에너지를 쏟지 않는가? 대신에 쓸데없는 일, 하찮은 일, 결국 실망스런 쾌락만을 주는 부의 축적, 과잉소비 등으로 시간을 허비하는 것인가? 스스로 자각하고 성찰하는 삶을 택하라. 깨닫고 올바른 삶을 사는 것이 참된 행복이다."

소크라테스에게 따르면 우리가 불행한 이유는 우리에게 자각과 성찰의 능력을 잃었기 때문이다. 우리가 순수한 정신의 소유자가 아니기 때문이라는 것이다.

소크라테스는 자각과 성찰을 통해 얻은 참된 지식을 토대로 덕을 쌓으면 행복을 실현할 수 있다는 '지덕복합일설'知德福合一說을 주장했다.

그에 따르면 진선미에 대한 지식이 곧 덕이며, 덕을 앎으로써 행복할 수 있다고 하였다. 시대와 장소를 초월하여 보편타당한 윤리가 존재하는데 곧 진선미다. 진선미는 행복한 삶을 이끄는 보편적인 미덕이다.

오늘날 자본주의 세상에서 인문학적 자각과 성찰을 이야기한다면 다들 코웃음을 치겠지만, 세상의 부와 명예와 권력에 연연하지 않고, 자기 나름의 세계를 가꾸면서 행복한 삶을 넉넉하게 살아가려면 그러한 자각과 성찰이 반드시 필요하다. 소크라테스에게 행복은 인문학적 자각과 성찰을 통해 중용의 길을 걷는 것이다.

세상을 한 면만 보지 말고 다양한 면을 보고 종합적인 사고를 해야 한다. 소크라테스의 자각과 성찰은 자신의 못생긴 외모와 악처로 알려진 크산티페조차도 눈부신 것으로, 독배로 맞는 죽음조차도 숭고한 것으로 만들었다. 이는 그의 종합적인 사고의 산물이 아닐 수 없다.

급변하고 분주한 자본주의 사회에서 홀로 있는 조용한 시간 곧 자각과 성찰의 시간, 그리고 종합적인 사고는 절대적으로 필요하다.

[제안6] 예수처럼 변함없이 끝까지 사랑하자

"새 계명을 너희에게 주노니 서로 사랑하라. 내가 너희를 사랑한 것 같이 너희도 서로 사랑하라."요한복음 13장

예수의 사랑은 인종, 신분, 환경 등 모든 여건을 초월해서 사랑을 실천하는 것이다. 자본주의 사회에서 사랑하려면 예수처럼 무조건 사랑해야 한다. 조건 없이 끝까지 변함없이 사랑해야 한다.

"더 많이 사랑하고 더 많이 행복해져라! 결국 남는 것은 사랑이다. 사랑은 삶의 모든 문제를 해결하는 능력이다. 충분히 사랑할 수만 있다면 우리 모두는 행복한 존재가 될 수 있다."예수

하지만 오늘날 온갖 불법이 성행하는 자본주의 사회에서 주위 사람에게 마음을 열고 먼저 사랑하기가 쉽지가 않다. 그럴수록 이웃사람에게 마음을 열고 다가가야 한다. 그리고 무조건적으로 사랑해야 한다. 그래야 우리 모두가 행복해진다.

사랑은 그저 내어주는 것이다. 상대방에게 아무것도 요구하지 않고 서로가 존재한다는 사실만으로 기뻐하고 사랑할 수는 없을까?

예수는 모든 종류의 싸움을 피하고 적대적인 사람에 대한 증오와 부정적인 감정에서 벗어나 원수조차도 사랑할 것을 가르쳤다. 예수는 자신에 대한 온갖 모함과 핍박에 대해서 저항하거나 분노하지 않았으며 자신의

권리를 변호하지도 않고 오히려 자신을 죽이려는 자들을 용서하면서 십자가에서 죽었던 것이다. 예수가 인류에게 남긴 것은 그와 같은 인류애와 희생의 모습이었다.

예수는 모든 일체의 부당한 대우와 고난에 저항하지 않고, 모든 사람을 형제처럼 사랑하며, 그 결과로 얻어지는 마음의 평화와 온유의 상태에서 영원하고 온전한 행복을 찾을 것을 가르치며, 실제로 그 본보기가 되었다.

행복의 모든 요소가 사랑 속에 있다. 그래서 사랑은 행복의 원천이다. 그저 사랑하고, 사랑하고, 또 사랑하자. 그러면 행복이 저절로 피어날 것이다.

사랑은 먼저 상대방을 이해하는 것이다. 그 사람이 싫은 이유는 그를 제대로 모르기 때문이다. 상대방의 성장배경, 생활환경, 사고방식, 가족관계 등을 자세히 알게 되면, 이 세상에 사랑하지 못할 사람은 아무도 없을 것이다.

사랑의 주체는 바로 나다. 그러므로 사랑은 내가 주는 것이다. 사랑은 보답을 바라지 않고, 주고 또 준다. 참사랑은 한없이 주고 또 주는 것, 지극히 높은 사랑은 자기희생이다. 보답을 바라지 않고 주기만 할 때 우리의 인생은 빛이 나고 참된 행복감을 느끼게 된다.

"내 삶의 마지막에 무엇이 남을까? 사랑하고 사랑받는 것, 우리 삶은 이것으로 충분하다."

[제안 7] 자본주의에서 비롯된 각종 중독과 부정적인 감정에서 벗어나라

오늘날 우울증이 유행병처럼 번지고 있다. 바야흐로 우울증은 현대인의 질병으로 등극했다. 현대사회는 정신병동이 되어가고 있다.

오늘날 미국식 자본주의는 과도한 경쟁, 비교의식, 탈진, 공동체 붕괴, 무력감, 고립감, 권태감, 허무감, 회의감 등에 휩싸이게 한다. 현대인은 우울증, 조울증, 분노장애 등과 같은 부정적인 감정에 휩싸여 있다. 날마다 고통을 호소하고 있다. 행복하려면 그러한 부정적인 감정에서 벗어날 수 있어야 한다.

거대한 자본주의 경제시스템 속에서 무력감과 허무감이 심각하다. 노동자들은 생산적인 일을 하면서도 사회적으로 제대로 이해받거나 인정받지 못하기에 삶의 의미와 가치를 못 느끼고 권태로 빠진다. "만약 지옥이 있다면 그곳은 권태로운 곳일 것이다."에리히 프롬

삶이 항상 자기 뜻대로 되는 건 아니다. 사람이 인생을 살다보면 '새옹지마'塞翁之馬처럼 때로는 나쁜 일이 좋은 결과를, 때로는 좋은 일이 나쁜 결과를 가져오기도 한다. 그렇다면 일희일비一喜一悲 하지 않고 초연하게 살아야 하지 않을까?

지혜로운 사람은 얻음과 잃음, 명예와 치욕에 집착하지 않고, 오히려 그러한 가운데에서도 인생의 지혜를 얻는다. 득실과 영욕에 초연함, 이것이 인생 최고의 경지다. 득과 실을 다른 각도에서 바라보면 모든 세상사를 꿰뚫어볼 수 있는 지혜를 얻게 될 것이다.

삶을 긍정하고 자신이 처해진 상황에서 아름다움과 풍요로움을 느끼는 사람은 이 세계도 아름답고 풍요로운 곳으로 경험한다. 이런 사람은 삶의 예술가다.

인생은 짧다. 그러므로 나중에 행복해지기를 기다리지 말고 바로 지금 행복할 수 있는 길을 찾아라. 자본주의 체제의 심각한 질병 중에 하나는

'그날이 오면 행복해질 거야'다. 돈을 많이 버는 그날이 오면, 승진하는 그날이 오면, 집을 사는 그날이 오면, 행복해질 것이라고 생각한다. 살아 숨쉬는 현재의 삶이 중요하고, 지금 행복해야 한다.

우리에게 필요한 참된 행복은 사실 크고 대단한 것보다 작고 사소한 일상의 삶 속에 있다. 전화 한 통에도 천국과 지옥을 오가는 것이 사람의 감정이다.

따뜻한 사랑의 시선으로 동시대를 살아가는 모든 이들, 특히 바로 내 곁에 있는 이들을 바라보자. 만나는 사람마다 따뜻한 눈길을 듬뿍 보내 주자. 서로가 말없이 주고받는 다정한 눈길을 통해서도 우리는 존재의 잔잔한 행복을 느낄 수 있다.

인간은 서로를 위해 존재하기에, 서로를 위해 유익한 존재가 되어야 한다. 서로의 존재가 항상 내 곁에서 행복을 주고받는 벗이 되었으면 좋겠다.

[제안8] 자신만의 행복속도를 찾아라

세상은 갈수록 바빠지고 분주해지고 있다. 자본주의 사회의 특징은 바쁘고 분주하다는 것이다. 세상의 속도와 흐름에 맞추다 보면 삶의 여유와 즐거움이 없어진다. 그러므로 삶의 속도를 늦추고 자신의 숨소리를 들으며 자신만의 행복속도를 찾아야 한다.

우리는 우리 자신의 삶을 살기 위해서는 무엇보다 남의 눈치를 보지 않고 주체성을 가져야 한다. 우리는 자신도 모르게 항상 남의 시선과 평가에 신경을 쓰고 남이 나를 무시하지 않을까, 늘 걱정을 한다. 남의 시선과 평가에 연연할 때 우리는 자신을 노예의 지위로 하락시키고 있는 셈이다. 남의 시선에 사로잡힌 노예가 될 것이다.

바쁘고 분주한 자본주의 세태 속에서 자기다움을 잃어버리지는 않았는가? 삶의 보폭을 조정하자. 인생의 난제들이 나를 겹겹이 에워싸고 위협할 때 나는 어디서 해결책과 탈출구를 찾아야 할까? 보이지 않는 적들과 어떻게 맞서야 할까? 어떻게 자기다움을 찾고, 자기다움의 매력을 발산할 수 있을까?

"자기 자신을 하찮은 사람으로 깎아내리지 마라. 그런 태도는 자신의 행동과 사고를 꽁꽁 옭아매게 한다. 무슨 일을 하더라도 자기 자신을 사랑하는 것으로부터 시작하라. 지금까지 살면서 아직 아무것도 이루지 못했을지라도, 자신을 항상 존귀한 인간으로 대하라."니체

'그대 자신이 되어라'는 말이 있다. 이는 사회가 요구하는 맹목적인 인간이 아니라 자신의 본성과 타고난 소질에 바탕을 둔 참된 자신이 되라는 것이다. 삶은 자신만의 고유한 색채를 지니고 있을 때 빛날 수 있는 것이다. 나만의 삶의 색깔을 만들어 나가야 한다.

오늘날 불안정하고 예측 불가능한 시대를 맞이하여 우리 사회는 예상치 못한 속도로 바빠지고 있다. 현대의 복잡한 자본주의 시스템 속에서 누구도 자신이 어디에 있고, 어디를 향해 가고 있는지, 더 나아가 자신의 삶의 속도를 알기 어렵다. 그래서 삶의 속도를 주체하지 못해서 '번아웃 증후군'Burnout Syndrome 증세를 겪는 사람들을 주변에서 흔히 보게 된다.

삶의 속도를 줄이고, 나만의 삶을 살자. 나의 가치는 내가 결정한다. 스스로를 가치있게 생각하는 사람이 행복한 사람이다. 내 인생의 방향키는 누구도 아닌 나 자신이 지니고 있다.

이기적 욕망이 불타는 자본주의 사회에서 행복하려면 사회가 원하는

욕망을 따르지 않아야 한다. 과거 혼란한 세태 속에서도 자신만의 길을 묵묵히 걸었던 4대 성인을 본받아야 한다.

[제안9] 소유가 아닌, 존재 지향적 삶을 살자

　　　　　　　"소유는 곧 속박이다. 소유를 버리니 존재가 행복해졌다." 에리히 프롬

에리히 프롬은 자본주의 사회가 만들어 내는 사회적 성격 곧 '소유 지향'이 인간을 불행하게 만든다고 주장했다. 이는 4대 성인의 가르침과도 일맥상통하는 주장이다. 그래서 충분히 수긍이 간다.

오늘날 자본주의 사회에서는 소유와 소비 지향적인 생활양식이 우리들 일상에 두루 깔려 있다. 문제는 그러한 생활양식이 지속되면 불행에 빠지게 된다는 것이다.

"소유형 인간은 더 많은 것을 얻기 위해 일하기 때문에 불행하다. 소유를 중시하기 때문에 타인에게 적대적일 수밖에 없다. 소유욕이라는 것은 무한 증식하는 속성이 있어 지속적인 만족이란 없다. 반면 존재형 인간은 보다 나은 인격함양과 자아실현을 이루기 위해 살기 때문에 타인과 경쟁하지 않는다. 그러므로 평화롭다. 소유에 집착하지 않기 때문에 매사에 당당하며, 삶을 소유물로 생각하지 않기 때문에 죽음에 대한 두려움이 덜하다." 에리히 프롬

진정한 행복을 누리려면 소유중심 생활양식에서 존재와 관계중심 생활양식으로 바뀌어야 한다. 존재와 관계중심 생활양식은 서로의 존재를 기뻐하고 축하하는 경축의 삶이다. 우리 삶의 순간순간은 특별한 시간이며,

더 나아가 축하의 시간이 되어야 한다.

　나를 비롯한 모든 사람, 한 사람 한 사람이 세상에 유일한 존재라는 사실을 깊이 되새기며 서로를 존중하며 축하하자. 우리 모두는 세상에 단 하나뿐인 독특하고 특별한 존재임을 명심하자.

　소중한 나와 너를 서로 경축하고 축복하자. 행복의 본질은 서로의 존재를 기뻐하고 축하하며 아낌없이 서로의 삶을 나누는 것이다. 이는 행복의 정점, 최고봉이다.

　'함께 축하합시다' '특별한 식사를 같이 합시다' 이러한 대화와 친교가 일상의 삶이 되어야 한다. 우리는 주변의 모든 사람을 존중하고 축하하기 위해 애쓰고, 기꺼이 시간을 할애할 수 있어야 한다. 이것이 경축의 삶이요, 서로의 존재를 기뻐하고 축하하는 삶이다.

[제안 *10*] 4대 성인과 함께라면 인생은 멋진 여행이다

　　　　　　인생은 지도 없는 여행이다. 스스로 길을 발견하고 닦아야 한다. 따라서 모든 여행은 하나의 도전이요, 새로운 출발이다.

　인간은 누구나 태어나면서부터 여행자다. 우리 모두는 이 세상에 여행을 온 것이다. 인생길은 여행길이다.

　인생을 살다보면 앞이 전혀 안 보일 때가 있다. 그때는 방향을 잃고 표류하지 말고 여행을 하라. 그 이유는 여행 중에 낯선 곳에서 내가 살았던 곳을 보면 뜻밖에 내 삶의 문제가 훤히 보일 수 있기 때문이다. 여행 중에 내 인생의 위치를 제대로 파악하면, 올바른 방향을 잡을 수 있다. 그리고 여행은 우리를 다른 세계로 끌어올린다. "어리석은 사람은 방황을 하고 현명한 사람은 여행을 한다."

여행은 인생의 터닝 포인트turning point나 뜻밖의 인연을 선물해준다. 그래서 사람의 운명을 완전히 바꾸어 준다. "만약 당신이 힘들고 외롭다면, 무엇이 나를 행복하게 만드는지 모르고 있기 때문이다. 그것을 알 수 있는 좋은 방법 중에 하나는 홀로 여행을 떠나는 것이다." 카트린 지타

여행자는 나그네다. 우리는 그저 잠시 이 땅에 머물다 가는 나그네 일뿐이다. 내가 사는 집은 영원히 내 집이 아니다. 철학자 하이데거는 나그네야말로 죽음을 진지하게 받아들임으로써 세속적 가치에 대한 집착을 버리고 참된 삶이 무엇인지를 깨달은 자로 보았다.

여행을 하다보면 어떤 풍경이나 환경보다 동반자가 중요하다. 좋은 동반자는 그 존재만으로도 행복감을 준다. 여행길을 가장 즐겁게 가는 방법은 좋은 동반자와 함께 가는 것이다. 그래서 여행은 어디를 가느냐보다는 누구와 함께 가느냐가 중요하다.

4대 성인은 늘 함께 여행하고 싶은 '내 인생의 멘토'다. 힘든 일이 있을 때마다 찾고 싶은 영혼의 벗이다. 4대 성인에 관한 책을 내 인생의 책으로 삼고, 늘 내 곁에 두고 읽고 묵상하자. 내 인생을 4대 성인의 사상과 가르침으로 가득 채우자. 그러면 내 인생이 안전하고 행복하리라!

2

4대 성인과 떠나는 행복여행

어떻게 살아야 하는가?

우리가 따라야 할 '삶의 롤 모델'은 있는가?

4대 성인과 함께 여행을 떠나면 어떨까?

인생은 여행과 같은 것이다. 우리는 누구나 여행자다. 여기서 우리는 발걸음을 멈추고 4대 성인과 함께 행복여행을 떠나자!

인류가 정신적으로나 도덕적으로 매우 혼란한 상태에 직면했을 때 4대 성인이 등장했다. 사람들이 양심과 황금률에서 멀어지고 보편적인 도덕률을 상실했을 때 공자, 붓다, 소크라테스, 예수 곧 4대 성인이 거의 같은 시대에 동서양에 등장했다. 4대 성인은 사람다운 삶을 외치며 인간의 길을 보여 주었다.

4대 성인의 행복은 늘 변하기 마련인 성공, 부, 명예, 인기, 건강 등 외적 요인에 의하여 좌우되지 않는다. 성인의 행복은 내재적이다. 성인이 행복한 건 자신의 내면에서 진선미를 발견했기 때문이다. 성인은 세상을 바꾸려고 하기 이전에 먼저 자신을 바꾸기 위해 모든 노력을 쏟아 부었다.

성인은 세속의 인기나 사리사욕을 좇지 않고, 고관대작이나 호의호식을 구하지 않고, 자연과도 같은 조화로운 삶 속에 행복을 추구하였기에 변함없이 시종일관 행복할 수 있었다.

4대 성인의 삶 속에 숨겨진 이상적인 행복을 찾아서

4대 성인의 삶과 가르침은 인류의 보석으로 빛나고 있다. 많은 세월이 지났음에도 불구하고 조금도 퇴색하지 않고, 오히려 변함없이 더욱 강하게 빛을 내뿜고 있다. 4대 성인은 사후에 오히려 더 큰 존재감을 가지게 되었다. 또한 그들의 업적은 인류 보편적 도덕률을 형성하는데 지대한 영향을 끼쳤다.

4대 성인의 삶은 그처럼 오래 되었는데도 이처럼 새롭다. 그들의 가르침을 우리 삶에서 갈고 닦을 때, 순전한 행복이 우리의 정신과 삶에서 꽃처럼 피어날 것이다.

하지만 여기에는 주의할 점이 있다. 4대 성인은 우리처럼 평범한 사람들이 도저히 모방할 수 없는 탁월하고 비범한 인물들이다. 따라서 우리는 4대 성인의 인격과 삶을 제대로 본받기보다는, 자칫 성인들의 겉모습만 흉내내는 위험성이 내포되어 있다.

인간은 모두 하나하나가 유일무이한 존재이고, 우리는 각자의 개성을 지닌 존재인 만큼, 그들의 성공사례를 무작정 따라하기보다는, 그들의 성공 이면에 숨어있는 탁월한 정신과 삶을 본받아, 나만의 고유한 가치를 실현해야 한다.

4대 성인이 시공간을 초월하여 동시다발로 하나같이 외친 핵심 메시지는 무엇인가? 그들이 삶으로 보여준 가르침은 무엇인가? 참되고 선하게, 아름답고 탁월하게, 그리고 인간답게 살라는 것이다. 즉 양심과 진선미에 따라 정도正道를 걸으라는 것이다. 너나없이 4대 성인을 거울로 삼아 나 자신의 모습을 비추어 보며, 바른 삶과 참된 행복의 길을 모색해야 할 것이다.

1 공자와 떠나는 행복여행

옛 동양 사람들은 성인은 하늘이 내려준다고 생각했다. 알다시피 공자는 유구한 중국 역사 속에서 최고의 추앙을 받는 성인이다. 공자의 가르침은 동아시아인들의 삶의 질서이자 도리이고 문화다. "공자는 시공을 초월해 지금까지 중국인들의 마음속에 정신적 지주로 살아 있다."_{바오펑산}

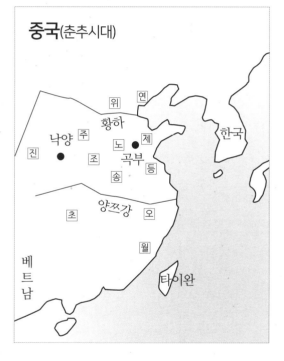

공자는 생전에는 떠돌이 생활을 하며 무시당하기도 했지만, 세상을 뜬 후에는 성인의 반열에 올랐다. 지금은 중국인들의 도덕 신앙 및 문화의 아이콘이자 도통 道統의 상징이다.

공자는 자신의 일생을 스스로 다음과 같이 간략하게 요약했다. "나는 15살에 학문에 뜻을 두었고, 30살이 되어서는 학문의 기초를 확립했으며,

40살이 되어서는 미혹됨이 없어 판단에 혼란을 일으키지 않았고, 50살이 되어서는 하늘의 뜻을 알았으며, 60살이 되어서는 무엇이든 귀로 들으면 그 뜻을 알아차렸고, 70살이 되어서는 마음이 하고자 하는대로 해도 법도에서 벗어나지 않았다."

공자가 등장한 시대의 배경

공자는 어떤 시대에 활동했는가? 격변을 겪지 않은 시대가 어디 있겠냐마는, 공자가 활동했던 시대는 기존질서가 크게 무너질 만큼 혼란스러운 시기였다.

권력자나 지배그룹의 도덕적 타락은 인류역사 속에서 끊임없이 썩은 냄새를 풍겨왔는데, 공자시대의 도덕적 타락은 일상적인 양상이었다.

가장 잘 알려진 도덕적 타락 이야기는 중국 상나라 주왕의 '주지육림'酒池肉林일 것이다. 사마천의 『사기』에 의하면 주왕은 사치와 향락으로 세월을 보냈는데, 그 정도가 상상을 초월한다. "수많은 악공과 광대를 불러들이고, 술로 연못을 만들고, 빽빽하게 들어찬 나무들처럼 고기를 매달아놓고서 벌거벗은 남녀들이 그 안에서 서로 좇아다니게 하면서 밤이 새도록 술을 마시며 놀았다."

이러한 지배그룹의 도덕적 타락은 공자시대도 별로 다를 바 없이 심각했다. 게다가 군주는 백성들을 짐승 이하의 취급을 했던 끔찍한 시대였다. "군주는 칼을 만들면 지나가는 행인을 베어서 칼을 시험하고, 귀족은 간음은 물론 근친상간도 일삼았다." 오죽하면 '가혹한 정치는 호랑이 보다 무섭다'는 말이 생겨났을까?

공자는 기원전 551년 주나라의 제후국인 노나라에서 태어났다. 공자가 태어나기 전에 중국대륙을 통치하던 주나라가 멸망하고 제후국들이 점차 강대해졌다. 천하를 다스리던 통치의 질서가 무너지면서 정신적 분열과 도덕적 위기가 몰려왔다.

공자는 주나라의 덕이 무너지고 나라가 제각기 찢어지는 것을 바라보았다. 모든 제후들과 신하들이 저마다 욕망을 채우기 위해 광분하는 작태와 상대를 속이고 자신을 기만하는 행태를 바라보며 세상의 도道와 덕德이 무너졌다고 통탄했다. 바로 이러한 분위기 속에서 공자의 메시지 곧 인仁과 예禮는 당대의 사상가들뿐만 아니라 제후들에게도 충격으로 다가왔다. 왜 그랬을까?

공자가 흠모했던 주나라가 멸망한 후, 수많은 제후국들이 생겨나는 과정에서 패권주의가 판을 치고 정글의 법칙이 난무하는 춘추전국시대에, 그 당시 시대적 상황과는 정반대되는 '인과 예'를 내세웠기 때문이다. 오늘날 21세기 천민자본주의(야수 자본주의) 시대에 양심과 진선미, 그리고 황금률을 외치는 것과 똑 같은 이치다.

공자는 인간의 타락과 사회의 부패를 직접 목도하며 인간과 사회의 본질에 대해 성찰했다. 그 결과 인격의 수양과 도덕적 실천을 중요시하는 동양적 윤리와 사상이 탄생했다. 가족중심의 윤리덕목이 구체화 되고, 자신이 속한 지역과 국가는 물론 우주까지 하나의 가족처럼 이해하는 세계관이 형성되었다.

극심한 혼란의 춘추전국시대에 온갖 정치적 견해로 군주들을 설득하려는 수많은 사상가들이 등장했다. 이른바 제자백가諸子百家 시대가 시작되었던 것이다.

제자백가의 백가쟁명百家爭鳴 곧 많은 학자들이 각기 자기의 주장을 펴고 논쟁하며 해결하고자 했던 것은 바로 나라를 다스리는 문제와 인생에 관한 문제였다. 극심한 혼란 속에서 정치와 인생철학에 깊은 관심을 보였던 것이다.

공자의 목표는 완벽한 도덕적 인간이 되는 것이었다. 그는 인간다움과 인애仁愛, 도덕을 부르짖었으며, 또한 개개인이 수련을 통해 완벽한 도덕적 경지에 이르고, 이를 바탕으로 올바른 정치를 펴면 세상이 평화로워질 수 있다고 생각했다. 그리고 그 방편으로 제시한 것이 '인과 예'다.

공자의 출생과 성장, 그리고 활동

기원전 551년, 고대 중국 노나라의 귀족가문에서 오늘날 위대한 성인으로 추앙받는 공자가 출생했다. 부친 공흘(자는 숙량)은 공자가 태어나기 전 살벌한 전쟁터에서 혁혁한 전공을 세우고 개선장군처럼 고향에 귀향하여 사람들에게 영웅으로 존경받던 귀족이었다.

부친 공흘은 환갑을 훨씬 넘긴 66세의 나이임에도 불구하고 15세의 처녀에게 구혼하였다. 늙은 전쟁영웅의 느닷없는 청혼이었지만, 꽃다운 처녀 안징재는 무슨 생각을 했는지 결혼을 승낙했다. 두 사람의 나이 차가 너무 커서 사회풍속에 맞지 않았기 때문에 그들의 결혼은 세상 사람들의 비웃음거리가 되었다.

그 결혼은 공흘에게는 세 번째이었다. 공흘은 첫 결혼에서 딸만 아홉을 두었고, 두 번째 결혼에서 아들을 하나 얻었으나 다리가 불편한 장애인이었다. 그래서 그는 가문을 빛내줄 건강한 아들을 원했던 것이다.

건강한 아들을 얻기 위해 공흘 부부는 니구산尼丘山에 올라가 기도했다. 얼마 후 정말로 기다리던 아들이 태어났다. 공흘 부부는 이 아들에게 구丘라는 이름과 중니仲尼라는 자를 지어 주었다. 이 아들이 바로 공자다. 공자의 부모의 결혼은 당시 사회에서 인정받지 못한 비정상적인 결혼이었기에 공자는 일종의 사생아 취급을 받았던 것 같다. 그래서 사마천은 『사기』에서 공자의 출생을 두고 '야합野合으로 태어났다'고 조롱하듯이 기록하였다.

부친 공흘은 공자의 나이 겨우 3살 때 병으로 죽고 말았다. 공흘의 죽음은 대대로 이어져 내려온 귀족신분에 종지부를 찍는 것이나 다름없었다. 이렇게 하여, 공자는 영광스러운 귀족가문에서 태어났지만 어린 나이에 완전히 몰락한 가문이라는 출신성분을 지니게 되었다. 공자는 귀족가문에서 출생하여 서민으로 자라나서 위대한 성인으로 성장했다고 할 수 있겠다.

18세의 젊은 과부 안징재는 3살 난 공자를 홀로 힘겹게 키워야만 했다. 공자의 모친은 인품이 좋았다고 한다. 하지만 홀어머니 밑에서 자란 공자가 어렵게 유년기를 보냈음은 당연했을 것이다. 공자가 17세 되던 해에 모친마저 죽고 말았다. 공자는 19세에 결혼해 아들 공리를 낳았다.

공자는 두 차례 낮은 관직을 맡았다. 즉 19세에는 창고관리, 21세에는 가축관리의 직분을 맡았던 것이다.

공자는 정치무대에 도전하고 교육문화에 열심을 다하였다. 하지만 그는 더 높은 지위로 올라가지 못했다. 그는 나중에 『논어』의 '학이'편에서 자신의 처지를 다음과 같이 이야기했다. "사람들이 나를 알아주지 않아도 원망하지 않는다면 또한 군자가 아니겠는가?"

이렇듯 공자는 평생 성공과는 거리가 멀었으며 본인이 꿈꾸는 이상을 정치에 적용해 볼 기회를 잡는 데 실패했다. 보통사람들은 이상을 실현하는데 실패하면 세속적 가치에 물들기 마련이지만 공자는 그렇지 않았다. 그는 교육문화에 집중하고 제자들을 양육하여 유교철학을 태동시켰던 것이다. "하루라도 자신을 이겨 예禮로 돌아가면, 천하가 모두 인仁으로 귀의할 것이다."

공자가 청년이 되었을 때는 노나라가 빠르게 문화전통이 붕괴되었으며 그 명성을 잃어 갔다. 당시 노나라는 비록 약소국가였지만 자랑할 만할 것이 있었으니, 바로 과거 주나라를 계승하는 문화전통이 있었던 것이다. 귀족에서 평민으로, 전통의 나라에서 야만의 나라로 공자가 겪은 삶의 영광과 몰락은 길지 않은 시간 사이에 일어났던 것이다. 가문과 국가가 몰락하는 모습을 지켜본 공자는 역사적 사명감을 갖기 시작했다.

공자는 30세 무렵에 학업으로 큰 명성을 얻었다. 정치적으로는 지위상승의 길에서 좌절하였으나 공자는 학문적으로는 크게 성장하여 지식의 산봉우리에 우뚝 섰다. 그의 명성은 나날이 높아져, 수많은 사람들이 그의 제자가 되기를 간청했다. 그러자 공자는 집 안 작은 뜰에 강단을 세워 제자들을 가르쳤다. "30세 때, 나의 사상은 이미 성숙했으며, 그때부터 나는 교육을 시작했다."공자

공자의 학생모집에 관한 규정은 아주 간단했다. 누구든 마른 고기 조각 열 묶음만 내면 교육을 받을 수 있었다. 그처럼 저렴한 교육비 때문에 공자의 제자들은 대부분 하층평민 출신이었다.

공자가 세운 강단 주변에 심은 은행나무에는 열매가 많이 열렸다고 한다. 이는 온 천하에 그의 제자가 많이 생겨날 것을 암시하는 것이었다. 이때부터 선생으로서의 생애가 본격적으로 시작되었다. 공자가 세운 사학은

은행나무로 인하여 행단강학杏壇講學이라고 불리워지게 되었다.

공자가 세운 사학은 매우 빠르게 성장했다. 행단은 언제나 시끌벅적했다. 공자로부터 배움을 얻기 위해 사방에서 제자들이 몰려들었다. 바로 여기서부터 유가학파가 형성되고 발전한 것이다.

유가는 중국 역사상 최초의 학파다. 유가의 출현은 제자백가의 출현으로 이어져서 백가쟁명의 시대로 발전하였던 것이다.

하지만 공자는 교육문화 분야에서는 크게 성공했음에도 불구하고 마음은 늘 정치에 관심을 두었다. 실제로 정치에 참여할 기회를 기다리고 있었던 것이다. 공자는 제자 안회와 자로에게 자신의 정치적 이상을 다음과 같이 이야기했다. "내가 바라는 정치적 이상은 노인은 편안한 생활을 하고, 친구는 나를 신임하고, 젊은이는 나를 그리워하는 것이다."

하지만 공자는 40세의 나이가 될 때까지 줄곧 그가 원하던 정계 진출의 기회를 얻지 못하였다. 공자는 언제나 도덕의 힘으로 자신의 정치적 이상을 실현하려고 하였는데, 이는 당시 군주들에게 지지를 얻지 못했기 때문이었다.

시대를 불문하고 사람들은 국가경영에 '도덕이 무슨 소용이 있는가' 하고 의문을 품는다. 하지만 공자는 "도덕이 무너지면 정치, 경제, 교육, 문화, 그리고 국가가 다 무너지므로 도덕이 밑바탕이 되어야 국가가 든든히 선다"고 생각하였다. 공자가 내세웠던 도덕은 한 나라의 근간이며 국부의 원천이다. 그것이 유가사상의 핵심이다.

공자는 정치적 포부를 제대로 펼칠 수 없게 되자, 노년에는 교육문화에 더욱 전념하였다. 말년의 공자는 유가학파의 이론을 체계화하고 정리하는 데 힘썼다.

공자는 처음에는 정치적 포부를 실현하기 위한 발판으로 교육문화를 펼쳤다. 하지만 그토록 염원했던 정치적 포부가 가져다준 것은 좌절이었고, 교육문화가 가져다준 것은 대성공이었다.

공자가 시작한 유교는 중국인의 사고형성과 중국사회의 문화형성에 지대한 영향을 끼쳤다. 게다가 유교는 과거 중국 봉건사회의 통치이념으로서 2,000여 년 동안 중국사회를 지배해 왔다. 특히 그의 저서 『춘추』는 중국의 모든 군주들의 교과서가 되었다.

하지만 20세기 초에 중국에서 군주제가 무너짐에 따라 공자의 유교는 더 이상 신뢰를 얻지 못하게 되었다. 1966년에 시작된 문화대혁명 시기에는 유교는 구체제의 모든 악습과 동일시되었던 까닭으로 주된 비판의 대상이 되었다.

그러나 1976년 마오쩌둥毛澤東의 사망과 동시에 유교는 다시 부흥하기 시작했다. 이른바 현대 신유학新儒學으로 알려진 이러한 부흥은 유교를 포기하기보다 오히려 근대화시키는데 역점을 두고 유교발전에 힘쓰고 있는 것이다.

공자의 주유천하

"천하에 도와 정의가 사라진지 이미 오래되었다. 누가 나의 사상을 계승해 아직 이루지 못한 일을 완성할 수 있겠는가?"공자

춘추전국시대는 각국이 치열하게 경쟁하는 구도였고, 게다가 모든 것이 혼란에 빠져서 무엇이 옳고 그른지 몰랐기에, 왕들이나 제후들은 마음에 드는 정책이나 사상이 있으면 그대로 채택하는 시기였다. 그래서 그 당시

는 많은 사상가들, 정치가들, 외교가들이 자신들의 사상과 정책을 유세하며 천하를 유랑하였다. 이 과정에서 그들은 치열하게 자신들의 사상을 발전시켰고 홍보하였다.

공자도 치국평천하의 야심을 품고, 왕들이나 제후들이 요직에 기용해 줄 것을 기대하고 열국을 유랑하였다. 그가 50대 중반의 나이에 '주유천하'를 떠났던 것은 고국 노나라에서 정치적 뜻을 이루지 못했기 때문이다. 공자는 제자들을 거느리고 정치적 이상실현의 땅을 찾아 나섰다.

오랜 시간 각국을 유세하고 돌아다녔으나, 공자의 주장은 채택되지 못했다. 왜냐하면 당시 전쟁이 난무하는 시대에 제후들이 패권을 차지하기 위해 찾는 것은 부국강병이나 외교적 책모策謀였으나, 공자가 부국강병책으로 내놓은 처방은 사람의 도리, 도덕성, 인과 예를 통한 도덕정치였기 때문이다.

공자는 춘추전국시대의 혼란과 악행의 근본원인을 도덕적 타락에 있다고 보았다. 그래서 올바른 사회가 되기 위해서는 인간이 본래 타고난 도덕성인 인仁을 회복해야 하는데, 인이란 사람을 사랑하는 것이다. 공자는 인을 통해 군자의 경지에 이를 수 있다고 보았다. 하지만 제후들은 공자의 주장이 전쟁이 난무하는 시대의 현실과 너무 동떨어진 비현실적인 정책으로 생각하여 받아들이지를 않았던 것이다.

공자는 여러 나라를 방문하였지만 결국 '초상집의 개'와 같은 신세가 되어 버렸다고 『논어』는 전한다. 실패하였던 것이다. 그가 고향 노나라에 다시 돌아온 것은 60대 후반의 고령이었지만 교육문화에 전념해서 『논어』의 원형을 마련하였던 것이다.

공자는 유가학파를 창립하여 최초로 체계적인 사상을 제시하였고, 시時,

악樂, 예禮, 서書, 역譯, 춘추春秋 곧 육경六經을 편찬하여 가장 위대한 문헌정리자가 되었다. 그는 전무후무한 교육문화 창조의 업적을 남겨 놓음으로 천고불멸의 찬란한 불빛으로 영원히 살아있는 성인이 되었다.

비록 현실정치에서는 뜻을 펼치지 못했지만, 그의 언행과 가르침은 2,500년에 걸쳐 이어져 오늘날까지 올곧게 살고자 하는 사람들의 모범이자 지침이 되고 있다.

한편 공자가 정치에 연연했던 이유는 무엇일까? 중국 샤먼대학 인문대학원 이중톈 교수에 따르면 "첫째는 정치적 청사진을 구체적으로 실현하고자 했다. 둘째는 학문적 주장을 실천하기 위해서였다. 그의 전공은 정치학과 윤리학이었기에 실천이 중요했다. 셋째는 인생의 가치를 실현하기 위해서였다."_{이중톈}

공자의 사학과 제자양육

공자 이전 시대에는 귀족관료들이 교육을 독점하였다. 공자는 사학의 기틀을 새롭게 마련하여 중국역사상 가장 위대하고 찬란한 교육자의 상像을 수립하였다.

공자가 활동했던 춘추시대에 시작된 백가쟁명百家爭鳴은 바로 공자의 사학에서 비롯되었다고 볼 수 있다. 중국 고전문학연구가 바오펑산에 따르면 당시 보편적인 학문기관이던 관학官學과는 달리 공자의 사학은 구성원들의 출신이 다양한 만큼 공자는 제자들 개개인의 특징이나 자질에 따라 '학생별 맞춤형 교육'을 실시했다. 그에 따라서 자연히 다양한 견해들이 쏟아져 나왔기 때문에 백가쟁명이 탄생하게 되는 자연적인 토양이 되었던 것이다.

사마천의 『사기』에 따르면 공자의 제자는 대략 3,000명이었다고 한다. 유가의 경전 『논어』에 등장하는 인물은 150명 정도인데, 그 중에서 공자의 제자들이 상당부분 차지하고 있다. 공자는 언제나 제자양육과 가르침을 우선시했다. 자로, 자공, 자하, 안회 등과 같은 제자들이 없었다면 오늘날의 공자는 존재하지 않았을 것이다. 제자들로 인해 공자의 존재와 사상이 오늘날까지 전해졌던 것이다. 이는 다른 4대 성인인 붓다, 소크라테스, 그리고 예수도 마찬가지다.

공자는 인생의 말년에 정치적 포부를 접고 서재에 파묻혀 찬란한 교육문화를 창조해 냈다. 그의 일생을 보면 정치적 포부와 교육문화는 동전의 양면처럼 늘 함께 했음을 알 수 있다. 그는 정계진출은 실패하였으나 교육문화는 크게 성공한 셈이다. 공자는 교육을 통하여 과거 몰락한 주나라의 문화전통을 계승하고, 인仁과 예禮를 회복하여 치국평천하의 꿈을 펼치고자 하였던 것이다.

공자는 고대문헌을 정리하고 편찬함으로써 교육문화의 이상을 실현하기 위한 마지막 창조적인 힘을 발휘하였다. 이는 공자가 이룬 가장 위대한 문헌정리이고, 이를 통해 전무후무한 문화창조의 업적을 남겨 놓을 수 있었다. 특히 『춘추春秋』는 중국의 모든 군주들의 교과서가 되었다. 그래서 공자는 사후에 오히려 더 큰 존재감을 가지게 되었던 것이다.

"후세 사람 누군가가 나의 이상을 이해한다면, 그것은 내가 『춘추』를 정리했기 때문이다. 또 후일에 누군가가 나를 질책한다면, 그 역시 『춘추』 때문이다." 공자

"나의 정치적 이상이 통하지 않는구나! 나는 무엇을 후세에 남길 것인

가?" 공자는 비록 치국평천하의 정치적 야심을 이루지는 못했으나 우리에게 유교문화와 어질고 바른 성인군자聖人君子와 스승의 상像'을 남겨 주었던 것이다.

공자의 사상과 행복

공자의 유교사상을 대변하는 책인 사서四書는 『논어』로 시작하는 데, 『논어』는 유학의 뿌리다. 『논어』가 토대가 되어 『맹자』 『대학』 『중용』이 탄생했던 것이다. 그만큼 『논어』가 끼친 영향력은 대단하다.

공자가 시작한 유교는 과거 중국봉건사회의 통치이념으로서 2,000여 년 동안 중국사회를 지배해 왔다. 유교는 중국 봉건사회의 정치, 사회, 문화 윤리, 종교 등 모든 영역에서 통치적 지위를 주도적으로 작용하였던 것이다.

공자는 동아시아 국가들의 사상과 문화의 패러다임을 형성한 성인이다. 공자의 유교는 동아시아인의 삶의 질서이자 도리이고 문화이다. 공자의 대표적인 사상은 다음과 같다.

인仁과 예禮

공자는 오랫동안 과거 주나라의 정치와 문화를 연구함으로 혼란한 춘추전국시대를 극복할 방안을 찾아냈다. 그가 발견한 방안은 인과 예다. 인은 사람을 사랑하는 마음이고, 예는 그것이 밖으로 드러내는 모습이다.

인은 공자 사상의 초석이자 핵심이다. 공자는 '나의 도는 하나로 꿰뚫어져 있다'吾道一以貫之라고 하였는데, 이는 인이 그의 사상체계를 꿰뚫고 있는 기본개념이다. 이는 학계에서 비교적 공인된 견해다.

『논어』의 '안연'편에서 제자 번지가 '인'에 대해 묻자, 공자는 '사람을 사랑하는 일이다'라고 대답했다. 사람을 사랑하는 일이란 사람과 물건의 관계에서 사람이 물건보다 훨씬 중요하다는 뜻이다. 그리고 사람과 사람의 관계에서 마땅히 상호존중하고 서로 사랑해야 한다는 것이다. 이러한 관점은 사람의 존엄성을 중시하고 보편적인 인간애를 지향한다.

"『논어』에는 '인'仁 자가 109번이나 나타난다. 공자는 제각기 다른 상황에서 인을 다양한 의미로 설명하고 있다. 그렇다면 인을 규정하는 가장 기본적인 의미는 무엇인가? 대개 인은 '사람을 사랑하는 일'愛人로 이해된다."중국문화경영연구소

한편 공자의 인仁과 예수의 이웃사랑은 일맥상통한다. 즉 인종, 종교, 국적의 차이를 넘어서서 모든 사람들을 나 자신과 같이 사랑하는 박애博愛정신이 깃들어 있는 것이다.

공자는 사람을 사랑하는 일인 '인'을 내세움으로써 사람을 다른 어떤 사물보다 중시하였다. 심지어 신(神 귀신)보다 사람을 중요하게 여겼다. 공자는 초자연의 정령 곧 신이나 초자연의 세계 곧 내세에는 별로 관심이 없었던 것 같다. 이러한 사상은 공자와 자로가 신에 관해 토론한 내용에서 드러난다. 자로가 '신을 섬기는 일은 어떻게 해야 합니까?' 하고 물었을 때, 공자는 다음과 같이 대답했다. '사람도 섬기지 못하면서 어찌 신을 섬길 수 있겠는가?' 이는 인간이 어떠한 존재보다 우위에 있음을 보여준다. 자로가 또 죽음에 대해 물었을 때 공자는 다음과 같이 대답했다. '삶을 모른다면 어떻게 죽음을 알겠는가?'

공자는 신의 존재를 부인하지 않았고, 제사의 중요성을 가르쳤다. "신을 숭배하고 공경하는 일은 제사 등의 의식을 통해 표현된다. 조상께 제사를 지낼 때는 마치 조상이 진짜 그곳에 있는 듯 하고, 신에게 제사 지낼 때는 신이 마치 그곳에 있는 듯 해야 한다. 만약 직접 제사에 참가하지 않는다면, 제사를 지내지 않는 것과 같다고 하였다."_{중국문화경영연구소}

공자가 인과 예를 통해 전하려는 메시지는 보편적인 도덕률과 인간다운 정신과 삶이었다. 인과 예야말로 가장 사람답게 살아가는 길이라고 여겼다.

인은 선천적으로 타고난 인간의 내면에 있는 도덕성인데, 세상을 구원할 따뜻한 사랑이다. 인에 요구되는 구체적인 덕성은 사람과 사람 사이의 상호존중과 상호우애를 실천하는 것이다.

인의 목적은 '자기를 극복함으로 예로 돌아가는 것' 곧 극기복례克己復禮다. 인은 자신의 언행이 예에 맞도록 스스로 자제하는 것이다. 인과 예는 밀접한 관계 속에서 함께 작용한다. 인은 예의 기초가 되는 것이고, 예는 인이 실현된 상태다. 즉 예를 통해 인이 완성되는 것이다.

앞에서도 이야기했듯이 공자에게 있어서 인과 예는 서로 결부되어 있다. "자기의 사사로운 욕심을 이겨 예로 돌아가게 하는 것은 인이 하는 것이다." 극기복례는 『논어』에 나타나 있는 인의 실천법으로써 예가 아니면 보지도, 듣지도, 말하지도, 행동하지도 않는 것이다.

공자는 인간은 본래 야수적이어서 예로서 자기를 다스려야 한다고 생각했다. 인간은 자신의 헛된 욕망을 다스리고 이겨 내어, 안정되고 평안한 상태로 자기 자신을 다스려야 한다. 물론 공자가 말한 예는 '인간이라면 당연히 지켜야할 도리'라는 뜻으로 볼 수 있다.

공자에게 있어서 예禮는 인仁을 구현하는 방법이다. 내 안에 따뜻함은 어

떻게 드러나는가? 예절을 통해서 드러난다. 사람의 마음의 따뜻한 사랑을
끄집어내기 위해서는 예를 지켜야 한다.

"자기 자신의 사사로운 욕심을 이겨 예로 돌아가는 것이 인이다. 하루
동안이라도 사사로운 욕심을 이겨 예로 돌아가면 천하가 인을 허락하여
주는 것이다." _{공자}

효^孝 사상

"효는 덕행의 근본이다. 효를 행하는 것이 사람의 근
본이다." _{공자}

공자에게 있어 효는 모든 도덕의 출발점이다. 공자는 부모와 자식 간의
사랑이 모든 사랑의 출발점이다. 이 혈연적 사랑이 보편적인 인간애 곧 사
람을 널리 사랑하는 의미의 인으로 확장될 수 있다.

부모를 섬기는 효와 형제간의 우애는 곧 인의 근본이다. 인이란 인간다
움을 의미한다. 이기심을 버리고 예를 따르는 것이 곧 인이다.

공자는 인간의 근본적인 선한 본성을 효에서 찾았다. 그는 누구나 자신
의 부모를 잘 모시고 싶어하는 성품을 가지고 있다는데 착안하여, 자식과
부모의 관계를 인간관계의 가장 바람직한 모델로 설정했다.

이러한 효도의 마음을 형제와 마을사람들, 그리고 나라와 천하까지 확
장하여 나가는 것이 바로 인이라는 인간관계의 실현인 것이다. 그리고 그
것은 물론 예라는 형식을 통해서 이루어진다.

공자는 부모와 자식 사이의 혈연적인 사랑을 사람들 사이의 일반적인
사랑에 적용하여 보편적인 사랑을 이야기하였다. 즉 혈육 사이의 사랑을

더욱 확장하여 모든 사람에 대한 보편적인 인간애로 전개하였던 것이다.

공자는 모든 사회관계가 부모자식 사이의 관계에서 연장되고 확장된 것이라고 생각했다. 『상서尚書』에 "효란 부모에게 효도하고 형제와 우애하는 것이다. 정치는 이러한 이치를 응용하는 것이다"라고 했다.

호학好學 사상

『논어』를 펼치면 맨 처음에 등장하는 문장이 '배우고 익히는 행복'이다. "배우고 때때로 그것을 익히면 또한 즐겁지 아니한가." 이는 배움에 대한 공자의 태도가 어떠했는지를 잘 보여준다. 공자는 공부를 할 때에는 즐기는 자세로 할 것을 권하였다. "아는 것이 좋아하는 것만 못하고, 좋아하는 것은 즐기는 것만 못하다."

공자는 배우고 익히는 학습이 가장 사람답게 살아가는 길이요, 행복한 삶이라고 여겼던 것이다. 그는 배우기를 좋아하는 '호학지사'好學之士였다. 자기 삶을 배움의 축제로 만드는 사람은 성인聖人이다.

모르는 것을 알아가는 것만큼 행복한 일도 없다. 그중에서도 삶의 근간이 되는 '사람답게 사는 것'이 무엇인지 배우고 익히는 삶은 최상의 행복이다. 공자는 그런 삶을 통해 행복을 추구하였던 것이다.

공자는 모름지기 공부란 자신의 수양, 즉 사람답게 사는 것에 대한 것이어야 한다고 했다. 하지만 오늘날 교육은 사람다운 삶을 배우고 익히는 즐거움보다는 어떻게 하면 성공하여 돈을 더 많이 벌 수 있는가에 초점이 맞춰져 있다는 생각이 든다. 오늘날 학생들은 사람 됨됨이 보다는 누군가에게 인정받고 성공하기 위해 공부를 한다.

하지만 공자는 일찍이 누군가에게 인정받기 위해 공부하는 것을 염려했다. "옛날에 공부하는 사람들은 자신의 수양을 위해서 했는데, 요즘 공부하는 사람들은 남에게 인정받기 위해서다." 『헌문』편에서

유가에서는 모든 사람의 덕성과 재지才智는 모두 '학學'으로부터 나온다고 보았다. 즉 배움을 통해 덕을 이루고 사물을 이해한다는 것이다.

평생 학습과 수양을 통해 사람다운 사람이 되어 내가 행복해지고, 이웃을 사랑하고 공경하는 사람이 되는 것, 그것은 하늘의 뜻에 따른 삶이고, 그것이 호학사상일 것이다. 그때 모두가 행복해지는 상황이 전개될 것이다.

여기서 공자가 말하는 호학은 인학仁學으로 '사람다운 사람'이 되는 데 있다. 성공을 위한 배움이 아니라 사람을 이해하고 진선미를 터득하고 군자의 길을 걷는 수행의 과정이다. 공자가 이상형으로 생각한 '군자'君子는 사람다운 사람이다.

충忠과 서恕 사상

공자는 예禮뿐만 아니라 '충'과 '서'로도 인仁을 실천할 수 있다고 보았다. 그는 충과 서가 자신의 가르침을 관통하는 핵심이라고 말하기도 했다. 그래서 많은 학자들이 공자의 핵심사상으로 '충서의 도'(忠恕之道)를 들고 있다.

주자학을 집대성한 중국 남송南宋시대의 유학자 주희(朱熹 1130-1200)가 풀이한 충서의 해석에 따르면 '충'이란 진심을 다하는 성실한 마음이고, '서'는 자신의 마음을 미루어서 타인이 바라는 바를 먼저 해 주는 적극적인 태도다. 즉 입장을 바꾸어 놓고 생각하는 '역지사지'易地思之다. 더 나아가 내가

싫은 것은 남에게도 시키지 않는 '황금률'이다.

충은 내 마음의 중심을 잡는 내면적 행위이고, 서는 남의 입장을 배려하여 인仁을 실천하는 것이다. 즉 나한테는 엄격하지만 남에게는 관대히 행하는 덕목이다.

충은 '마음의 중심을 잡아 흔들리지 않는다'는 것이다. 마음의 중심이 하나밖에 없으니 흔들림이 없으며 진실된 것이다. 서는 남의 입장을 헤아리는 외면적 사랑이다.

공자의 제자 자공이 "한마디 말로서, 한평생 행해야 할 것은 무엇입니까?"라고 물었을 때, 공자가 대답했다. "그것은 서恕다. 서는 내가 하기 싫은 일을 남에게 시키지 않는 것이다."

용서할 '서'恕는 내 마음心과 같이如 한다는 것이다. 서는 '같은 마음'으로 곧 상대의 입장에서 바라본다는 것이다. '내 마음을 미루어 남에 미친다.' 즉 서는 '자기가 원하지 않는 것을 남에게 하지 않는 것'이다.

한자 서恕는 같을 여如와 마음 심心을 합한 글자다. 따라서 내 마음과 같다는 것으로 곧 공감하는 마음이다. 공자는 서 곧 공감에 주목함으로써 인간의 이기심을 극복하였다. 맹자는 이를 '측은지심'惻隱之心으로 발전시켰다.

그래서 공자의 서는 맹자의 공감하는 마음인 '측은지심'이고, 예수의 황금률(마태복음 7장)과 일맥상통한다.

정명正名 사상

공자의 정치사상의 핵심은 '정명'인데, 즉 군군君君 신신臣臣 부부父父 자자子子다. "왕은 왕답고, 신하는 신하답고, 아비는 아비답고,

자식은 자식다워야 한다." 공자의 정명은 각자의 위치에서 충실하고 조화를 이루며 살라는 것이다.

공자는 그러한 자세로 모든 인간관계 속에서 자신의 역할에 충실할 것을 주장한다. 그것이 바로 정명론이다.

공자의 정명사상은 유학의 초석일 뿐만 아니라 과거 봉건사회의 사상적 기반이기도 했다. 이는 공자가 그가 동양에서 오랫동안 성인으로 추앙받게 된 주된 요인이기도 했다. 정명사상은 봉건시대 통치자의 필요에 꼭 들어맞았고, 가정의 위계질서로 바로 세울 수 있는 정신적 기반이기도 했다.

공자에게 있어 정치란 질서를 바로잡는 것이다. 왕이 왕답게 되려면 그 이름에 걸맞게 덕치德治를 실시하라는 것이다. 각계각층의 사람들이 자신의 이름과 명분에 걸맞게 덕을 실현하면 올바른 질서가 이루어지는 사회가 된다고 생각했다.

공자의 정명사상은 플라톤의 '사주덕'(지혜 용기 절제 정의)하고도 닮았다. 이는 각자의 역할에서 본분을 다하고, 거기에서 만족하고 행복을 얻으라는 것이다.

각자가 자신의 역할에 충실할 때, 마치 온갖 악기들이 하나의 멋진 교향악을 만들어 내듯이 조화로운 사회가 이루어진다는 것이다. 그래서 공자는 삶의 최고의 경지를 음악에 비유하곤 했다. "시에서 감흥을 일으키고, 예를 통해 자립하고, 음악에서 완성을 이룬다."

공자는 자신이 살아온 인생의 길을 이렇게 묘사했다. "도에 뜻을 두고, 덕을 바탕으로 하여 인에 의지하고, 예술의 세계에서 노닐었다."

공자의 배우고 익히는 행복

학이시습지學而時習之 불역열호不亦說乎 곧 "배우고 때때로 그것을 익히면 또한 즐겁지 아니한가."공자

삶은 배움의 연속이요, 삶 그 자체가 배움이다. 인생은 끝없는 배움의 길이다. 배움은 시작은 있으나 끝은 없는 것이다. 공자의 일생은 처음부터 끝까지 배움의 연속이었다. 배움 자체를 즐기면 행복이 온다. "배움은 남이 알아주지 않아도 나에게는 큰 즐거움과 행복이다."공자

공자는 배움을 행복의 원천으로 삼았다. 공자에게 있어서 가장 큰 기쁨은 배움이었다. 배운다는 것은 새로운 것을 깨달아 가는 것이다. 이 세상에서 깨달음을 얻는 것보다 더 복된 일이 어디 있을까? 깨달음은 지복이다. "아침에 도를 들으면 저녁에 죽어도 좋으리."

공자의 배움의 목적은 행복에 있었다. 공자는 배우고 익히는 것은 평생에 걸친 일이므로, 배움 그 자체가 즐거움이 되어야 인생이 행복하다고 생각했다. 만약 배움이 고통스러운 것이라면 결국 평생을 고통스럽게 살아야 하지 않겠는가? 기존에 우리가 갖고 있던 '배움'에 대한 고정관념을 깨고 '학이시습지 불역열호'라는 공자의 선언을 토대로 즐거운 일로서 새로운 학습관을 정립하자.

공자는 15세에 학문에 뜻을 두어 배우기를 좋아했고, 또 인생말년에 이르러서도 여전히 "학문에 몰두하면 밥 먹는 것도 잊고, 도를 실천함을 즐거워하며 근심을 잊으니, 늙어가는 줄도 몰랐다"고 했다. 노년이 되어서도 여전히 배움의 끈을 놓지 않았던 것이다. "나는 태어나자마자 모든 것을 안 것이 아니다. 그저 옛 책을 즐겨 읽고 깊이 생각하고 부지런히 연구해서 얻어 온 것이다."공자

행복하려면 배움을 즐기며 매사를 수행하는 마음으로 대하라. 인생은 구도여행求道旅行이다. 그러므로 항상 배우려는 자세, 수행하는 모습으로 살아야 한다. 배움을 즐기며 수행하는 마음으로 살면 내내 잔잔한 행복감이 밀려온다. 이는 참되고 지속적인 행복의 바탕이다.

지속적인 행복을 위해서는 장년이 되고 노년이 된다고 하더라도 결코 배움을 멈춰서는 안 된다. 오히려 나이가 들수록 더 배움과 수행을 즐겨야 한다. "나이 듦을 서글퍼 하지 말고 삶을 성찰하며 경륜을 쌓아라."키케로

모든 이가 나의 스승이다

"세 사람이 같이 길을 가면 그 가운데 분명 내 스승을 삼을 사람이 있다. 그의 장점은 배우고 단점은 내가 고쳐야 할 본보기가 될 수 있다."공자

배우고자 하는 마음만 있다면 스승은 어디에나 있다. 사실 인간은 서로 배우는 존재이므로 모두가 스승이다. "훌륭한 사람을 가려서 그를 따르고, 부족한 자를 보면서 나의 부족한 점을 고친다."

다른 사람의 어떤 잘못된 모습을 보았을 때, 나에게도 그런 모습이 있는지 살펴서 반성해야 한다. 끊임없이 반성하는 삶이야말로 성숙해가는 삶이 아닐까? "지혜로운 사람은 다른 사람에게서 자기 모습을 본다."톨스토이

공자에게는 일상의 삶, 그 자체가 배움터였고 스승이었다. 공자는 '일상'을 '학교'로 삼고 '인간관계'를 '텍스트'text 곧 학문의 소재로 삼아 일상의 평범한 관계 속에서 가져야 할 마음이나 태도를 이야기했다.

그래서 『논어』가 다루는 주제를 보면 밋밋하다. 특별히 주목할 만한 사

건이나 정황이 나타나기는커녕 주로 가족, 친구, 이웃, 나라 등에 관계된 평범한 일이 주를 이룬다. 따라서 『논어』의 내용이 보편적이기에 『논어』는 동서고금을 통틀어 많이 읽혔고, 앞으로도 많이 익힐 것이다.

논어는 동양학을 공부하는 사람에게는 성경만큼이나 중요하다. 『논어』는 공자의 언행록이므로 항상 공자의 언행을 생각하며 깨달음을 얻고, 공자처럼 변화되고 있는 자신을 느끼면서 읽어야 한다.

위기지학爲己之學의 행복

위기지학은 『논어』의 '헌문'편에 나오는 말인데, 그 의미는 '자기 자신의 인격수양을 위한 학문'이다. 이는 남의 눈이나 평가에 신경을 쓰거나 성공을 위해 공부하는 것이 아니라, 스스로를 갈고 닦고 수양하기 위해 공부하는 것을 의미한다. 우리는 배움의 의미를 다시 한번 생각해 보지 않을 수 없다. 배움은 자기 자신의 본질을 밝히고 내면적 성취와 인격을 수양하는 것이다.

공자는 끊임없이 배우고 스스로를 경책하는 인물이었다. 배움은 그 자체가 즐거움이 되어야지, 전문지식을 획득해서 성공하려는 의도가 있어서는 안 된다. 오늘날은 과거와는 달리 배움의 의도가 잘못된 것 같다. "옛날에는 자기 자신을 위해 배웠지만 오늘날은 남에게 보이기 위해 배운다."공자

위기지학을 함으로써 자신의 본 마음을 밝혀 그것을 실천하는 이상적 인간이 성인聖人이다. 따라서 위기지학의 목적은 궁극적으로 성인이 되는 것으로 귀결된다.

율곡 이이는 『자경문自警文』에서 자신의 학문의 성격을 스스로 경계하며

성인이 되기 위함이라고 하였다. "먼저 자기 뜻을 크게 가져 성인이 되는 것을 목표로 삼아야 할 것이니 조금이라도 성인에 미치지 못하면 나의 일은 아직 끝나지 않은 것이다."

논어에서 '학'學은 위대한 고전이나 스승을 모범으로 삼아 배우는 것이다. 배움이 외적 보상의 개념이 아니라 미덕을 배우고 익히는 자기 수양의 개념으로 이해하면 배움이 즐거움이 된다. "미덕이 곧 행복이다."아리스토텔레스

'중용'中庸은 덕의 극치요, 행복 그 자체다

"중용의 덕이 지극하구나! 하지만 이 덕을 소유한 자가 적어진지 오래구나!"공자

공자에게 있어 중용은 더할 나위 없는 행복 그 자체를 일컫는 말이다. 그리고 중용은 지극히 복된 상태이고, 완벽한 조화와 균형을 이룬 상태다. 중용은 공자의 과유불급過猶不及, 즉 '지나친 것은 미치지 못한 것과 같다' 하고도 일맥상통한다.

중국인들은 중용을 중국문화의 독특한 지혜로 간주한다. 하지만 중용의 개념은 아리스토텔레스와 스토아학파, 그리고 불교의 행복관이기도 하다. 성경에서도 중용의 개념이 나온다. "나를 가난하게도 마옵시고 부하게도 마옵시고 오직 필요한 양식으로 나를 먹이시옵소서."잠언 30장 그래서 중용은 인류의 보편적인 행복개념이라고 할 수 있겠다.

아리스토텔레스는 중용의 덕이 곧 행복이라고 말했다. 행복은 중용을 지키는 것이다. 중용은 극단으로 치우치지 않고, 들쑥날쑥 하지도 않고, 가

지런하게 행하는 것이다. 너무 과하게 하지도 않고 너무 모자라게 하지도 않고 항상 중간을 지키는 것이다. 즉 넘침과 부족함의 중간에 있는 것이다. "중용은 대립과 모습이 아니라 조화와 균형이다. 적당하고 적합한 것이 아름답다."

인간의 모든 불행은 탐욕으로부터 시작된다. 탐욕을 극복한 사람이 중용의 삶을 사는 자다. "자신의 욕망을 극복하는 사람이 강한 적을 물리친 사람보다 훨씬 위대하다."_{아리스토텔레스}

'모자라지도 넘치지도 않게 하라'는 중용의 도는 세상의 질서를 유지하는 중심축이다.

공자와 안회의 안빈낙도_{安貧樂道}의 행복

공자는 안빈낙도의 행복을 깨닫고 실천했던 성인이다. "거친 밥을 먹고 물을 마신 후 팔베개를 하며 살더라도, 그 속에 즐거움이 있구나. 불의하여 부귀를 추구하는 행위는 나에게 뜬구름과 같다."_{공자}

공자가 새삼 위대해 보이는 이유는 무엇인가? 그는 눈앞의 부귀영화를 위해 불의를 행하는 것은 뜬구름처럼 덧없이 여기며, 세속적 성공을 과감히 포기했기 때문이다. 부귀영화를 도외시한 채, 맑고 청빈한 삶을 선택했던 것이다.

"공자의 의리를 중시하고 이익을 경시하는 사고, 즉 도덕추구를 개인의 유일한 인생가치와 취향으로 여기게 하는 사고는 안빈낙도의 행복을 낳는다. 바로 빈곤한 가운데서도 중단 없이 굳건하게 도덕적 원칙의 이상추구에 부합되는 것이 최대의 즐거움이라 여긴 것이다. 이것이 바로 유가들이 시종일관 지켜오던 '공자와 안회의 즐거움'이다. 정신적인 기쁨을 개인의 행복으로 여기는 것이 '공자와 안회의 즐거움'을 만들었다. 이것은 중국에서 개인의 행복에 막대한 영향을 미쳤다."중국문화경영연구소

스승 공자가 제자 안회를 크게 칭찬하였던 이야기를 통해 공자의 행복관을 엿볼 수 있다. "어질구나, 안회여! 누추한 집에서 한 그릇의 밥과 표주박 한 바가지의 물만 먹고 힘겹게 살면서, 보통 사람들은 감내하지 못할 생활 속에서도 안회는 즐거움을 느끼면서 행복하게 살아가니, 이 어찌 어질다 않으리오!"

그래서 공자는 인仁의 경지에 오른 인물로는 아주 극소수로 꼽았는데, 중국의 태평성대를 이끈 전설적인 임금인 요순堯舜과 함께 그가 가장 사랑했던 제자 안회를 들었다.

도가道家의 행복관

중국 춘추전국시대에 제자백가라 일컫는 수많은 다양한 사상들이 나왔으나 유가, 도가, 묵가, 법가의 네 가지 사상이 가장 영향이 컸다.

중국사상의 한 축을 공자와 맹자로 대표되는 '유가사상'이 받치고 있다면, 다른 한 축은 노자와 장자로 대표되는 '도가사상'이 떠받치고 있다. 유가와 도가가 중국의 양대 사상으로 발전하여 오늘날에 이르고 있다.

유가와는 달리 도가는 현실에 개입하는 것보다 '물러남과 자연스러움'을 중시한다. 스스로 그러한 자연처럼 이 세상도 정치도 스스로 잘 돌아가게 해야 한다고 믿는다. 노자는 자연 그대로 놓아두면 인간사회는 자연스

럽게 굴러갈 수 있다고 믿었다.

중국 고대 사상가 노자(老子 BC 6-5세기경)가 보기엔 뭔가를 인위적으로 꾸미려고 하는 것, 그게 바로 문제라는 것이다. 그냥 놔두면 세상은 알아서 굴러가게 되어 있다는 것이다. 우리가 노력한다고 동서남북과 사계절을 바꿀 수 있겠는가? 노자와 장자는 비틀즈의 노래처럼 외쳤다. 'Let it be'(그냥 내버려 둬)

"나에게는 나를 다스리는 세 가지 보배가 있다. 첫째는 자애이고, 둘째는 검약, 셋째는 감히 천하의 앞에 나서지 않는 것이다."노자

노자는 공자와 맹자가 내세운 인, 의, 예, 지, 신, 충, 효 등의 도덕은 인간이 개입하여 인위적으로 짜 맞춘 것이라고 생각하였다. 그러므로 그러한 도덕을 가르친다고 해도 세상은 여전히 혼란스러울 수밖에 없다는 것이다. 노자가 생각하는 이상적인 인물은 인위적인 행위를 배제한 채, 무위자연을 실천하는 자연주의자다.

노자의 사상은 공자의 유학처럼 중국봉건사회의 정통사상이 되지는 못했다. 하지만 중국문화의 사상적 기초와 체계를 세우는 데는 유가 사상과 함께 주요한 작용을 했다는 것은 인정해야 한다. 노자의 사상은 특히 고대 중국의 우주생성론과 우주본체론 형성에 지대한 영향을 끼쳤다. 만약 노자의 『도덕경』이 없었다면 중국 고대의 찬란한 사상과 문화는 꽃피지 못했을 것이다.

노자와 장자로 대표되는 도가(道敎)는 인위적 도덕을 비판하고 자연에 따르는 무위사상을 바탕으로 무위자연의 행복을 추구하였다. "모든 욕망 곧 소유욕, 지배욕, 명예욕, 과시욕 등에서 벗어나 무위무욕의 자연 상태로 돌아가는 것이 행복이다."

노자의 무위자연無爲自然 행복

"자연으로 돌아가야 한다. 인위적인 것보다 자연과 하나 되기를 원한다. 자기 안에 있는 참 자아를 찾아내서 그 본성에 따라 본래의 모습이 되어 자연 그대로의 삶을 살면 참으로 행복할 것이다. 자연처럼 맑고 고요하게 있으면 저절로 행복이 깃든다."노자

노자는 보이지 않지만 거스를 수 없는 절대적인 힘 곧 도道가 세상을 지배한다고 보았다. 어떻게 하면 이러한 힘 곧 도에 순응하여 자연과 조화를 이룰 수 있을까? 그가 추구한 진리와 행복의 실체는 바로 여기에 있다.

동양사상은 자연自然을 최고의 질서로 본다. 자연 그 자체, 혹은 자연의 현상 속에서 깨달음을 찾아 나간다. 하늘이 내린 보편적인 도리, 즉 천도天道가 자연 속에 내재되어 있다고 여겼기 때문이다. 그 보편적인 도리에 따라 자연스럽게 살 때 가장 행복하지 않을까?

노자에게 자연은 인간이 궁극적으로 지향해야 할 최고의 경지인 것이다. 따라서 그들은 자연 그대로를 따라가는 행복을 추구하였다. 자연의 본성과 조화를 이루는 것이 바로 행복한 삶이다.

사람의 힘을 더하지 않은 자연 그대로의 삶은 그야말로 행복이 스며드는 이상적인 경지 곧 최상의 삶이다. 자기 안에 있는 자연 그대로의 '참나'를 발견해서 자연 그대로 살면 행복해진다. 소유욕, 지배욕, 명예욕, 과시욕 등의 모든 욕망에서 벗어나 마음이 본래의 상태 곧 자연 상태로 돌아가 겸허하게 될 때 참 행복이 깃든다.

장자의 소요유逍遙遊 행복

영원한 자유인, 장자莊子의 소요유 행복은 속된 세상을 초월하여 인간을 구속하는 모든 인위人爲적인 것에서 벗어나 참다운 정신적 자유와 해방에 이른 상태이자, 선악의 구분과 도덕의 집착을 넘어서서 아무런 거리낌 없는 참된 자유로운 세계에서 노니는 절대 자유의 경지다.

장자는 학의 다리가 길다고 잘라 내거나 짧다고 늘려주는 인위가 불행을 가져온다고 하였다. "행복한지 불행한지 누가 아는가? 파도는 그냥 치지 않는다. 어떤 파도는 축복이다."

지금 나는 모든 것에서 자유로운가? 장자의 드넓고 자유로운 사상과 소요유 행복을 만나보자.

장자는 우리의 삶을 유혹하는 명예, 권력, 재물, 부귀 등의 것은 외물外物이며, 이러한 것들이 인간의 삶을 해치며 불행을 가져온다고 보았다. 장자는 이러한 외물로부터 벗어나 얽매임이 없는 삶의 경지에 이를 때 참다운 행복을 누릴 수 있다고 보았다. 소풍 나온 발걸음이 느긋하고, 어슬렁어슬렁 여유로운 것은, 어느 한 곳에 얽매이지 않기 때문이다. 이것이 바로 소요유 행복이다.

모든 사물은 서로 비교할 수 없다. 그런데도 사람들은 자꾸 비교를 일삼고 우위를 점하려고 애쓴 나머지 불행을 자초한다. 이러한 불행에서 벗어나기 위해서는 모든 것의 상대성과 독특성을 인정하려는 자세가 필요하다.

탐욕은 모든 불행의 근원이다. 탐욕을 품고 사는 것은 독을 품고 사는 것과 마찬가지다. 따라서 탐욕에서 벗어날 때 우리는 소유욕과 성취욕 등의 감정에서 자유로워지며, 타인과의 사이에 얽혀있는 모든 경쟁과 비교에서 벗어나 진정한 행복을 얻을 수 있다.

장자는 죽음으로부터도 자유하였다. 죽음은 삶이 변화여 죽음이 된 것으로 춘하추동의 사계절이 순환하는 것과 같은 이치로 여겼기 때문이다. 장자의 소요유 행복은 모든 것을 초월해서 존재하기에, 그 무엇으로도 막을 수 없는 절대 자유와 지복이다.

2 붓다와 떠나는 행복여행

불교만큼 인간의 행복에 대해 깊은 관심을 가지고 집중적으로 다루고 있는 종교나 사상도 없을 것이다. 붓다 (Buddha 佛陀 BC 563-483)의 사상과 가르침은 인생고∧ 生苦의 문제를 어떻게 해결해서 행복한 삶에 이를 것인가에 초점이 맞추어져 있다.

고통을 모르는 사람은 없다. 고통은 세상사

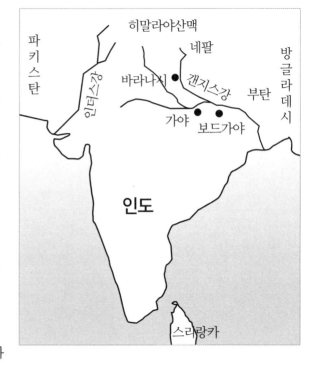

람 모두가 공유하는 경험이다. 모두가 경험하는 친숙한 것이다. 그래서 붓다는 말했다. "인간의 삶에는 고통으로 가득 차 있다. 고통의 존재를 인정하고 고통을 치유해야 한다. 거기가 우리 모두의 출발점이다."

붓다는 인간의 가장 보편적인 문제로 고민했다. 왜 인생은 고통스럽고,

그 고통에서 벗어나는 길은 무엇인지를 알고 싶었던 것이다.

왜 인간은 고통을 받을까?
고통을 피할 방법은 없을까?
고통의 소멸이 행복의 시작이다.
나는 오로지 한 가지, 고통과 고통의 소멸을 가르친다.

불가에서는 삶의 모든 고통은 무지와 욕망으로 인하여 생겨난다고 본다. 그래서 무지에서 벗어나고 욕망을 버리면 고통의 원인이 사라진다는 것이다. 불교의 사상은 다음의 등식 곧 '삶=욕망=고통'으로 설명되어진다. 따라서 붓다가 우리에게 가르친 것은 욕망에서 벗어나라는 것이다. "탐욕을 버리지 않으면 남을 해칠 뿐만 아니라 스스로도 망한다."법구경

후에 붓다는 이렇게 가르친다. "세상은 고통과 슬픔의 바다다. 하지만 나는 평온을 얻는 법을 찾아냈다. 누구나 그것을 찾아낼 수 있다." 고통의 소멸은 곧 행복의 시작을 의미하기 때문에, 그 길을 따라가면 삶의 진면목을 발견하고 행복에 이르게 된다. 그러면 행복을 찾아 붓다와 함께 여행을 떠나자.

붓다가 등장한 시대적 배경

붓다와 초기불교를 이해하기 위해서는 당시 인도의 상황을 이해할 필요가 있다. 붓다는 다른 4대 성인 곧 공자, 소크라테스, 예수와 마찬가지로 극심한 사회적 혼란기에 출현하였다.

붓다가 태어나서 활동했던 기원전 6세기는 전쟁과 약탈이 일상화된 시대였다. 당시 인도에서는 여러 강대국들이 주위의 수많은 부족들의 지배권을 놓고 끊임없이 전쟁을 벌였다. 특히 붓다가 태어난 인도 북동부에서는 살육과 약탈이 끊이지 않았다.

붓다는 정치적인 문제나 지역분쟁에 적극적으로 나서지 않았다. 당시 전쟁과 살육을 막는 것은 불가능하다고 생각했기 때문인 것 같다. 하지만 붓다는 전쟁과 살육의 소식을 들었을 때마다 좌절과 슬픔을 겪었을 것이다. 서로를 죽이는 것을 보고 붓다는 많이 고민했을 것이다.

붓다는 생각했다. "세상의 폭력은 마음속 폭력의 결과물이다. 변화는 사람의 내면에서부터 온다."

인도는 중앙의 데칸고원을 중심으로 북서쪽에 인더스 강이, 북동쪽에 갠지스 강이 흐른다. 두 강의 발원지는 히말라야 산맥이다. 기원전 1,500년 전후 흑해 동단 스텝지역에 살았던 유목민 아리안Aryan 종족이 기후변화 때문에 살기가 어려워지자, 남진하여 눈덮힌 힌두산맥을 넘어 인도 북서쪽의 인더스 강 부근인 펀자브 지역으로 내려왔다.

아리안 족은 다양한 신들의 이야기를 담고 있는 '베다'(Veda, 성스러운 지혜와 지식)를 산스크리트어로 기록하였다. 이 문서에는 아리안들이 가졌던 신화, 종교, 철학이 총망라되어 있다. 그리고 다양한 신들에 대한 제사의식이 기록되어 있다.

인더스 강을 중심으로 베다의 전통은 뿌리를 내렸고, 점차 그 주변으로 확산되었다. 윤회, 업, 해탈이라는 베다의 기본적인 개념이 인도 전역으로 퍼져나갔다.

베다의 제사의식을 중요시하는 분위기는 자연스럽게 제사를 전문적으로 진행하는 사제들인 브라만(Brahman 혹은 바라문)의 지위를 점차 높아지게 했다. 브라만교는 복잡한 제사의식을 절차대로 집행함으로써 신들을 움직일 수 있다고 믿었기 때문이다. 후에 브라문교는 힌두교로 이어졌다.

우주의 삼라만상이 모두 신이라고 믿는 브라만교는 아리아인들의 정착시기 때인 베다시대의 원시종교다. 브라만교의 경전이 바로 베다다. 브라만교는 제사가 많은 형식주의와 차별주의 종교다.

브라만교는 자기혁신을 거듭하여 제사를 간소화시키고 형식주의에서 벗어나 인도의 모든 민간신앙을 흡수해서 생겨난 종교가 힌두교다. 후에 브라만교의 형식주의와 차별주의에 반대해서 등장한 종교가 불교다.

힌두교는 모든 종교를 흡수하는 성격이 있어서 불교도 흡수했다. 그래서 인도인들은 힌두교를 믿으면 불교도 믿는다고 생각한다. 따라서 인도에는 불교인이 적다. 베다의 '윤회의 수레바퀴' 사상이 브라만교, 힌두교, 불교로 이어졌다.

브라만교의 베다 경전 중에 하나인 『우파니샤드』와 불교는 기본적인 세계관을 공유한다. 우리가 불교의 세계관이라고 생각하는 업과 윤회, 그리고 해탈에 대한 사상은 고대 인도의 베다 전통에 기인한 것이다.

베다의 영향력이 인도전역으로 확산되는 과정에서 갠지스 강의 북동부 지역의 원주민들은 이를 받아들이지 않았다. 베다의 형식주의, 차별주의, 그리고 기복신앙이 반대에 부딪혔던 것이다. 그러한 상황에서 베다를 비판하거나 재해석하는 과정에서 새롭고 자생적인 스승들이 생겨났다. 이들을 베다사제들과는 다른 '슈마나'(Samana 혹은 사문)이라고 불렀다. 사문들은 출가, 고행, 명상, 요가 등 다양한 방법을 통해서 깨달음을 추구했다.

싯다르타 역시 베다를 비판적으로 수용하며 자신의 가르침을 펼쳤다.

이런 까닭에 사람들을 그를 여러 사문들 중에 하나라고 생각했다.

인도하면 흔히 가난의 대명사처럼 여기는 사람들이 많다. 하지만 그것은 서구식 사고방식의 물질적 평가 탓이다. 서구인들은 물질의 많고 적음을 가지고 인간과 사회를 평가하는 것이다.

인도는 지금 물질적으로는 비록 가난하지만, 그들이 지닌 정신의 영역은 그 어떤 나라보다도 풍족하고 넉넉하다. 인류의 정신생활을 위해 인도는 그들이 지닌 영적, 정신적 지혜를 세계의 다양한 사람들과 끊임없이 나누고 있다.

인도는 아득한 옛적부터 오늘에 이르기까지 수많은 지혜로운 스승들을 배출했다. 인도의 정신적 토양은 물질적인 부나 외형적 번영보다 훨씬 더 가치가 있다. 인도가 가난한 나라인 것은 사실이나 인도인들은 결코 가난한 사람들이 아니다.

붓다의 출생과 성장

BC 563년, 고타마 싯다르타는 인도 동북부 히말라야 산기슭에 있는 작은 왕국의 태자로 태어났다. 태어난 곳은 룸비니라는 곳인데, 지금은 네팔에 속해 있다. 그의 아버지 슈도다나는 반경 300km의 작은 왕국인 카필라 바스투의 왕이었다. 싯다르타는 태어난 지 얼마 되지 않아 어머니 마야 부인이 죽는 바람에 이모 마하파자바티의 손에서 자라났다.

싯다르타는 태자이기에 세심한 보호를 받으며 자라났다. 그는 호화로운 궁전에서 어린 시절을 보냈는데, 브라만교(후에 힌두교)의 경전인 베다의 영향을 받으며 자랐을 것이다.

붓다의 본명은 고타마 싯다르타다. 싯다르타는 '뜻을 다 이룬다'의 의미다. 나중에 깨달음을 얻은 뒤 '진리를 깨달은 자'란 뜻의 보통명사인 '붓다'가 그의 이름이 되었다. 또 붓다는 샤카 족에 속했는데, 이 종족의 성자라는 뜻으로 '샤키무니' 곧 한자로 석가모니釋迦牟尼라고도 불리웠다.

싯다르타는 16세가 되자 야소다라와 결혼했다. 그는 아들을 낳았는데, 일식 중에 낳았기에 '일식' 또는 '장애물'이란 뜻을 지닌 '라훌라' 이름이 붙여졌다.

붓다의 외동아들 라훌라도 커서 승가에 들어오고, 나중에 자신을 키워준 아버지, 이모를 비롯하여 부인, 친척들 모두 승가의 일원이 되었다고 한다.

인도의 종교와 사상의 혼란기에 활동하다

인도India는 힌두Hindu에서 온 말이다. 그러니까 힌두교는 이름대로 '인도교'다. 대부분의 인도인은 힌두교도다(인구의 80%). 그러므로 인도 사람들은 힌두교도가 되는 것이 아니라 힌두교도로 태어나는 것이다.

붓다는 인도의 고유종교인 힌두교의 영향을 받았다. 힌두교의 역사는 인도문명의 역사다. 힌두교는 만물이 계속 돌고 돈다는 '윤회사상'을 믿는 다신교다.

힌두교는 유일신을 믿지 않고 많은 신을 섬기기 때문에, 다른 종교에 대해서 배타적이거나 독선적이지 않고 너그러운 편이다. 그들이 믿는 신들은 하나하나 독립된 존재가 아니라, 우주 그 자체인 유일하고 지극히 숭고한 존재가 개별적으로 신격神格으로서 나타난 것이라고 한다.

알다시피 불교는 힌두교를 바탕으로 탄생했기에, 힌두교에 대한 이해 없이는 불교를 이해하기 어렵다. 예수가 유대교를 혁신하여 기독교의 문을 열었다면, 붓다는 힌두교를 혁신하여 불교의 문을 열었던 것이다.

고대 인도인들은 모든 인간들은 불평등하게 태어난다고 믿었다. 그렇다면 인도의 불평등과 차별은 어디에서 시작되었는가? 그 기원은 힌두교와 카스트제도다.

힌두교에는 카스트제도를 지키면서 그들 나름의 의식과 풍습을 일상생활에서 유지하는 규범이 있다. 카스트제도에는 네 개의 신분으로 구성되어 있는데, 가장 높은 사제신분이 브라만이고, 다음이 왕족과 무사신분인 크샤트리아이고, 그 다음이 서민신분인 바이샤이고, 가장 낮은 신분으로 노예(천민)인 수드라가 있다. 그 카스트 축에도 속하지 못한 '아웃 카스트'인 불가촉천민(不可觸賤民 untouchable)이 있는데, 이들은 사람으로 취급받지도 못했다. 간디는 이 아웃 카스트를 '하리잔' 곧 '신의 자손'이라고 불렀다.

힌두교는 전생에 지은 소행 때문에 현세에서 받는 업보業報가 있다는 카르마kamma를 믿는 종교다. 카르마는 윤회와 더불어 인도에 존재하는 모든 사상과 종교의 근간을 이루는 사상이다. 인간은 죽지만 다시 환생한다. 선행을 많이 한 사람은 훌륭한 인간으로 다시 태어나고, 악행을 저지른 사람은 인간으로 환생하지 못하고, 저급한 짐승이 된다는 인과응보를 가르친다.

인도의 카스트사회는 인과응보의 윤회사상을 기반으로 유지되어 왔다. 현세에서 가난하고 괴로워도 좋은 일을 하면 다음 생에서는 행복한 사람으로 태어날 수 있다는 생각이다. 이와 같은 인과응보의 윤회사상은 현재 세상에 대한 포기와 복종을 초래한다.

인도인들에게는 요즘 우리나라 경우와는 달리, 가진 사람들과 갖지 못한 사람들 사이에 일어나는 계층 간의 갈등은 별로 없다고 한다. 수천 년 동안 카스트를 통해 전해 내려온 인습과 윤회사상으로 자신이 받을 것을 받는다는 수동적인 자세 때문이다. 남을 원망할 것도 없고 자신의 처지를 한탄할 필요도 없이, 다음에 올 우주질서를 믿으며 묵묵히 받아들일 뿐이다. 이런 의미에서 카르마와 윤회사상은 개인과 세계의 질서를 지배하는 인도인의 도덕법칙이라고 할 수 있다.

인도는 종교의 나라다. 힌두교, 이슬람교, 시크교, 자이나교, 기독교, 불교 등 다양한 종교가 있다. 나에게 있어 인도인들은 각자의 방식으로 각자의 신을 섬기는 종교인들처럼 보인다. 인도는 종교로 분열된 나라다.

붓다 당시 인도의 종교와 사상계는 큰 혼란에 빠져 있었다. 일부 무신론자들을 포함한 많은 사상가들이 진리를 독점한 브라만계급에 반기를 들었고, 인도 특유의 카스트제도에도 불만이 많았다. 이로 인해 일상의 삶을 버리고 개별적으로 구도의 길을 떠난 사람들이 많았다. 붓다도 당시 기성 종교는 아무런 도움이 되지 않았으므로 영적 공허함을 느꼈을 것이다. 결국 구도의 길을 떠날 수밖에 없었을 것이다.

생로병사에서 벗어날 수 있는 길을 찾아 왕궁을 떠나다

어느 날 싯다르타는 아버지의 허락을 받아 시종 찬드카를 데리고 궁전 성 밖에 나갔다. 그때 그는 네 사람을 차례로 만났다. 먼저 병든 자를 만났고, 잠시 후 노인과 마주쳤다. 싯다르타는 말했다. "사는 것이 참으로 덧없구나."

그 다음 그는 사람들이 메고 가는 시신을 보게 되었다. "세상은 슬픈 일 투성이구나. 나와 사랑하는 가족, 그리고 모든 사람들은 언젠가는 늙고 병들고 죽게 되는구나."

싯다르타는 드디어 늙고 병드는 것이 보편적인 것이고 죽음의 비참함을 알게 된 것이다. 인간은 누구나 태어나면 늙고 병들고 죽는 법이다. 그를 사로잡았던 화두는 생로병사였던 것이다. 싯다르타는 인간이 처한 생로병사의 운명에 깊은 슬픔을 느꼈다.

네 번째로 그는 떠돌아다니는 출가 승려를 보게 되었다, 그는 헐벗었지만 얼굴에는 평화로 가득했다. 그는 궁금했다. 그리고 점차 출가 수행자에게 마음이 이끌렸다.

싯다르타는 고통으로 가득 찬 이 세상에서 왕자로 살아가는 것이 얼마나 부질없는 짓인지를 깨달았다. 그는 고통의 굴레에서 벗어날 방법을 찾기 위해 남은 생을 바치기로 했다.

싯다르타는 왕궁을 영원히 떠나고 싶은 마음이 간절했다. 그러나 아버지의 허락 없이는 떠나고 싶지 않았다.

어느 날 밤, 그는 마음을 굳게 먹고 아버지 슈도다나 왕을 찾아갔다. "아버님께 네 가지 청이 있어서 왔습니다. 저를 늙지도 않고, 병들지도 않고, 영원히 죽지 않게 해 주십시오. 또 이 세상의 모든 욕망과 증오와 폭력으로부터 자유롭게 해 주십시오."

뜻밖의 청을 들은 슈도다나 왕은 말문이 막혔다. "신들도 그 청을 들어줄 수는 없을 것이다. 대신 내가 가진 모든 것을 다 주마. 이 왕국, 금은보화, 땅과 궁전 다 너의 것이다."

싯다르타는 말했다. "아버지께서 제 청을 들어주실 수 없다면 제가 직접 찾아보겠습니다." 결국 왕은 허락할 수밖에 없었다. 아들에게 지고 만 것이다. 그래서 싯다르타는 자신의 인생의 문제를 해결하고자 집을 떠날 수 있게 되었다. 이것을 출가出家라고 한다. 출가는 진리를 찾고 깨달음에 이르는 수행을 하기 위해 속세를 떠나는 것을 말한다.

29세의 싯다르타는 인생에 대한 해답을 찾기 위해 왕자의 지위와 안락한 삶을 버렸다. 싯다르타는 혼란과 고통을 느끼며 왕궁을 떠났다. "무엇인가를 얻으려면 무엇인가를 잃어야 한다. 이제 나는 깨달음을 찾아 가출한다."

그는 아버지와 아내와 아들을 왕궁에 남기고 떠났다. 가족과 인연을 끊고 안락한 생활을 포기하고 방랑생활을 시작했다.

싯다르타는 왕자의 신분을 벗어버리고 수행자의 길을 걷게 되었는데 당시는 이러한 수행자가 많았다. 가족과 집을 뒤로하고 수행의 길을 떠나는 것은 인도의 오랜 전통이었던 것이다. 당시 많은 인도인들이 깨달음과 영적 체험을 얻기 위해 떠났던 신비로운 행로를 싯다르타도 그대로 따랐던 것이다.

싯다르타는 탁발승이 되어 히말라야 빙하가 녹아서 시작되는 강, 갠지스 유역으로 갔다. 싯다르타는 성스러운 갠지스 강을 따라 여행하며 생로병사의 길에서 벗어날 수 있는 방법을 찾고자 했다. "깨달음을 얻어 붓다가 되기 전에는 돌아오지 않겠다."

싯다르타는 깨달음의 길로 이끌어 줄 스승을 찾아 다녔다. 당시 갠지스 강의 동쪽 지역에는 힌두교 사제들의 활동이 미미했다. 대신에 다양한 영적 수행법을 가르치는 많은 스승들이 있었던 것이다.

싯다르타는 영적 가르침을 주는 한 스승을 만났다. 그 스승은 외형적 의식이 아니라 내면을 봐야 한다고 가르쳤다. 요가나 명상을 통해 내면을 바라보는 수행을 했다. 당시 요가나 명상에 관계된 수행단체들이 많았다. 요가는 체조와 다르다. 요가는 고대로부터 전해온 일종의 영적 수행법이었다. 요가수행의 최종목적은 깊은 명상에 들어가서 깨달음을 얻는 것이다.

싯다르타는 스승의 가르침에 따라 엄격한 수행을 했지만 만족할 만한 결과를 얻지 못했다. 그래서 그는 또 다른 스승을 찾아갔지만 결과는 마찬가지였다. 그는 실망했다. 그러한 수행법으로는 깊은 깨달음이나 진리를 얻을 수 없을 것이라는 생각이 들었던 것이다.

싯다르타는 또 다시 떠날 수밖에 없었다. 그는 물음에 대한 답을 찾기 위해 방랑을 계속하며 남쪽으로 내려갔다. "왜 인간은 고통을 받을까? 고통에서 벗어날 길은 없는 것일까?"

싯다르타는 우주와 인생의 본질을 탐구하고, 인간의 고통에 관심을 가지고 수행을 통해 깨달음을 얻으면 붓다(부처)가 될 수 있다고 보았다.

싯다르타는 다양한 형태의 종교들이 성행 중인 마가다 왕국을 찾아갔다. 당시 마가다에는 출가하여 수행하는 사람들이 많이 모여드는 곳이었다. 마가다에는 이런 수행자들이 다양한 집단을 이루고 있었는데, 그러한 공동체를 '승가'라고 불렀다.

그 후 싯다르타가 찾은 곳은 '가야'라는 지방이었다. 훗날 이곳은 붓다가 깨달음을 얻는 곳으로, 그것을 기념하기 위해 '붓다가야'라고 불리게 된다.

싯다르타의 고행

출가 구도자들 중에는 고행을 수행방법으로 택하는 이가 많았다. 고행은 기본적으로 자신의 육체에 괴로움을 가하는 것이다. 끔찍한 고통을 통해 득도를 이끌어 내는 것이다. 고행자들은 생존에 필요한 것을 최소한 줄이면서 진리를 찾는다.

갠지스 강 유역을 방랑하던 싯다르타는 가야지방에서 구도자 5명을 만나게 되었고, 그들과 함께 극단적인 고행을 했다. 극한의 고통으로 육체를 내몰았다. 싯다르타는 모든 고행을 시험해 보았다. 그는 매우 궁핍하게 생활했는데, 음식은 물 한 컵과 빵 한 조각이 전부였다. "내 몸은 극도로 야위어 갔다. 팔다리는 말라 비틀어진 포도넝쿨이나 대나무 줄기 같았다. 등뼈는 한 줄에 꿴 구슬 같았다."

가야 근방에 있는 동굴에서 단식을 하며 몇 달씩 고행을 하며 명상에 전념했다. 하지만 깨달음은 좀처럼 오지 않았다. 몇 년이나 고행을 지속해도 자신이 품었던 의문은 해결되지 않았다. 쓸모 없었던 것이다.

싯다르타는 극단적인 고행은 올바른 수행이 아님을 깨달았다. 그는 먹고 마시면서 수행하기로 했다.

왕족으로 누린 풍족함과 극도의 고행 사이에서 그는 중도中道를 택했다. 극도의 고행이 깨달음을 얻는데 최선이 아니라는 것을 자각했기 때문이다. 극한에 치우치지 않는 것이 불교 교리의 근본이다.

싯다르타는 고행을 중단하고 마을소녀 수자타가 공양한 우유죽을 먹고 기력을 회복했다. 그는 목욕을 한 후, 보리수나무 아래서 가부좌를 틀고 깊은 명상에 들어갔다. "인간의 내면적인 문제를 해결하려면 자신을 믿고 내면을 들여다봐야 한다. 내면적으로 먼저 나를 해방시켜야 참된 행복에 이를 수 있으리라."

보리수나무 아래서 싯다르타는 마침내 깨달음을 얻었다. 순수한 기쁨이 느껴졌다. 고통 속에 있는 기쁨, 대단한 발견이었다. 그는 삶의 고통을 극복할 수 있는 해법을 찾아냈던 것이다. 그는 깨달은 자 곧 궁극의 지혜를 성취한 자를 의미하는 붓다가 되었다. 그는 깊은 환희의 세계에 빠져들었다.

고타마 싯다르타에서 붓다로

작은 왕국의 왕자였던 붓다는 궁극적인 깨달음을 얻고 진리를 찾기 위해 모든 것을 버렸다. 깨달음을 얻는 길은 힘들었다. 지독한 고행을 비롯한 여러 가지 방법을 시도한 후, 드디어 붓다는 가야의 보리수나무 아래서 진리를 깨달았다. 희생 없이는 진리를 깨달을 수 없다. 무언가를 얻으려면 무언가를 잃어야 한다. 싯다르타 왕자는 이렇게 해서 붓다가 되었다. 그는 스승 없이 홀로 깨달음을 얻은 것이다.

35세의 붓다는 깨달음을 성취해 열반에 이르렀다. 윤회의 수레바퀴에서 벗어날 수 있는 단 하나의 길은 바로 열반이다. 열반은 고통의 소멸이다. 힌두교는 열반을 모크샤moksha 곧 해탈이라고 부른다. 붓다는 그것이 '최고의 행복'이라고 했다.

열반 곧 해탈의 경지에 도달한 붓다는 마음속의 모든 잡념이 사라졌다. "보리수나무 아래서 깨달음을 얻고 모든 번뇌로부터 자유로워졌다."

해탈의 경지는 타오르는 불꽃이 꺼지는 것에 비유할 수 있다. 불꽃이 꺼지듯 욕망이 사라지는 것, 이것이 바로 지복의 경지다. 그러면 크나 큰 행복으로 가는 길이 눈앞에 열리게 된다.

붓다는 세상의 덧없음과 지나친 고행의 무익함을 알았다. 그래서 새로운 방법을 제시했다. "새로운 길은 중도中道다. 중도는 대립과 집착을 버리고 극단을 버리고 한쪽에 치우치지 않은 조화와 균형을 이루는 것이다. 중도를 지켜라. 나는 중도에 의해서 통찰과 지혜를 얻었고, 평안과 깨달음과 눈뜸과 열반에 이르렀노라."

붓다는 깨달음을 얻고 난 후, 그 깨달음에 이르는 길을 사람들에게 전하고자 했다. 그러나 깨달은 진리를 전하는 것은 쉽지가 않았다. 누구나 이해할 수 있는 말로 '다르마' 곧 진리를 전달하는 것은 쉬운 일이 아니었다.

붓다는 깨달음에 대해 이렇게 생각했다. "인생에는 반드시 번뇌가 따른다. 나는 이제 그런 번뇌에서 벗어났다. 깨달음은 번뇌의 끝이다. 그 결과로 열반 곧 평온과 행복에 이른다." 붓다의 가르침이 처음 세상에 나왔던 것이다.

수많은 불교경전 중에서 가장 초기의 경전이 『숫타니파타』인데, 이 경전은 역사적 인물로서 붓다와 초기불교를 이해하는 아주 중요한 자료다. 『숫타니파타』를 보면 2,500년 전 불교가 처음 싹트기 시작할 때 주변의 상황과 붓다와 여러 수행자들과의 관계를 엿볼 수 있다. 그리고 붓다의 가르침의 원형이 어떤 것인가를 알 수 있는 불교 최초의 자료다.

"홀로 행하고 게으르지 말며, 비난과 칭찬에도 흔들리지 말라. 소리에 놀라지 않는 사자처럼, 그물에 걸리지 않는 바람처럼, 진흙에 더럽히지 않는 연꽃처럼, 무소의 뿔처럼 혼자서 가라."『숫타니파타』에서

어느 수행자는 말했다. "바람이 산을 흔들 수 없는 법이다. 큰 아픔이나 슬픔, 그 어떤 고난이 닥치더라도 흔들리지 않는 초연한 마음으로 산처럼

묵묵히 우직하게 걸어 나갈 수 있어야 지속적으로 행복할 수 있다. 그 어떤 일 앞에서도 초연한 마음으로 내 길을 걸어 나가자. 깨달음을 얻은 현자는 더 이상 작은 칭찬에 교만하지 않고 어떤 비난과 모욕에도 흔들리지 않는다."

붓다는 깨달음을 전하기 위해 5명의 옛 동료들이 있는 사슴농장(녹야원)에 갔다. 그들을 돕고 싶어서였다. 그곳에서 과거에 그와 함께 고행했던 5명의 친구들에게 깨달음을 전했다. 불교는 깨달음의 종교다.

그들은 처음에는 붓다의 가르침을 믿지 않으나 후에 믿게 되었다. 그래서 5명의 고행자는 붓다의 가르침을 처음으로 받은 첫 제자가 되었다.

2,500년 전 붓다가 처음에 펼친 가르침과 수행은 주로 고통의 존재와 치유에 집중된 것 같다. "인간의 삶에는 고통으로 가득 차 있다. 고통의 존재를 인정하고 고통을 치유해야 한다. 고통의 치유방법이 사성제四聖諦다."

중도中道는 불교의 근본적인 사고방식 가운데 하나인데, 『전법륜경轉法輪經』은 중도를 다음과 같이 설명한다. "그럼 중도란 무엇인가? 그것은 여덟 부분으로 이루어진 성스러운 길 곧 팔정도八正道다." 팔정도는 우리를 해탈과 열반으로 이끄는 8가지 올바른 길이다.

붓다의 사상과 행복 : 연기적 세계관

불교는 모든 존재가 상호의존관계에 있다는 '연기설'을 핵심사상으로 삼고 발전하였다. "우리 모두는 서로 연결되어 있다. 세상의 모든 것은 하나로 연결되어 있다."

따라서 불교는 우리가 사는 세계를 하나의 유기체로 보는 것이다. 연기설에 따르면 우주만물은 상호불가분의 관계에 있으며 독립적으로 존재하는 것은 없다.

연기적 세계관은 인생과 우주를 설명하는 가장 근원적인 사상으로 '인연사상'이라고도 한다. 연기설은 모든 현상은 무수한 원인과 조건에 의해 생겨나고 소멸된다는 사상으로 존재와 현상의 인과성, 관계성, 상의성을 강조한다. 철학자 니체도 '우주의 모든 것들이 서로 연결되어 있다'고 보았다.

연기설에 관련하여 붓다의 깨달음은 무엇인가? 붓다는 말했다. "우주 모든 만물은 모든 것이 서로 연결되어 독립적인 것은 없구나! 그러면 어떻게 살아야 하는가? 모든 게 서로 연결되어 있으니 모든 것에게 자비를 베풀어야 한다. 자비심이 중요하다." 이러한 연기적 세계관을 깨닫게 되면 자비의 마음이 저절로 생기게 된다는 것이다.

"나와 너가 둘이 아니고 하나다. 우리는 갈대들과 같이 서로 기대고 있다." 여기서 불교의 자비심이 나오고 무소유가 나온다. "서로가 뗄 수 없이 연결되어 있으니 세상을 자비롭게 바라보아라."

'네가 살아야 나도 산다'는 연기설의 기본관점을 가지고 세상만사를 대해야 한다. 그런 관점에서 자연환경을 살리고 보존해 깨끗한 땅, 아름다운 자연을 일구어야 한다.

불교는 인간관계를 비롯하여 모든 만물의 관계를 제대로 이해하고, 이 땅에서 행복하게 살려면 연기설을 알아야 한다고 주장한다.

붓다의 가르침, '고통의 종식'

붓다는 말했다. "행복의 시작은 고통의 소멸이므로 나

는 오로지 한 가지, 고통과 고통의 종식을 가르친다." 고통의 소멸은 행복의 시작이다. 붓다의 가르침은 인간의 고통과 고통의 종식에 관하여 시종일관 집중적으로 다루고 있다.

붓다는 고통을 7가지로 나누어서 설명했다. "태어남도 고통이요, 늙음도 고통이요, 죽음도 고통이다. 좋아하지 않는 사람과 같이 있어야 하는 것도 고통이요, 좋아하는 사람과 떨어져 있어야 하는 것도 고통이다. 그리고 원하는 것을 갖지 못하는 것도 고통이요, 인간존재를 구성하는 다섯 요소 곧 오온五蘊도 고통이다. 결국 인생은 모든 것이 고통이며, 인생에서 영원한 행복을 구한다는 건 헛된 일이다."

이것이 붓다의 첫 번째 진단이다. 이런 진단은 우리 삶에 대해 비관주의를 조장하려는 게 아니라, 오히려 그것으로부터 벗어날 수 있는 첫 실마리를 제시하고자 한다는 것이다. 이 첫 번째 이치를 깨달아야 그것을 치유할 수 있는 첫 걸음을 내딛을 수 있기 때문이다.

그 고통의 원인은 욕망(갈애)에 있다. 욕망이란 감각적 욕망과 생에 대한 집착에서 채워지지 않는 갈증을 가리킨다.

붓다는 먼저 사성제의 가르침에 따라 고통의 문제를 해결하라고 권한다. 지금 발등에 떨어진 불부터 끄라고 한다. 불교는 집착과 탐욕을 버리지 못하여 번뇌에 시달리는 인간의 고통의 문제를 해결해 주는 종교다.

고통의 해결책인 사성제四聖諦와 팔정도八正道

불교에는 창조신화가 없다. 창조의 기원에 대해서는 설명하지도 않는다. 조물주의 이야기도 없다. 이는 불교에서는 그렇게 중요하게 여기지 않기 때문인 것 같다.

불교에서 중요하게 여기는 것은 모든 인간이 겪는 고통과 그 고통을 해결하는 방법이다. 그것과 관계가 없는 문제는 모두 중요하지 않게 여긴다.

붓다는 자신이 품은 의문에 대해 말했는데, 이는 인생의 고통에 대한 의문이다. 붓다는 고통에 대한 명상을 통해 4가지 신성한 진리를 발견했는데, 이를 사성제라고 한다.

사성제는 붓다의 핵심 가르침으로 각각 '고'(苦, dhukka)라는 낱말을 중심으로 이루어진 4개의 짧은 구문이다. 여기서 고는 정신적 고통과 육체적 고통 등 모든 형태의 고통을 가리키는 말이다.

붓다의 모든 가르침은 사성제로 요약된다. "온 세상이 고통이다. 이 세상은 고통으로 휩싸여 있다. 이 고통을 내가 해결하겠다." 붓다는 세상의 고통을 해결하려는 일을 하려고 했다.

고통의 소멸이 곧 행복이다. 고통은 어떻게 소멸되는가? 행복해지려면 사성제의 가르침에 따라 먼저 고통의 문제를 해결해야 한다.

붓다가 가르친 '사성제'는 고통과 고통이 일어나는 원인과, 고통의 소멸과, 고통의 소멸에 이르는 길, '고집멸도'苦集滅道에 관한 가르침이다. 여타의 가르침들은 이 4가지 진리를 다른 각도에서 전개한 것이거나 좀 더 상세히 설명한 것일 뿐이다.

그러면 사성제 곧 4가지 성스러운 진리는 무엇인가?

첫째는 고제苦諦인데, 이는 불완전하고 더러움과 고통으로 가득 차 있는 현실을 바르게 보는 것이다.

둘째는 집제集諦인데, 이는 고통의 원인은 도처에서 일어나는 욕망이라는 것이다. 하지만 깨달음을 얻고자 하는 욕망은 있어야 한다.

셋째는 멸제滅諦인데, 이는 모든 번뇌를 대표하는 갈애渴愛를 남김없이 멸함으로써 청정무구淸淨無垢한 해탈을 얻음을 말한다.

넷째는 도제道諦인데, 이는 고통을 없애고 깨달음을 얻는 구체적인 8가지 방법 곧 팔정도八正道를 말한다.

인간의 근원적인 고통으로부터 어떻게 벗어날 수 있을까? 이 고통을 없앨 수 있는 방법이 있는데, 그 방법을 일컬어 '팔정도'라고 한다. 팔정도 곧 8개의 올바른 길은 깨달음을 얻는 구체적인 8가지 수행방법을 밝혀 놓은 것이다. 요리에 비유하자면 요리방법과 비슷한 역할을 하는 것이다.

사성제에 의하면 고통의 소멸은 팔정도에 의해 일어난다. 붓다의 팔정도는 곧 중도中道다. 팔정도는 8개의 수행법이 한 세트가 되어 완결된다.

"탐욕과 성냄과 어리석음의 탐진치貪瞋癡를 어떤 길로서 끊을 수 있는가? 8가지 거룩한 길이 있으니, 정견(正見, 올바로 보는 것), 정사(正思, 올바로 생각하는 것), 정어(正語, 올바로 말하는 것), 정업(正業, 올바로 행동하는 것), 정명(正命, 올바른 직업을 가지는 것), 정정진(正精進, 올바로 부지런히 노력하는 것), 정념(正念, 올바로 기억하고 관찰하는 것), 정정(正定, 바르게 마음을 집중하는 것)이다." 『대정장』에서

팔정도는 탐진치의 근본번뇌를 제거하는 수행법인 것이다. 탐진치 곧 탐욕과 성냄(화)과 어리석음이 우리를 불태우고 있는데, 이 삼화三火의 소멸이 곧 열반인 것이다.

행복하려면 팔정도 수행법을 통해 고통의 원인인 탐진치를 없애고 열반의 세계로 나아가야 한다. 열반은 삼화가 영원히 끊어진 상태다. 번뇌가 소멸하기 때문에 열반이라 한다. 행복은 탐진치의 삼화에서 벗어나는 것이다.

붓다의 마지막 가르침과 죽음

붓다가 진리를 전한지 45년, 어느 덧 80세가 되었다. 죽음을 앞둔 시기가 된 것이다. 붓다 생애의 마지막 석 달은 『대반열반경★ 般涅槃經』에 자세히 기록되어 있다.

쿠시나라 지역을 향해 최후의 여정을 떠난 붓다는 파라라는 지역에 잠시 멈추었다. 그곳의 망고 숲에는 붓다를 따르는 대장장이 춘다가 살고 있었는데, 춘다는 붓다에게 음식을 공양했다. 붓다는 그가 공양한 음식을 먹고 식중독에 걸렸다.

그러한 가운데에서도 붓다는 여행을 계속하였는데, 목적지 쿠시나라에 도착했을 때는 위독한 상태였다. 마지막임을 깨달은 붓다는 목욕을 하고 사라나무 숲속에 누워, 제자들에게 최후의 가르침을 전했다.

"자신이 자신의 등불이 되어라. 진리를 등불로 삼고, 진리를 의지처로 삼아라. 인간은 그 스스로가 감옥이다. 그러나 누구든 그 감옥에서 벗어날 수 있으니 중단 없이 정진하라."

붓다는 죽음이 임박했음을 느끼고 열반에 관한 진리를 설파하였다.

"하늘에 뜬 구름을 보면서 사람들은 구름이 실재한다고 생각한다. 그러다가 구름이 비가 되어 더 이상 보이지 않게 되면 구름이 거기에 없다고 말한다. 그러나 구름이 사라진 듯 보여도 자세히 살펴보면 비속에서 구름을 볼 수 있다. 구름은 비가 될 수도 있고 눈이나 얼음으로 형태가 바뀔 수도 있지만, 어떤 경우에도 사라져 무가 될 수는 없다. 죽음이 실재할 수 없는 것도 바로 그런 이유다. 모든 것은 변화하고 연속할 뿐 누구도 죽음이 정말 있다고는 말하지 못한다. 사람들은 마음속으로 죽는다는 것은 존재하는 어떤 것이 갑자기 무가 되고 나 자신이 아무것도 아닌 것으로 된다고 생각하지만, 구름이건 인간이건 그런 식으로 사라질 수는 없다."

붓다는 80세의 나이에 보름달 아래서 열반에 들었다. 인간으로 태어나 고행 끝에 스스로 열반에 오른 붓다, 그는 고통으로 가득 찬 인간 세상에 한줄기 빛을 남겼다.

불교의 행복관

불교는 삶의 지혜와 함께 행복의 문제를 중점적으로 다루는 종교다. 그런 면에서 오늘날 서양인들의 호기심을 자극하고 있다.

행복에 해당하는 대표적인 불교용어는 '수카'sukha다. "수카는 su(well, 좋은) 와 kha(hole, 구멍)의 합성어로 수레바퀴가 잘 굴러가는 상태를 의미한다. 마부가 수레를 타고 가는데 어떠한 장애나 어려움 없이 편안하게 진행되는 것을 상상하면 되는 것이다."_{안양규}

불교의 행복은 모든 집착과 탐욕에서 벗어나 마음이 평온하면서, 격하지 않는 잔잔한 즐거움이 계속되는 안녕安寧의 상태다. 따라서 '집착이 사라진 곳'에 행복이 임한다.

붓다의 가르침은 주로 고통의 해소에 있다. 행복해지려면 현재의 고통을 해결하여야 한다. 고통이 없는 상태가 행복인 것이다.

선업善業을 짓는다면 행복을 가져다 줄 것이고, 악업惡業을 짓는다면 불행을 가져다준다. 불행을 피하고 행복하기 위해서는 선업을 행하고 악업을 피해야 한다.

행복하려면 모든 집착과 얽힘에서 벗어나야 한다. 그릇된 생활습관과 잘못된 업에서 벗어나야 행복해진다. 탐욕과 집착과 소유의 늪에서 벗어나야 한다. 그러한 것에서 벗어나지 못하면 무엇엔가 휘말려 쫓기듯 살게 된다. 자신의 행복에 대한 책임은 오직 자기 자신에게 달려 있다.

불교사상에서는 인간이 불행한 이유는 '욕망에 대한 집착'이라고 보았다. 붓다는 욕망이 고통과 불행의 근원으로 보았다. 오늘날 현대인의 불행은 돈과 성공이라는 욕망에 대한 집착임은 부인할 수 없는 사실이다.

탐욕은 충족될 수 없는 욕망으로서 행복의 가장 큰 적이다. 사람은 자기 도취적 존재다. 탐욕에 눈이 멀면 진선미, 즉 옳고 그름, 선악과 미추를 분별하는 능력을 상실한다.

탐욕에 빠져들면 만족을 모른다. 부자가 되면 더 큰 부자가 되고자 하는 욕망이 생겨나는 것이다. 소유, 인기, 권력 등을 갈망하기 시작하면 아무리 채워져도 갈증은 채워지지 않는다. 인간의 불행은 소유욕과 과시욕에서 비롯된다. 그러면 누가 부자인가? 자신의 몫에 만족하는 사람이다.

괴로움의 원인은 집착이다. 집착은 바다에서 소금물을 마시는 것과 같아서 마시면 마실수록 목이 더 마르다. 마음이 어떤 대상에 대한 집착에 사로잡히면, 그것은 곧 괴로움으로 이어진다. 자식, 재산, 권력, 명예, 건강 등에 대한 집착 때문에 괴로움이 찾아온다. 행복은 모든 욕망이나 집착에서 벗어날 때 일어나는 것이다. 따라서 집착과 탐욕에 가득한 사람은 '행복'이라는 파랑새를 세상 어디에도 발견할 수 없다.

지속적으로 행복하려면 자유인이 되어 날마다 안팎으로 새로워져야 한다. 무엇보다도 마음이 청결해야 한다. 우리 마음은 세상에 오염되어서 혼탁한 상태에 놓여 있다. 4대 성인의 가르침은 원래의 청정한 상태로 가는 길을 안내하는 나침반이다.

오늘날 대중적인 불교 행복관은 달라이 라마, 틱낫한, 티벳 수도승들,

법정, 법륜 등의 저서에 의해 한국사회에 널리 알려지고 있다

분노의 감정을 소멸하기 위한 자애명상

오늘날 성내지 않고 살기는 불가능하게 보이지만, 화가 발생하면 제거해야 한다. 왜냐하면 분노는 행복과 멀어지게 하고, 불행을 자초하기 때문이다.

자애명상은 화를 다스리는 방법 중에 하나로서, 모든 사람을 예외 없이 사랑하기 위한 수행이다. 불의를 행한 자에게도 분노 대신에 오히려 적극적인 사랑으로 대하도록 하는 것이 붓다의 자애명상이다. 자애명상은 자기 자신을 사랑하는 것에서부터 시작한다. 자신을 제대로 사랑하지 못하는 사람이 다른 사람을 바르게 사랑하기 힘들 것이다.

초기불교의 경전 『숫타니파타Suttanipata』에 실려 있는 '자애경'自愛經은 자애명상을 어떻게 해야 하는지를 가르치고 있다. 내가 평화롭고 행복하게 살기를 기원하는 것처럼, 모든 존재들이 평화롭고 행복하게 살기를 기원해야 하는 것이다.

"모든 존재는 다 행복하고 안락하라. 마음의 만족을 얻으라. (중략) 그 어떤 살아 있는 존재들 모두 예외 없이 다 행복하라. 어떤 경우든 다른 사람을 속이거나 경멸하지 말라. 분노와 악의를 품고 다른 사람에게 해를 끼치려고 하지 말라. 어머니가 위험의 순간에도 자식을 지키듯이 모든 존재에 대해 한량 없는 자비심을 베풀도록 하라. 어떤 장애나 증오나 적개심도 없이 한량없는 자비심을 위든 아래든 가로 지르든 온 세상에 행하라. 서 있을 때나 걸을 때나 앉아 있을 때나 누워 있을 때나 깨어있는 한, 이러한 마

음가짐을 유지하도록 하라. 이를 삶의 신성한 경지라고 한다."_{Sn 1.8}

붓다는 자애명상을 수행하면 다음과 같은 행복이 임한다고 했다.

1) 편안히 잠자고 즐겁게 깨어난다.

2) 악몽을 꾸지 않고 마음이 평온하다.

3) 사람들의 사랑을 받고 얼굴에서 빛이 난다.

4) 임종 시에도 마음이 흐트러지지 않는다.

무소유의 행복, 채움에서 비움으로

"욕심을 부리는 자는 돈이 비처럼 쏟아져 들어와도 만족할 줄 모른다. 욕심은 수많은 고통을 부르는 나팔이다."_{붓다}

붓다는 기원정사에서 제자들에게 다음과 같이 설법했다. "진실로 아무것도 갖지 않은 사람은 행복하다. 지혜로운 사람은 어떤 것도 자기 것으로 생각하지 않는다. 자 보라. 많이 가지고 있는 사람이 여기저기에 얽매여 그 얼마나 괴로움을 당하고 있는가를!"

요즈음 '무소유'란 말이 널리 회자되고 있다. 이는 그 만큼 우리가 사는 세상이 물질만능주의에 감염되어 있다는 반증反證이기도 하다. 무소유는 옛날부터 모든 종교에서 가르쳐 왔던 생활양식이다. "무소유란 아무것도 갖지 않는다는 것이 아니라 불필요한 것을 갖지 않는다는 뜻이다. 우리가 선택한 맑은 가난은 부보다 훨씬 값지고 고귀한 것이다."_{법정}

무소유는 오늘날 자본주의의 소유지향적인 삶과 그로인한 잘못된 행복을 방지할 수 있는 주요한 덕목이다.

그러면 무소유의 삶을 어떻게 실천할 수 있는가? 지금까지 내 것이라고 생각했던 것이 내 것이 아니라는 사실을 깨달아야 한다. 진정으로 깨달으면 모든 집착에서 벗어나 자연스럽게 무소유의 삶이 조성될 것이다. 잊지 말자. 나라고 할 만한 것, 내 것이라고 할 만한 것은 세상에 없다는 사실을!

　무소유의 삶은 그 무엇에도 속박되지 않는 절대적인 자유를 위함이다. 지닌 것이 많을수록 진정한 행복과는 점점 멀어진다. 세속인들은 평생 더 많이 소유하려고 애쓰지만 현자들은 평생 버리려고 수행한다. 모든 욕심에서 벗어난, 무소유의 삶에는 청정한 정신과 순전한 행복이 깃드는 것이다.

3 소크라테스와 떠나는 행복여행

소크라테스를 비롯한 고대 그리스 현자들에게 있어 행복은 일조일석一朝一夕에 이루어지는 것이거나 인생의 희비애락喜悲哀樂에 따라 좌우되는 것이 아니었다. "행복은 평생 수양해야 하는 덕목德目이다. 덕이 곧 행복이다."소크라테스

고대 그리스 철학자 소크라테스(Socrates BC 469-399)가 인류에게 끼친 중대한 점은 무엇인가? 그것은 '인간과 삶의 본질, 그리고 진선미의 가치와

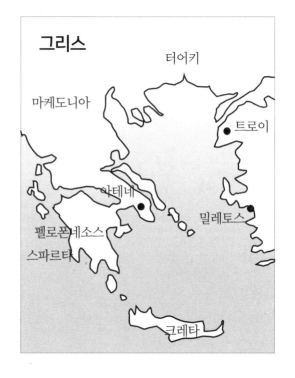

참된 행복'에 대해 본격적으로 탐구할 수 있도록 불을 지폈다는 것이다.

소크라테스에 따르면 행복은 일의 결과나 세상에서의 성공과 실패를 뛰어넘어 평생에 걸쳐 수행해야 하는 내면의 연금술이다. 그 수양이 가져다주는 지혜와 덕으로 자신을 채움으로 행복에 이르는 것이다.

참된 행복은 심신수련(수행)을 통해 구현되는 것이다. 고대 그리스인들에게 있어서 진정한 학문은 심신수련이었다. 오늘날 대학의 학문은 전문가를 양성하는 반면, 고대 그리스 학문은 보다 나은 인간, 최고로 행복한 인간을 배양하는 데 역점을 두었던 것이다.

소크라테스는 칠십 평생 사람들과 대화하고 변론하며 살았던 철학자였다. 그는 평생을 거리의 철학자로 지내면서 인간에 대한 근원적인 질문을 캐내어 묻고 대화하면서 사람들 스스로 진선미를 깨우칠 수 있도록 도왔다. 거기서 그는 단지 산파역할만을 했을 뿐이다.

당시 아테네 사람들은 신화적인 사고방식을 관습처럼 따르고 있었는데 소크라테스의 이성적, 합리적 사고방식은 낯 설 수밖에 없었다. 따라서 소크라테스는 신들을 부인하고 전통관습을 파괴한다는 죄목으로 법정에 설 수밖에 없었다.

한편 소크라테스는 4대 성인 가운데 가장 친근한 인물이다. '4대 성인 중 누구와 함께 여행하고 싶은가?' 하고 물으면, 대다수 사람들은 소크라테스와 함께 여행하고 싶다고 대답할 것이다. 그만큼 대중적인 인기가 높은 인물이다.

어느 인기가수는 소크라테스를 '테스 형'이라고 부르며 '세상이 왜 이래, 왜 이렇게 힘들어' 하고 노래해서 대중들의 큰 공감을 얻었다. 그만큼 소크라테스는 외모, 스타일, 가르침의 내용 등이 대중적이다.

소크라테스가 등장한 시대적 배경

고대 아테네의 번영기인 페리클레스 시대가 끝나자

아테네 사회는 전면적인 난국에 처했다. 페리클레스(Pericles BC 495-429)는 BC 5세기에 아테네 민주주의를 비롯하여 경제와 문화를 크게 발전시켰던 정치가이었다. 하지만 페리클레스의 말년에 아테네의 황금기는 막을 내렸다. 아테네의 부와 영광은 사라지고, 사회의 혼란과 함께 전쟁에 직면하였던 것이다.

소크라테스는 4대 성인 가운데 유일하게 직접 전쟁에 참여해서 용감하게 싸웠던 성인이었다. 소크라테스는 펠로폰네소스 전쟁(BC 431-404)의 용사이었던 것이다. 펠로폰네소스 전쟁은 페르시아 전쟁 이후 에게해와 지중해의 패권을 두고 벌어진 아테네와 스파르타 간의 전쟁이다. 이와 같은 전쟁과 혼란과 격동의 시기에 소크라테스가 활동했던 것이다.

BC 404년, 펠로폰네소스 전쟁에서 패한 아테네가 스파르타에게 무조건 항복한 직후, 아테네는 무질서상태에 놓여서 무턱대고 사람을 죽이고, 남의 재산을 빼앗는 등의 일이 공공연히 자행되는 혼란스러운 시기였다.

당시 아테네는 전쟁의 지속으로 인한 피폐함, 정치가의 부패, 시민들의 도덕적 타락 등의 문제를 겪고 있었는데, 소크라테스는 이런 문제의 심각성을 통감하지 않을 수 없었을 것이다.

그럼에도 불구하고 소크라테스는 경악의 소용돌이에 휩쓸리지 않았다. 그는 흔들림 없이 양심의 소리를 들으며 자신의 신념을 지켜나갔다. 그런 의미에서 인류의 지표가 될 수 있었다.

역사는 흥망성쇠興亡盛衰가 반복되는 것이다. 그런 혼란을 토양으로 소크라테스와 플라톤과 아리스토텔레스의 철학이 탄생했다. 소크라테스의 철학은 내일을 예측할 수 없는 난세亂世에 어떻게 살아야 할지, 지적인 토대를 제공해 주고 행복한 삶으로 나아가는 덕행의 길을 보여 주었던 것이다.

소크라테스의 출생과 성장

BC 470년경, 소크라테스는 고대 그리스의 도시국가 아테네에서 태어났다. 아버지 소프로코스는 석공이었고 어머니 파이나레테는 산파였다. 그는 크산티페와 결혼해 세 아들을 두었고, 비록 풍족하지는 않았으나 알려진 바와는 달리 빈곤에 시달린 것은 아니었다.

소크라테스의 유년기와 청소년기, 그리고 성년 초기에 대해선 알려진 것이 별로 없다. 그가 어떤 교육을 받았는지에 대해서도 마찬가지다.

하지만 소크라테스는 어릴 때 당시 아테네 아이들이라면 꼭 받아야 했던 기본적인 고전교육을 받았을 것이다. 고전교육으로는 체육, 음악, 기하학, 농사 등이 있었으며 당연히 호메로스, 이솝, 헤시오도스 같은 고대 그리스 작가의 작품도 공부했을 것이다.

소크라테스에게 스승이 있었을까? 플라톤의 『대화』편을 보면 그는 평생 배움의 길을 걸어왔지만, 그 누구의 제자였던 적은 없었던 것 같다. 하지만 왕성한 호기심 때문에 그는 이전 세대의 자연철학자들부터 변론술 교사들인 소피스트들, 그리고 신비주의 교파의 신도들에 이르기까지 모든 사람들로부터 닥치는 대로 배웠을 것이다. 한 사람의 인격과 사상은 하루아침에 생겨나지 않는다.

소크라테스가 어떤 직업 활동을 했는지에 대해서는 알려진 바가 없다. 아마도 아버지를 따라 석공 일을 했을 것이다.

소크라테스는 소문이 날 정도로 외모는 추한 편이었으나 고결한 성품을 지녔다. 그는 배가 볼록하게 나온 배불뚝이로서 외모를 두고 볼 때는 그리스인들이 생각한 지혜로운 자의 외모는 아니었다. "지혜와 배 둘레는 반비례한다"는 그리스 속담을 두고 볼 때 그러하다.

소크라테스는 조국 아테네를 너무 사랑했기에 병역의 의무를 수행할 때를 빼고는 아테네를 떠난 적이 없었다. 젊은 시절 여러 번 전투에 참여해서 용맹을 떨치기도 했다.

소크라테스는 마음만 먹었다면 아테네 행정기관에서 한 자리를 차지해서 유명인사로 살 수도 있었을 것이다. 하지만 그는 31세 때, 아테네 평의회 일원이 되는 것을 거부하였다. 대신에 길거리에서 지혜와 지식을 가진 이에게 궁금한 것을 묻는 삶을 택했다. 그에게는 지혜에 대한 갈망이 정치에 대한 야망보다 훨씬 컸던 것이다.

확실하지는 않으나 대체로 40세 전후로 자신의 철학적 신념과 그것을 전개하는 방법론이 확고히 정립된 것으로 여겨진다.

소크라테스는 소피스트Sophist처럼 수업료를 받아 윤택한 생활을 하며 가르치는 일을 할 수도 있었을 것이다. 그는 당시 아테네의 부유한 청년들을 대상으로 가르치고, 비싼 수업료를 받는 소피스트들과는 분명한 선을 그으면서, 가르침의 대가로 어떠한 수업료도 받지 않았다. 그는 자신의 재능을 아무 대가 없이 제공하는 것을 명예롭게 여겼다. 왜냐하면 진리를 가르치는 일이 돈벌이가 되어서는 안 된다고 생각했기 때문이다.

소크라테스는 명예, 부, 인기 등에서 자유로운 삶을 택했다. 그는 남루한 옷차림에 별 볼일 없는 처지로 아테네 거리를 돌아다니며 사람들을 만나 대화했다. 그는 어디에도 의지하지 않고, 그 무엇에도 얽매이지 않고, 자신의 길을 걸어갔던 성인이었다.

소크라테스는 골목과 광장을 어슬렁거리면서 대화를 나눌 사람들을 찾아다녔다. 소크라테스는 그것이 바로 자신의 천직이라 여겼다.

"나는 모든 사람과 대화를 나눌 것입니다. 젊은 사람이든, 늙은 사람이든, 같은 시민이든, 그렇지 않은 이방인이든 가리지 않을 것입니다. 특히 아테네 시민 여러분과 더 많은 대화를 나누고 싶은데, 그 까닭은 나와 인연이 각별하기 때문입니다. 여러분과 대화를 나누는 것이 신이 내게 내린 천직이라는 점을 헤아려 주십시오. 나는 신의 명령을 따르고자 하는 내 열망보다 아테네에 더 보탬이 되는 일은 없다는 생각을 하게 되었습니다. 왜냐하면 나의 천직은 여러분을 설득하는 것이기 때문입니다."『소크라테스의 변론』

소크라테스 사상의 탄생 배경

소크라테스의 사상에 가장 큰 영향을 끼친 것은 BC 5세기에 맞은 아테네의 황금기일 것이다. 그 시기는 어떠한 시대였는가? 아테네 황금기를 주도한 페리클레스는 그 위대한 시대를 다음과 같이 이야기했다. "우리의 모험심은 온 바다와 육지에 미치며, 우리는 가는 곳마다 진과 선과 미의 영원한 기념비를 건립했다."페리클레스

그때는 위대한 시인들과 작가들, 그리고 페리클레스와 같은 훌륭한 정치가들이 활동하고 있었다. 소크라테스는 그 시대의 빛 속에서 성장하였다. 그는 다분히 시대의 아들이라는 색채를 띠고 있는 것이다.

고대 아테네는 2,500년 전에 실제로 존재했다고 믿기 힘들 정도로 찬란한 업적을 이루었다. 민주정치, 자유경쟁의 원리, 사생활 존중, 법치주의, 이성주의, 올림픽경기 등이 모두 BC 5세기 아테네인들이 이룩한 업적으로 오늘날까지 내려오는 인류의 전통이다.

BC 5세기의 도시국가(폴리스) 아테네에는 '자유의 기질'을 존중하는 풍조와 정신이 널리 펴져 있었다. 그리스인은 자유와 평등의 개념을 깨닫고 실

현하면서 자신들이 다른 민족보다 우월하다는 것을 품게 되었다. "자유가 없는 곳에는 행복도 없다." 페리클레스

페리클레스의 정책 중 첫 번째 꼽을 수 있는 것은 민주정치다. 민주정치는 그리스인들이 이룩한 인류 최고의 유산이며, 가장 이상적인 정치형태라고 할 수 있다.

페리클레스는 식견과 설득력, 국민전체에 대한 경의, 폴리스에 대한 사랑, 금전에 관한 결백성을 지니고 있었다. 그것들은 민주정치가 필수적으로 지녀야만 할 조건이다. 페리클레스와 동시대에 활동했던 소크라테스는 그의 영향을 많이 받았을 것이다.

하지만 페리클레스의 말년에 아테네의 황금시대도 막을 내렸다. 아테네의 부와 국력은 사라지고 사회는 혼란해졌다. 그나마 다행스러운 것은 부와 국력은 사라졌지만, 아테네의 철학과 예술 등은 지속적으로 발전하여, 인류전체에 공헌할 수 있는 높은 수준의 문화를 이루어낼 수 있었던 것이다.

소크라테스 당시 지성계에는 수사학과 변론술을 전문으로 하는 이른바 소피스트들의 활동이 두드러졌고, 소크라테스도 소피스트들의 영향을 많이 받았던 것이 사실이었지만, 본질적인 면에서 차이가 있었다.

소크라테스는 모든 인간은 무지하다는 사실을 깨닫고 진리에 다가가기 위해서는 겸손해야 하며, 무엇보다 영혼을 정화하는 것이 중요하다고 생각했다.

소크라테스는 철학자들 가운데 진선미에 가장 부합된 인물이었다. 참됨과 선함과 아름다움을 한 몸에 구현한 진선미의 화신, 그가 바로 소크라테스다. "우리들이 만나 본 사람들 가운데서 가장 고상하고 가장 현명하고

가장 정의로운 사람이다."플라톤

소크라테스라는 이름에는 진선미라는 의미가 담겨 있다. 사람들은 진선미에서 풍겨나는 소크라테스의 내면적 매력에 붙들렸을 것이다. 소크라테스의 영혼을 움직이는 것은 다름이 아닌 진선미, 그 하나였다.

소크라테스는 최소한의 물질만을 필요로 하는 생활을 하며 사색하고 진리와 지혜를 추구하는 생활을 했기 때문에, 그는 정의에 어긋나거나 민중의 비위를 맞추는 일을 하지 않을 수 있었고, 언제나 진선미에 따라 행할 수 있었다.

인생 중반기에 사명을 발견하다

소크라테스는 인생의 중반기에 깨달음을 얻고 사명을 발견했다. 인생의 사명을 발견했으니 소크라테스는 얼마나 행복한 사람인가?

그의 사명은 델포이의 아폴론 신전에서 나온 신탁으로부터 시작되었다. 아폴론이 내린 신탁의 참뜻을 알고 난 후, 소크라테스는 산파술을 통해 사람들이 스스로 무지를 깨닫도록 도왔다. 이 '무지無知의 지知' 곧 '자기가 모른다는 사실을 스스로 깨닫고 앎'은 소크라테스 철학의 출발점이자 토대가 되었다. 그는 진정한 앎에 이르는 길은 자기의 무지를 깨닫는 데 있다고 보았던 것이다. 그에게 한번 붙들린 사람은 결국 자신의 무지와 맞닥뜨릴 수밖에 없었다.

누구든 소크라테스와 접촉하면 자기도 모르게 똑똑해지는 느낌을 받을 뿐만 아니라, 자기 자신의 깊은 근원과 재회하는 느낌을 받았을 것이다.

즉, 자기 안에 영적인 토대가 마련되어 있음을 깨닫게 된다. 이는 곧 삶의 성격을 근본적으로 뒤집는 현상이다.

이와 같이 무지로부터 깨어나게 하는 일은 소크라테스의 사명이 되었고 신념이 되어 그의 일생을 통해 계속되었다. 아테네를 무지에서 깨어나게 하기 위해 신이 보낸 성가신 '등에'였다.

아테네가 부담스러워했던 거리의 철학자

소크라테스는 평생을 거리의 철학자로 지냈으며 단 한권의 책도 직접 저술하지 않은 사상가다. 하지만 그는 서양철학의 기초를 놓은 위대한 철학자로 추앙받고 있다. 어떻게 그것이 가능할까? 소크라테스는 철학사에서 가장 불가사의한 인물이다.

소크라테스의 일과는 주로 아테네 길거리와 아고라 광장에서 시작되었다. 그는 길거리에서 누군가를 보기만 하면 얼른 좇아가 대화를 시작했다. 상대가 정치가이거나 시인이거나 상인이거나 전혀 상관하지 않았다.

일단 대화가 시작되면 소크라테스는 문답식 대화법인 산파술 대화법을 사용해서 상대방이 스스로 자명하다고 여기고 있는 것에 관해 실은 아무 것도 모르고, 또한 자기 자신에 대해서는 더욱 더 모른다는 사실을 보여주었다. 그리고 그 문답은 항상 '아직도 그것은 모른다'라고 하는 '무지의 고백'을 서로가 인정하는 것으로 끝냈다.

이런 일은 질문을 당하는 사람에게 절대로 유쾌한 일이 아니었다. 그는 질문을 너무 많이 하고 사람들을 골치 아프게 하였다. 오죽 하였으면 그의 제자 플라톤이 그를 '짜증스러운 벌레'라고 하였을까? 소크라테스도 아테네에서 자신의 평판이 좋지 않다는 것을 알고 있었다.

정말로, 아테네 사람들은 소크라테스를 경멸하거나 비방까지 했다. 누군들 자신의 무지를 드러내고 싶겠으며, 그것도 모든 사람이 지켜보는 시장에서 그런 일을 당하고 싶겠는가?

고대 그리스 희극작가 아리스토파네스는 그의 작품 『구름』에서 소크라테스와 그의 제자들을 노골적으로 조롱하였다. 소크라테스가 제우스의 존재를 부인하고 신성하지 못한 사이비 과학을 장난삼아 퍼뜨린다고 비방하며 웃음거리로 희화하였던 것이다.

여하튼, 명예를 귀하게 여기는 아테네인들은 소크라테스와 상관하고 싶어 하지 않았을 것이다. 오로지 한가한 젊은이들 몇 명만이 이리저리 소크라테스를 따라다녔을 것이다.

그렇다면 소크라테스는 그렇게 부담스러운 질문을 던져서 무엇을 하고자 했던가? 당시 아테네는 계속되는 전쟁과 물질문화 속에서 외모지상주의와 물질만능주의가 팽배해지자, 도덕적 퇴폐가 역병처럼 그리스 전역에 퍼져 나갔다. 소크라테스는 자신의 정체성, 삶의 의미와 가치, 진선미, 순전한 행복 등을 주제로 질문을 던짐으로써, '나는 누구인가' 자신에 대해 성찰하도록 만들었다.

그는 아테네인들이 사람다운 사람이 되기 위해서는 어떻게 행동해야 하는가를 이해하게 만들려고 했다. 소크라테스가 구한 것은 언제나 진선미였다. 그는 진선미에 대한 물음에 사로잡힌 사람이었다. "올바르게 생각하면 올바르게 행동하게 된다."

그에게 있어서 이것은 다른 어떤 시대보다 자기 시대에 더욱 절실한 것으로 보였다. 그는 당시 그리스 사람들의 생활에 나타난 타락과 붕괴의 징후들을 두려움을 품고 바라보았다. 소크라테스는 자기 시대가 이미 갈피를 잃었다는 것과, 그리스 정신에 심각한 위기가 닥쳐오는 것을 보았다. 그는 제자들과 친구들이 그 사실에 대해 눈을 뜨도록 만들기를 원했다.

소크라테스는 죽음을 앞두고 친구 크리톤에게 말했다. "많은 사람들이 우리에 대해서 뭐라고 말하는지를 생각할 필요는 전혀 없다. 오로지 올바름과 올바르지 못함을 제대로 이해하고 있는 그 한 존재, 즉 참이 무어라고 말하는가에 대해서만 우리는 생각해야 한다."

무지無知가 모든 악(불행)의 근원이다

"저 사람이나 나나 좋고 아름다운 것에 대해서 무지한 것 같으나, 저 사람은 자신이 안다고 생각하고 있지만, 나는 내가 무지하다는 것을 알고 있다. 이 작은 부분 때문에 나는 저 사람보다 더 지혜가 있다."소크라테스

모든 사람들은 행복하기를 원한다. 불행하기를 원하는 사람은 아무도 없다. 그러면 도대체 왜 불행해지는가? 소크라테스와 붓다에 따르면 이것은 바로 무지 때문이다. 알면서도 불행을 만드는 사람은 없다. 참된 실상을 알아야 불행에서 벗어날 수 있다.

무지가 악이다. 무지가 모든 불행의 근원이다. 사람들이 많은 실수를 하는 것은 선과 악을 제대로 알지 못하기 때문이다. 선악을 모르는 것은 흑백을 구별하지 못하는 것과 같다.

예를 들자면 무지 때문에 잠깐 있다가 없어지는 무상無常한 것은 영원하다고 집착하고, 거짓을 참된 것으로 집착하고, 악한 것을 선한 것으로 집

착하고, 추한 것을 아름다운 것으로 집착하는 것이다. 그래서 '무지의 자각'이 중요하다. 진선미를 모르니깐 악을 행하고 죄를 짓고 불행에 빠진다. 진선미가 마비되어 선악을 구분하지 못하는 인간, 그들이 인류를 불행에 빠트리는 원흉이다.

붓다에게 있어 최악은 욕망에 대한 집착이라면, 소크라테스에게 있어 최악은 무지다. 무지는 다른 사람뿐만 아니라 자신에게까지 해를 끼치며 거짓, 편견, 교만, 악행 등 온갖 악의 근원이다. 결국 무지로 인해 인간은 불행해지는 것이다.

소크라테스는 인간이 우주만물의 진정한 본성을 안다면 모든 악과 불행으로부터 벗어날 수 있다는 확고한 믿음을 가지고 있었고, 그 믿음에 따라 행동했다. 참되고 선한 것, 아름답고 탁월한 것, 그리고 인간다운 것이 무엇인지를 아는 사람만이 행복하고 고결한 사람이 될 수 있다는 것이다.

인간은 고결한 존재로 태어나는 것이 아니라 무지에서 벗어남으로서 비로소 고결한 존재가 되는 것이다. 이는 4대 성인 곧 공자, 석가, 소크라테스, 예수의 한결같은 가르침이다. 사람들은 자기 안 가장 깊숙한 곳에 간직하고 있던 가장 보편적인 덕목인 진선미를 제대로 알고, 진선미의 꽃을 피울 때 자유로워지고 진정한 행복을 누리게 될 것이다.

사람은 무지로 인한 그릇된 행동으로 주위 사람들에게 해악을 끼치고 본인도 치명적인 불행으로 빠져든다. 그러나 진선미 곧 참됨과 선함과 아름다움을 배우고 익히고 깨달으면 올바르고 고결한 존재로 거듭날 수 있다. "참된 앎이 참된 행복이다." 소크라테스

4대 성인이 강조한 참된 앎과 깨달음의 중요성은 예나 지금이나 영원한 진리로 남는다. 진실과 거짓, 선과 악, 미와 추, 정의와 불의를 분별하는 앎

을 갖추지 않고 어떻게 인생을 제대로 살아간다 할 수 있겠는가? "진리를 알지니 진리가 너희를 자유케 하리라."_{예수}

심신을 진선미에 맞게 다스리라. 진선미 안에서만 진정한 행복이 있다. 무지에서 깨어나서 자유로운 존재가 되어 진선미의 삶을 살아야 한다. 무지의 자각은 지혜의 자각이자, 진선미의 자각이다. 뭐가 진리인지, 뭐가 선인지, 뭐가 아름다움인지 분별할 수 있어야 참된 행복을 얻을 수 있는 것이다.

소크라테스는 바로 무지의 족쇄에 묶여 있는 아테네인들을 풀어 주려다가 사형을 언도받은 것이 아닐까? 그는 인류를 어둠속에서부터 구하려고 자신의 목숨을 건 성인임은 분명한 것 같다.

내가 누구인지를 알면 행복은 부산물로 따라온다

행복으로 가는 길은 끊임없이 자아를 인식하는 '자각과 성찰'의 과정이라고 해도 과언이 아니다. 참된 행복에 이르자면 반드시 자아를 더 깊이, 더 풍부하게 인식해야 한다. 자신이 누구인지 명확하게 알아야 자신에게 맞는 올바른 행복을 찾게 되는 것이다.

소크라테스는 외쳤다. "너 자신을 성찰함으로 자신의 본질을 깨닫고 자신의 내면을 돌보라. 네 영혼을 최선의 상태로 만들어라."

소크라테스로 인해 유명해진 '너 자신을 알라'는 자기 자신을 모르면 진정한 삶과 진리, 그리고 순전한 행복이 무엇인지도 모른다는 뜻이 내포되어 있는 것 같다. 물론 다양한 의미가 함축되어 있겠지만, 소크라테스는 '너 자신을 알라'는 경구를 '무지의 자각'이라는 맥락에서 이해했을 뿐만 아니라, 그것을 다시 영혼의 정화를 통해서 바람직한 삶을 살 수 있는 실마리(단초)로 삼았던 것이다. 그래서 '무지의 자각' 또는 '무지의 지'는 소크라테스 철학의 출발점이자 토대가 되었다.

사실, '너 자신을 알라'는 소크라테스뿐만 아니라, 다른 4대 성인 곧 공자, 붓다, 예수도 세상 사람들을 향해 외쳤던 말이다. '나는 누구인가'를 끊임없이 물으며 나 자신의 본래 모습을 회복하여 내 삶의 주인이 되어 나답게 살아야 한다. 진정 나는 나답게 살고 있는가?

행복하려면 무엇보다도 먼저 나 자신이 누구인지 깨닫고, 나 자신의 정체성 확립이 매우 중요하다. 진정한 행복은 나를 얽어매고 있는 모든 구속과 생각들로부터 벗어나 자유로워지는 것, 진정한 자유인이 되는 것으로부터 출발한다.

"자기를 아는 사람은 무엇이 적절한지 스스로 알며, 무엇을 할 수 있고 무엇을 할 수 없는지 분별하며, 어떻게 할 것인지 아는 바를 해냄으로써 필요한 것을 얻고, 또한 모르는 것을 삼감으로써 비난받지 않고 살아가며 또 불운을 피하게 된다."크세노폰의 『소크라테스의 추억』에서

자기 자신을 아는 것이 행복과 직결된다는 사실을 기억하자. 자기를 안다는 것은 자신의 가치와 의미, 진정한 욕구와 능력을 알고, 그것에 걸맞게 살아가는 것을 의미한다.

무지 중 가장 근본이 되는 것은 자기 자신의 본질과 실상에 대한 무지다. 자기 자신에 대한 오해, 잘못된 견해가 모든 무지와 불행의 근원이 된다. 그러므로 소크라테스는 무엇보다도 먼저 '너 자신을 알라'고 다그쳐 물으며, 올바른 삶을 살 것을 촉구하였던 것이다. "중요한 것은 그냥 사는 것이 아니라 탁월하게 사는 것이다."소크라테스

행복을 오직 부와 외모 같은 외적 요소에 고정시키는 자는 정작 행복의 토대인 자신이 누구인지를 망각한 상태인 것이다. 자기 망각에 빠져 들어서 참된 행복에서 이탈한 사람들은 엉뚱한 곳에서 행복을 찾는다. 부, 권력, 명예, 인기, 외모 등 결코 완전하지도 지속적이지도 않은 것들을 손에 넣으려 애쓰는 것이다. 이는 인간의 고유한 본성에 비추어 볼 때 치명적이다.

'참 자아'가 행복의 중심이 되어야 한다. 2,500년 전 중국의 사상가 노자와 장자도 말했다. "너 자신으로 돌아가라. 현재의 나 자신을 내려놓으면 진정한 나 자신으로 돌아갈 수 있다. 거기에 통찰이 있고 자유가 있고 행복이 있다. 너 자신의 삶을 향유하라."

소크라테스의 죽음을 통해 본 죽음의 의미와 가치, 그리고 행복

소크라테스는 당시 아테네의 젊은이들을 타락시키고 아테네가 숭배하는 전통적인 신들을 무시하고 새로운 신을 믿는다는 이유로 기소되었다. 하지만 그를 고발한 사람들은 소크라테스에게 아테네를 떠나면 문제 삼지 않겠다고 제안했다. 그러나 아테네를 너무나도 사랑했던 소크라테스는 아테네를 떠날 수 없었다.

소크라테스는 다이몬(신성, 영혼, 양심, 내면)의 소리를 듣고 재판에 대한 생각을 바꿨다. 그는 재판을 저주가 아닌 축복으로 받아들이기로 했다. 자신에게 닥친 모든 사건을 신들에게서 받은 선물로 받아들인 것이다.

소크라테스는 자신을 고발한 사람들에게 분노를 품지도 않았고, 운명에 저항하려고 발버둥 치지 않았다. 그는 배심원들에게 자신이 고발당한 이유를 차분하게 설명했다.

소크라테스는 사는 길이 아니라 스스로 죽음의 길을 택했다. 쉬운 길이 아니라 의미있는 길을 선택했다. 소크라테스는 피할 수 없는 운명을 의연하게 받아들이고 죽음에 대한 두려움을 떨쳐 냈다. 그는 독배를 당당하고 성스럽게 받아들였다.

소크라테스는 도망치지 않고 죽음을 맞이함으로서 자신의 철학에 대한 신념을 보여주었고, 아테네인들을 비롯한 인류전체에게 줄 수 있는 가장 큰 가르침을 남겼다.

소크라테스의 죽음을 통해서 죽음의 의미와 가치, 그리고 행복을 살펴보자. 그의 죽음은 우리에게 양심의 소리에 따라 진선미의 길을 걷는다면 어떤 위협 앞에서도 고결함을 지킬 수 있을 것이라는 교훈을 준다.

소크라테스의 죽음은 2,400여 년이 지난 오늘날까지 모든 인류에게 강한 인상을 남겼다. 사람은 올바른 방향을 추구하며 양심대로 살아간다면 죽음의 두려움에서도 벗어날 수 있다는 것을 보여준다.

『파이돈』에 따르면 소크라테스는 죽음을 눈앞에 두고도 행복해 보였다고 한다. 소크라테스가 죽음 앞에서도 당당하고 행복할 수 있었던 것은 진선미를 삶의 중심에 두었기에 가능했던 일이다. 소크라테스는 '죽음이 삶보다 더 나을 때가 있다'고 말했는데, 이는 자신의 신념과 철학적 확신에서 했던 말이다.

"내가 다른 세상에서 또 다른 지혜롭고 현명한 신들과 여기에서 보다 더 훌륭한 사람들을 만날 수 있다는 믿음이 없다면 죽을 처지에 대해서 억울해 하겠지. 그런데 잘 듣게, 나는 조만간 덕이 높은 사람들을 만나기를 바란다는 사실을 말이야. 물론 확신할 수는 없겠지. 그렇지만 적어도 인간에게 다정한 신들을 만날 수 있음은 확신한다네." 『파이돈』에서 소크라테스는 자신의 삶과 죽음을 통해 용기있게 최고의 이상을 추구하면 결국에는 인류에게 불멸의 존재가 된다는 교훈을 준다. 소크라테스의 철학자다운 삶과 죽음은 그를 불멸의 존재가 되게 했다. 그러면 소크라테스에게 죽음은 어떤 것이었는가?

첫째, 죽음은 행복으로 가득 찬 세상으로 들어가는 문이다

"죽음은 신들과 지금은 사라진 사람들에게로 갈 수 있는 희망으로 가득한 문으로 들어가는 일이다."_{소크라테스}

소크라테스는 죽음을 불행이라고 생각하지 않고, 오히려 내세에서 죽은 사람들을 만날 수 있다며 기뻐하는 모습마저 보였다. 그는 이 세상을 떠나면 복된 자들이 사는 행복한 곳으로 간다고 굳게 믿고 있었던 것이다.

소크라테스는 영혼이 영원히 사는 사후세계 곧 하데스를 믿고 있었다. 그래서 소크라테스는 극한 상황에서도 품위를 지켰을 뿐만 아니라 강한 희망이 불타고 있었던 것이다.

파이돈은 부당하게 죽음을 앞둔 소크라테스의 곁에 있는데도 그가 애처롭다거나 안 됐다는 마음이 전혀 일어나지 않았다고 한다. 왜냐하면 소크라테스는 행복한 듯 보였기 때문이다.

둘째, 죽음은 영혼을 자유롭게 한다

소크라테스는 죽음이란 이 지긋지긋한 욕정의 덩어리인 몸으로부터 영혼이 해방되는 사건이니, 이성적 사유의 날개인 영혼이 자유로워지는, 그 계기를 기쁘게 맞이해야 한다고 말했다.

"죽음이 무엇인가? 죽음은 몸의 영원한 잠이지. 몸이 수면상태로 들어가면 영혼은 몸으로부터 자유로워져. 그러면 나의 영혼은 행복한 섬나라로 가서 우리의 영웅 아킬레우스와 오디세우스를 만날 것이며 우리의 시인 헤시오도스와 호메로스를 만나 담소를 나눌 것이야. 이 영웅들과 시인들은 진리를 탐구한다는 이유로 사람을 죽이진 않겠지."소크라테스

플라톤은 그의 『파이돈』에서 스승 소크라테스의 죽음에 대한 이야기를 토대로 죽음은 영혼이 몸에서 자유롭게 되는 사건이라고 했다. 그래서 정의롭게 인생을 산 철학자라면 죽음을 의연하게 맞이해야 한다고 하였다.

셋째, 죽음에 대한 준비는 오직 한 가지, '참된 삶'이다

온전한 삶은 사는 자에게는 죽음이 죽음으로 존재하지 않는다. 따라서 성인聖人에게 죽음은 없다. 깨달음을 얻은 성인의 죽음은 신비롭고 성스럽기까지 한다.

내가 아는 한, 소크라테스는 가장 아름다운 방식으로 죽음을 맞이한 성인이다. 그는 죽음을 '영혼이 몸에서 자유로워지는 축복'이라며 예찬했다. 그는 '죽음은 삶을 완성시키는 마무리'임을 자신의 죽음을 통해 실제적으로 보여주었다. 또한 그의 제자 플라톤은 '철학자의 죽음이란 철학으로 영혼을 정화하여 불멸의 신들과 함께 거주하는 여정'이라고 생각했다.

따라서 소크라테스와 플라톤은 죽음을 환영할 만한 사건으로 보았던 것이다. 자유로운 마음으로 죽음마저 초월하는 삶을 살아야 진정으로 행복해질 수 있다. 4대 성인처럼 죽음을 비롯한 모든 것에서 초연해야 행복

해진다.

소크라테스처럼 세상을, 그리고 자신의 죽음조차도 긍정적으로, 심지어 유머러스한 눈으로 바라보는 것이 중요하다. 소크라테스는 철학적 수양을 통해 모든 것을 담담히 받아들이는 달관의 경지에 올랐던 것 같다. 세상을 긍정의 눈으로 바라보고 매사를 당당히 받아들이면 행복이 습관처럼 깃드는 법이다.

삶이 참되면 참될수록 죽음에 대한 두려움과 불안은 줄어들고 죽음은 가벼워진다. 만약 사람이 온전하고 참된 삶을 살았다면 죽음은 전혀 두렵지 않게 된다. 아름다운 죽음의 비결은 바람직한 삶 속에 숨어 있다고 할 수 있다.

인간은 자신의 죽음을 자각하면서 '죽음의 빛' 아래서 '참된 자기'를 발견할 수 있다. 인간은 '죽을 자'로서 지상에 거주할 때에 참된 삶을 살 수 있는 것이다.

소크라테스 철학적 화두, '어떻게 살 것인가?'

소크라테스가 평생의 화두로 삼았던 질문은 무엇인가? 그는 '어떻게 살 것인가'를 화두로 삼고 수많은 사람과 대화하며, 그 해답을 얻기 위해 평생을 바친 성인이다.

소크라테스가 말한 최선의 삶이란 무엇일까? 바로 가장 중요한 것은 그저 사는 것이 아니라 바르고 선하게, 아름답고 탁월하게, 그리고 인간답게 사는 것이다. 이 진선미 속에 인간의 삶의 궁극적인 의미에 대한 소크라테스의 통찰이 내포되어 있다.

즉, 그저 살아가는 것은 인간의 삶이 아니다. 인간의 삶은 인간답게 사는 것이며, 인간다운 삶이란 바로 진선미답게 사는 것이다. 인간을 인간답게 하는 근본적 특징은 진선미에 있다. 인간의 삶에 의미를 부여하려면 진선미라는 토대가 뒷받침되어야 한다.

소크라테스는 정의, 절제, 용기, 지혜, 겸손 등의 덕을 대화의 주제로 삼았다. 그는 다양한 사람들에게 '덕이란 무엇인가'라는 질문을 던지고, 상대방의 견해를 듣고, 그 견해의 타당성을 곱씹었다.

소크라테스의 유산

위대한 사람의 삶은 그의 사후에 더 진가를 발휘하는 법이다. 성현들의 삶이 그러하다. 특히 4대 성인의 삶이 그렇다. 4대 성인에 대한 기록과 가르침은 사후, 오랜 시간에 걸쳐서 점점 더 빛을 발하고 방대해졌던 것이다. 소크라테스도 예외가 아니다.

세월이 지날수록 소크라테스의 영향력을 더욱 더 커지고 있다. 그러면 그가 인류에게 남긴 유산은 무엇일까?

첫째는 서양철학의 원류가 되어 서구문화의 철학적 기초를 마련했고, 철학의 방향을 제시했다는 것이다. 로마의 정치가이자 사상가인 키케로가 말했듯이 "소크라테스는 철학을 하늘에서 땅으로 끌어 내렸다." 그는 서재 속의 철학이 아니라, 생활 속에서 살아 움직이는 철학을 보여 주었다. 그는 몸소 자기 사상을 삶 속에 실천해 보였다. 그래서 오늘날까지 이상적인 철인의 영원한 귀감이 되고 있다.

서양철학은 세 명의 철학자 곧 소크라테스, 플라톤, 그리고 아리스토텔레스가 철학의 기본 틀을 완성시켰고, 그 이후의 철학은 그들의 이론의 변형, 합성, 응용, 반박의 연속이라고 할 수 있다.

둘째는 소크라테스는 아는 것과 행동이 일치된 지행합일의 철학자였다. 그의 지행합일의 철학은 '지덕복합일' 행복을 낳았다. "네가 어떻게 살아야 하는지 고민하고, 그것을 통해 알고, 그 아는 것을 실천하는 것이 행복이다."_{소크라테스}

셋째는 위대한 철학자 플라톤을 탄생시킨 것이라고 할 수 있다. 플라톤은 소크라테스를 롤 모델로 삼고 평생을 소크라테스의 거울에 자신의 삶과 사상을 비추어 보며 살았던 철학자다. 그렇게 그는 스승의 가르침을 바탕으로 자신의 정치철학과 사상을 펼쳐 나아갔다. 플라톤은 그런 방법으로 소크라테스의 유산을 이어 나갔다.

소크라테스뿐만 아니라 4대 성인은 하나같이 탁월한 제자들을 탄생시켜, 그 제자들을 통해 불멸의 존재가 되었음을 볼 수 있다.

넷째는 삶과 죽음의 경계를 무너뜨린 초월적인 행복관을 보여주었다는 것이다. "소크라테스는 어느 사람과 마찬가지로 행복을 추구했다. 그러나 그는 자신의 행복을 지키기 위해 죽음을 받아들이지 않을 수 없었다. 보통 사람들은 행복의 전제를 자기 생명의 유지로 생각하지만, 그는 생사를 초월하는 행복을 알고 있었던 것이다."

소크라테스의 생사를 초월한 행복관을 토대로 그의 삶을 생각해보자. 소크라테스에게 행복은 자신의 신념과 도덕을 지키는 것이었고, 따라서 그것은 삶이 끝난 뒤에도 계속되는 것이었다. 우리는 지금 죽어도 후회 없는 삶을 살고 있는 것인가?

소크라테스를 비롯한 4대 성인처럼 생사를 초월하는 가치를 추구하며 살아간다면, 누구나 행복한 사람이 될 수 있으리라.

소박하고 단순한 삶일수록 행복에 가깝다!

　　　　　　　　"사치스런 생활을 쫓다보면 어느새 행복은 멀어진다. 행복한 삶은 대부분 매우 단순하다. 사실, 마음 편히 쉴 수 있는 방 한 칸만 있으면 된다. 반드시 필요한 물건은 하나만 족하고, 쓸데없는 물건은 하나도 많다. 사람됨으로는 자족할 줄 알아야 하고, 일할 때는 부족함을 알아야 하며, 학문을 익힐 때는 절대 만족하지 말아야 한다. 모든 일을 억지로 몰아가지 말고, 단순할수록 좋다는 사실을 기억하라."_{소크라테스}

　맑고 순전한 행복은 단순한 삶 속에 깃든다. 단순함이 행복의 토대요, 생명선이다. 단순하게 산다는 것은 소박하고 검소하게, 질서있고 조화롭게, 느리고 여유롭게 나만의 삶을 즐긴다는 것이다.

　수많은 현자들이 살았던 행복한 삶의 특징은 '심플'simple 곧 '단순함'이다. 분주함이란 행복과는 궁합이 맞지 않는다. 우리가 불행한 것은 세속주의와 복잡한 삶에 함몰되었기 때문이다.

　단순하게 산다는 것은 탐욕과 집착, 경쟁과 갈등, 혼돈과 무질서, 분주와 조급 등에서 벗어나 정리되고 조화롭게 산다는 것이다. 단순하고 소박한 생활양식이 가장 심오하고 본질적인 삶으로서 영적인 것이다. 모든 성현들이 공통적으로 추구한 삶은 단순한 삶이다. "우리가 필요한 것이 적어질수록 신에게 더욱 가까워진다."_{소크라테스}

　단순하게 산다는 것은 자신의 내면과 절대적인 존재에 대해 생각할 수 여유를 가진다는 것이다. 생활을 단순하고 절제있게 함으로써 몸과 마음을 깨끗이 하고 정신적으로 깨어있고자 함이다. 더 나아가 영적인 세계까지 나아갈 수 있는 길을 준비하는 것이다.

한편 우리는 돈을 더 많이 벌려고 욕심을 부리느라, 눈코 뜰 새 없이 바쁘게 살고 있지는 않은가? 너무 많은 일을 하며 분주하게 살다보니 정작 삶의 목적인 행복은 놓치고 있지는 않은가?

위대한 성인은 집을 짓지 않는다. 그들은 한 곳에만 머무르지 않고 방랑하면서, 늘 자신을 수양하고 깨달음의 길을 찾고, 오직 진선미의 덕을 쌓고 전파하는데 자신의 일생을 바친다. 위대한 성인들은 모두 가난하고 단순한 사람들이었다.

고대 그리스 행복관

호메로스의 『일리아드』에서 전쟁의 영웅 아킬레우스가 트로이 전쟁 출전을 눈앞에 두고 말했다. "별 볼일 없이 오래 사는 일생을 택할 것인가? 짧지만 명예로운 삶을 살다가 죽어서 영원히 이름을 남길 것인가?"

고대 그리스 영웅 아킬레우스는 '짧지만 명예로운 삶'을 위해 트로이 전쟁에 출전했던 것이다. 여기서 고대 그리스인들의 행복관을 엿볼 수 있다. 그들은 그리스 영웅이 되어 시인들의 노래 속에 그 이름이 길이길이 전해지기를 원했다.

우리는 어차피 죽을 수밖에 없는 운명이라면, 어떻게 죽음을 맞이해야 할까? 고대 그리스인에게는 필멸의 인간이 어떻게 하면 불멸의 명성을 얻을 수 있느냐 하는 것이 가장 근본적인 문제였다. 그래서 고대 그리스인은 말했다. "불멸의 명예를 얻고 의미있게 죽어라."

트로이 전쟁의 영웅, 헥토르는 영웅답게 살다가 숭고하게 죽음을 받아들이는 모습을 보여준다. 호메로스의 『일리아드』에서 헥토르는 정의롭고 용기가 뛰어났으며, 아무리 어려운 상황이 닥쳐도 절망하지 않고 이겨내는 영웅으로 묘사된다.

고대 그리스인들은 위대한 영웅들과 선한 인간들에게는 엘리시온 평온 곧 낙원에서의 행복한 삶이 약속되어 있다는 것을 믿었다. 그와 같은 믿음은 후기 유대교와 고대 이집트에도 퍼져 있었으며, 기독교와 이슬람교가 대두되면서 급속도로 확산되었다.

일반적으로 대개의 사람들은 지상에서의 행복을 갈망하는 데 비해, 종교인들은 사후 세계에서 신들과 함께하는 것을 최고의 행복으로 여기는 것이다.

한편 고대 그리스에 소크라테스의 행복관 하고는 대립되는 행복관이 있었다. 바로 소피스트들의 행복관이다.

소피스트들은 인간 삶의 목적이 행복의 추구에 있다고 주장함으로써 아리스토텔레스의 행복관과 같은 맥락에서 출발한다. 하지만 소피스트들은 행복에 이르기 위해서 모든 욕망을 만족시켜야만 한다고 주장했다. 그러면 모든 욕망을 어떻게 만족시킬 것인가?

그들은 돈으로 많은 것들을 얻을 수 있으므로 최대한 부를 얻어야만 한다고 했다. 그리고 행복해지기 위해서는 인간사회를 지배하는 권력자가 되어야 한다고 생각했다. 오늘날 자본주의 행복관과 소피스트들의 행복관이 매우 유사한 점이 흥미롭다.

그리고 소피스트들의 행복관에는 윤리성이 결핍되어 있다. 성공을 거두기 위해서 양심과 도덕까지도 버릴 수 있어야 한다는 것이다.

그러면 아리스토텔레스의 행복관은 어떠한가? 그는 인간이 사는 목적이 행복이라고 했다. 아리스토텔레스가 생각하는 행복이란 '지속적으로 덕arete을 따르는 능동적인 삶' 자체다. 이때에 '덕'이란 도덕적인 의미도 있으나 일차적으로 기능적인 의미로서 '탁월성'을 의미한다. 그러므로 덕을 따른 삶이란 탁월하게 사는 삶이다. 오늘날의 말로 표현하자면 '잘 사는 삶', '웰빙'이라고 할 수 있을 것이다.

아리스토텔레스의 행복론의 핵심은 중용中庸이다. 왜 중용인가? 아리스토텔레스에 따르면 인간은 신이 아니기에 무엇이 진정 행복해지는 길인지 알 수 없다. 그래서 그는 대안적 방법을 가르쳤다. 무엇이 옳은지를 알 수 없다면 중용을 취하라. 즉 극단적인 선택을 피하라는 이야기다.

알렉산더 대왕이 네 소원을 말해보라고 했을 때, '당신이 가리고 있는 햇볕이나 피해 주겠소'라고 말함으로 유명해진 괴짜 철학자 디오게네스 (Diogenes BC 412-323)의 행복관에 대해 알아보자. 디오게네스는 아주 독특한 인물이었다. 플라톤은 그를 '미친 소크라테스'라고 불렀다.

통속의 철학자 디오게네스는 쥐가 빵부스러기를 맛있게 먹으며 행복해하는 모습을 보고 깨달음을 얻었다고 한다. 우리 인간이 쓸데없는 욕망에서 벗어나 쥐처럼 인간의 가장 원초적인 본능에 충실하다면, 거기서 인간의 행복도 오지 않을까? 여기서 깨달음을 얻고 개같이 본능적인 생활을 했다고 한다. 어떻게 쥐보다 나은 인간이 행복하지 않을 수 있겠는가?

괴짜 철학자 디오게네스는 가장 위대하다고 칭함을 받고 있고 가장 큰 명예와 권력을 가지고 있는 알렉산더를 조금도 두려워하지 않았다. 오히려 당당하게 맞서면서 가장 원초적인 본능만으로도 행복할 수 있다는 것을 알렉산더 앞에서 보여주었다. 가장 가난한 그가 오히려 알렉산더보다 더 부유하고 행복한 사람이라는 것을 보여 주었던 것이다.

에피쿠로스의 행복론

아리스토텔레스보다 약간 후대에 활동했던 고대 그리스 철학자 에피쿠로스(Epicouros BC 341-270)는 '평온과 행복'을 주제로 철학을 펼쳤다. 그는 BC 306년, 35세 되던 해에 케포스kepos 학당 곧 정원학당(정원을 거닐며 대화를 나누었다고 해서 붙인 이름)을 설립했다.

그는 '어떻게 하면 마음의 평안을 획득할 것인가'라는 문제에 대해 평생 사색한 철학자다. 그는 정치와 같은 것은 사람들의 마음을 어지럽게 하기 때문에 정치를 비롯한 어떠한 사회활동을 하지 말고, 뜻이 맞는 친구들과 함께 시골에서 은둔할 것을 권유하기도 했다.

철학은 우리에게 제대로 생각함으로써 보다 나은 삶과 행복하게 사는 법을 가르쳐 준다. "철학이란 이성적 사유와 체계적인 논의를 통해 우리에게 행복을 안겨주는 활동이다."에피쿠로스

오늘날 우리는 에피쿠로스의 행복에 대해 매우 왜곡된 이미지를 가지고 있다. 에피쿠로스는 철학자들 중에서 가장 많이 욕먹고 오해 받은 철학자다. 그의 추문은 끝이 없다. 하지만 그에 대한 오해와 추문은 몰이해와 그의 성공에 대한 시기에서 비롯된 것이라고 한다.

에피쿠로스는 철학의 목적을 평온하고 행복한 삶을 영위하는 데 두고 소박한 즐거움, 우정, 은둔 등을 추구하였다. 그는 마음의 고요와 평온, 공포로부터의 자유, 고통 없는 삶을 추구하며 정신적 쾌락에 기반을 둔 '행

복 윤리학'을 정립하였다.

하지만 많은 사람들은 흔히 에피쿠로스적 행복이란 세속적 관능적인 쾌락추구로 오해하고 있다. 영어 '에피큐리언'epicurean은 '향락주의자' 또는 '쾌락주의자'를 의미한다. 에피쿠로스는 쾌락을 중시했던 철학자인 것은 사실이다. "쾌락이야말로 최고의 선이며, 고통과 불행은 최고의 악이다. 즉 고통으로부터의 해방이 행복이다."에피쿠로스

하지만 그 쾌락은 단순히 향락이나 세속적 관능적인 즐거움이나 성적 쾌락과는 전혀 다른 것이었다. 에피쿠로스주의는 관능적 쾌락주의가 아니다. 친구들과 철학적인 성찰의 나눔을 통해 경험하는 즐거움이 에피쿠로스적 행복의 특징이다.

에피쿠로스의 행복관은 '단순함이 최상이다'Simple is best의 극치를 달리고 있다. "적절한 절제를 통한 지속적인 즐거움과 건강을 누리며 자족自足하라."에피쿠로스

그는 절제의 윤리를 강조하였다. 방탕과 향락을 멀리하고 단순하고 소박한 삶을 권면했다. 그는 몸과 마음의 평화를 추구했다. 에피쿠로스적 행복은 '아타락시아'ataraxia 곧 '심신의 안정된 상태와 영혼의 절대적 평온' 안에서 구체화된다. 에피쿠로스에게 따르면 영혼의 절대적인 평온이 행복으로 가는 길을 안내해 준다.

"진정한 행복을 누리기 위해서는 욕구를 낮추어야 한다. 욕구 중에 어떤 것은 자연적이고 필수적이지만, 어떤 것은 공허하고 불필요한 것임을 명심하라."에피쿠로스

에피쿠로스학파는 스토아학파와 같이 인간의 삶의 목적이 행복에 있고, 인생은 자연에 따르는 생활에서 그 행복이 획득된다고 믿었으나, 스토

아학파는 그 행복이 자족생활自足生活에 있다고 보는 데 반하여, 에피쿠로스학파는 쾌락에 있다고 보고 대립하였다. 하지만 에피쿠로스의 쾌락추구는 무제한의 쾌락추구가 아니라 오히려 불필요한 욕망을 버리고 마음의 평화로운 상태를 추구하는 것이다.

에피쿠로스가 권하는 것은 많은 사람들로부터 떨어진 평온한 생활, 결국은 세상에서 동떨어진 은둔생활을 하라는 것이다. 우발적인 사고나 불행으로 가득한 현세를 버리고 피안의 세계를 찾으라는 것이다.

불행으로 가득한 현세를 버리고 피안의 경지에 도달하려고 하는 발상은 붓다와도 비슷하다. 붓다에 따르면, 모든 집착이 없어지면 우리들은 자연히 제행무상諸行無常, 제법무아諸法無我를 체득하는 경지에 도달하며, 그 경지에서 자연히 열리는 것을 가리켜 열반적정涅槃寂靜 곧 깨달음의 경지에 이른 '모든 모순을 초월하여 고요하고 청정한 경지'다. 여기에서 고통이 전혀 없는 상태로서의 열반이 곧 지복至福의 경지라 여기고 있다.

이렇게 보면 에피쿠로스와 붓다의 행복관은 매우 닮아 있다. 즉 고통은 곧 불행이고, 고통이 전혀 없는 상태가 바로 행복이라는 것이다.

하지만 에피쿠로스는 고통이 근절된 상태는 쾌락의 상태를 의미하는 반면에 붓다는 고통이 없으면 쾌락도 없는 무색투명한 세계를 의미하는 것 같다. 즉 열반의 경지란 고통도 없는 대신 쾌락도 없는 그야말로 무미건조한 '무無의 세계'다.

스토아학파의 행복론

"내가 바꿀 수 있는 것은 바꾸고, 하지만 바꿀 수 없는 것은 그대로 수용하라. 지금 처한 현실을 내 힘으로 어떻게 할 도리가 없다면, 그 현실을 바라보는 나의 관점과 시선을 긍정적으로 바꿔라. 그래야 행복해진다."스토아철학

스토아철학에 따르면, 이 세상 일은 숙명적으로 결정되어 있다. "냉철하라. 이미 삶과 죽음은 신의 섭리로 정해져 있다. 네가 할 수 있는 일은 오직 헛된 감정에 휩싸이지 않고 너의 앞에 놓인 임무를 충실히 하는 것뿐이다."

BC 4세기경에 제논(Zenon of Elea BC 495경-430경)에 의해 나타난 스토아사상은 로마제국의 모든 사회계층에 퍼져나갔다. 스토아사상은 후에 로마의 지식인들에게 거의 종교가 되다시피 할 정도로 지대한 영향을 끼쳤다.

고대 로마의 격동의 시기에 사상가 키케로, 정치가 세네카, 노예출신 철학자 에픽테토스, 황제 마르쿠스 아우렐리우스 등의 지성인들은 초연함, 공평함, 평상심, 중용, 관조하는 삶 등을 강조하는 스토아철학에서 위안을 얻고 행복을 추구하였다. 그로 인해 그들은 스토아철학의 현자가 되었다.

스토아학파에게 행복은 '자유롭고 공정하며, 공포나 욕망에 흔들리지 않으며 이에 굴복당하지 않는 정신(이성)'이라고 할 수 있다. 그들의 숭고한 삶은 덕행을 실천하여 행복을 얻고자 했던 현자들과 성인들의 행복관이 엿보인다.

스토아철학의 행복관은 '평온을 비는 기도'를 연상시킨다. "주여, 우리에게 바꿀 수 없는 것을 평온하게 받아들이는 은혜와 바꿔야 할 것을 바꿀 수 있는 용기, 그리고 이 둘을 분별하는 지혜를 허락하소서."라인홀드 니버

스토아학파의 행복의 성격은 무엇인가? 여러 성격 가운데 가장 두드러진 세 가지 성격을 살펴보고자 한다.

첫째, 격노한 폭풍 속에서도 미소를 짓는다

스토아학파는 자신 앞에 어떤 일이 닥쳐도 요동하거나 절망하지 않고 묵묵히 모든 상황을 있는 그대로 받아들인다. 고통이 오면 오히려 그 고통과 친숙해진다. 격노한 폭풍 속에서도 미소를 짓는다.

그러한 스토아철학의 행복관과 불교의 행복관 사이의 유사성이 예사롭지 않다. 많은 행복연구자들이 스토아철학과 불교 사이에 너무도 많은 유사점이 있다는 사실에 놀란다.

고대 로마 사상가이자 정치가이었던 키케로(Marcus Tullius Cicero BC 106-43)는 스토아윤리를 요약하기를 "덕행이야말로 우리가 행복해지는 데 필요한 유일한 조건이다"라고 말했다. 그 어떤 상황에서도 자신은 도덕적으로 옳은 일을 해야 한다고 생각한다면, 당신은 행복한 사람이다. 그 어떤 상황에서 어떤 일을 당해도 당신은 행복할 것이다. 인생의 모든 상황 속에서 오래도록 지속되는 만족감을 가져다줄 수 있는 것은 오로지 덕행이기 때문이다.

키케로는 자신있게 말했다. "아무리 고문을 당하고 괴롭힘을 당해도 행복은 결코 흔들리지 않을 것이다. 제 아무리 고문이 잔혹해도 그에게서 덕행과 행복은 빼앗아 갈 수 없기 때문이다. 고통이란 결국 행복이 무엇인지를 찾도록 도와주는 수단인 셈이다."

스토아사상이 강조하는 공평함, 평정함, 초연함이 내적 강인함을 키우고, 인생의 욕망에서 자유롭게 해주며 두려움을 없애준다. 그러므로 스토아사상을 따르는 사람에게 어려움과 고통은 얼마든지 이성으로 극복할 수 있는 것이었다.

상처받은 진주조개는 극심한 고통 속에서 분비작용을 하여 진주를 만든다. 마찬가지로 우리도 극심한 상처와 고통 속에서 진주와 같은 값진 존재가 되는 것이다. 그럴 때에 우리는 비로소 주위 연약한 영혼들의 상처를 돌보고 치유하는 보배로운 존재가 되는 것이다.

둘째, 모든 인생사를 있는 그대로 긍정하고 잠잠히 수용하라

스토아철학자는 우리의 의지대로 이루어졌으면 하고 바라는 삶이 아니라, 있는 그대로의 삶을 철저하게 그대로 받아들이라고 가르친다. "긍정적인 마음으로 삶을 맞이하라." 우리는 천상이 아니라 지상에 살아간다는 사실을 잊지 말자. "피할 수 없으면 즐겨라." 이것은 인생을 행복하게 사는 비결이다.

로마 스토아철학자 에픽테토스는 말했다. "우리를 괴롭히는 것은 '불행' 그 자체가 아니라 그 일에 대한 우리의 '생각과 관념'이다. 모든 일이 자신이 원하는 대로 일어나기를 바라지 마라. 오히려 일어나는 대로 받아들여라. 그러면 우리는 늘 행복하게 살아갈 수 있다. 자신을 제어하라. 자신에게 달린 것, 행동할 수 있는 것과 전혀 손을 쓸 수 없는 나머지 것을 구별하면서 적대감을 견디라."『담화록』에서

스토아철학은 개인은 대자연의 한 부속품임을 인정하고, 겸허하게 자신이 맡은 역할에 충실하면 된다고 보았다. 마치 연극에서 한 개인은 연출자가 부여한 역할에 충실하면 되는 것과 같다. 그래서 스토아철학자들은 살인이 난무하는 험악한 난세에도 불구하고, 은둔이나 물러남에 어떤 가치를 부여하지 않고, 오히려 시민사회에 적극 참여하는 것을 하나의 의무로 생각하였다.

셋째, 평정심平靜心이 행복일세

태곳적 고요가 숨 쉬는 평정심이 곧 행복이다. 스토아 철학은 인생의 갖가지 어려움에 직면할 때 평정심을 가지라고 권유한다. "어려운 난관에 부딪혀도 마음이 흔들리지 않고, 걱정과 티가 없이 편안한 것, 평정심이 더 없는 행복이다."

목계지덕木鷄之德 곧 나무로 만든 닭처럼 자신의 감정을 완전히 통제할 줄 아는 평정심을 갖추어야 제대로 행복할 수 있다.

평정심이란 불안에 떨지 않고, 불평하지 않고, 감정의 기복이 없고, 흔들리지 않는 중심을 지니고, 나의 길을 가는 초연한 마음이다. 폭군 네로 황제의 스승이었던 정치가 세네카(Lucius A. Seneca BC 4-AD 65)는 온갖 음모와 참혹한 투쟁이 난무했던 고대 로마사회에서 스토아학파의 철학자답게 부와 권력에 얽매이기보다 자연과 윤리, 그리고 마음의 평정과 행복에 집중했던 사상가였다.

평정심은 내 안의 모든 욕망이 절제된 상태 곧 중용의 상태가 아닐까? 행복하려면 모든 욕망을 절제하는 것이 중요하다. 중용의 덕을 지켜야 한다. 내 분수를 지켜야 행복해진다. 스토아학파는 평정심을 인생의 최고의 목표로 삼았다. 평정심 속에 평온하고 지속적인 행복이 깃들기 때문이다.

4 예수와 떠나는 행복여행

예수 그리스도(Jesus Christ BC 4-AD 30경)는 4대 성인 가운데 가장 짧은 기간 동안에 활동하였다. 그의 공적 활동은 불과 3년에 불과하였다. 공자, 붓다. 소크라테스가 70세 이상 장수한 데 비해 예수는 33세의 젊은 나이에 십자가에서 죽음을 맞이했다.

예수는 비록 당시 중죄인罪人에게 내려지는 십자가형을 받고 불명예스런 죽음을 맞이했으나, 그는 매력적인 인물이다. 가난하고 소외된 사람들을 향한 사랑이 지극했고, 일정한 거처도 없이 떠돌이로 12제자

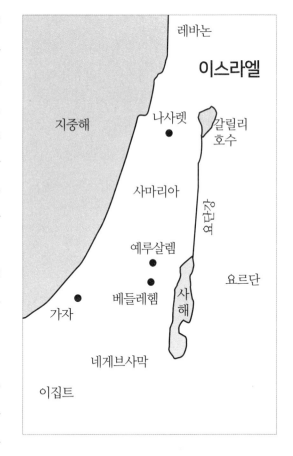

들과 함께 무소유 생활을 했으며, 사람을 사랑하되 원수까지 사랑했고, 죄

지은 자를 용서하되 무조건 용서했다.

예수는 어떤 상황에서도 감사할 줄 알았고, 어느 누구도 차별하지 않았고, 모든 이를 환영하는 예수의 식탁교제는 유명하다. 그는 상당히 재치있고 쾌활했던 인물이었던 것 같다.

동시에 그는 매우 당황스러운 인물이기도 했다. 많은 사람들은 "원수를 사랑하라. 너희를 미워하는 사람들에게 잘 해주고, 너희를 저주하는 사람을 축복하고, 너희를 모욕하는 사람을 위하여 기도하라. 누구든지 네 오른뺨을 치거든 왼편도 돌려 대라. 속옷을 달라고 하거든 겉옷까지 벗어주라. 오리를 가자고 하거든 십리까지 가라. 나는 하나님의 아들이다. 나를 믿는 자는 죽지 않고 영원히 살리라" 등의 예수의 가르침을 처음 접하면 당혹스러울 것이다.

이렇듯 예수를 연구하는 자에게는 예수는 존경과 동시에 혼란이 상존하는 인물이다. 특히 예수의 행적에는 인성人性과 신성神性이 공존하는 면에서 더욱 그러하다.

예수는 매혹적이지만 근접할 수 없는 카리스마를 지닌 성인, 우리가 사는 세상과는 매우 다른 신비스러운 세상을 활보하면서, 우리가 당면한 문제와 전혀 다른 문제를 가지고 있는 인물로 보이기도 한다.

예수는 재기가 발랄해 재담을 많이 즐겼던 것 같다. 또 그러한 방법으로 대중들에게 즐거움을 주었을 뿐만 아니라, 영감에 가득 찬 깊은 지혜를 전하기도 했다. 이는 예수의 제자들과의 대화와 가르침에 잘 나타나 있다.

2,000년이란 세월이 지난 오늘날 나사렛 예수는 세계 곳곳에서 예배의 대상으로 자리 잡았고, 엄청난 카리스마를 지닌 영적 인물로 남아있다.

예수가 등장한 시대적 배경과 유대교

인류의 위대한 성인이 태어나고 활동했던 시대는 어떤 모습이었을까? 어느 시대이건 격동기가 아닌 시대는 없었겠지만, 예수가 태어나 활동했던 AD 1세기의 유대 땅은 그야말로 격동과 혼란 그 자체였다.

예수 출생 당시 유대 땅은 로마제국의 식민지였다. 그래서 로마에서 파견한 총독이 실제적으로 다스렸다. 헤롯 왕가는 로마에 빌붙은 허수아비에 불과했고, 대제사장의 무리는 유대사회의 지도자였으나, 로마의 눈치를 보며 이권 챙기기에 바빴다.

그러한 복잡한 구도 속에서 모든 유대인의 가슴 속에는 하나같이 로마로부터의 '민족해방' 염원이 불타올랐다. 그로 인해 당시 유대 땅에는 민란이 끊이지 않았다.

예수가 태어난 가정은 당시 팔레스타인의 거의 모든 유대인 가족이 그랬듯이 유대교에 매우 독실했던 것을 알 수 있다. 유대교는『구약성경舊約聖經』을 중심으로 신앙생활을 하는 종교다.『구약성경』은 아브라함 계열의 종교 곧 유대교, 기독교, 이슬람교의 기반이 되는 경전으로서, 인류역사를 통틀어 가장 중요한 문서 중에 하나다.

유대교는 지켜야 할 율법이 613개나 되는 율법종교다. 삶의 모든 면을 규정하는 율법은 유대인들에게는 단순히 인간의 의무사항을 넘어 신이 내려준 권위를 지니고 있다.

예수 당시 유대인들은 종말론을 널리 신봉하며, 여호와 하나님이 보내실 구원자 곧 메시아에 의하여 민족해방이 실현될 것을 믿었다. 따라서 메시아 대망사상이 유대인들 가운데 강하게 퍼져 있었다. 마지막 때에 메시아가 나타나 이스라엘을 과거 다윗왕국과 같은 강력한 나라로 건설할 것이라고 믿고 있었던 것이다.

성경에 의하면, 메시아는 다윗의 혈통을 이어받은 유대인의 왕으로 온 세상이 누릴 평화와 행복의 시대를 가져올 구세주다. 예수가 살던 시대엔 그 어느 때보다 메시아를 기다리는 마음이 간절했는데, 메시아가 나타나 로마점령군의 굴레로부터 유대 땅을 해방시켜 주기를 바랐기 때문이다.

예수는 유대교의 핵심전통인 하나님의 나라와 메시아 사상을 그대로 받아 들였을 뿐만 아니라, 예수 자신이 유대인들이 갈망하는 바로 그 메시아라고 스스로 밝혔다.누가복음 9장 이러한 예수의 태도는 전통 유대인들 사이에 큰 동요가 일어났음은 당연하다.

예수 당시 유대인들은 율법학자와 바리새파(Pharisee, BC 2세기에 생겨난 유대교의 한 종파, 율법 준수와 종교적인 순수함을 강조했으며, 형식주의와 위선에 빠져 예수를 공격했음)의 지도 아래 앞으로 닥칠 메시아의 출현을 갈망하며 전국의 회당에서 율법을 공부하며 엄격한 신앙생활을 하였다.

그런데 유대교 지도자들의 가르침이 지나치게 복잡하고 보수적이어서 일반대중들은 대개 버텨내지 못했고, 까다로운 계율을 지키느라 상당히 애를 먹고 있었다.

예수의 가정은 유대인으로서 구약성경의 내용을 잘 알고 있었고, 유대교 전통에 충실했다. 안식일을 잘 지켰고, 신생아에게 할례를 실시했으며, 유대교 축일을 잘 지켰고, 매년 유월절이 되면 식구들과 유월절 만찬을 들면서 조상들의 출애굽 사건을 기념했다.

예수의 모친 마리아는 아들의 신앙교육에 자신의 삶을 바쳤다. 그리고 아들이 십자가형을 당할 때는 물론 평생 그 곁을 떠나지 않았다.

예수는 12세의 나이에 예루살렘 성전에서 율법학자들과 토론을 벌일 만큼 구약성경에 대한 해박한 지식과 함께 유대교에 대해 진지한 열정을 보였다. 하지만 그 일화를 제외하고는 예수의 유년시절에 대해서는 알려진 바가 거의 없다.

복음서에 보면 예수는 안식일에 규례대로 회당에 나갔다고 한다. 그는 구약성경의 '일점일획'도 폐해서는 안 된다고 하였다. 예수는 그 누구보다도 구약성경에 충실했던 것이다.

예수의 출생과 행적

예수는 BC 4년경 헤롯왕 치하 때 유대 땅 베들레헴에서 출생하여 갈릴리 지방에 있는 작은 도시 나사렛에서 성장했다. 어린 예수는 그 도시에서 네 형제와 몇 자매들과 유년시절을 보냈다. 목수인 아버지 요셉은 예수가 30세가 되기 전에 죽은 것으로 추정된다.

'예수'는 구약성경의 '여호수아'와 동일한 이름으로 '여호와는 구세주다'라는 의미지만, 당시 유대사회에서는 흔한 일반적인 이름이었다.

예수는 유대 땅 북서쪽에 위치한 갈릴리 지방에서 대부분의 생애를 보냈는데, 그곳은 주로 가난한 서민, 하층민이 많이 모여 사는 지방이었다. 갈릴리 호수가 있어 어부들이 많이 살았다.

예수의 생애는 30세 이후, 대외적으로 활동한 약 3년간의 행적 곧 공생애公生涯 외에는 거의 알려진 바가 없다. 예수가 예루살렘 성전을 방문했던 12세 때 기록 이후 청소년 활동에 대해서 복음서는 거의 언급하지 않고 뛰어넘었다. 따라서 예수는 30세 이전에는 설교를 비롯한 어떠한 공적 활동도 하지 않았던 것 같다. 아버지 요셉을 도와 목수 일을 하며 소박한 생활을 했던 것으로 추정되어진다.

예수의 행적은 주로 4복음서에 기록되어 있다. 4복음서는 예수가 죽은 후, 기독교 공동체 사이에서 입으로 전해졌던 예수에 관한 이야기를 수집해서 70년에서 100년 사이에 기록된 것이다. 맨 처음 마가복음이 기록되었고, 그 다음에 마태복음과 누가복음, 그리고 마지막으로 요한복음이 기록되었다.

복음서에 의하면 예수는 각종 기적을 행하는 초능력을 지닌 신적 존재다. 동시에 그는 감수성이 짙고 자신의 생각과 감정을 여지없이 드러냈다. 즉 슬픔, 기쁨, 낙심, 격정, 연민, 분노 등과 같은 감정을 고스란히 드러내는 너무나도 인간적인 모습으로 복음서에서 그려지곤 한다. 종종 눈물도 보였다. 게다가 내면의 갈등도 표출함으로 인간적인 모습을 적나라하게 보여 주었다. 예수는 신神인 동시에 인간인 신비로운 존재인 것이다.

복음서를 보면 예수는 자주 주위 사람들을 동정하고 위로하는 모습이 나온다. 가난한 자, 병든 자, 장애인 등을 지극히 사랑했다. 죄지은 자, 핍박받는 자, 그리고 여자와 아이들을 향한 그의 깊은 관심은 소외계층을 향한 특별한 사랑을 보여준다.

예수는 자신을 스스로 온유하고 겸손한 사람이라고 말했다.마태복음 11장 예수가 화를 낼 때는 종교지도자들이 거짓과 위선을 일삼고, 율법주의와 형식주의 빠지거나 성전에서 장사를 할 때 등과 같이 종교가 타락한 모습을 보일 때였다. 거짓 종교를 향한 분노를 통해 메시아로서 자신의 소명과 열정을 드러낸 것이라고 볼 수 있겠다.

예수는 대중들에게 설교할 때 보수적이고 엄격한 율법 대신 쉬운 일상적인 예화와 비유로 가르침을 펼쳤다. 이와 같은 예수의 단순하고 소박한 가르침은 대중들에게 큰 인기가 있었다. 금세 그를 따르는 무리가 생겨났다. 그가 전한 첫 메시지는 "하나님의 나라가 가까이 왔으니 회개하라"는 것이었다.마태복음 3장

예수는 주로 가난하고 억압받는 사람들에게 먼저 다가갔다. 그리고 희망을 잃어버린 사람들에게 용기를 북돋아 주었고, 가진 것 하나 없는 자, 억눌린 자, 버림받은 자, 병든 자, 범죄자, 노숙자 등과 같이 삶이 고달프고 힘든 사람들에게 위로와 희망의 메시지를 전했던 것이다.

"너희 가난한 사람은 복이 있다. 하나님의 나라가 너희의 것이다. 너희 지금 굶주리는 사람은 복이 있다. 너희가 배부르게 될 것이다. 너희는 지금 슬피 우는 사람은 복이 있다. 너희가 웃게 될 것이다."누가복음 6장

예수의 활동은 주로 서민과 하층민, 차별받는 사회계층을 중심으로 새로운 인간연대를 형성하는 것처럼 보였고, 그로 인해 유대교 지도자들의 오해와 분노를 불러일으켰다. 이러한 예수의 행위는 유대교 율법과 사회계층의 상하질서를 무시한 것처럼 보였다. 이와 같은 예수의 파격적인 활동은 유대교 지도자들과 권력자들을 불편하게 했다.

예수와 행복

"내가 이것을 너희에게 말하는 이유는 내 기쁨이 너희 안에 들어가 너희 기쁨을 충만하게 하려 함이라."요한복음 15장

행복에 대한 예수의 생각과 가르침을 살펴보자. 무엇보다도 예수는 행복했던 성인이었던 것 같다. 예수는 자신 안에 있는 기쁨과 행복이 모든

사람들에게 그대로 전해지기를 원했다. 그래서 예수의 가르침의 핵심은 기쁨과 행복이었다.

예수가 전한 '복음'福音의 뜻이 '기쁜 소식' 또는 '복된 소식'이다. 기쁨과 행복이 예수의 가르침의 핵심임이 분명히 보인다.

예수의 가르침과 삶에는 기본적으로 즐거움, 놀라움, 해학, 유머 등의 정서가 진하게 흐르고 있다. 그는 행복의 주체가 되어 인간의 행복에 장애가 되는 모든 얽매임과 불법, 악습, 고정관념 등에서 해방함으로, 실로 많은 사람들을 자유롭게 하고, 행복의 길로 인도하였던 것이다.

예수의 메시지는 하나님 나라의 영적 가르침이지만, 동서고금, 남녀노소, 신분과 인종을 망라하여 모든 사람을 행복으로 인도하는 행복선언이다.

1세기를 살았던 성인 예수가 21세기에 사는 우리에게 어떤 의미를 지닐 수 있을까? 오늘을 사는 우리는 과거에 산 위대한 성인 예수와 너무 멀리 떨어져 있는 것은 아닌가? 좀 더 가까이 지내면서 예수에게 지혜를 구할 필요가 있다.

예수의 12제자훈련과 치유, 그리고 복음전도

예수는 12제자들과 함께 매우 궁핍한 생활을 했다. 제자들은 예수에게 오늘은 무엇을 먹고 어디서 하룻밤을 보낼 것인지 걱정스럽게 물었다. 이에 예수는 대답했다. "무엇을 먹을까, 무엇을 입을까, 걱정하지 말라. 이 모든 것은 세상 사람들이 구하는 것이다."누가복음 12장 하나님의 자녀에게는 하나님이 알아서 필요한 의식주를 주실 것이므로 염려하지 말라는 것이다.

예수는 하나님과 재물을 같이 섬길 수 없다며 청빈한 생활을 강조하며 실천했다.ᴍᵃᵗ마태복음 6장 "부자가 천국에 들어가기는 낙타가 바늘구멍에 통과하기보다 어렵다."마태복음 19장 예수는 나눔의 삶을 가르쳤다. "네게 구하는 자에게 주며 꾸고자 하는 자에게 거절하지 말라."마태복음 5장

예수가 가르친 방식에서 주목한 것 중에 하나는 '풍부한 비유'다. "예수는 사람들에게 비유를 들어 여러 이야기를 했다."마태복음 13장 예수는 일상에서 흔히 접할 수 있는 다양한 소재들을 영적인 의미를 담아 소탈하게 전달했다.

복음서를 보면 환자를 치유하고 귀신을 쫓아내는 일은 예수의 주된 활동이었다. 예수는 자신의 소명을 치유하는 일에서부터 시작했다. "예수는 갈릴리 지역을 두루 다니며 회당에서 사람들을 가르치기도 하고 복음을 전파하기도 하고 병자와 약자를 고치기도 했다. 예수에 대한 소문은 유대 땅 곳곳에 퍼졌고 사람들은 귀신 들린 자, 간질병 환자, 신체가 마비된 자 등, 온갖 환자들을 데리고 예수를 찾아왔고 예수는 그들을 고쳐 주었다"마태복음 4장 그 외에도 예수는 많은 기적들을 행하였다.

예수의 병고치고 귀신 쫓아내는 능력은 어디서 왔을까? 예수는 하나님이 준 능력이라고 <u>스스로</u> 말했다. 예수는 자신이 하나님이 보낸 하나님의 아들인 것을 증명하려면, 그와 같은 신적 능력과 기적을 보여 주어야 한다고 생각했던 것이다.

불교가 깨달음을 위해 수행하는 종교라면, 기독교는 예수를 믿는 신앙의 종교라고 할 수 있다. 예수를 믿는다는 것은 예수가 전한 말씀을 믿는다는 것이다. 그리고 예수의 말씀을 믿는다는 것은 그 말씀을 올바르게 이해하고, 그대로 받아들이고, 삶 속에서 실천한다는 것이다.

복음서를 보면 예수는 병자를 치유하고, 악한 영을 쫓아내고, 절망에 빠진 자들에게 용기를 주고, 소외된 하층계급의 사람들에게 삶의 희망을 주며, 타인을 위해 자신의 능력을 아끼지 않았다고 기록되어 있다. 자신을 위해서는 어떠한 능력도 행사하지 않고, 오직 타인을 위해 모든 능력을 행사하였던 것이다.

'기쁜 소식을 가져온 자'인 예수는 인류의 영적 구원뿐만 아니라, 인류가 아포리아 시대에 어떻게 살아야 하는가를 보여주기 위해서 이 땅에 와서 사랑과 구원의 메시지를 전했고, 십자가 위에서 대속적인 죽음을 택했다고 볼 수 있겠다. 예수는 자신에 대한 모든 중상中傷과 탄압에 대해서 저항하거나 분노하지 않았으며, 자신의 권리를 변호하지도 않고, 오히려 자신을 죽이려는 자들을 용서하면서 죽었다는 것이다. 예수가 인류에게 남긴 것은 특정한 교리체계뿐만 아니라 이러한 사랑과 희생적인 삶의 모습이었다.

종교개혁자 예수

예수는 유대인이었지만 유대교 율법을 지키는 것보다 하나님과 이웃을 사랑하는 것이 더 중요하다고 가르쳤다. 그래서 예수는 "굶주릴 때 먹을 것을 주고, 목마를 때 마실 것을 주고, 나그네 되었을 때 영접하고, 헐벗을 때 입을 것을 주고, 병들었을 때 돌봐주고, 감옥에 갇혔을 때 찾아 주는 것 등과 같은 사랑을 베풀라고 했다."마태복음 25장

예수는 기존의 사회가치관을 뒤집고, 천대받는 자를 우대하고, 가난하고 소외받는 자에게 먼저 말을 건네며, 아이들을 칭찬하고, 제자들의 발을

씻겨주고, 이방여인들과 죄인 취급받았던 여인들에게도 자신의 가르침을 펼쳤다.

예수는 사람을 구원하는 것은 '율법'이 아니라 '믿음'이라고 가르쳤다. 구원은 율법을 지킴으로 얻는 것이 아니라, 하나님이 보내신 독생자 예수 그리스도를 믿음으로 얻는 것이라고 하였다. "하나님이 세상을 이처럼 사랑하사 독생자를 주셨으니 이는 그를 믿는 자마다 멸망하지 않고 영생을 얻게 하려 하심이라."요한복음 3장

이와 같은 예수의 가르침은 정통 유대교의 입장에서 보면 이단이다. 그래서 유대교 지도자들로부터 미움과 핍박을 받았던 것이다.

또 예수는 진정한 사랑이 무엇인지 몸소 보여 주었다. "사람이 친구를 위해 자기 목숨을 버리면 이보다 더 큰 사랑이 없다."요한복음 15장 예수는 십자가 위에서 온 인류를 위하여 죽으므로 사랑의 극치를 보여 주었다. 기독교 교리에 따르면 예수의 죽음은 인류의 죄를 사하기 위한 대속적인 죽임인 것이다. 이런 예수의 사랑을 조건 없는 희생적인 사랑 곧 아가페 사랑이라고 한다.

유대교 율법을 외면하고 무조건 사랑하라는 예수의 가르침은 참으로 혁신적인 것이었다. 그것은 혁명적인 사건이라고 할 수 있다. 예수의 이러한 혁신은 기독교가 유대교의 한 종파로 머물지 않고 독립적인 종교로 설 수 있는 힘이 되었다.

예수는 당시의 유대교 관행을 무시하고 죄인들, 창녀들, 장애인들, 환자들, 이방인들 등과 같은 소외계층을 우선시하고, 그들을 친구로 삼고 식사하며 어울렸다. 예수는 모든 사람들은 같은 하나님의 자녀들이므로 한 형제임을 선포하고 인류애를 보여 주었다.

예수의 행적을 기록한 복음서를 보면 예수는 기성종교의 행태를 비판함으로 종교개혁과 새로운 세상을 지향하고 있음을 알 수 있다. 예수는 차별과 억압의 중심인 유대교의 성전체제의 종교생활을 강력하게 비판하였다. 예수는 유대교에 반기를 들었던 것이다.

"화 있을진저 외식하는 서기관들과 바리새인들이여 너희는 천국문을 사람들 앞에서 닫고 너희도 들어가지 않고 들어가려 하는 자도 들어가지 못하게 하는도다."_{마태복음 23장}

기성종교와 사회의 가치관을 뒤집은 예수의 가르침과 행동은 기득권층과 율법을 절대적인 것으로 믿는 전통적인 유대인 지도자에게 큰 충격을 안겨주었다.

예수의 고난과 죽음, 그리고 부활

예수는 공생애 막바지, 유월절 절기 때, 군중들의 열렬한 환영을 받으며 유대 땅의 중심도시 예루살렘에 입성했다.

하지만 예수를 죽이려고 뜻을 모은 유대교 지도자들에게 곧 체포되었고, 로마에 반대하는 세력을 규합해 반역을 시도했다는 죄목으로 십자가형을 선고받았다.

예수는 많은 고난을 받고. 부당한 대우를 당하고, 악행의 희생양이 되었으나, 저항하지도 복수하지도 않았다. 그는 모든 것을 담담히 감수했다.

기독교의 삼위일체_{三位一體} 교리에 따르면 예수는 '하나님의 아들'_{聖子}로서 '신'_神이다. 예수는 하늘에서 인간을 구원하기 위해 이 땅에 와서 인간을 대신해서 고난을 받고 죽임을 당했던 '성자 하나님'인 것이다. 따라서 기독교인들은 예수의 고난에서 하나님의 모습을 보고, 하나님이 몸소 인간의 죄를 짊어지고 고통을 받고 죽었다고 믿는다. 그래서 기독교인들은 예수 곧 성자 하나님이 나의 죄를 위해 십자가에서 죽었다는 사실을 믿음으로 구원받는다고 한다.

AD 30년경, 예수는 예루살렘 성 밖의 골고다Golgotha 언덕에서 십자가형에 처해졌다. 그때 유대교 제사장들과 서기관들은 예수가 달린 십자가 주위에 모여들어 예수를 조롱하고 모욕했다. 십자가형은 당시 로마제국의 형벌 중 하나로, 중죄를 저지른 노예나 속주屬州의 반역자에게 적용된 처형 방식이었다. 예수는 로마제국에 반기를 든 반역자로 취급받았던 것이다.

그때 예수와 함께 예루살렘으로 온 12제자들은 예수의 고난과 죽음 앞에서 겁에 질려 도망쳤고, 단지 몇몇 사람만이 남아 예수의 최후를 지켜보았다. 어쩌면 여기서 모든 것이 다 끝날 수도 있었다.

하지만 그것은 시작이었다. 복음서에 의하면 그로부터 3일 뒤 깜짝 놀랄만한 사건이 일어났기 때문이다.

"돌이 무덤에서 굴려 옮기운 것을 보고 들어가니 주 예수의 시체가 보이지 아니 하더라."누가복음 24장 예수는 자신이 예언한대로 죽은 지 3일 만에 다시 살아났던 것이다.

예수의 부활로 인해 기독교는 극심한 박해에도 불구하고 계속 전파될 수 있었고 오늘날 세계적인 종교로 발돋음할 수 있었다. 예수의 부활은 기독교신앙의 핵심이자 토대다. 우리는 이 신비로운 사건에 대해 뭐라 말을 할 수 없다. 이는 믿음의 영역이기 때문이다.

기독교에서 죽음은 끝이 아니라 새로운 삶, 영원한 삶의 시작이다. 복음서에서 죽은 자의 부활에 대한 가장 확고부동한 이야기는 요한복음 11장에 기록된 '죽은 나사로를 살린 기적'에서 찾아볼 수 있다. 예수는 죽은 나사로를 다시 살린 후 이렇게 말했다. "나는 부활이요 생명이니 나를 믿는 자는 죽더라도 살겠고, 또 살아서 믿는 자는 영원히 죽지 않을 것이다."_{요한}
복음 11장

요한계시록에는 예수의 재림과 세상의 종말, 그리고 최후의 심판이 상세하게 기록되어 있다. 모든 것의 마지막에는 '천상의 예루살렘'이 도래하고 '새 하늘과 새 땅'이 시작된다. 그때 그곳에서는 "하나님이 친히 그들의 하나님으로서 그들과 함께 계시고 그들의 눈에서 눈물을 닦아 주실 것이다. 다시는 죽음과 슬픔과 울부짖음도 괴로움이 없을 것이다. 이전 것은 이미 지나갔기 때문이다."_{요한계시록 21장}

율법 대신 사랑을!

인생에서 가장 소중한 가치는 무엇일까? 사랑이 아닐까? 사랑이 없으면 아무리 선한 행위라도, 그 빛을 잃고 온전한 의미가 드러나지 않는다. "믿음, 소망, 사랑, 이 세 가지는 항상 있을 것인데 그 중의 제일은 사랑이라."_{고린도전서 13장}

사랑이 무엇인가? '선한 사마리아인 이야기'는 예수의 사랑의 본질에 가장 근접한 비유다._{누가복음 10장} '참된 사랑'이 무엇인지를 확실하게 보여주고 있다.

예수의 사랑은 '아가페'_{agape}라는 말로 설명할 수 있는데, 이는 상대방의 행위에 관계없이 상대방에게 무조건 선행을 베푸는 신적인 사랑을 가리킨다.

예수는 아가페 사랑이 무엇인지를 그의 삶을 통해 보여주었다. 예수는 가난한 목수의 아들로 태어나 힘 없고 소외된 사람들과 함께 했다. 그는 강압과 박해 등 어떠한 폭력에도 복수하지 말고 용서하되 무조건 용서하라고 가르쳤고 실천했다. 이 용서의 근거는 '네 원수를 사랑하라'는 아가페 사랑이다. '사랑과 용서'야말로 기독교의 핵심사상이다.

예수의 가르침에 "네 이웃을 네 몸과 같이 사랑하라"는 말에서 '네 이웃'에는 '네 원수'가 포함되어 있기 때문에, 결국 우리는 원수까지도 사랑하고 용서해야 하는 아가페 사랑에 직면하게 된다.

우리는 "남에게 대접받고 싶은 대로 너희도 남을 대접하라"는 황금률을 마음 깊이 되새길 수는 있지만, 내 이웃을 내 몸같이 사랑하게 되기 전까지는 그 말을 실천할 수 없다. 예수는 하나님이 우리를 무조건 사랑하는 것처럼 우리도 그렇게 이웃을 사랑할 것을 가르쳤다. 하나님이 우리에게 자비를 베풀 되, 무조건적으로 베풀므로 우리도 그렇게 하라는 것이다.

행복의 원천, 하나님의 나라

예수의 행복관은 하나님의 나라에 잘 드러나 있다. 하나님의 나라는 먼 미래뿐만 아니라, '지금 여기서' 곧 현세에서 이루어지고 체험되어진다. 그 체험은 서로를 용납하고 환영하는 형제애와 나눔이다. 그 가운데 일어나는 큰 기쁨과 행복이다. 그러한 하나님의 나라가 이 땅에 임한다면 세상은 온통 축제로 가득할 것이다.

일부 학자들이 기독교 세계관이 지나치게 내세를 지향한다고 비판한다. 하지만 하나님의 나라는 지금 여기에 임하여 현실로 존재한다. 그 나라는 멀리 피안의 세계에 있는 것이 아니다. 예수의 가르침에는 현재를 온전히 살게 하는 메시지와 사례들이 가득하다.

예수는 말했다. "내가 만일 하나님의 능력에 힘입어 귀신을 쫓아내는 것이면, 하나님의 나라가 이미 너희에게 임하였느니라."(누가복음 11장, 마태복음 12장) 예수는 귀신을 내어 쫓는 '축귀사역'에서 하나님의 나라의 현존을 본 것이다.

'지금 여기에'는 인간의 실존과 행복에 대한 예수의 관점을 파악하는데 매우 중요하다. 사람들에게서 귀신이 쫓겨나가고 병든 사람들이 온전해 지는 것은 지금 여기에서 이루어진 현실적 경험이다. 그러므로 하나님의 나라는 먼 미래에, '저기 멀리' 마지막 때에, 종말론적으로 임하는 것만이 아니라 현재에도 임하는 것이다.

인간의 행복이 저 멀리 '내세'에만 보장되어 있다면, 그것은 단지 '도피주의'와 다름이 없을 것이다. 일반적으로 여러 종교 전통에서 여기 지상생활을 미래의 천국을 준비하는 삶으로 여긴다. 하지만 예수는 천국은 이미 이 땅에 우리 안에 임했다고 했다.

예수에게 인간의 행복이란 장차 올 내세뿐만 아니라, 지금 여기 '현세'에서 누릴 그 무엇이다.

유대교의 전통에 따라 유대인들은 하나님의 나라의 도래를 손꼽아 기다리며 사는 민족이다. 그들은 하나님의 나라를 시공간적으로 이해하며 기다렸다. 하지만 예수는 하나님의 나라를 영적으로 이해하고, 하나님의 나라는 이미 임했는데, '우리 마음속에' 또는 '사람과 사람 사이에' 있다고 하였다.

"바리새인들이 하나님의 나라가 어느 때에 임하나이까 묻거늘 예수께서 대답하여 이르시되 하나님의 나라는 볼 수 있게 임하는 것이 아니요 또 여기 있다 저기 있다고도 못하리니 하나님의 나라는 너희 안에 있느니라."누가복음 17장

하나님의 나라의 특징은 나눔과 섬김이다. 서로 돌아보지 않고, 서로 보살피지 않고, 서로 용납하지 않고, 서로 나누지 않고, 서로 한 알의 밀알이 되지 않고, 어떻게 이 땅에 하나님의 사랑을 싹 틔우고 꽃 피울 수 있겠는가? 예수가 가르치고 솔선수범해서 모범을 보인 나눔과 섬김은 아가페 사랑에 기초한다.

쌓고 채우고 축재하는 것은 결코 행복에 이르는 길이 아니다. 그것은 필경 불행에 이르는 길이다. 내놓지 않으면 함께 먹고 마시는 사랑의 교제가 있을 수 없다. 내려놓고, 비우고, 나누고, 희생하는 곳에 하나님의 나라 곧 천국이 임한다.

팔복八福은 행복의 극치, 지복至福이다

예수의 첫 설교는 팔복인데, 그 주제는 '행복'이다. "행복하여라. 심령이 가난한 자들이여."마태복음 5장

일방적으로 가난한 사람은 불행하다고 생각하기 십상이다. 그런데 왜 예수는 '팔복'에서 가난한 사람이 행복하다고 말했을까? 그 이유는 세상 사람들은 소유의 관점에서 행복을 말하지만, 예수는 존재와 성품의 관점에서 행복을 말하고 있는 것이다. 그런 면에서 예수의 행복관은 세상과 구별된다. 세상은 부자가 행복하다고 말하지만, 예수는 그렇지 않았다.

한편 예수는 가난하고, 비난받고, 조롱당했지만 행복하였다. 게다가 예

수는 가난한 자들, 우는 자들, 억압받는 자들에게 행복을 선언하였다. 예수에게는 가난, 질병, 억울함 등 사회적 조건이 행복과 불행의 결정적인 요인이 되지는 못하기 때문이었다.

팔복은 지복至福이다. 지복은 더 이상 아무 것도 필요하지 않는 온전한 만족, 더 이상 아무 것도 바라지 않는 충만한 상태, 그런 행복이다. 기독교 신학자 아우구스티누스는 지복을 가리켜 '진리 안에서의 즐거움'이라고 했다.

팔복은 내면을 성찰하게 하고 참된 행복을 일깨워 준다. 우리의 내면이 어떤 상태가 되어야 참된 행복이 깃드는가? 내면의 행복이 외면의 행복을 부른다.

세상의 빛과 소금, 그리고 행복

"여러분은 세상의 빛과 소금입니다." 마태복음 5장

예수는 이 땅에 빛으로 왔다. 그리고 이 땅의 모든 사람들이 빛으로 살아가기를 바라고 권하였다. "빛의 자녀들처럼 행하십시오. 빛의 열매는 모든 착함과 의로움과 진실함에 있습니다." 에베소서 5장 여기서 '빛의 열매'는 참됨과 착함과 아름다움을 아우르는 말 곧 '진선미'를 연상케 한다. 진선미의 실천이 곧 빛으로 사는 것이리라.

세상은 어차피 어둡기 마련이다. 요즈음은 그야말로 암흑이다. 어둠이 짙을수록 빛이 더욱 간절하다. 문제는 빛이다. 빛이 없으면 절망이다. 그래서 태초에 하나님은 천지를 창조할 때 맨 먼저 '빛이 있으라'고 한 것이 아닐까? 빛이 창조되어 환하게 비추니 비로소 밝음과 어둠, 낮과 밤이 구분되었다.

행복은 내가 다른 사람에게 빛과 같은 존재가 되는 것이다. 삶은 이웃과 세상을 향해 활짝 열려 있을 때 비로소 빛날 수 있는 것이다. 우리 하나하나가 누군가에게 빛이 되어 환하게 비춰준다면 세상은 행복으로 가득할 것이다.

기독교는 빛과 소금의 종교다. 빛과 소금은 세상에서의 기독교인들의 역할이 무엇인지를 보여주고 있다. 빛이 어둠을 쫓아내고 세상을 밝히듯이, 그리고 소금이 음식에 들어가 부패를 방지하고 맛을 내듯이, 기독교인들도 그렇게 유용한 존재가 되어야 한다는 것이다. 그러한 존재가 되어 이 땅에서 가치있게 산다면 행복하지 않을까?

역설적인 행복, 주는 것이 받는 것보다 행복하다

예수의 행복관은 오늘날 우리의 상식으로 볼 때 다분히 역설적이다. 사람들은 더 많이 가져야 행복해진다고 믿는다. 그게 우리가 생각하는 행복의 공식이다. 하지만 예수의 메시지는 전혀 딴판이다. "받는 것보다 주는 것이 더 큰 행복이다."

예수는 가난한 자, 우는 자, 박해받는 자의 행복을 말했다. 오늘날처럼 남보다 더 갖고, 더 높아져야 행복하다고 하지 않았다.

사랑은 받는 것이 아니라 주는 것이다. 하지만 오늘날 우리 사회는 예수의 가르침과는 정반대의 원칙에 따라 움직이는 것 같다. "사랑은 받는 것이고, 받는 것이 행복이다."

예수는 "행복은 돈과 소유와 권력에 있는 것이 아니다. 그러므로 가진 것이 있으면 다 나눠주고 자유하라"고 했다.

"행복은 무엇을 소유하거나 쟁취함에 있는 것이 아니라 활동과 행위 즉 실천에 있다."아리스토텔레스

인간의 실존과 행복

"진리를 알지니 진리가 너희를 자유롭게 하리라."요한복음 8장

예수에게 있어 인간의 행복이란 모든 얽매임, 억압, 미신, 악습 등으로부터 해방되고, '욕심'에서 오는 온갖 불행으로부터 자유롭게 되는 것으로부터 시작된다.

모든 얽매임과 구속에서 사람을 자유롭게 하는 '인간해방'은 참된 행복을 위한 바탕이다. 이것이 전제되어야 사람은 행복에 이를 수 있고, 이것이 바로 하나님의 나라다. 인간을 해방케 하는 일, 즉 참된 행복에 이르는 길은 그 무엇보다도 우선시 되어야 할 중대한 일이다.

예수의 해방사역은 사람을 중히 여기고 불쌍히 여기는 심정으로부터 시작되었다. 예수는 억압받고 얽매인 사람을 볼 때는 애달파하고 가슴이 미어터지는 심정으로 자유롭게 하고, 각종 악습과 질병을 고쳤다.

예수에게는 인간의 행복을 위한 치유와 해방이 엄격한 유대교 율법보다 위에 있었다. 예수가 유대교 율법을 어기고 안식일에 병자를 고친 뒤, 그에게는 유대인 지도자들로부터의 협박과 위험이 그림자처럼 따라 다녔다.마가복음 3장 하지만 병든 자들의 건강과 행복을 위해서라면 투석형의 잔혹한 형벌이라도 감수할 수 있었다.

당시 유대사회는 모든 장애인들과 환자들을 부정하게 여겼고 죄인으로 낙인찍었다. 그러나 예수는 그러한 사회적인 통념과 고정관념에서 벗어나

환자와 장애인 등 사회의 소외계층들과 먹고 마시고 친구가 되고 교제하며 그들을 치유하였다.

예수의 사역에서는 항상 억압받고 고통받는 소외계층이 우선이었다. 그이유는 예수의 도움의 손길이 그들에게는 더욱 긴급하고 절실했기 때문이었다. "내가 진실로 너희에게 이르노니, 세리들과 창기들이 너희보다 먼저 하나님의 나라에 들어가리라." ^{마태복음 2장}

행복을 넘어 성스러움을!

인류의 역사에는 이 세상과는 전혀 어울리지 않는 신비스러운 인물들이 신기루처럼 존재했었는데, 그 대표적인 인물이 아시시의 성 프란치스코(San Francesco 1181~1226)다.

그는 행복을 넘어 성스러움을 추구했던 지극히 복된 자 곧 지복자^{至福者}였다. 이렇듯 어떤 이들에게는 행복보다 훨씬 더 좋은 것, 훨씬 더 성스러운 것, 행복 이상의 영역이 존재하는 듯하다. 너무나 강렬해서 이 땅을 벗어나 천상에 속한 듯한 신비로움을 발산한다.

성 프란치스코는 예수 그리스도를 본받아 주위의 가난하고 소외된 자를 위해 봉사하며 무소유를 실천하였다. 그의 순전한 영혼에는 기쁨이 샘솟았고, 얼굴에는 늘 광채로 빛났다. 그야말로 타오르는 불꽃처럼 짧은 생애를 강렬하게 살다가 죽었다.

그의 존재와 행적에는 우리들의 세속화된 마음을 치유하는 힘이 있다. 그는 예수 그리스도처럼 거룩한 열망에 사로잡혀 평생을 청빈과 순결과 복종의 삶, 진선미의 삶을 살았던 하나님의 사람이었다.

성 프란치스코는 시대의 어둠 속에서 한 줄기의 빛이 된 성스러운 존재다. 그의 삶과 가르침은 그의 유명한 기도문 『평화의 기도』에 잘 나타나 있다. 이 기도문에는 예수의 정신과 삶이 고스란히 담겨져 있다.

> 나를 당신의 평화의 도구로 써주소서!
> 미움이 있는 곳에 사랑을, 다툼이 있을 곳에 용서를
> 분열이 있는 곳에 일치를, 의혹이 있는 곳에 믿음을
> 오류가 있는 곳에 진리를, 절망이 있는 곳에 희망을
> 어둠이 있는 곳에 빛을, 슬픔이 있는 곳에 기쁨을
> 가져오는 자가 되게 하소서.

한 영혼이 천하보다도 귀하다

사람은 얼마만큼 귀한 존재인가? 성경은 말한다. "한 영혼이 천하보다 귀하다." 누가복음 8장

무엇보다도 먼저 '나'를 소중히 여기고 사랑하자. 나의 유일성, 독특성, 소중성을 발견하여 내 모습, 내 빛, 내 향기를 자연스럽게 내뿜으면서 나대로의 삶을 살아가자. 제 빛깔과 향기를 내뿜어야 사람은 저마다 아름답고 존귀해진다.

나 자신을 다른 사람과 비교함으로써 자신의 가치를 스스로 훼손하지 말자. 독일 철학자 헤겔이 말했다. "사람은 반드시 자신을 존경해야 하며, 또 자신을 가장 고상하고 가치있는 존엄한 존재로 바라봐야 한다."

왜냐하면 하나님은 우리들 한 사람 한 사람을 저마다 모두 독특하고 특

별한, 그리고 유일한 존재로 만들었기 때문이다. 잘 생겼거나 머리가 비상하거나 한 분야에 뛰어난 사람을 특별하다고 여기지 말라.

사람은 사람이기에 특별하다. 특별함에는 어떠한 자격도 필요 없다. 유일하고 고유한 자신을 드러내 보라. 당신은 당신이 생각하는 것보다 훨씬 뛰어나다. 사람은 무궁무진한 잠재력을 가지고 있으며, 드러난 것은 빙산의 일각에 불과하다.

나의 사랑이 이웃사랑으로 이어져야 한다. "네 이웃을 네 몸과 같이 사랑하라."마태복음 22장

모든 사람을 환영하는 '식탁교제' 행복잔치

예수는 일상을 축제로 가득 채운 유쾌한 성인이었다. 그는 세례 요한의 금욕을 축제로 바꾸었다. 이는 하나님의 나라가 이미 임하였기 때문이다.

예수는 얼마나 행복한 성인이었을까? 행복했다면 대체 왜 행복하였을까? 예수가 행복할 때엔 누구와 어울렸을까? 우리는 그 실마리를 예수의 식탁교제table fellowship에서 찾아볼 수 있다.

예수의 행복선언인 팔복(마태복음 5장)과 더불어 식탁교제(마가복음 6장)는 가난하고 소외된 사람들에게 무한한 위로와 행복감을 주었다. 예수의 식탁교제는 가난한 사람들의 행복에 크게 이바지하였던 것이다.

예수는 여행을 좋아했고 방랑생활이 일상화되었다. 하지만 예수는 은둔과 금욕이나 수도승이나 탁발승과 같은 고행의 길을 지향하지 않았다. 그는 오히려 함께 먹고 마시는 축제로써 하나님의 나라의 도래를 선포하였

다._{마가복음 6장}

사실 예수가 교제했던 사람들은 주로 장애인, 환자, 창녀, 세금 징수원, 이방인 등 사회적으로 천대받는 사람들이었는데, 당시 사회에서는그들을 죄인 취급하였던 것이다.

예수와 함께 식탁에 앉아 교제한 사람들이 바로 그와 같은 죄인 취급을 받았던 사람들이었다. 그래서 유대교 지도자들은 예수를 '세리(세금 징수원)와 죄인들의 친구'라고 비난하였던 것이다.

그 당시 사회에서 무시되고 소외되었던 노예와 이방인, 창녀와 장애인 등이 예수의 식탁에 초대되어졌다는 사실에, 천대받았던 그들은 얼마나 행복해 했을까? 감격해 하는 그들의 마음으로 인해, 식탁 주위에는 큰 기쁨이 넘쳤을 것이다.

예수에게 식탁교제란 무엇이었을까? 예수의 식탁교제와 행복은 어떠한 관계가 있는가? 예수의 식탁교제는 신랑신부의 혼인잔치에 비유되었다._{마태복음 22장} 여기서 혼인잔치는 연합과 기쁨을 의미한다. 예수의 비유는 잔치로 가득 차 있다._{누가복음 15장} 예수의 삶은 이렇게 즐거움이 가득하다. 그리고 예수가 가르친 하나님의 나라는 흥겨운 행복잔치다.

복음서를 보면 예수와 제자들이 전도여행 중에 식사대접을 받는 장면이 마치 주요한 사건처럼 자주 등장한다. 그 식탁에는 마을 사람들 모두가 모여들었고, 하나님의 나라의 행복잔치가 벌어졌다.

사람들은 예수와 함께 나누는 식탁교제를 통하여 하나님의 나라가 임하였음을 경험하였다. 예수는 하나님의 나라가 각종 귀신을 쫓아내는 축귀사역, 치유와 각종 기적과 더불어 푸짐함 식탁교제를 통하여 현실세계 안에서 완성된다고 선포하였다. "어느 동네에 들어가든지 너희를 영접하거든 너희 앞에 차려놓은 것을 먹고 거기에 있는 병자들을 고치고 또 말하기를, 하나님의 나라가 너희에게 가까이 왔다 하라."누가복음 10장

예수는 유대 마을 곳곳을 두루 다니며 귀신을 쫓아냈고 병자들을 고쳤다. 귀신으로부터 해방되고 병이 나은 가정들은 푸짐함 음식을 마련하고 기뻐하는 잔치를 열었다. 그래서 유대교 지도자들은 예수를 가리켜 '먹기를 탐하고 포도주를 즐기는 사람'이라고 비난하였다.누가복음 7장 사실 이 말은 대단히 모욕적인 언사였다.

예수의 식탁은 그야말로 개방과 포용과 치유의 자리였던 것이다. 특히 예수는 가난한 자, 우는 자, 배고픈 자, 갇힌 자에게 큰 축복을 선포하였다. 신학자 스코트Scott에 따르면 예수 당시 인구의 80퍼센트 이상은 바로 이와 같은 하층민에 속했다고 한다.

예수의 식탁교제는 남녀노소, 국적과 인종, 신분과 계층 등 사회적 지위와 나와 너 사이의 모든 경계를 허물고 하나님의 나라의 일원이 되게 하였다. 그곳에는 당연히 기쁨이 흘러넘치는 행복잔치가 열렸다.

황금률과 행복

황금률(黃金律 the golden rule)은 글자 그대로 황금과 같은 도덕률이라는 뜻으로 인류에게 있어 가장 보배로운 규범이다. 그리고 황금률은 모든 사람이 늘 속으로 옳다고 생각해 온 바를 요약한 것이기에 인류의 보편적 도덕률이다.

황금률은 거의 모든 시대에 걸쳐 성현들이 외쳤던 만고불멸의 도덕률이다. 특히 4대 성인은 이 규범이 진정한 보편성을 띨 수 있도록 강조해서

언급했다.

"내가 당하기 싫은 일을 남에게도 가하지 말라." 이 황금률은 자유 평등 박애의 가치가 균형을 이루며 인간의 양심에 새겨진 자연법이다. 그래서 일상에서 지켜야 할 생활윤리는 '황금률' 하나이면 충분하다.

과거 고대 그리스인들과 로마인들은 황금률을 자신들의 이웃과 시민에게로 한정하였지만, 예수는 황금률을 남녀노소와 이방인 등 어떤 제한도 두지 않고 모든 사람들에게 적용하였다. "무엇이든지 남에게 대접을 받고자 하는 대로 너희도 남을 대접하라. 이것이 율법이요 선지자니라."^{마태복음 7장}

황금률은 동서고금. 모든 인류의 공통된 도덕으로 그야말로 양심과 상식이요, 정의의 참된 근거다. 유엔 빌딩에도 황금률이 새겨져 있다.

Do unto others as you would have them do unto you.
남이 나에게 해주길 바라는 대로 남에게 해주라

우리는 황금률에서 시대와 장소, 그리고 각 국가들의 입장을 초월하여 과거와 현대의 맥을 잇는 범우주적인 도덕률을 마주하게 된다.

1993년에 개최된 세계종교 지도자회의에서도 '황금률'을 주요한 주제로 다루었다. 그때 표방한 황금률 제1조는 '사람을 사람답게 대하라'는 것이었다. 그리고 제2조는 '자기가 하고 싶지 않은 일은 남에게 시키지 말라'는 황금률이었다. 이른바 '황금률'이란 개인과 개인, 국가와 국가, 민족과 민족, 종교와 종교 곧 모든 인류가 서로 함께 사는 방법이다.

황금률은 공자의 '인'仁과 '서'恕의 사상과도 일맥상통한다. 인의 본래의 뜻이 바로 '사람을 사람답게 대하는 것'이다. 우리 모두는 똑같은 사람이기에 내가 하고 싶지 않은 것을 남에게 강요하면 안 된다. 이것이 바로 '서'恕 사상이다.

이렇게 예수와 공자를 비롯한 4대 성인의 황금률 사상은 서로 연결되어 과거뿐만 아니라 오늘날까지 전 인류에게 큰 영향을 미치고 있다. 모든 사람이 진정으로 사람 대접 받는 세상, 그것이 바로 황금률의 세상이다.

마하트마 간디는 기독교인은 아니었지만 예수를 추종하여 자신의 삶을 예수의 가르침 중 산상수훈(마태복음 5-7장)에 근거하여, 그 원리대로 살아보려고 상당한 수준까지 노력했던 인물이었다.

간디는 예수의 사상으로부터 자신의 비폭력주의와 다양한 사람들을 포용하는 공동체를 위한 전형을 찾았던 것이다. 그는 누구보다도 황금률을 모범적으로 실천했던 인물이었다.

황금률을 실천하려면 남과 나의 입장을 바꿔 생각해 보는 '역지사지'易地思之에 능해야 한다. 역할을 바꾸면 이제껏 몰랐던 상대의 기분을 알게 됨으로써 그 사람을 위해 무엇을 해줘야 하는지 알게 되고, 이는 타인에 대한 헌신과 배려로 이어진다.

역지사지의 황금률이 생활화될 때 행복한 세상이 올 것이다. 늘 역지사지의 황금률의 인도를 온전하게 느끼고 따를 수 있을 때, 황금률의 달인이 될 수 있다.

『국부론』의 저자인 애덤 스미스는 역지사지의 양심을 인간의 삶의 모든 도덕적 기초로 보았다. 우리는 매사에 '입장을 바꿔 놓고 생각해 보자'라는 역지사지의 황금률을 실천할 때, 우리 사회의 정치, 경제, 이념적 난제들은 모두 해결될 수 있다. 이것만이 유일한 답이다.

소명과 행복

종교개혁자 마르틴 루터(Martin Luther 1483-1546)는 '직업소명설'vocation을 주장했다. 즉 목사, 신부, 수도사 등과 같은 성직聖職만이 하나님의 부르심을 받은 직업 곧 천직天職이 아니라, 세상의 모든 직업들 역시, 하나님의 부르심을 받은 천직이라는 것이다.

일은 먹고 살기 위한 수단이 아니라, 자신이 하는 일을 소명으로 생각하는 사람에게는 일 자체가 행복이다. 소명은 하나님의 부르심과 뜻 안에서만 발견될 수 있다. '부르심' 곧 '소명'의 참된 의미는 소명의 영어단어인 '보케이션'vocation 안에 숨겨져 있다. '보케이션'의 어원은 라틴어로 '목소리'voice다. 소명은 내가 들어야 할 하나님의 '부름의 소리'다. 내 소명을 확인하려면 하나님의 목소리에 귀를 기울어야 한다.

일에서 소명을 발견하면 일이 짐이 아니라 즐거움이 되는 것이다. 일을 소명으로 삼고 직업을 천직으로 여기고 일터에서 기쁨으로 일한다면, 인생은 그야말로 낙원이다. "일이 마지못해 하는 의무일 때는 인생은 지옥이다"란 말은 결코 빈말이 아니다. "소명의식이 없는 성직자보다 소명의식이 있는 가정주부가 훨씬 더 가치있는 일을 하고 있다."마르틴 루터

원래 인간에게는 저마다 삶의 숭고한 목적이 있다. 이 목적을 달성하기 위해서 이 땅에 존재하고 있는 것이다. 소명은 이 땅에서 내가 존재하는 이유다. 소명이 있는 사람은 인생의 분명한 목적이 있다. 소명의식은 목적

의식이다. "목적이 없는 사람은 키 없는 배와 같다. 한낱 떠돌이요, 아무 것도 아닌, 인간이라고 부를 수 없는 존재다." 토마스 칼라일

이 땅에 사는 동안에 자신이 반드시 해야 할 임무를 깨닫고 스스로 그 길을 묵묵히 걸어가는 자는 행복하다. 내가 좋아하는 일을 하는 것은 짐이 아니라 오히려 힐링이다. 일(직업)을 통해서 삶의 의미와 즐거움을 발견하고, 자아를 성취하고, 생활에 필요한 재정을 얻고, 이웃과 나누는 기쁨을 누려야 한다. "일하기를 싫어하는 사람은 먹지도 말라." 데살로니가후서 3장

스페인이 자랑하는 세계적인 건축가 안토니 가우디(Antoni Gaudi 1852-1926)를 아는가? 가우디는 결혼도 하지 않고 혼자 살며 오로지 예술적인 건축에 일생을 바친 인물이다. 가우디는 건축물에 자연의 숨결을 불어넣은 것으로 유명하다. 가우디의 대표작, 스페인 바르셀로나의 성가족교회(사그라다 파밀리라 성당)는 1882년에 착공해서 140년째, 지금도 여전히 공사 중인데, 최고로 주목받는 건축물이다.

1883년, 가우디는 성가족교회의 건축공사 총감독에 취임하였는데, 말년엔 교회에서 먹고 자며 건축에 빠져 살았다. 현재 가우디의 건축물 중 7개가 유네스코 세계문화유산에 등록돼 있다. 그는 20세기가 낳은 가장 독특하고 천재적인 건축가로 추앙받고 있다.

나는 가우디의 일생과 건축물을 접할 때마다 그에게 있어 건축은 일이나 직업이 아니라 '소명과 행복'이라는 생각이 든다. 가우디는 그의 건축물을 설계하는 과정에서, 그의 작품이 지어지는 것을 지켜보면서 엄청난 기쁨을 맛보며 큰 행복감에 빠져들었을 것이다.

고난 속에 있는 행복

"지금 우는 사람들아, 너희는 행복하다. 너희가 웃게 될 것이다."예수

시련과 역경이 없는 인생은 없는데, 이는 인생의 수업료와 같은 것이다. 고난은 자신을 일깨워주고 성장의 기회를 가져다준다. 시련과 역경을 이겨내지 못하면 자신이 지닌 생명의 씨앗을 꽃피울 수 없다. 하나의 씨앗이 움트기 위해서는 땅 속에서 참고 인내하는 시간이 필요하다.

시련과 역경을 정면으로 마주해야 빛나는 인생을 살 수 있다. 하나님은 우리에게 고난과 상처를 주었지만 그것을 극복해 나갈 수있는 힘 또한 주었다. 그러한 사실을 제대로 이해한다면 시련과 역경은 한낱 지나가는 바람처럼 가볍게 느껴질 것이다.

나무가 추운 겨울에 단단해지는 것과 같이 우리의 내면은 시련과 역경을 통해 단단해 진다. 앓고 나면 철이 들 듯 고통을 겪고 나면 삶이 성숙해진다. 나무들은 혹독한 추위가 없으면 뿌리가 강인해 질 수 없고, 찌는 듯한 더위가 없으면 열매가 여물 수 없다. 고난의 시간은 진주조개가 모래알을 품은 시간이나 마찬가지다. 이 모래알은 시간이 지나면서 진주로 바뀌는 것이다.

시련과 역경이 닥쳤을 때는 그 시공간 속에 갇혀 있지 말고, 내 인생을 다양한 각도에서 바라보자. 큰 고난 중에 욥은 말했다. "나의 가는 길을 오직 하나님이 아시나니, 하나님이 나를 단련하신 후에 내가 순금같이 되어 나오리라."욥기 23장

사람은 고난을 마주한 순간에 인생의 눈이 뜨인다. 그렇다면 고난과 역경은 또 하나의 축복이다. 즉 '변장된 축복'이다. 불행은 단지 축복이 옷을

바꿔 입은 것으로 보자. 역경은 내 안에 숨어있는 에너지를 발견해서 상처가 진주가 되게 한다. 일평생 독일 빙엔의 베네딕트 수녀원에서 매우 엄격한 로마가톨릭교회의 베네딕트규칙에 따라 살아간 작곡가이자 수녀, 힐데가르트 폰 빙엔(Hildegard Von Bingen 1098-1179)은 말했다. "인간의 과제는 자신의 상처를 진주로 바꾸는 것이다."

"내가 할 수 있는 것이 무엇이 있는가? 운명 이상의 것이 있다"고 외친 베토벤(Beethoven 1770-1827), 그의 상처입은 영혼에서 태어난 음악을 통해 그의 열정과 환희에 찬 고뇌와 깊은 영혼의 울림은 사람들을 치유하는 힘이 있다.

베토벤은 왕성한 활동을 하며, 음악가로서 성공을 눈앞에 둔 시기에 청력을 잃었다. 음악가가 소리를 들을 수 없다니, 엄청난 충격이었다. "귀는 완전히 어두워졌다. 나에게는 친구도 없다. 천하에 고독뿐이다. 아, 내 귀가 들리기만 한다면 얼마나 행복할 것인가."

그 충격으로 그는 우울증에 빠지고 사람들을 기피하고, 은둔생활을 하기도 했다. "질병은 세상의 경쟁에서 뒤처지게 만들지만, 다른 한편으로는 한적한 곳을 찾을 수 있는 기회와 유익한 자기 성찰의 기회가 될 수 있다."폴 투르니에

자신의 테두리 속에 죽치고 들어앉아 모든 사람들에게서 외따로 떨어져 있던 베토벤은 다만 자연 속에서만 위안을 얻을 수 있었다. 그는 해가 뜨거나 비가 오거나 날마다 숲길을 정처 없이 걸었다. "전능하신 신이시여, 숲속에 있으면 나는 행복합니다. 아름다워라. 이 숲속, 저 언덕 위의 고요함이여. 당신을 섬기기 위한 고요함이여."

자연은 베토벤의 벗이고 안식처이고 위안이었다. 자연에서 그는 스스로

를 치유하며 살아가는 힘을 얻었다. 그는 점차적으로 음악에 집중하여 수많은 명작을 남길 수 있었다. 그가 남긴 음악에서 우리는 인류가 앞으로 나아갈 환희로 가득 찬 미래를 내다볼 수 있는 것이다. 베토벤은 고뇌를 넘어서 환희의 세계로 나아갔던 것이다. 그래서 그는 음악의 세계에서의 성인 곧 악성樂聖이란 칭호를 얻게 된 것이다.

행복의 아이콘, 감사

"항상 기뻐하라. 쉬지 말고 기도하라. 범사에 감사하라." 데살로니가전서 5장

아무리 열심히 노력해도, 도무지 행복해지지 않는가? 그렇다면 범사에 감사하는 습관을 가져보자. 여기서 '범사'凡事는 나 자신과 내 삶의 모든 것을 뜻하고, 결국 살아있는 것 그 자체가 아닐까? 범사에 감사하려면 먼저 살아있음, 그 자체에 대해 감사할 수 있어야 한다.

범사에 감사하라. 감사는 삶의 일부가 아니라 삶의 전부다. '감사'라는 두 글자는 행복과 불행의 경계가 된다. 행복하려면 불평하지 말고 매사에 감사하라. 감사와 행복은 샴쌍둥이처럼 늘 붙어 다닌다.

행복하다는 것은 감사하다는 것이다. 항상 밝은 쪽을 바라보며 늘 감사할 일을 찾아내라. 매사에 감사할 수 있는 것, 이것이 바로 행복의 비밀이다. 또한 감사는 행복촉진제다.

'살아있다'는 것에 대해 깊이 감사해 본적이 있는가? 예를 들자면 암을 이겨내고 죽음의 고비를 넘긴 사람들은 지금 단지 살아있다는 사실만으로도 행복에 겨워 매 순간을 감격 속에서 감사하며 살아가고 있는 것이다.

살아있다는 것 자체가 행복이며, 삶의 매순간이 신비와 경이인 것이다.

삶의 지혜서 『탈무드』(이는 종교, 법률, 철학, 도덕에 관해서 이루어진 하나의 거대한 삶의 지침서다. 유대인은 이 지침서를 모든 행동의 규범으로 삼는다.)는 말한다. "세상에서 가장 지혜로운 사람은 배우는 사람이고, 가장 강한 사람은 자신을 이기는 사람이며, 세계에서 가장 행복한 사람은 자신이 가진 것으로 만족하며, 항상 감사하며 사는 사람이다."

행복은 항상 주변에 있다. 이미 가진 것을 감사하자. 열심히 감사할 일을 찾는 것만으로도 우리의 일상을 바꾸는 일대 사건이 될 수 있다. "행복은 이미 가진 것을 계속 바라보는 마음이다."아우구스티누스

감사는 천성적으로 부여된 사람의 본성으로서 인생에서 가장 값진 보화다. 세상이 아름다운 이유 중에 하나는 감사하는 마음이 있기 때문이다. 감사를 알면 삶은 더욱 아름다워지고 행복해진다.

감사하는 마음은 행복을 향한 힘찬 날개 짓이다. "감사하는 마음을 가진 사람은 만물을 신이 내린 선물로 여긴다. 우리 마음속에 감사하는 마음이 가득할 때 세상은 비로소 아름다워지고 고난도 달콤해진다." 결국 행복의 문을 여는 키워드 곧 '열려라 참깨'와 같은 주문은 '항상 감사하라'다.

범사에 감사가 넘치는 사도 바울은 말했다. "나는 가난에 처할 줄도 알고 부함에 처할 줄도 아는 일체의 비결을 배웠습니다. 어떤 상황에서도 자족自足할 수 있기에 나는 행복합니다."빌립보서 2장

아우구스티누스의 행복관

기독교 교부학자敎父學者 아우구스티누스(Augustinus 354-430)의 대표작 『고백록 Confessions』은 영적 행복에 관한 중요한 책이다. 그 책

에서 처음부터 끝까지 관통하고 있는 핵심질문 중에 하나는 '과연 어떻게 하면 진정한 행복에 도달할 수 있는가'다. "영원하고 불변하는 행복에 도달하려면 내면으로 들어가라. 그곳에서 신^(하나님)을 만나라. 진정한 행복을 충족시키는 유일한 존재는 신^(하나님)이다."_{아우구스티누스}

아우구스티누스에 따르면 우리 내면에는 물질과 성공 등과 같은 세속적인 즐거움과 성취감으로 채울 수 없는 공간이 있다. 이 공간은 영적인 것으로만 채울 수 있는 공간이다. 하나님은 우리 내면에 '영원을 사모하는 마음'_(전도서 3장)을 주었기에, 이 땅의 일시적인 물질과 쾌락으로는 우리의 내면을 만족시킬 수가 없다. "당신^(하나님)은 우리를 당신^(하나님)께로 향하게 만들었습니다. 그래서 우리 마음은 당신 안에서 쉬기 전까지는 어떠한 만족도 느끼지 못하여 불안합니다."_{아우구스티누스}

마치 젖먹이 자녀가 부모를 의존하며 갈망하듯이 그렇게 하나님을 갈망하고 있는 것이다. 이는 하나님께서 우리 속에 하나님과 영원한 삶을 갈망하는 마음을 심어 놓았기 때문이다._{전도서 3장}

아우구스티누스는 인간에게 있어 본질적인 어떤 것을 꿰뚫어 보았다. 즉 우리는 본성적으로 하나님을 원하는데, 하나님은 모든 행복의 원천이다. 결국 우리가 행복에 끌리는 것은 하나님에게 끌리기 때문이다.

아우구스티누스의 저서 『고백록』은 기독교서적이면서도 일반적으로 '고전'이라고 불리는 이유는 그 속에 인간에 대한 심원한 통찰이 담겨 있기 때문이다.

아우구스티누스는 자기 자신을 사유의 대상으로 삼았다. 자기 자신의 내면을 들여다보고 인간을 관찰하였던 것이다. 인간은 오로지 자기 자신을 들여다봄으로써만 참에 도달할 수 있다는 것이 그의 신념이었다. "네 밖으로 나가지 말라. 너 자신 속으로 들어가라. 내면의 인간 속에 참이 살기 때문이다."

영적 위기와 행복

자본주의 물질문명 체제 속에서 영적 삶과 상관없이 돈과 욕망을 쫓는 현대인들은 길을 잃어버렸다. 어쩌면 너무 멀리 왔는지도 모른다.

알다시피 오늘날 우리가 겪고 있는 위기가 단순히 경제적, 물질적인 것만이 아니라 정신적, 영적인 위기다. 정신적, 영적 위기를 극복하려면 종교와 사상의 힘을 빌리지 않을 수 없다. 여기서는 영적 행복과 힐링에 대해 살펴보고자 한다.

우리 모두는 영적 존재다. 우리는 보이는 현상세계에 살고 있지만 신비롭고 경이한 영원한 세계를 갈망하며 살고 있다. 유한한 생명을 가지고 있지만 영원한 삶을 갈망하고 있다.

인간은 영적인 존재 곧 영물靈物이다. 그러므로 영성이란 기독교, 불교, 이슬람교 등 종교를 떠나서 인간이라면 누구에게나 있는 것이다. 일반적으로 영성을 '인간의 영적인 성향'이라고 간략하게 정의할 수 있다.

인간이 영적인 존재라고 할 때는 자기를 살펴보며 반성하고 회개할 수 있는 능력이 있다는 것이다. 더 나아가 인간은 초월적인 존재와 세계, 즉 하나님과 하나님의 나라를 갈망하는 존재다. 그러므로 영성은 인간본성의 영역에 속한다. 이는 동물과 비교하면 확연히 드러나는 사실이다.

우리가 성숙해지면 성숙해질수록 내면 깊이 잠자던 영적인 관심이 수면 위로 떠오르게 마련이다. 영적 세계와 내면의 성숙을 통해 행복한 삶을 누리고 싶어 한다.

영적 행복은 일반적으로 종교가 주는 행복을 말한다. 사람은 육신만이 아니라 영혼을 가진 영적 존재이기에 종교만이 줄 수 있는 영적 만족이 있는 것이다. 종교는 영혼 깊은 곳에 있는 영원히 변치 않는 행복을 다룬다. 모든 종교의 가르침은 '행복으로의 초대'라고 할 수 있다.

요즈음 세속적 삶에 환멸을 느끼고 영적인 삶을 모색하는 사람들이 많아지고 있다. 그러한 가운데 영적 체험을 하고 특정한 종교에서 행복감을 느끼려는 사람들이 많다.

각종 종교들은 교리나 세계관은 각기 다르겠지만 현세의 삶에서 겪을 수밖에 없는 각종 고통의 의미를 설명해 준다. 그리고 죽은 후 내세에서의 영원한 행복을 제시해 주는 것이 종교의 공통된 특징이라고 할 수 있겠다. 하지만 현실적으로 눈에 보이지 않는 내세가 존재한다는 사실을 신앙의 입장이 아닌 이성적으로 판단하거나 설명하기는 어렵다.

참된 종교는 허황된 거짓에 근거를 둔 그릇된 행복이 아닌, 진선미에 입각한 참된 행복을 추구하도록 이끈다. 내면의 삶에 불을 지피고 생기를 불어 넣는다. 자기 내면과 끊임없는 대화를 통해 가장 올바른 삶을 살 수 있는 길을 모색하도록 한다.

다수의 연구에 의하면 종교적 신념이 강하고 삶에서 종교의 중요성이 클수록, 또한 종교의식에 자주 참석하는 사람일수록 낙천적이고 행복지수가 높다고 한다. 그 이유 중에 하나는 종교만이 줄 수 있는 삶의 목적과 의미, 그리고 위안이 있기 때문이다.

미국의 경우, 종교가 있고 신앙생활을 하는 사람들은 그렇지 않는 사람들에 비해서 훨씬 많이 행복감을 느낀다고 한다. 종교가 있는 사람들은 일반적으로 술도 적게 마시고, 마약도 덜하고, 이혼율도 낮고, 자살율과 우울증에 빠지는 비율도 낮다고 한다. 그래서 평균 7년 정도는 더 오래 사는 것으로 알려졌다.

현대인은 일상의 삶 속에서 극도의 혼란을 겪는 가운데 '마음의 평화'를 호소하고 있다. 현대인은 감정조절을 하지 못해 심적 고통을 당하고 있다. 따라서 현대인들이 종교를 찾는 이유 중의 하나가 마음의 평화를 얻기 위해서다. 우리는 이러한 사실에 주목할 필요가 있다. 마음의 평화를 구하는 영적 삶은 시대적인 요청이다. 영적 삶은 외형만 비대해지고 내면은 자꾸 작아지는 현대인에게 절실히 필요한 삶이다.

3

4대 성인의 전통을 이어가는
진선미 행복론

"오늘날 우리가 온 생애를 바쳐서 찾고 찾아야 할 그것은 무엇인가? 진선미의 미덕이다. 진선미는 삶의 진수이며, 모든 덕의 근본이며, 모든 행복의 근간이다. 진선미는 그 자체로 밝은 빛이다. 진선미를 찾아야 사람이지 그렇지 않으면 사람이 아니다."소크라테스

4대 성인은 인류 문명사에 '진선미 행복론'이라는 큰 족적을 남겼다. 진선미의 뿌리는 4대 성인이고, 4대 성인이 진선미 행복의 토대를 세웠다. "진리를 알지니 진리가 너희를 자유케 하리라."예수

4대 성인

세계 4대 성인의 공통점은 무엇인가? 양심이 살아있고 진선미를 잘 아는 분이었다. 그들의 삶 속에서 진선미의 덕목이 만개하였다. 그로 인해 그들은 시공을 초월하여 숭고한 성인의 삶을 살 수 있었고, 참된 행복을 누릴 수 있었다. 진선미를 깨우친 자만이 진정한 행복을 누리리라!

양심이 살아있고 진선미를 바라볼 줄 알아야 성인이다. 4대 성인은 진

선미에 어긋난 이야기를 들으면 못 견디는 분이었다. 그들은 자신의 정신과 삶을 진선미에 맞게 다스렸다. 진선미의 세계는 미리 누리는 천국이다. 4대 성인의 행복은 진선미의 행복이다.

성인들의 행적은 진선미를 구현하는 활동이다. 그리고 그들의 행복은 반드시 진선미^(양심, 로고스)에 부합되는 것을 볼 수 있다. 우리가 이 땅에서 진선미를 추구할 때 4대 성인의 제자가 될 수 있다. 제자란 스승과 동행하면서 스승을 닮아가는 자이고, 스승의 정신과 사역을 계승하는 자다.

다시 말하지만 진선미를 잘 아는 분이 성인이다. 4대 성인이 온몸으로 보여준 삶이 진선미의 구현이다. 4대 성인의 삶과 가르침은 무엇인가? "진선미대로 살았더니 행복해지더라."

4대 성인의 생애는 나의 질문을 멈추게 한다. 세속의 그 어떤 논리와 비판도 그들의 삶이 보여준 압도적인 성스러움을 넘어설 수 없다고 생각한다. 초월적인 성스러움 앞에서 오히려 마음의 평화가 찾아 왔다. 우리는 의심을 멈추고 그들의 품에 안겨 쉬기만 하면 된다.

4대 성인의 삶과 가르침은 진선미 행복의 매뉴얼이다

그러면 진선미는 무엇인가? 진선미는 시공을 초월하여 존재하는 보편타당한 도덕률이다. 4대 성인은 자신의 삶을 통해 외친다. '나는 진선미다.' 이는 인류의 이상적인 삶의 양식이고, 행복한 인생을 위한 매뉴얼이다.

4대 성인의 사상과 삶을 배우고 깊이 묵상하다보면 새로운 삶의 방식으로 들어가게 되고 새로운 행복에 눈뜨게 된다. 그 새로운 삶의 방식은 진선미 라이프 스타일^{lifestyle}이다.

참된 행복은 올바른 삶에 깃든다. 우리 모두 올바르게 산다면 결코 불행하지 않고, 다 함께 행복할 수 있을 것이다. 올바르게 산다면 불행으로 향하는 모든 길을 피할 수 있을 것이다. 올바르게 산다는 것은 진선미의 길을 걷는다는 것이다. 이 진선미만이 우리의 앞길을 비춰줄 빛이요 진리다.

한편 진선미 행복론에 대해서는 이미 오래 전에 아리스토텔레스가 했던 말을 되새길 필요가 있다. "행복의 본질에 대해서 우리는 의견 일치를 보지 못했으며, 현자들과 대중이 제시하는 설명은 완전히 상반된다."

아리스토텔레스가 말했듯이 현자들과 일반대중이 생각하는 행복은 다른 것 같다. 일반대중은 대개 부, 성공, 인기, 건강, 가족 등에서 행복감을 느끼는 반면에 현자들은 바른 삶과 선한 행위 등에서 행복의 본질을 찾는 것 같다. 현자들은 인간의 선한 본성을 실현하는 것이 행복이라고 간주하는 것이다.

오늘날 돈이 만물의 척도로 등장했는데, 돈이 있다고 해서 삶의 질이 저절로 높아지거나 행복해지는 것은 아니다. 인간은 양심과 진선미에 따라 인간답게 살 때 진정한 행복이 온다. 행복한 삶을 이끄는 보편적인 법칙이 있는데 곧 진선미의 미덕이다.

진선미는 인간으로서 올바르게 사는 길^道이다. 인간이라면 마땅히 걸어야만 하는 바른 길 곧 정도^{正道}다. 진선미는 인간이라면 가장 순수하게 추구해야 하는 미덕과 가치다.

지속적으로 행복하려면 일희일비^{一喜一悲}하지 않고 묵묵히 진선미의 길을 걸어라! 진선미를 삶 속에 현현하면 천상지복의 비밀이 열린다. 인간의 본성은 옳은 일을 할 때 행복감을 느낀다.

모름지기 인간은 인간의 본성에 부합되고, 인간 내면의 순수한 영혼인 양심에 따라 '인간다운 삶'을 살아야 한다. 깨어있는 마음으로 양심대로 사는 삶이야말로 인간이 지향해야 할 마땅한 삶이다. 그러한 삶은 필연적으로 너와 나, 우리 모두를 행복으로 인도할 것이다.

진선미는 하늘의 뜻이자, 인륜의 길이다

인간은 얼마든지 금수로 추락할 수도 있다. 우리가 인간으로 남고자 한다면, 오직 하나의 길, 진선미의 길이 있을 뿐이다. 진선미는 '인륜의 길'이다. 진선미가 없는 인생은 인간실종이고 인격실격이다.

인간이 소유해야 할 가장 기본적인 덕목은 바로 진선미다. 진선미를 체득하는 것이야말로 인간다움을 완성하는 것이나 마찬가지다. 인류는 보편적 도덕률 곧 '황금률'을 준수하고, '진선미'를 추구하면, 언제나 인간다움을 잃지 않을 것이다.

4대 성인의 목표는 삶의 모든 측면에서 진선미를 구현하는 것이다. 왜냐하면 이것이야말로 '하늘의 뜻'을 따르는 완전한 덕이기 때문이다.

도덕적 완성, 진선미는 하늘의 도리를 깨우침으로 알 수 있으며, 양심에 어긋나지 않게 행동함으로써 준수할 수 있으며, 인문고전을 공부함으로써 삶 속에서 구현하고 확대할 수 있는 것이다.

우리들이 하루하루 이 세상을 살아가는 데는 온갖 기쁨과 슬픔, 희망과 낙담, 좋은 일과 언짢은 일들이 얽히게 마련이지만, 그 속에는 반드시 진선미가 떠받쳐 주어야 한다. 이 땅에서 예측 불가능한 미래를 살아가는 불완전한 인간에게 가장 중대한 문제는 바로 '내 존재와 삶'을 진선미와 부합되게 하는 것이다.

왜 오늘날 진선미인가?

부자가 되는 것이 모든 사람들의 꿈이 되어, 오직 돈 버는 일에 혈안이 되어 버린 시대에 웬 진선미인가? 그 이유는 오늘날 우리는 자본주의 세태 속에서 도덕이 붕괴되고 진선미를 상실함으로써, 우리의 삶이 중심을 잃고 혼란 속에 빠졌기 때문이다.

진선미는 물질만능 자본주의 사회에서 혼돈에 빠진 현대인들에게 한줄기 구원의 빛과 같다. 4대 성인은 인류의 문제를 해결할 답으로 양심과 진선미의 회복을 한 목소리로 외치고 있다. 양심과 진선미가 회복되면 이 사회는 저절로 정화된다는 것이다.

동서양의 모든 고전의 공통점은 "인간에게는 진선미를 파악하는 능력이 있고, 이것을 잘 활용하면 올바르게 살아갈 수 있다"는 것이다.

천민자본주의 세태 속에서 진선미의 보편적인 가치는 사라지고 돈이 최고의 가치가 되어 버렸다. 대장부는 없어지고 소인배들만이 득실거린다. 어떻게 우리 시대에 보편적인 도덕적 가치를 회복하고, 돈이 아닌 인간의 존엄성을 회복할 것인가?

고대 중국의 춘추전국시대처럼 불신, 거짓, 이기심, 적대감, 증오, 폭력, 음해, 비인격성, 내로남불 등이 오늘날 우리 사회의 일상화가 되어버렸다. 남의 일에 너무 무관심하고, 남의 고통에 대한 공감력이 너무 떨어져 버렸다.

맹자에 따르면 불쌍히 여기는 마음 곧 측은지심이 부재하면, 폭력과 살인이 난무하는 금수의 세상이 되어 버린다. 오늘날의 문제는 남의 고통을 이해하는 공감력이 없기 때문에 발생한 것이다.

오늘날 천민자본주의 세태 속에서 갑질, 욕지거리, 쌍소리, 악다구니, 과도한 경쟁, 비인격화 등이 난무하고 있다. 양심이 망가지고 진선미가 바닥 난 인간의 잔인함은 상상을 초월한다.

수단과 방법을 가리지 않고 일단 돈부터 벌고 보자는 천민자본주의 세태 속에서 남이야 어찌되었건 나만 잘 먹고 잘 살면 된다는 인간 곧 짐승과 별반 다름이 없는 인두겁을 쓴 인간들이 양성되고 있다. "인간을 향한 연민, 경외심, 고통, 그리고 공감을 상실하고 천박한 잔재주만이 가득한 세계가 되어버렸다."

오늘날 자본주의가 막다른 골목에 접어들고 있다고 이야기하는 사람들이 많다. 여기서 자본주의를 살리느냐 없애느냐가 문제가 아니다. 양심과 진선미의 회복이 문제다. 양심과 진선미가 회복되면 이 모든 문제들은 저절로 풀릴 것이다.

모든 사람들의 마음에는 진선미가 담겨져 있다. 우리의 마음에 진선미가 꽃피면 우리의 삶은 행복한 쪽으로 순환하게 된다. 진정한 행복은 다른 사람의 행복과도 직접 연결되어 있는 진선미의 행복이다.

자본주의 세상에서 부귀영화를 누리는 사람들은 세속적 관능적인 행복감에 도취되어 참된 행복인 진선미에 대해서는 무지하고 전혀 관심조차 보이지 않는 안타까움이 있다. 세속에 물든 현대인은 진선미의 행복을 얻기가 쉽지는 않을 것이다.

진선미가 세상의 모든 허영과 거짓과 집착에서 벗어나게 하리라. 집착에서 벗어나면 자유로운 영혼이 되어 행복하리라. 진선미로 수양하라. 진선미는 마르지 않는 영감과 행복의 원천이기도 하다.

암담한 사회에 영감과 희망을 불러일으키는 진선미의 화신이 되자. 남이 인정하는 자리가 아니라 자신의 재능과 장점을 충분히 발휘할 수 있는 자리를 찾아라. 자신이 빛날 수 있는 자리에서 최선을 다하라. 그러면 행복하리라. "어차피 피었다 질 꽃이라면 가장 뜨거운 불꽃이 되자."

왜 진선미인가? 오늘날 우리 사회가 나아갈 방향을 진선미가 보여주기 때문이다. 진선미에 답이 있다. 오늘날 진정한 행복을 회복하려면 오로지 진선미에 의지할 수밖에 없다. 진선미만이 진정한 행복을 보장한다. 진선미로 행복해져라.

진선미의 빛이 시대의 어둠 속으로 흘러 들어가게 하라! 진선미는 어둠을 밝히는 빛이다. 우리 인류가 진정으로 행복해지고자 한다면 진선미 사고방식을 가지고 진선미의 빛으로 새로워져야 한다. 진선미 행복시스템을 구축해야 한다.

1 진선미 행복에 눈뜨다

"사람을 행복하게 만드는 성공한 삶의 징표가 될 수 있는 게 무엇이라
고 생각하는가? 황금이 가득한 금고인가? 아니면 진선미의 미덕을 존중하
는 삶인가?" _{소크라테스}

왜 진선미를 알아야 하는가? 진선미가 없는 인생은 별로 위대한 것이
아니기 때문이다. 무엇보다도 진선미를 모르면 우리의 인생이 최선의 상
태가 안 된다. 그래서 최상의 행복에 이를 수가 없다. 최상의 행복은 진선
미에 맞게 사는 것이다.

내 안에 있는 맑은 양심과 진선미의 미덕을 온 맘으로 느끼며 살아가는
것, 그 이상의 행복도 없을 것이다.

내가 진선미를 알고, 또한 진선미대로 살고 있다는 사실을 알면 얼마나
행복할까? 반대로 내가 진선미를 떠나있고, 더 나아가 위악추僞惡醜에 빠져
있다는 사실을 알면 얼마나 불행할까?

신神이 부여한 행복의 원형

인간은 어떻게 신처럼 온전한 행복에 이르게 되는가?
그렇게 하자면 신이 부여해준 진선미 행복에 눈떠야 한다. 진선미 행복은

'메이드 인 헤븐'made in heaven 곧 천상의 행복이다.

참됨과 불변의 아이콘, 진선미는 하나님에게서 유래한 것으로서, 참됨과 착함과 아름다움을 관장한다. 진선미 자체는 하늘의 도道고, 진선미를 추구하는 것은 사람의 도리다. 즉 하나님이 인간에게 내리신 인간의 본성이 진선미이며, 이것을 잘 따르는 것이 인간이 걸어야 할 정도正道다.

신이 부여해준 세 가지 덕목, 참됨과 착함과 아름다움의 꽃을 활짝 피워라! 진선미가 삶을 빛나게 한다. 진선미가 없는 곳에는 삶의 위대함도 숭고함도 없다.

진선미는 인간의 본성에 깃들여 있으며, 생명체의 중심에 아로새겨져 있다. 진선미와 화합할 때 신적 행복을 맛본다. 진선미와 화합의 경지에 이르면 가장 완벽하고 행복하게 살아갈 수 있다.

우리 안에 존재하는 심오한 행복은 진선미에서 비롯된다. 심오하고 영원한 행복은 진선미에 뿌리를 둔다. 진선미는 모든 행복이 솟아나는 원천인 지복이다. 진선미 행복은 우리의 욕구가 충족되었을 때 느끼는 행복과 전혀 다른 차원의 행복이다. 진정한 기쁨이란 진선미에 토대를 두고 있다는 사실을 깨달아야 한다.

천상의 행복을 받기 위해서는 우리 스스로 자격을 갖추어야 한다. 우리는 진선미가 이끄는 대로 따르고 걸어간다면 하나님은 우리에게 천상의 행복을 주신다. 행복을 얻으려고 구태여 애쓸 필요도 없이, 다만 진선미를 깨닫고 받아들이고 실천하면 그것으로 족하다. 참된 행복은 진선미와 분리되어 존재하지 않는다. 그렇다면 당신은 천상의 행복을 받을 준비가 되어있는가?

무엇보다도 나 자신에게 참되고 선하고 아름다워야 한다. 그러면 우리는 그 어떤 영혼의 고통도 느끼지 않게 될 것이며, 사람들 가운데 마치 신처럼 살게 될 것이다.

예컨대 4대 성인의 존재와 생애를 밤낮으로 묵상해 보자. 4대 성인은 하늘이 바라는 것을 그대로 받아들이며 살았던 존재다. 그래서 4대 성인은 행복했다. 아니 행복 이상의 그 무엇을 누렸을 것이다. 그런 점에서 4대 성인과 더불어 사는 삶에는 어마어마한 환희로 채워질 것이다.

4대 성인이 곧 진선미다

"진선미 자체는 하늘의 도﹦고, 진선미를 추구하는 것은 사람의 도리다. 순전한 진선미가 남을 감동시키지 못하는 경우는 없고, 진선미 없이 남을 감동시키는 경우는 없다."

4대 성인은 진선미 그 자체다. 진선미의 원형과 가치가 4대 성인에 의해 형성되었다고 해도 과언이 아니다. 4대 성인은 진선미의 기틀을 닦은 인류의 스승으로 이름을 남겼다. 그래서 4대 성인은 진선미다.

진선미 행복은 성인들과 현자들이 누리는 온전한 행복이기도 하다. 그리고 진정한 행복의 원천이기도 하다. 참된 행복이란 진선미의 덕목을 향유할 수 있는 사람들만의 것이다. 4대 성인의 행복이 바로 그러한 행복이다.

진선미를 갖추면 사람은 저절로 행복해진다. 소크라테스를 비롯한 4대 성인은 진선미를 한 몸에 구현한 완덕의 화신이다. 이는 단순하고 일시적인 관능적 쾌감이 아니라, 지속적이고 온전한 행복이다.

'나와 남을 모두 이롭게 하는 삶을 살아라'는 황금률은 보편적 도덕률의 원형이다. 양심의 명령 곧 보편적 도덕률에 충실하면 진선미의 삶이 저절로 나온다. 여기에 입각해서 살면 성인이 된다. 공자는 평생 '네가 당해서 싫은 일은 남에게도 하지 말라'는 황금률에 따라 살았고, 예수는 '네가 대접을 받고 싶은 대로 남을 대접하라'는 황금률을 따라 살았기에 성인이 되었다.

공자가 지향하는 삶의 목표는 도를 깨우치는데 있으니, 이는 진선미^(진리)를 깨우치는 것이 공자의 지상의 과제라고 이해해도 무방할 것이다. 공자가 『논어』에서 '아침에 도를 들으면 저녁에 죽어도 좋다'고 한 것은 바꾸어 말하면 '진선미의 도를 깨쳤다면 오늘 죽어도 좋다'는 말이 아닐까? 진선미의 도를 깨우친 사람은 이미 성인이 된 사람이고, 성인은 생사를 초월해서 사는 사람이다.

공자처럼 진선미를 깨우치고 실현하는 것이 일생의 목표가 되어야 한다. 진선미 추구는 구도자의 길이다. 진선미에 집중하면 행복은 저절로 피어난다. 그러면 눈이 빛나고 생기를 되찾는다. 진선미의 결과는 끊이지 않는 행복일지니.

인간의 보편적인 본성 곧 진선미가 충족되어야 행복해진다

　　　　　동서고금의 모든 사상과 철학을 고찰해보면 인간의 보편적인 본성으로 '진선미'를 들 수 있다. 진선미는 배워서 아는 것이 아니라, 인간이라면 누구나 본래 타고난 본유개념이다. 진선미는 인간의 타고난 본성 자체다. 인간은 도덕률 아래 있으며 진선미는 마땅히 따라야 할 도덕률이다. 진선미는 모든 사람의 본성을 구성하는 영원불변의 본질에 속한다.

고대 그리스 철학자들은 인간의 본성이 충족될 때 행복이 온다고 보았다. 인간은 본성 그대로를 구현했을 때 궁극적인 행복이 오는 것이다. 교육이란 무엇인가? 인간이 원래 가지고 태어난 진선미의 본유개념이 최대한 발현되도록 도와주는 것이 교육이다. "인간의 본성이 실현되면 행복해진다." 에리히 프롬

진선미는 우리의 영혼을 정화시킨다. 진선미를 생각만 해도 끝없이 마음이 맑아지고, 진실해지고, 선해지고, 아름다워지고, 행복해지는 것을 느낀다. 진선미와 함께 아름다운 미래를 열어가자. 진선미 행복을 추구하라. 진선미를 추구하는 것은 내 가슴에 등불을 다는 일이다. 진선미 행복이 미래의 대안이다.

자신의 본성을 깨닫고 진선미의 삶을 살아라. 자신의 본성을 제대로 깨닫는 것이 지혜다. 그리고 자신의 본성에 따라 사는 사람이 행복한 사람이다. 자신의 본성을 이 세상에 온전히 구현하는 사람이 이상적인 사람이다.

본성대로 산다는 것은 양심의 명령대로 산다는 것이다. 양심의 명령에 따라 황금률을 모든 행동의 법칙으로 삼고 진선미답게 살아라. 진선미가 충족될 때 참된 행복이 온다. 행복은 언제나 진선미를 향해 움직이는 것이다.

진선미 행복공식

4대 성인의 행복의 비밀은 무엇인가? 그들은 결코 행복에 연연하지 않았다. 그냥 진선미답게 살았을 뿐이다. 어쩌면 행복은, 행복에 연연하지 않을 때 찾아오는 것이 아닐까? 4대 성인에게 있어 행복해

지는 것은 아주 단순한 일인데, 그저 묵묵히 진선미답게 사는 일이다. "행복하게 살고 싶다면 진선미답게 살도록 노력하자."

우리는 스스로 불행하다는 것을 알 때에야 비로소 행복한 삶에 귀를 기울일 것이다. 지금 이대로 살아간다면 아무 가망도 없는 처지에 있다는 것을 깨달을 때에야 우리는 비로소 희망의 길을 찾기 시작할 것이다.

인간은 누구나 진실함과 선함, 아름다움과 탁월함을 지닌 존재로 보이기를 원한다. 우리는 실제로 그러한 좋은 평판을 얻고 싶어 한다. 한마디로, 진선미 자격을 갖추고 싶어 한다. 주위에서 나 자신을 잘 아는 사람들이 '당신은 진선미 그 자체야!' 라고 말해줄 때, 우리는 진정한 행복을 느낄 것이다.

인간은 선천적으로 진실한 사람이 되기를 원한다. 또한 우리는 다른 사람들과 함께 사는 삶이 진실되기를 원한다. 다시 말하자면 진실함의 자격을 갖추고 싶어 한다. 또한 인간은 선천적으로 거짓의 사람이 될까봐 두려워한다. 그래서 거짓되다는 평판을 받는 것을 두려워한다.

인간은 선한 사람이 되고 싶어 한다. 아무도 나를 선한 사람이라고 말해주지 않는다고 해도 마음으로는 선한 사람의 자격을 갖추고 싶어 한다. 인간은 추한 사람이 될까봐 두려워한다. 즉 아무도 자신을 아름다운 사람이라고 인정하지 않는다고 해도, 자기 스스로는 아름다운 사람으로 보이도록 노력한다.

진실하고, 선하고, 아름답기 때문에 다른 사람들의 사랑을 받는다면, 결과적으로 우리는 진심으로 행복한 사람이 될 수 있다. 내가 사랑받을 자격이 충분하다는 사실을 알게 되면 우리는 진정한 행복을 느끼는 법이다. 반대로 내가 미움 받아 마땅하다는 사실을 알게 되면 우리는 깊은 불행을 느낀다.

행복하려면 자신의 내면에서부터 작은 혁명이 일어나야 한다. 먼저 자신의 내면이 늘 고요하고 평온해야 한다. 아무리 외부가 시끄럽고 혼란해도 내면이 늘 고요하게 중심을 잡고 있다면, 무한한 평안과 잔잔한 희락이 솟아날 것이다.

우리의 마음이 고요와 깊은 침묵에 들어갈 때, 내면이 맑아지고 나 자신과 나를 둘러싼 모든 것들이 더욱 선명하게 보이고 참된 행복으로 나아가게 된다. 그리고 우리의 내면이 투명할 대로 투명해지면 양심이 맑아지고 진선미가 보인다.

진선미 행복이 답이다

사람에 따라 인생의 정의가 다르듯이 '행복'의 정의 또한 다를 것이다. 4대 성인의 행복 정의는 '진선미답게 사는 것'이다.

4대 성인이 제시하는 행복 처방전은 단순하다. "진선미답게 살아라. 그렇게 산다면 행복은 부산물로 따라 올 것이다. 그렇게 살면 결코 불행하지 않으리라."

인간의 올바른 길을 제시하였던 고대 그리스 철학자 아리스토텔레스는 '어떻게 행복할 수 있는가'에 대해 진선미의 미덕을 함양하여 사회의 좋은 구성원이 되어 살아갈 때 행복할 수 있다고 하였다.

양심에 따라 올바르고 선하고 아름다운 삶을 살 때 인간의 본성은 행복을 느낀다. 따라서 행복한 삶을 이루는데 진선미 탐구는 필수적이다.

진선미는 그냥 행복의 상태가 아니라 행복 이상의 그 무엇 곧 지복至福이다. 우리는 이런저런 욕망이 충족되어야 행복할 수 있다고 생각한다. 하지만 우리 전 생애가 진선미로 충만해진다면 그때 우리의 행복은 신성한 것이 된다.

진선미 행복은 단번에 얻어지는 행복이 아니라, 조금씩 꾸준히 얻어지는 마라톤 행복이다. 진선미는 물이 스며들 듯, 천천히 스며들며 작동한다. 그렇게 해서 우리의 삶 전체에 영향을 끼친다. "네 시작은 미약하였으나 네 나중은 심히 창대하리라."_{욥기 8장}

진선미는 품위 있는 삶으로 인도하고, 품격_{品格} 높은 행복을 선사한다

이 세상에서 최상의 행복은 무엇일까? 시대를 초월하여 모든 사람으로부터 추앙받아야 마땅한 행복은 어떤 행복일까? 진선미 행복이다. 품격 높은 행복 곧 변치 않는 온전한 행복은 어디서 얻을 수 있을까?

고대 그리스 철학자들이 생각했던 '행복'은 무엇인가? 그들이 생각한 행복은 일생 동안 수양해야 하는 시민의 덕목과도 같은 것이었다. 참된 행복은 한순간의 즐거움이 아니라 꾸준한 학습과 훈련을 통해 길러진 좋은 품성과 습관에 기인한다. 진선미의 행복은 일생 동안 수행을 필요로 한다.

인간의 삶에서 품격은 진선미의 덕목이 드러날 때 자연스럽게 발생한다. "인간은 품격이 있어야 한다. 이것만이 우리가 알고 있는 모든 것과 인간을 구별한다."_{괴테}

진선미의 미덕은 인류문화의 가장 위대한 품격이다. 성숙한 사람의 가장 대표적인 상징이다. 진선미 행복은 고급지고 우아하고 격조 높은 행복이다.

알버트 아인슈타인은 말했다. "지식과 기술만으로 인류를 행복하고 품위있는 삶으로 인도할 수 없다는 사실을 잊지 말자." 참됨과 착함과 아름다움이 어우러진 진선미가 품위 있는 삶으로 인도하고 품격 높은 행복을 선사한다.

소크라테스는 죽음의 순간까지 진선미에 충실했으며, 그 의무를 위해 자신의 운명을 피하지 않았다. 그래서 긴 세월에 걸쳐 오늘에 이르기까지 소크라테스라는 인물을 철학의 모범으로 만든 것도 바로 이것이다.

4대 성인은 인류가 낳은 최상의 품격을 지닌 인물이다. 행복의 품격은 진선미의 토대 위에 세워진다. 행복의 품격을 추구하는 것은 진선미의 미덕을 수양하는 것이다. 행복의 품격은 진선미의 깊이에서 배어나오는 것이다.

동서양의 모든 현자들이 말한 행복에 이르는 길

우리 안에 있는 밝은 덕을 밝혀내라. 그래야 진정한 행복이 깃든다. 밝은 덕은 진선미다. 자신의 본성, 진선미에 따라 살면 누구나 성스러운 존재 곧 성인도 될 수도 있다. 그러면 스스로 행복해진다. 이는 노자가 『도덕경』에서 역설한 '무위자연'無爲自然의 삶이기도 하다.

사실 진선미의 미덕 하나면 행복한 삶을 사는 데 충분하다. 진선미를 품는다는 것은 행복을 품는다는 뜻이기도 하다. 거짓과 악함과 추함이 전혀 없는 상태로서의 진선미가 곧 지복至福이라고 여겨진다. "선하고 바른 삶을 사는 것이 행복이다."톨스토이 진선미는 인간이라면 보편적으로 누구나 가져야 할 도덕률과 양심이요 우주법이다. 그래서 모든 인간의 본성과 자연에 새겨져 있다. 모든 사람이 본능적으로 인식하는 본유개념이다. 사람의 마음속에는 누구나 똑같은 진선미의 본성이 깃들어 있다. "네 안을 들여다보라. 네 안에는 진선미의 샘이 있고, 그 샘은 네가 늘 파내어야 늘 솟아오를 수 있다."

참된 행복은 진선미를 깨달았을 때 가능할 것이다. 진선미를 깨달은 사람은 대자유인이요 성인이다. 성인은 보편적인 도덕률과 자연법과 합일이 되어 모든 규범에서 어긋남이 없으면서도 지극히 자유로운 삶을 살아가는 존재다. 공자는 70세가 되어 평생 갈고 닦은 인격이 완성 단계에 이르자 '종심소욕從心所欲 불유구'不踰矩의 경지, 즉 마음 내키는 대로 말하고 행동해도 어긋나지도 않고 흉될 것이 없는 상태에 도달했다.

진선미가 우리의 삶에게 가져다주는 첫 번째 선물은 행복이다. 진선미와 상관없이 제멋대로 살아가는 사람들은 그 누구도 행복하다고 말할 수 없다.

세상을 정화할 3퍼센트 진선미

진선미를 바라보는 현자들은 매일매일 올바르게 살면서 점차 이 세상이 바뀔 수 있다고 믿는 이상주의자다.

세상을 더 좋은 곳으로 만들고 싶다면 나 자신이 먼저 진선미대로 살 수 있는 사람이 되도록 노력하고, 그리고 진선미대로 사는 사람을 존경해야 한다. 진선미는 세상을 더 좋은 곳으로 만드는 최선의 방법이다.

진선미의 모범을 보이자. 그러면 분명 사랑받을 뿐 아니라 세상에도 긍정적인 영향을 미칠 수 있을 것이다.

우리는 누군가에게 착한 일을 하고, 그 일을 계속하려고 노력할 때마다, 진선미라는 씨앗을 널리 퍼뜨리고 있는 셈이다. 이처럼 착한 행동은 주위 사람들이 연쇄적으로 착해지도록 하는 선순환 구조를 만든다.

소금 3퍼센트가 바닷물을 썩지 않게 하듯이 우리 마음이 세속화 되어 있어도 우리 안에 3퍼센트의 진선미가 있다면, 그 진선미 3퍼센트가 우리 삶을 지탱해 줄 것이다. 3퍼센트의 적은 소금이 바다를 정화하듯이 비록 적은 진선미라도 그것이 나를 정화하고 세상을 정화할 것이다. 내 안에 있는 3퍼센트의 진선미가 나쁜 것까지도 점차 맑게 정화하는 것이다. 그러므로 우리에게 기본적으로 필요한 것은 진선미 3퍼센트가 아닐까?

나 혼자서는 작은 변화만을 일으킬 수 있을 뿐이다. 하지만 작은 변화가 나와 연관된 사람들과의 피드백 고리를 통해 점점 널리 퍼지면서, 그 힘을 키운다. 그래서 결국 사회와 세상을 바꾸어놓게 된다. 따라서 우리가 다른 사람들과 함께 하면, 세상에 큰 변화를 일으킬 수 있다.

예전에도 그랬던 것처럼, 우리가 살고 있는 지금의 상황이 그래도 괜찮은 이유는 소리 없이 살다 간 수많은 진선미의 사람들 덕분이다. 그들은 희미하지만 충실한 삶을 살았고, 지금은 조용한 무덤에서 편히 쉬고 있다.

진선미에 초점 맞추기

행복을 먼 곳에서 찾지 말자. 행복은 바로 내 안에 늘 깃들어 있다. 온전한 행복의 씨앗, 진선미가 우리 안에 내재해 있다. 우리가 행복을 밖에서 찾고, 다른 대상에서 찾기 때문에 행복이 제대로 꽃피지 못한다. 내 안에 있는 진선미에 초점을 맞추면 행복해지리라.

행복해지려면 인간의 가장 아름다운 본성 중에 하나인 진선미에서 먼저 답을 찾아야 한다. 우리의 본성과 양심에는 진선미가 다 들어 있다. 우리 모두는 내 안에 있는 진선미를 알아보는 눈을 가지고 있다. 시선이 항상 진선미를 향해 있는 사람이 성인이다.

행복의 근원인 진선미를 모르면서 어떻게 진정으로 행복할 수 있겠는가? 진선미를 탐구하지 않고 행복을 추구한다는 것은 인간에게 있어 사랑의 존재를 모르면서 사랑의 감정을 느끼려는 것과 같다.

진선미를 온전하게 갖춘 사람은 먼저 본인이 행복하고, 남을 행복하게 해 준다. 내 안에 있는 진선미의 감각이 제대로 발현되게 하자. 우리는 우리 안에 진선미의 감각이 다 있다. 참되다, 선하다, 아름답다의 판단기준이 다 있다.

인간은 어떻게 '탁월한 삶'과 '진정한 행복'에 이르게 되는가? 그 답이 바로 진선미 덕행이다. 덕행이란 끊임없는 성찰과 학습과 수행을 통해 자기 완성에 도달하는 과정이다. 즉 끊임없이 보다 나은 사람이 되어 가는 것이다. 여기에 진정한 행복이 있다. 덕행은 그 자체가 보상이듯 진선미도 그 자체가 보상이다.

현대인의 치유제 곧 진선미에 뜻을 두라

진선미는 분명 축복이다. 진선미는 우리 모두가 더 참되고 선하고 아름답게 살아갈 수 있도록 하나님이 내리신 축복이다. 진선미가 있음으로 내가 더 참되고, 선해지고 아름다워지니, 이보다 더 큰 축복이 또 있을까?

이 땅에서 진선미의 삶을 구현하는 것이 내 인생의 최고의 소명임을 깊이 자각하는 순간, 형언할 수 없는 행복이 밀려온다. 세상에서 제일 큰 행복은 진선미의 삶에 깃든다.

하지만 오늘날 자본주의에 길들여진 사람들은 더 이상 진선미와 함께 살고 싶어 하지 않는 것 같다. 자본주의 노예가 되어 더 많은 돈을 벌기 위해 무한경쟁의 삶을 사는 현대인은 자신의 손익계산 영역에서 '참과 거짓' '선과 악' '미와 추'를 분별하는 기준이 변질 되었고, 지금은 위추악이 우리의 정신과 삶의 구석구석까지 파고들어 이미 손을 쓸 수 없는 지경에 이르렀다.

현대인들이 진선미를 모르기 때문에 가련하기도 하다. 진선미를 모르는 것은 흑백을 구별하는 능력을 상실한 것 못지않은 결함이다. 무지가 곧 악이요 불행이다. 무지로 인해 온갖 악행과 편견과 오해가 발생하기 때문이다.

진선미가 우리를 천민자본주의의 불행으로부터 지켜줄 것이다. 진선미는 인간을 쾌락에 물들지 않게 해주고, 온갖 고통에 상처받지 않게 해주고, 온갖 교만으로부터 지켜주고, 온갖 수치스런 악과는 무관하게 해준다.

진선미 행복은 반딧불과 같이 잠깐 반짝이는 행복이 아니라 밤하늘의 별과 같이 어둠을 밝히는 영원한 행복이다. 잠시 열광하는 삶보다 한결같은 삶이 더 아름답다. 참된 행복은 인간의 본성인 진선미의 실현이므로, 행복하려면 진선미에 뜻을 두라.

진선미는 깨달음의 징표다

동서고금 수많은 현자들이 깨달음을 추구하고 있다. 매사에 깨달음을 얻고 인간의 타고난 본성대로 살면 행복한 세상이 열릴 것이다.

사실, 깨달은 자만이 최상의 행복을 맛볼 수 있다. 인격을 수양하고 깨달음을 얻은 자는 반드시 진선미의 열매가 맺혀야 한다. 진선미는 사상과 학문의 완성이고 최상의 행복이다.

깨달음의 징표는 다양한데, 참 자아 발견, 환희, 마음의 평화, 번뇌의 끝, 온전한 삶 등이다. 하지만 반드시 나타나야 할 징표가 있는데, 바로 진선미다. 온전히 깨달은 존재는 흔들림 없는 진선미와 내적 평화를 지니고 있다.

어떤 사람은 깨달음을 얻었다고 하지만, 진선미의 열매가 없다. 이는 참된 깨달음을 얻은 것이 아니다.

깨달음의 정도를 어떻게 판단할 수 있을까? 깨달은 자는 이기심이 전혀 없어야 한다. 그의 모든 생각과 삶에는 나보다 남을 먼저 배려하는 황금률이 나타나야 한다. 4대 성인처럼 오로지 인류를 위해서 살고, 그것을 위해 자신을 희생할 수 있다면, 깨달음의 최고 경지에 도달한 것이다.

깨달은 자는 어느 누구도 차별하지 않고 모든 이를 평등하게 대한다. 그는 다른 사람에게 어떤 것도 기대하지 않는다. 그는 욕망도 두려움도 없다. 깨달음은 오로지 베풀기만 하는 사랑이다. 깨달은 자는 매순간 진선미와 하나가 되어 있다.

깊은 침묵과 고요 속에서, 그리고 깨어있는 상태에서 자신의 생각과 삶을 되새겨 보자. '이것은 양심의 발로이고, 진선미에 부합되는가.' 늘 깨어있는 사람은 쉽사리 위추악에 빠지지 않고 진선미에 맞게 살 것이다.

깨달은 자가 되어 오로지 타인을 위해서 살 수 있다면 세상이 바로잡힐 것이다. 세상은 유토피아가 될 것이다.

인간의 본성과 진선미

인간이면 당연히 본성적으로 진선미를 알고 있다. 온전히 알지는 못할지라도 어느 정도까지는 알고 있다. "인간은 어떻게 살면 더 참되고 선하고 아름다운가? 우리가 못 살아서 그렇지, 본능적으로 진선미의 존재를 알기는 안다."

인간은 자신의 가장 근본적인 본성인 진선미에 맞게 행동할 때 행복하다. 요컨대 진선미에 등을 돌린다는 것은 인간의 본성을 부인한다는 뜻이다.

진선미는 우리 안에 단단히 박혀 있는 본성이다. 이런 본성을 바탕으로 우리는 어떤 행동이 고결하고 친절한지 스스로 자연스럽게 결정을 내린다.

"모든 인간에게 공통되는 본성이 없다면 인간의 단일성도, 모든 인간에게 타당한 가치와 규범도 존재하지 않을 것이며, 인간을 인식 대상으로 삼는 심리학이나 인류학 같은 학문도 존재할 수 없을 것이다."에리히 프롬

나는 모든 인간은 본성적으로 진선미를 갈망한다고 생각한다. 우리 모두에게는 진선미에 대한 욕망이 있기 때문이다. 진선미는 인간다움을 위해서는 반드시 필요한 요소이기에 인간의 본성에 새겨져 있다.

독일 태생의 사회심리학자 에리히 프롬에 따르면 고대 그리스부터 현대에 이르기까지 대부분의 사상가들은 인간의 본성을 구성하는 것이 당연히 존재한다고 생각했다. 무엇이 이 본성에 포함되느냐를 두고는 의견이 다양했지만 본성, 즉 인간을 인간으로 만드는 것이 존재한다는 것에는 다

들 같은 생각이었다.

"나는 수천 년 전 인류의 모든 위대한 정신적 지도자들이 서로 만난 적은 없지만 대체로 동의하였던 삶의 기본규범과 가치가 존재한다고 확신한다. 이런 가치는 모든 인간에게 타당하며, 인간의 본성 자체와 인간 실존에서 정당성의 근거를 찾는다."에리히 프롬

인간의 본성은 우리로 하여금 환상이나 거짓이 아닌 진실에 입각한 행복을 구축하도록 이끈다. 나는 자손 대대로 인간의 본성에 따라 진선미의 흐름이 계속 되리라 믿는다. 이러한 신뢰가 없다면 그 어디서 삶의 의미를 찾고 행복할 수 있겠는가?

인간 본성의 법칙 곧 진선미의 법칙은 인간이 만들어 낸 법칙이 아니다. 인간에게 내재한 것이다. 우리가 만들지는 않았어도, 우리를 압박하는 실제적인 법칙이 존재한다. 우리가 창안한 법칙이 아님에도 실제적으로 따라야 할 법칙이 존재하는 것이다.

영국 경제학자 애덤 스미스는 그의 저서 『도덕 감정론』에서 말했다. "인간이 아무리 이기적인 존재라 할지라도, 기본 바탕에는 이와 반대되는 선한 본성이 있다." 그러므로 아무리 이기적인 인간일지라도 이타적인 존재로 되살릴 수 있는 희망이 있다. 이는 인간에게는 기본적으로 선한 본성이 있기 때문이다.

우리 눈으로 보기에는 하늘이 흐려져 태양이 보이지 않을 수도 있다. 하지만 태양은 구름 너머에서 항상 쨍쨍히 비추고 있는 것이다. 이와 마찬가지로 눈에는 보이지 않을지라도 우리 내면에는 선한 본성이 내재하고 있다.

사람들은 실제로는 이기적인데도 자신이 이타적이라고 말한다. 그 이유

는, 이타적으로 보이고 싶어 하기 때문이다. 이는 선한 본성 곧 이타심이 인간의 바탕에 깔려 있다는 증거이기도 하다.

소크라테스와 예수는 목숨을 잃는 고통을 감내하면서도 선한 본성 곧 진선미에 따라 마지막 순간까지 자신의 길을 지킬 수 있었다. 4대 성인은 어떠한 상황에서도 흔들리지 않고, 자신의 근본적인 본성에 맞게 행동함으로써 행복할 수 있었다.

2 행복은 양심적이고 윤리적이다

4대 성인은 진선미와 함께 반드시 언급했던 것이 있는데, 바로 양심이다. 양심은 진선미와 함께 4대 성인의 사상과 삶의 바탕이다. "당신 안에 있는 양심의 소리를 들어라. 이것이 살아있는 신의 소리고 우주의 질서다. 양심의 소리를 저버리면 신은 떠나가고, 우주의 질서는 무너지고, 인류는 불행에 빠지게 된다."

늘 깨어있으면서, 양심의 미세한 움직임을 알아차려야 한다. 우리 모두를 진리와 행복으로 인도하는 양심의 현존을 놓치지 않아야 한다. 이것이 4대 성인이 걸었던 길이다. 양심을 지키면 내면의 평화를 얻게 되고, 참된 자유를 얻게 되고, 진선미가 절로 약동할 것이다.

우리의 마음을 하나로 모아 깨어있으면, 내면이 고요해지고 맑아지고, 원래의 상태가 되는데, 그러면 양심이 선명하게 드러나게 된다. 그 선명한 양심에 거하면, 그 자리엔 거짓이 없으니 참됨이 절로 나오며, 그 자리엔 악함이 없으니 선함이 절로 나오며, 그 자리엔 추함이 없으니 아름다움이 절로 나온다.

양심대로 사는 것이 진선미요, 양심을 버리고 내 욕구대로 사는 것이 위악추(僞惡醜)다. 현명한 사람은 진선미를 추구하고, 어리석은 사람은 위악추에 매달린다. 진선미는 내 인생을 올바르게 인도하는 빛이요, 행복을 향한 밝은 기운이다.

"아무리 돈이 없고 화가 나고 무시당하고 자존심이 상해도 절대로 타협하지 말아야 될게 있어. 그게 바로 '양심'이라는 거야." 어느 드라마 대사에서

진선미의 바탕은 양심이다

양심은 진선미의 근원이요 바탕이다. 왜 양심이 진선미의 근원인가? 무엇이 옳다고 분별하는 것, 선하다고 인정하는 것, 아름답다고 느끼는 것은 양심이 할 수 있기 때문이다. 그러므로 진선미는 밖에 존재하는 것이 아니라 우리가 지닌 순수한 양심에 존재한다.

하나님이 우리의 내면에 새겨 놓은 양심대로 사는 것은 이 세상에 사람으로 태어나 마땅히 살아야 할 진실하고 선하고 아름다운 길이다. 이 길이 참된 행복의 실체임에는 분명하지만, 일반 대중들에게는 큰 부담이 아닐 수 없다.

양심은 자연법으로서 실정법과는 달리, 동서고금 언제 어디서나 늘 타당한 보편적인 법이다. 이것이 유교의 『중용』에서 말하는 '천하에 두루 통하는 도리' 곧 시간과 장소의 변화와 상관없이 사람이라면 마땅히 지켜야 할 '달도'達道다.

내 양심, 내 안에 진선미가 행복해야 나도 행복해지는 것이다. 양심에 맞게 살 때 행복이 깃든다. 진선미를 그대로 구현하는 양심의 화신이 되자. 양심의 명령, 그것이 진선미의 소리다. 그 소리에 반응하는 자가 양심이 살아있는 자다.

우리는 선과 악을 파악하는 능력이 있고, 어떻게 사는 것이 올바른 삶인지, 대부분 알고 있다. 그러면 안 된다는 것을 양심이 시켜서 알고 있다. 그

래서 우리는 진선미의 소리를 듣고 있다.

단순히 내 행복에 방해가 된다는 이유로 남의 행복을 해친다면, 절대로 양심의 지지를 얻을 수 없다. 남에게 악을 행하고 잠 편하게 자는 사람은 드물다. 물론 남을 희생시켜 가면서까지 자신의 행복을 중요시하는 것이 인간의 속된 마음일 수가 있다. 그러나 그런 속성에만 몰두하는 사람은 양심의 공감을 절대 얻지 못한다.

다행히 하나님은 우리의 마음에 언제 어디서나 진선미를 가리키는 나침반을 하나씩 개설해 놓았다. 우리는 마음속에서 울려 퍼지는 하나님의 목소리 곧 양심만 잘 주시하면 된다.

양심의 소리에 귀를 기울이고 진선미를 공정하게 점검하고, 양심의 선명한 명령에 따라 삶의 중요한 선택을 하는 것, 이것 자체가 수행이며 빛으로 나아가는 길이다. 이 과정 자체가 우주가 제시한 밝은 길을 따르는 길이다.

우주가 춘하추동, 밤낮 쉬지 않는 것처럼 양심 또한 쉬지 않고 우리를 깨워있게 하고 진선미로 자신을 표현한다. 그러므로 우리는 얼마나 늘 깨어있어 깨끗한 양심을 유지하느냐가 관건이다. 양심의 정결함이 그대로 진선미의 덕목이 된다. 그것이 인간의 길의 모범이 된다.

오직 양심에 따라 진선미를 지향하는 삶을 살자. 그것이야말로 인생 최고의 목표가 되어야 할 것이다. 나와 너 모두를 행복으로 인도하는 '진선미의 길'을 걷는 것이 옳지 않겠는가? 양심대로 살아야 편안하게 주변과 조화를 이루며 살 수 있다. 양심대로 살고 진선미를 구현하면 욕먹을 일이 없다.

우리는 궁극적으로 인간의 본성 곧 양심과 진선미 그대로 온전히 생각하고 말하고 행동하며 살아가는 성인의 경지에 도달해야 한다. 이러한 경지에 이르는 것이야 말로 사람다운 삶이다.

양심각성

우리는 항상 양심각성을 해야 한다. 언제나 양심이 우리를 지켜보는 것처럼 행동해야 한다. 양심의 시선으로 스스로가 어떤 사람인지 인식해야 한다. 그래야 양심의 뜻에 합치되고 진선미에 부합되는 삶을 살 수 있으며, 결과적으로 행복해질 수 있는 것이다.

살다보면 혼미한 상태에 빠져 올바른 길을 분별하지 못할 때가 있다. 어떻게 살아야 할지, 무엇이 진선미인지, 도무지 판단할 수 없을 때가 있다. 그때는 양심각성이 필요하다.

양심각성 상태가 잘 유지되면서 올바른 분별력이 이루어진다. 혼미한 것에 대해서 명확한 답을 얻게 될 것이다. 잘못된 것들이 있다면, 양심의 가책을 받게 될 것이다. 모든 오류가 선명해지고 올바른 길을 분별할 수 있을 것이다. 그러므로 어떤 욕구와 유혹이 우리의 마음을 침범해 오더라도 양심각성 상태를 늘 유지해야 한다.

양심을 각성하고 진선미를 추구하는 것은 자아성찰을 통해 도덕적 삶을 살게 하고, 자아실현과 행복한 삶을 이루는 데 필요하다. 내 삶에서 진선미의 구현은 자아실현의 극치다. 그로 인해 진선미가 나 자신의 핵심가치가 되고, 진선미 행복이 나 자신의 핵심사상으로 자리 잡는다.

옳고 그름을 선명하게 분별할 수 있는 양심은 하나님의 선물이요 축복이다. 다만 양심보다 욕망이 더 큰 힘을 지닌 현실 때문에, 양심은 욕망을 포장해 주는 '욕망의 시녀'로 전락하고 말았다. 양심각성을 통해 늘 깨어서 내면에서 일어나는 욕망의 분출을 알아차리고 예방할 수 있어야 한다.

양심을 청결하게 유지하고, 그 청결한 양심에 따라 진리를 선명하게 파악하고, 사랑으로 올바른 선을 실천하며, 황금률의 구체적인 구현을 통해 삶 전체를 아름답게 꽃 피우는 것, 이것이야말로 진정한 인간의 길, 사람다운 삶이라고 할 수 있을 것이다. 이러한 삶이 4대 성인이 지향하고 가르치고 구현하고자 했던 삶이 아닐까?

맹자는 양심에 걸림이 없을 때 일어나는 탁 트인 기운(에너지, 기개, 힘)을 '호연지기'浩然之氣라고 했다. 양심대로 살아가면 호연지기는 절로 생긴다.

우리가 진리를 선명하게 인정할 수 있는 것도, 선을 확고하게 실천할 수 있는 것도, 아름다움을 심오하게 느낄 수 있는 것도, 모두 우리 내면에 존재하는 '신성한 양심'의 힘 때문이다. 잠자고 있는 내면의 신성한 힘 곧 양심이 깨어나게 하자.

자신부터 깨어나서 양심대로 먼저 내 가족과 동료들에게 진선미를 실천한다면, 우리는 우리 사회와 세계, 더 나아가 우주변화의 주인공이 될 수 있을 것이다.

양심을 버리면 그냥 본능에 따라 살게 된다. 나에게 이익이 되면 행하고 손해가 되면 피하는 금수와 다를 바가 없는 길을 걷게 된다. 결국 욕망의 노예 상태로 전락하게 된다.

진정한 행복은 언제나 윤리적이다

진정한 윤리는 언제나 행복한 것이다. "행복이란 지극히 윤리적인 것이어서 행복해야 하는 것이 거의 의무일 정도다."칸트

행복은 결코 비윤리적인 것이 아니다. 윤리성이 결여된 행복이란 있을 수 없다. 행복은 윤리에 반하지 않고 윤리가 행복에 반하지 않기에, 행복과 윤리는 동전의 양면과 같이 늘 함께 하는 것이다. 행복하다는 것은 지

극히 윤리적인 것이므로, 우리는 안심하고 행복해도 좋다.

윤리성이 결여된 쾌락은 어떤가? 자고로 쾌락이란 더 많은 쾌락을 불러오고, 결국 욕망의 삶에 불을 지피고 불행에 빠지게 된다.

쾌락이 실컷 날뛰도록 내버려둬 보자. 조만간 그것은 우리를 제 뜻만 쫓아 살게 만듦으로써 마치 노예처럼 우리를 부리고야 말 것이다. 가끔은 어처구니 없는 지경으로까지 그런 일들이 일어나는 게 사실이다.

우리는 에로스의 격렬한 욕구를 채우기 위해서 사는 사람을 행복한 사람이라고 보지 않는다. 그것은 행복이 아니라 쾌락이다. 오히려 그러한 사람은 엄청난 불행을 겪고 있는 사람인 것이다.

인간은 오로지 도덕법칙에 맞게 행동할 때가 자유하다. 인간은 양심이 시켜서 할 때만 자유하다. 그 외에는 예속상태에 사는 것이다. 자유가 있다는 것은 거의 신적 존재라는 것이다.

행복하려면 도덕성을 키워야 한다. 과거에 비해 재주는 좋아졌지만 오늘날 도덕률은 떨어졌다. 행복은 도덕이다. 도덕이란 곧 행복한 것이다. 거기엔 어떤 모순도 없다.

모든 도덕의 바탕은 '자신이 상대방에게 받기를 원하는 것을 남에게 베풀라'는 황금률 곧 '양심의 명령'이다. 이는 칸트의 정언定言명령과도 얼추 통하는 바가 있다.

칸트의 정언명령에 따르면, 우리가 어떻게 행동할지 결정을 내릴 때나 도덕적 딜레마에 직면했을 때, "나뿐 아니라 모든 사람들이 이렇게 행동하면 어떤 일이 벌어질까?" 라고 확대해서 생각해야 한다. 칸트의 정언명령은 "당신이 하고자 꾀하고 있는 것이 동시에 누구에게나 통용할 수 있도록 행하라"는 것이다. 정언명령은 항상 타당하며 보편성을 띠고 있다. 보편적인 도덕률은 우주와 인간의 본질을 함축하는 진리다.

칸트는 말했다. "도덕법칙을 스스로 입법하라." 나는 내 법칙에 따라 살 것이다. 나는 나의 왕국의 군주다.

영성 지수와 진선미 지수를 높여라!

4대 성인은 양심 지수와 진선미 지수가 엄청 높았다. 영성과 진선미의 지수가 높은 사람이야말로 진정한 위인이고, 한 시대를 이끌 수 있는 진정한 리더다.

성인은 별다른 존재가 아니라 양심이 탁월하게 작용해서 진선미 지수가 높은 존재다. 모든 성현들은 양심과 진선미의 지수가 높은 인물들이었다.

여기서 소크라테스를 예로 들어 그의 양심과 진선미의 지수가 어떠한지를 살펴보고자 한다. 그야말로 소크라테스는 아테네의 양심이었고 진선미의 표본이었다.

소크라테스는 아테네의 양심적 리더였다. 양심적 리더는 어떤 일을 직면했을 때, 자신의 편견과 사욕을 버리고, 모두에게 이롭고 진실에 기반을 둔 선명한 결론을 내리고 실천할 수 있어야 한다. 이때 그는 살아있는 양심 그 자체가 된다.

양심적 리더는 소크라테스처럼 동시대인들이 잘못된 삶에서 깨어나도록 등에(쇠파리) 역할을 할 수 있어야 한다. "신이 나를 마치 등에처럼 아테네에 달라붙어 있게 하여, 아테네인들이 깨어나게 하고, 언제 어디서나 곁에 붙어서 설득하고 지적하기를 그치지 않게 하였다고 생각합니다" 『소크라테스의 변론』에서 자기애에 빠진 사람들은 남보다 앞서기 위해 비열하게 행동할 수 있다. 그러나 양심의 눈을 통해 자기 자신을 보면, 그 행동이 잘못되었음을 알게 될 것이다.

우리에겐 도둑질이나 살인 같은 극악의 범죄들을 금지하는 법체계가 있다. 그러나 이보다 더 강력한 힘, 우리에겐 양심이라는 도덕률이 존재한다. 양심은 대부분의 사람들이 정도를 밟게 만든다. 그렇기 때문에 경제학자 애덤 스미스는 양심에 기반을 둔 선택이 중요하다고 말했다.

인간이 금수하고 다른 것이 있는데 곧 양심이다. 군자들은 양심을 챙기고, 소인들은 양심을 버린다. 양심은 올바른 삶을 위한 정언명령이다.

오늘날 자본주의 사회는 돈, 돈, 기술, 기술해서 경제는 부흥시켰지만, 이젠 숨이 막힐 지경이 되었다. 양심과 진선미의 지수가 바닥을 쳐서 거짓이 일상화 되었고, 사기가 넘쳐나고, 이기심은 기본이고, 화를 참지 못하고, 분노조절이 안 되어서 '묻지 마 범죄' 같은 흉악한 범죄들이 활개를 치게 된 것이다.

어떻게 범죄를 예방할 것인가? 이는 양심과 진선미의 회복에 달려 있다. 양심이 올바르게 작동하면 '자신이 당하기 싫은 일을 남에게 가하지 마라'는 양심의 명령 곧 황금률을 어기게 되면 곧장 죄책감이 발생하기에 범죄는 일어나지 않는다.

성현들처럼 내 뜻대로가 아니라 양심의 뜻대로 살아갈 수 있어야 양심 지수가 높은 것이다. 하나님이 인간에게 내리신 본성을 그대로 구현할 수만 있다면 우리는 양심 지수를 최고로 발휘하여 최고의 인간인 '성인'이 될 수 있을 것이다.

4대 성인을 롤 모델로 삼고, 4대 성인의 경전이나 언행을 많이 참조하고 항상 그 내용을 되새기자. 그들이 우리에게 말하고 있다고 상상하자. 가장 좋은 것은 4대 성인의 글을 읽으면서, 그들이 우리에게 말해주고 있는 소리를 듣는 것이다.

4대 성인과 함께 하며 그들의 가르침에 따라 사는 것이야말로 양심과 진선미를 온전히 따르는 삶의 비결이며, 양심 지수와 진선미 지수를 강화하는 좋은 태도다.

과거에 비해 물질적으로는 엄청 풍요로워졌다. 문제는 양심과 진선미의 지수가 낮아졌다는 것이다. 아무리 바쁘고 피곤하더라도 양심과 진선미의 지수를 높이고, 그 소리에 귀를 기울여 보자. 열심히 산다고 잘 사는 것이 아니다. 양심대로 살고 진선미의 미덕을 쌓으며 살아야만 후회 없는 삶을 사는 것이다.

진선미는 양심의 구체적인 발현이다. 양심이 자라지 못하면 진선미도 자랄 수 없다. 양심의 계발을 무시해도 안 되고, 억지로 계발하려고 해서도 안 되며, 늘 자신의 양심의 소리에 귀를 기울이며 양심에 따라 반응해야 한다. 이것이 진선미 지수를 높이는 최고의 방법이다.

진선미眞善美와 위악추僞惡醜

양심을 따르면 진선미고 양심을 저버리면 위악추다. 그러므로 양심과 진선미는 인간이 억지로 만들어 내는 것이 아니다. 인간 본성에 내재해 있는 것을 깨달음과 수행을 통해 드러낼 수 있을 뿐이다. 양심대로 살아가면 진선미는 저절로 생긴다. 진선미는 이 세상에 행복을 불러들이고, 위악추는 이 세상에 불행을 불러들인다.

우리는 깨어있는 마음으로 매 순간 진선미와 위악추를 분별할 수 있어야 한다. 나날이 양심이 밝아져서 진선미는 늘어나고, 위악추는 소멸하는 삶을 살아야 한다. 이것이 인간의 본성에 부합되고 인간답게 살아가는 사람의 길이다.

진선미와 위추악의 기준은 밖에 있는 것이 아니다. 우리에겐 누구나 양심이 있으니까, 일체의 선입견과 욕망을 내려놓은 상태에서, '순수한 양심'이 일말의 의심 없이 옳다고 여기는 것이 진선미며, 양심의 가책을 받고 불편하게 여기는 것이 위추악이다.

우리의 마음을 하나로 모아 깨어있음을 유지하고, 양심에 근거하여 진선미와 위악추를 선명하게 분별하며, 늘 진선미를 지향하는 것, 이것이 인간의 길이다.

모든 것을 양심에 비추어보았을 때 선명하게 진선미라고 확신이 드는 것은 하나님의 뜻에 합치되고, 우리의 본성에 부합되는 것이다. 그대로 따르면 되는 것이다. 선명하게 위악추라고 확신이 드는 것은 하나님의 뜻에 위배되는 것이며, 우리의 본성에도 어긋나는 것이다. 결단코 따라서는 안 된다.

우리는 나와 남에게 모두 행복을 주는 것이 진선미라는 것을 알며, 나와 남 모두에게 고통을 주는 것이 위악추이라는 것을 익히 알고 있다. '옳다'는 확신이 있고 그것을 행동으로 옮길 때 사람은 빛이 난다.

모든 법의 근거인 양심은 황금률을 요구한다. "내가 당하기 싫은 일을 남에게 하지 마라." 이 법을 따르면 양심은 기뻐하나, 이 법을 어기면 양심의 가책을 받게 된다. 이를 기초로 진선미와 위악추를 분석하면 더욱 명확한 답을 얻을 수 있을 것이다.

사람은 어려서부터 진위眞僞, 선악善惡, 미추美醜를 구별하는 것을 배운다. 그 결과로 비록 자신의 이익을 우선시하더라도, 올바른 것을 중시하고 선한 일에 힘쓰고 아름다운 것을 추구하는 문화를 지켜왔다.

'나하나 잘 살자'라는 '에고의 욕망'을 따르면 위악추의 길을 걷게 되고, 황금률에 따라 역지사지하며 양심대로 살면 진선미의 길을 걷게 된다.

양심에 따라 살아가라. 그리고 육체의 욕망을 채우지 마라. 육체의 욕망은 양심에 반대되는 위악추고, 양심의 뜻은 육체에 반대되는 진선미다.

양심의 뜻은 마땅히 해야 할 것을 하고, 마땅히 하지 말아야 할 것을 하지 않는 것일 뿐이다. 우리의 순수한 마음인 양심에는 나와 내 것에 집착하는 이기적 에고의 작용이 없기에, 위악추와 같은 욕망이 없다.

한국인 슈바이처 고故 이태석 신부의 삶을 다룬 다큐멘터리 영화 『울지 마 톤즈』에 나오는 이야기다. 이태석 신부가 운영하는 아프리카의 톤즈 마을병원에 가난한 소년이 입원했다. 어느 날 소년의 아버지가 수수죽을 들고 병문안을 왔다. 하지만 소년은 수수죽을 먹지 않는다. 그 이유를 물으니 소년은 아버지가 하루 종일 굶고 있는데, 아버지가 한 숟가락만이라도 먼저 먹으면 자기가 먹겠다는 것이다. 하지만 아버지는 아들이 다 먹어야 한다는 것이다. 그래서 둘 다 수수죽을 먹지 않고 서로의 얼굴만 쳐다보고 있는 것이다.

이태석 신부는 그 장면을 보고 있노라니 너무 감동이 되고 그들이 행복해 보였다고 했다. 인간은 가난해도 얼마든지 행복할 수 있는 것이다. 이렇듯이 행복은 진실하고 선하고 아름다운 것 곧 진선미다.

위악추에는 참된 삶이 없다. 거기에는 오로지 비참한 불행만이 있을 뿐이다. 양심의 소리를 듣고 진선미의 빛으로 돌아와야 한다.

2020년 11월, 코로나19 역병이 온 세상에 창궐할 때, 어느 유명인 수행자가 사회의 지탄의 대상이 되었다. 그 수행자는 평소에 무소유의 삶을 주장했지만 정작 본인은 서울에 단독주택이 있고, 뉴욕에도 아파트가 있는 부자라고 한다. 그리고 엄청난 강사료를 챙기고, 저작료를 더 많이 받기 위해 출판사를 닦달했다고 한다.

아무리 수행자라도 돈맛을 알면 진선미를 분간하지 못하고 위악추에 빠진다. 최근에 지탄의 대상이 된 그 수행자가 그러한 사실을 여실히 보여주었던 것이다.

오늘날의 문제는 현대인들이 돈맛을 보았다는 것이다. 그러면 진선미를 구별하지 못하고 위악추에 빠지고 불행해지는 것이다. 이것이 현대사회의 위기다. 그래서 진선미의 회복이 시급하다는 것이다.

인간은 보편적 도덕률 아래에 있다

　　　　　　　모든 인간은 보편적 도덕률 아래에 있다. 그 도덕률이란 인간이라면 마땅히 따라야 할 인간본성의 법칙이다. 하지만 그 도덕률은 인간이 만들어 낸 인위적인 것은 아니다. 그리고 아무리 없애려고 노력해도 없앨 수 없는 자연법이다.

우리는 먼저 도덕률이 엄연히 존재하며, 그 법칙의 배후에 어떤 힘이 있고, 우리가 그 법을 어김으로써 사회가 잘못되어 있고, 그 힘과 잘못된 관계를 맺게 되면, 그것이 불행의 원인이 된다는 사실을 깨달아야 한다.

'나'라는 인간을 열어 보았을 때 '나는 독립적 존재가 아니며 어떤 법칙 아래 있는 존재'라는 사실을 지각해야 한다. 물질적 우주 너머에 있는 그 무언가가 도덕률을 통해 현실적으로 우리에게 다가온 것이다. 즉 내가 일정한 방식으로 행동하기를 원하는 무언가가 있는데, 그 무언가는 인간본성의 법칙이다.

"모든 물체는 중력의 법칙을 받고 모든 유기체가 생물학적 법칙을 받듯이 인간이라고 불리는 생물에게도 그들을 지배하는 법칙이 있다. 인간에게는 인간 본성의 법칙이 있다." C. S. 루이스

우주를 지휘하고 있는 무언가가 존재하며, 그 무언가는 내 안에서 옳은일을 하도록 재촉하고, 그릇된 일에는 책임감과 불편함을 느끼게 만드는하나의 법칙으로 나타난다.

하나님이 새겨놓은 인간의 본성을 제대로 이해하고 충실히 따를 때, 인간으로서 최선의 길인 진선미의 도를 행할 수 있다.

"사실 도덕률이란 인간이라는 기계가 올바르게 작동할 수 있도록 만드는 지침이라고 할 수 있다. 모든 도덕률은 이 기계가 움직이다가 고장 나지 않게 하려고, 또 기계에 무리가 생기거나 마찰이 일어나지 않게 하려고존재한다." C. S. 루이스

독일 철학자 임마누엘 칸트는 도덕률을 행복과 연관지어 탐구하였다. 도덕률 곧 인간이 가야할 길과 법칙을 탐구하지 않고는 참되고 지속적인행복에 이를 수가 없다. 그런 면에서 우리는 칸트야말로 행복과 관련된 위대한 철학적 전통을 다시금 되살렸다고 말할 수 있을 것이다.

칸트에게 중요한 것은 '어떻게 하면 행복해질 수 있는가' 하는 점이 아니라, '어떻게 하면 행복해질 만한 자격을 갖춘 사람이 될 수 있는가' 하는문제였다. 칸트는 "타인을 존중하고 자유로운 존재로 배려하며, 경의를 표해야 한다. 이것이야말로 모든 인간에게 적용되는 도덕적 규범이다. 자신

의 인격이나 인간성만이 아니라 타인의 인격이나 인간성을, 단순히 수단이 아니라 목적으로 다루면서 행동하라"고 말했다.

인간은 보편적 도덕률에 충실할 때, 인간 그 본연의 모습으로 돌아온다. 사람과 사람 사이에 거짓이 사라지고 비도덕적인 것은 설자리를 잃는다.

자연법^(보편적 도덕률)으로써 진선미

인간에게는 법칙이나 규칙이 있다. 이런 것이 없다면 짐승처럼 늘 으르렁거리며 싸울 것이다. 인간은 문제가 생기고 갈등이 일어나면 무조건 싸우기 보다는 두 사람 사이에 '무엇이 옳고 그른가' 밝히려고 서로 대화하며 규칙을 따져본다. 이는 야구경기에 규칙이 있듯이 인간 사이에도 규칙이 있기 때문이다. 사람들은 이러한 '옳고 그름에 대한 법칙'(바른 행동 규범) 곧 진선미에 대한 법칙을 '자연법'(Law of Nature)이라고 불렀는데, 그것은 굳이 따로 배우지 않아도 인간이라면 누구나 자연스럽게 안다고 생각했기 때문이다.

인간은 자신이 마땅히 해야 할 행동, 즉 공정한 처신, 예의, 도덕 등의 자연법이라고 부를 수 있는 종류의 행동이 있다. 자연법은 '인간본성의 법칙'(Law of Human Nature)이기도 하다.

인간본성의 법칙은 실재하는 것이지만, 인간이 만들어낸 것은 아니다. 우리가 만들지 않았음에도 불구하고 우리를 압박하는 실재적 법칙이다. 즉 인간에게는 우리가 창안해 낸 것이 아님에도 불구하고 우리가 마땅히 따라야 한다고 생각하는 실재적인 법칙이 존재하는 것이다.

어떤 이는 인간이라면 누구에게나 내재하는 자연법도 그렇게 견고한 개념이 못 된다고 주장한다. 그 이유로는 문명이나 시대에 따라 도덕도 크게 다르다는 것이다. 하지만 영국 기독교 작가 C. S. 루이스(Clive Staples Lewis 1898-1963)는 그렇지 않다고 반박했다.

"각 문명과 민족의 도덕관들, 한 시대나 한 나라의 도덕관들 사이에는 차이가 있기는 하지만, 그것은 전적인 차이라고 할 만한 것이 못 된다. 그 모든 도덕관들을 관통하는 동일한 법칙이라는 것이 있기 때문이다. 예컨대 고대 이집트인, 바빌로니아인, 인도인, 중국인, 그리스인, 로마인의 도덕을 비교하면, 그것들이 서로 아주 비슷할 뿐 아니라 우리 시대의 도덕과도 비슷하다는 사실을 발견하고 놀랄 것이다. 다름이 있다면 사람들이 어떤 옷을 입고 어떤 음식을 먹고 어느 쪽 길로 다니느냐 하는 등의 차이인데, 그러한 단순한 관습들은 얼마든지 큰 차이를 보일 수 있는 것이다." C. S. 루이스

인류의 가장 보편적인 도덕률 중에 하나가 '황금률'인데, 그것은 어느 위대한 도덕 선생이 만들어 낸 것이 아니다. 모든 인류가 본성적으로 늘 옳다고 생각해 온 바를 요약한 것이다. 그래서 황금률은 모든 시대 모든 사람을 위한 가장 보편적인 도덕률인 것이다.

인간의 모순을 이해하라

인간은 모두가 자신이 착하다고 생각하는 것 같다. 극악한 살인자조차도 자신의 행위가 왜 정당한지 설명하려고 한다. 게다가 그렇게 생각만 하는 것이 아니라 실제로도 착한 사람이 되고 싶어 한다. 이는 인간은 비록 착하게 살고 있지는 못하지만, 인간의식의 바탕에는 착하게 살아야 한다는 본성에 깔려 있다는 증거가 아닐까?

> 인간은 본성적으로 진선미를 원할 뿐 아니라, 진선미의 사람이
> 되기를 원한다. 비록 지금은 진선미대로 살고 있지는 못할망정, 진선
> 미답게 사는 것이 옳다는 것을 알고, 그렇게 살고자 한다.

이것이 바로 진선미가 인간의 본성이라는 증거가 아닐까? 그리고 행복이란 진선미대로 살고 있다는 느낌으로부터 생겨나는 것이 아닐까?

하지만 우리는 때때로 스스로가 자신에게 속아서 자신이 진선미답게 살고 있지 않은데도 살고 있다고 착각한다.

인간은 정말로 결점이 많다. 우리는 자기 자신을 잘 모를뿐더러 끊임없이 실수를 저지른다. 우리의 생각과 삶에는 모순투성이다. 우리는 우리 자신이 생각하는 것보다 위험하고 무지하다.

인간의 참된 행복은 내면의 자아가 외면의 자아로 그대로 구현될 때, 즉 사람의 겉과 속에 다름이 없을 때 실현된다. 아쉽게도 인간은 그러한 이상적인 행복에 미치지 못할 때가 많다는 것을 우리 모두는 잘 알고 있다. 이런 인간의 모순적인 모습이야말로 이해하기 힘든 부분이기는 하다.

인간은 누구나 타인의 도덕적인 결점에는 민감하지만 자신의 도덕적인 결점에는 둔감한 편이다. 즉 자신의 도덕적 결점은 잘 보지 못하면서 다른 사람의 도덕적 결점은 너무 빨리 파악하는 것이다. 우리는 이런 시각적 불균형을 이해하고 조심할 필요가 있다.

인간의 본성은 복합적인 듯 보인다. 인간에는 선한 본성과 악한 본성을 비롯하여 여러 본성이 존재하지 않을까? 애덤 스미스의 『도덕 감정론』에

나오는 다음의 문장이 이를 입증한다. "인간이 아무리 이기적인 존재라 할지라도, 기본 바탕에는 이와 반대되는 선한 본성도 있다."

인간의 선한 본성이 말살되어서 양심의 가책조차 못 느끼는 사회가 되면 희망이 없다. 인간의 선한 본성이 잘 실현되는 사회가 좋은 사회다. 다행인 것은 인간의 선한 본성은 인간으로부터 분리시킬 수 없으므로 희망이 있다. 즉 그 선한 본성 때문에 인간은 아무리 타락해도 다시 회복될 가능성이 얼마든지 있는 것이다.

인간본연의 이기적 자기애에도 불구하고, 우리는 왜 다른 사람들을 돕기 위해 자신을 희생시키고 사심 없이 행동하는가? 이 물음에 대해 한 가지 답이 있다면, 인간에게는 그러한 본성이 있기 때문이다. 즉 우리는 옳고 선하고 아름다움을 선망하는 존재로 타고났기 때문이다.

거짓을 좋아할 사람은 없다. 우리는 스스로 진실되고 싶어하고, 나에 대해 갖는 주변 사람들의 생각이 진실되기를 바란다. 하지만 실상은 그렇지 못할 때가 많다.

우리는 자신의 본성에 새겨진 진선미를 추구하면서도 실상은 그렇지 않은 삶에 실망하며 살고 있다. 우리는 선을 열망하면서도 악을 행하고, 애타주의愛他主義를 열망하면서도 여전히 이기주의에 사로잡혀 있다.

지금, 세상의 상태를 보면 인정하겠지만, 인류는 명백히 큰 잘못을 저지르고 있다. 우리는 잘못된 길을 가고 있다. 그렇다면 되돌아가야 한다. 방향을 잘못 잡으면 아무리 앞으로 가도 원하는 곳에 다가갈 수 없다.

우리는 자연법을 알고 있지만, 실상은 그 법을 어기고 있다. 인간이라면 반드시 행해야 할 법칙이 있지만 실제로 행하지 않는다는 것이다.

'인간본성의 법칙'이 말하는 바는 어떤 인간이든지 마땅히 해야 할 일이 있지만 하지 않는다는 것이다. 그러면 무엇이 문제인가? 어디서 문제가 발생했는가?

그 이유는 무엇인가? 영국 기독교 작가 C. S. 루이스에 따르면 여기에는 진선미 자연법을 지키는 인간의 본성에 문제가 생겼다는 것이다. 즉 어느 때부터인가, 인간은 불량품이 되어버렸기 때문이다.

인간은 매순간 옳은 일을 하기에는 부족한 면이 많다. 이기적인 욕망 앞에서 너무 쉽게 무릎을 꿇기 때문이다. 선한 본성에 따라 진선미답게 살기를 원하지만, 여전히 진창 속에서 헤어나지 못한다.

하지만 다행인 건, 그 순간이 지나고 나면 양심의 작용으로 인해 자신의 행동을 반성할 수 있다. 실제 이기적인 행동을 저지르고, 그 행동을 부추긴 욕망이 사라지고 나면, 그제야 우리는 양심의 소리를 제대로 들을 수 있게 된다. 그리고 양심의 눈으로 자신의 행동을 되돌아 보게 된다.

인간은 타인에게 관심을 가지고, 그들이 고통 받는 모습을 보면 안타까워할 만큼 이타적인 존재이기도 하다. 하지만 동시에 수백만 명이 목숨을 잃는 일보다 내 몸에 생긴 작은 상처로 인해 더 괴로워한다. 이런 인간의 모순적인 모습이야말로 이해하기 힘든 부분이기는 하다.

애석하게도 인간은 자기 자신에게 가장 속기 쉬운 존재다. 이는 인간은 자기 자신을 명확하게 볼 수 없기 때문이다. 인간에게는 자신의 민낯을 정직하게 볼 수 없다는 문제점이 있는 것이다. 여기서 도덕적인 문제점이 발생한다.

세상에서 가장 속이기 쉬운 존재는 바로 '나 자신'이다. 자신은 절대로 자기 기만에 빠지지 않았다고 스스로를 속이지 마라. 자기 기만은 인간의 치명적인 약점이다.

자기 기만이 인간의 치명적인 약점이긴 하지만, 다행히 양심의 영향력을 강화시켜 이를 극복할 수 있다. 누구나 마음속에 양심이 있다. 나의 행동이 옳은지 공정하게 알려주는 것이 양심의 역할이다. 양심 덕분에 우리는 한걸음 물러서서 자신을 객관적으로 바라볼 수 있다. 자기 기만을 계속 방치한다면 양심의 작용으로 우리는 거짓된 자기 모습을 직면하고 고통스럽게 될 것이다. 인간의 행동은 이 양심과의 상호작용에 의해 이루어진다.

"조물주는 자기 기만이라는 인간의 약점을 방치하지 않았다. 또한 인간이 완전한 착각 속에 빠져 살도록 내버려 두지도 않았다. 다행히 우리로 하여금 다른 사람들의 행동을 지속적으로 관찰하면서 스스로 어떻게 사는 게 옳은지 깨닫게 만들었다." 애덤 스미스

우리는 잔인하고, 약자를 이용하고, 무지한 사람을 속여 이익을 얻는다. 하지만 다행히 그와 동시에 그 모든 것을 어떻게 하면 고칠 수 있는지도 알고 있다. 방법은 쉽고 단순하다. 양심 지수를 높여서 양심의 영향력을 강화시켜 잘못된 행동을 저지하고 올바른 행동을 장려하면 된다.

심는 대로 거둔다

"사람이 무엇을 심든지 그대로 거두리라." 갈라디아서 6장

심는 대로 거두는 공식을 기억하자. 우주만물과 세상만사, 모든 것은 심는 대로 거두게 되어 있다. 무엇을 뿌리고 심든지 그대로 거두는 이치는 지극히 보편적인 원리요 자연의 법칙이다.

우주의 큰 공식인 심는 대로 거두는 법칙에 따라 오늘 지금 이 순간에도 깨어있는 마음으로 양심을 따르고 진선미에 최선을 다해야 한다. 이것이 4대 성인의 가르침이다.

심는 대로 거두는 공식이 있기에 희망이 있다. 이 공식만 정확히 따른다면 얼마든지 미래를 개척할 수 있는 것이다. 양심에 따라 진선미의 씨앗을 심는 사람들이 넘치는 사회가 진짜 유토피아다.

'심는 대로 거두리라'는 성경의 가르침은 자업자득自業自得, 인과응보因果應報 등의 사상과 일맥상통한다.

양심에 부합되는 삶이 중요하다. 양심에 따르는 삶을 살면 진선미는 자라나며 양심에 위배하는 삶을 살면 진선미가 후퇴하여, 그 자리에 위추악이 자라나기 마련인 것이다.

양심에 위배되는 행위는 일시적으로는 이득을 가져오는 것 같으나, 결과적으로 반드시 불행을 초래하게 될 것이다.

인간의 본성이 실현되는 것이 좋은 것이고 행복한 삶이다

"행복은 재산이나 지위와는 차원이 다른 것이다. 물질이 충분해서 행복을 느끼는 것은 동물의 차원이며 인간의 본성이 실현되어야 행복한 것이다."애덤 스미스

사회심리학자 에리히 프롬은 말했다. "인간본성이 실현되는 것이 행복이다. 이것을 제외하고는 행복을 논할 수조차 없다." 그래서 프롬은 인간의 본성을 해명하기 위해 심혈을 기울였다. 인간의 본성으로서의 진선미가 실현되는 것이 바로 행복이다.

인간의 본성과 양심(우주의 로고스)은 기본적으로 옳은 것을 존경하고 선한 것을 지향하고 아름다운 것을 사랑한다.

인간의 본성대로 사람을 사랑하자. 하지만 오늘날 우리는 사람을 상품

으로서 사랑하지는 않는가? 사랑을 하면 할수록 정신이 건강해진다. 그러면 사랑은 인간본성에 기초한 것이다. 인간본성에 기초한 속성은 실현하면 할수록 정신이 건강해지고 행복해진다.

공자는 인간의 본성에 관해서는 직접적으로 언급하지는 않았다. 비록 공자가 인간의 본성에 관해 구체적으로 정의를 내린 적은 없지만, 그는 모든 인간이 근본적으로 똑같다고 주장한다. 다만 우리는 각자 서로 다른 삶의 방식을 취한 까닭에 이처럼 달라진 것이다.

공자는 말했다. "성품은 서로 비슷하나, 습관에 의해서 서로 멀어지게 된다." 공자는 인간의 성품이 그 환경으로부터 결정적인 영향을 받게 된다고 보았던 것 같다. 이는 현대의 사회학자들과 심리학자들도 마찬가지다.

종교와 철학을 비롯하여 수많은 학문들은 무엇이 좋은 삶이고 사람을 행복하게 하는지, 무엇이 사람의 인생에 의미를 부여하는지 알아내고자 했다. 매순간 좋은 삶을 살기를 원하는가? 인생을 최대치로 행복하고 싶은가? 그렇다면 먼저 진선미를 이해해야 한다.

행복한 사람이 되기 위한 좋은 방법으로, 4대 성인은 미덕을 갖춘 삶을 권했다. 미덕은 여러 가지가 있다. 그 중 4대 성인이 하나같이 강조한 세 가지가 있으니, 바로 진, 선, 미다. 그런 미덕을 갖춘 인간은 훌륭한 존재가 되어 주위 사람들에게 인정과 존경을 받게 된다. 그러한 미덕은 행복하고 좋은 삶을 살기 위한 자격요건인 셈이다.

하늘의 도리 곧 진선미를 갖추면 성인도 될 수 있다

"성인들은 하늘을 본받고 살아가고, 그런 까닭에 덕

의 완성으로 향하는 훌륭한 모범이 된다. 따라서 성인들의 도리에 대한 지식이 없으면, 사람들은 과거의 도덕적 통찰로부터 차단되고 마는 것이다."공자

공자는 인간의 자질을 낙관하였지만 '인간의 현 상태'마저 낙관한 것은 아니었다. 공자가 보기에는 성인은 무척 드문 존재다. "비록 모든 인간이 성인의 자질을 지니고 있긴 하지만, 그 중에서 실제로 성인이 되는 경우는 매우 드물다. 오히려 대부분의 인간은 끔찍한 상태에 놓여 있다."

그렇다면 어째서 성인의 자질을 지닌 사람들이 그토록 잘못될 수 있는 것일까? 그 이유는 우리는 덕의 원천인 하늘의 뜻에 순응하거나 반항할 수 있는 자유를 가지고 있는데, 우리는 그에 반항하며 살아가고 있기 때문은 아닐까? 다시 말하면 공자의 말 속에는 인간이 삶의 어떤 영역에서는 자유의지를 발휘할 수도 있음이 드러나 있다. 즉 우리에겐 덕德과 예禮, 진선미 등을 거부하거나, 혹은 받아들일 자유가 있다.

혼란했던 춘추전국시대에 공자는 말했다. "천하에 도가 없어진지 이미 오래 되었으니 누가 나를 계승할 것인가?" 천하에 없어진 도가 무엇일까? 여러 가지를 들 수 있겠으나, 그 중 하나가 정도正道가 아닐까? 정도는 '인간이라면 누구나 마땅히 걸어야할 올바른正 길道'이다. 정도는 진리이자 선善이고, 아름다움이자 인간다움이고 숭고함이다.

공자는 인간의 존엄성을 강조하며 완벽한 도덕적 인간이 되는 것이 인간의 목표라고 가르쳤다. 다른 무엇보다도 이 말에 담긴 뜻은 곧 인간은 변화될 수 있다는 점이다. 우리는 아직 미완성 상태에 있고 유연하기 때문에, 덕의 완성이라는 궁극적인 목표를 성취하기 위해 지속적으로 자신을 갈고 닦아야 한다. 공자에게 있어서 개인의 도덕성의 결여는 곧 자기수양

의 결여를 뜻한다. 부도덕한 상황이 벌어지고 끔찍한 일이 일어나는 까닭은 각 개인과 사회가 덕의 기반을 잃어버렸기 때문이다.

공자는 인간의 잠재 능력에 대해 매우 낙관적이었다. 공자가 보기에는 모든 사람은 성인聖人이 될 자질을 갖고 있다고 보았다. 그런데 인간은 왜 도덕적으로 문제가 많은가? 공자에 따르면 그 주된 요인은 '성인들의 도리에 대한 무지' 때문이다.

그런 무지상태에서 인간은 도덕적으로 방황하게 되어 잘못을 저지르게 된다. 공자는 성인들의 도리에 대해 깊은 믿음을 갖고 있었기 때문에, 심지어 이렇게까지 말했다. "아침에 도를 들으면 저녁에 죽어도 좋다."

공자는 인문고전이 성인의 도리를 보여주고 있으며, 따라서 인문고전을 덕의 완성으로 가기 위한 모범으로 삼을 수 있다고 생각한 까닭에 이를 매우 중요하게 여겼다. 바로 이 때문에 인문고전을 공부하는 것은 탁월함을 성취하기 위한 중요한 요소이자, 자신의 본성을 확장시키는 성스러운 임무로 이해되었다. 여기서 탁월함은 무엇보다도 진선미를 체득하는 것이라고 볼 수 있겠다.

따라서 고대 중국의 인문고전 가운데 상당수의 목표는 사람들로 하여금 성인이 되게 하는 것이었다. 성인이 누구인가? 성인이라면 모름지기 기본적으로 진선미의 덕을 갖추어야 하지 않겠는가?

인간은 스스로 목적을 세우고, 그것을 실현하고자 노력하는 자유로운 존재다. "나는 진선미에 입각해서 살아가겠다." 그 법을 스스로 입법해서 그대로 지킨다면 성인이 되는 것이다. 진선미의 덕 개념에서 행복의 정점을 누려라.

공자는 모든 인간에게는 덕을 기르고, '하늘의 뜻' 곧 천명天命에 부합할 수 있는 자질이 내재되어 있다고 보았다. 이른바 '하늘이 바로 내 몸 속에서 나오는 덕의 근원'이라는 공자의 말은 인간이 하늘에 속한 도덕의 궁극적인 실재에 도달할 수 있다는 그의 생각을 보여준다.

인간의 덕성에 대한 공자의 처방은 주로 자기수양에 근거하고 있다. 중요한 것은 사회적 평판이 아니라 자기수양을 계속 하는 것이다. 사람은 그런 노력을 통해 자신의 뜻과 하늘의 뜻을 일치시킬 수 있다.

공자는 '하늘의 도리'天命를 따름으로써 개인적인 행복을 맛보게 된다고 말했다. 여기서 하늘의 도리는 보편적 도덕률 곧 진선미가 아닐까? 옳고 그름을, 선하고 악함을, 아름다움과 추함을 분별하지 못한다면 어찌 참다운 행복을 맛볼 수 있을까?

하늘의 도리 곧 진선미로 인해 얻을 수 있는 보상은 '의로움'義으로, 이것은 그 어떤 특정한 사회적 상태조차도 초월하는 대단한 보상이다. 더 나아가 이러한 원칙은 세상이 나를 알아주지 않는다 해도 계속해서 의로운 일을 할 수 있는 힘을 제공한다.

공자는 이상적인 인간의 삶을 살아가기 위해서는 우리에게 모범이 되는 인물들과 그들의 행적을 살피는 일이 중요하다고 보았다. 그래서 4대 성인들과 같은 모범적인 인물에 의해 만들어진 교육과 문화가 없다면 결국 끔찍한 결과가 일어날 수도 있다고 하였다.

"인간에게 마땅한 도리가 있으니, 배불리 먹고 따뜻한 옷을 입고 편안하게 살아도 그 도리를 배우지 않는다면 짐승과 같다." 맹자

3 진선미는 평생 수행해야 할 덕목이다

　어차피 생로병사의 굴레에서 벗어날 수 없다면, 수행하는 자세로 인생을 사는 것이 가장 현명하지 않을까? 삶 자체가 그대로 수행이 되게 하자. 사실 산다는 것 자체가 수행이다.

　여기서 훈련, 수련, 수양 대신에 '수행'이라는 용어를 사용하고 있다. 여기에는 어떤 특별한 의미나 종교성이 있는 것은 아니다. 단지 행함과 실천을 강조하기 위해 '수행'이라는 용어를 선택했을 뿐이다. 행복하려면 수행하는 자세로 진선미의 미덕을 평생 갈고 닦아야 한다.

　수행은 닦을 '수'修, 행할 '행'行, '닦음'과 '행함'을 합친 말이다. 사실 제대로 갈고 닦으면 저절로 행동으로 나오기 마련이다. 수행은 안팎을 갈고 닦아서 삶 속에서 깨달음을 실천하는 훈련이다. 수행자는 본인이 배우고 말한 것을 일상의 삶 속에서 철저하게 행동으로 옮기며 사는 자다. 그러므로 수행자는 자신이 배우고 말한 것은 반드시 실천해야 한다.

삶과 수행은 하나다

　　　　　수행은 수도사나 종교인 등과 같은 특정인만이 하는 것은 아니다. 누구나 할 수 있는 것이 수행이다. 우리의 삶이 수행이 되어야 한다. 수행이 평범한 일상적인 삶이 되어야 한다. 그럴 때에 삶이 성숙해지고 향기가 나고 아름다워진다.

어느 수행자는 말했다. "걷고 이야기하고 먹고 차를 마시고 사람을 만나고 시장에 가는 모든 것, 뺨에 스치는 바람을 느끼고 시끄러운 자동차 소리를 듣고 친구와 악수를 하면서 감촉을 전하는 것, 이 모든 것이 수행이다."

그렇다. 우리의 삶과 수행은 둘이 아니라 하나다. 수행은 나의 삶 그 자체가 되어야 한다. 나의 생각과 삶 전부가 곧 수행이다. 이 세상에서 일어나는 일 중 수행이 아닌 것이 어디 있겠는가?

수행이 꼭 어디 가서 침묵정진하고, 경전을 읽고, 기도하는 것만이 아니다. 우리들 일상생활 자체가 인격을 갈고 닦는 수행의 장이다. 삶의 모든 순간순간이, 그리고 내가 하는 일이 곧 나의 수행이고 인격수양이 되게 하라. 가장 이상적인 삶은 수행자의 삶이다.

그러므로 수행을 위해 특정 장소를 찾지 말자. 현재 내가 몸담고 살고 있는 바로 그 자리가 수행하기에 가장 좋은 곳이다. 우리는 일상의 삶에서 온갖 시련과 역경을 겪고 슬픔과 갈등을 이겨 내기 위해 온갖 노력을 하지 않는가? 바로 일상의 삶이 수행의 장소다.

따라서 티베트 출신 수행자인 달라이 라마(Dalai Lama 1935-)는 산으로 들어가서 홀로 수행하기보다는 인간 세상에 남아서 의미있는 행동으로 수행할 것을 권한다. 또 다른 이들에게 사랑을 품고 그들을 섬기는 애타주의愛他主義를 강조한다. 그는 명상의 중요성도 역설하지만, 일상생활에서 맺은 인간관계의 중요성, 즉 사람 사는 이야기에 더 큰 관심을 보인다.

바로 내 주변 사람들이 나 때문에 힘들어 하고 있다면, 가족, 친구, 동료 등 내 주위 사람들의 마음을 편하게 만드는 것이 수행이다. 멀리 있는 사람, 잘 모르는 사람들을 존경하고 사랑하기 보다는 바로 내 옆에 있는 사람부터 챙기자. 이를 두고 볼 때 수행이라는 것은 속세를 떠난 사람들보다 오히려 속세에서 살고 있는 우리들에게 더 필요한 것 같다. 우리는 너무 정신없이 살고 있으니까.

수행자는 한 평생을 자기 자신을 변화시키는데 바치며 사는 사람이다. 어느 수행자는 이렇게 말했다. "수행자는 날마다 새롭게 태어나는 사람이다. 새롭게 태어남이 없으면 세속적 일상사에 물들어 마침내 부패하고 만다. 이건 수행자만이 아니라, 스승과 제자, 아내와 남편, 친구 사이도 처음 만났을 때의 간절하고 살뜰했던 그 첫 마음을 지키고 가꾸면서 항상 새로워져야 한다."

좋은 일이든 언짢은 일이든 모든 것을 수행의 과제로 삼고 화두로 삼아라. 예로부터 수행에는 두 가지의 길이 있다고 했다. 하나는 '자기완성의 길'이고, 다른 하나는 '이웃을 보살피는 일'이다. 이웃사랑을 실천하는 것이 수행이다. 특히 신앙생활하는 사람은 성직자, 평신도를 가릴 것 없이 무엇보다 먼저 수행자의 마음가짐으로 '나눔과 섬김'의 미덕을 익혀서 생활 속에서 실천해야 한다.

독일 철학자 임마누엘 칸트는 모든 사람들이 자신의 의무를 지키면서 모든 사람들이 행복해지는 사회를 꿈꾸었다. "인간 사이에 큰 원칙과 의무가 두 가지 있다. 자기 발전에 대한 의무는 자기를 무한히 완전하도록 노력해야 한다. 완전한 인간이 되도록 나를 채찍질해야 한다. 타인에 대해서는 그 사람이 되도록 많이 행복하도록 도움을 주어야 한다. 이것이 사람 사이에 대 원칙이다."칸트

명상하는 습관을 갖자. 명상은 진선미를 찾아가는 좋은 여정이다. 내가

찾는 행복이 바로 진선미의 삶에 있다. 진선미를 명상하는 순간, 나는 행복해진다. 세상에서 제일 큰 행복은 진선미의 삶에 깃든다.

행복하려면 수행자修行者의 자세로 살면서 진선미의 미덕을 갈고 닦아라

인생은 아무렇게 대충 살기에는 너무 소중하고, 하찮은 일에 시간을 낭비하기에는 너무 짧다. 이 소중한 인생을 어떻게 살아야 할까? 이 땅의 모든 삶은 일종의 수행생활이다. 평생을 '진선미 수행자'로 사는 것이 좋다. 진선미는 평생 수양해야 할 덕목이다

사람은 한 치의 앞도 예측하지 못한다. 살다보면 이런저런 시련과 역경에 부딪힐 수 있다. 인생의 여정에 있어서 시련과 역경은 필수과정이다. 모든 고난을 수행의 과정과 성장의 기회로 삼을 때, 낙담하거나 불행하지 않고 오히려 성숙해질 수 있다.

어느 수행자는 말했다. "수행자가 마음을 돌이켜 깨달으려 한다면 지나가는 어린 아이에게도 배움을 얻고 자신이 모욕당하는 상황에서도 큰 깨달음을 얻는다. 실은 세상 전체가 우리의 스승이다. 모욕을 칭찬으로, 가난을 부요함으로, 고행을 축제로 여길 수 있는 수행자는 결코 불행하지 않을 것이다."

삶의 매순간, 모든 일을 직면할 때 수행자로서 보다 성숙해 질 수 있는 계기로 삼아라. 하지만 우리는 이 땅에서 천사처럼 흠 없이 완전한 삶을 살 수는 없다. 다만 늘 깨어 있고자 안팎으로 수행하는 삶을 살 수 있는 것이다. 수행은 차분하고 여유있게 해야지, 서두러서는 안 된다. 어느 수행자가 말했듯이 "수행에서 제일 나쁜 것은 조급증이다."

세속을 등지고 숲속에서 매일 수행에 정진하는 삶은 어떨까? 하지만 진정한 수행은 삶의 현장에서 빛난다. 삶의 현장이 수행처다. 이 땅을 수행처로 삼아라. 수행자의 자세로 모든 이를 대하라. "세상 속에서 살라. 하지만 세상에 속하진 말라."

모든 곳에서 수행할 수 있다. 보행步行 수행을 아는가? 우리는 걸으면서도 수행을 할 수 있다. 걸으면서 호흡에 집중하고 숨을 들이쉴 때 '감사하자'라고 말하고, 내쉴 때는 '사랑하자'라고 말해보라. 이는 보행과 호흡과 명상을 함께 하는 것이다. 그것은 언제든지 실천할 수 있는 것이고, 따라서 우리의 삶을 바꿔놓을 힘을 가지고 있다. 움직이기를 좋아하는 사람은 걸으면서 수행하는 보행 수행이 습관이 되게 하자.

진선미 행복에 이르는 길은 마치 도道를 닦는 것과 다를 바 없다

행복이란 행복유전자를 갖고 태어나야 한다거나 행운이 따라야 한다는 주장도 있지만, 본인의 노력이나 수행에 의해서도 얼마든지 행복할 수 있다. 자신을 더 나은 존재로 드높일 수 없다면 인생은 얼마나 불행한가? 우리가 행복하지 못하다면 전적으로 우리 잘못이다.

사람은 자기 자신에 대한 깊은 자각과 자신의 삶에 대한 세심한 성찰, 그리고 스스로를 갈고 닦음으로 얼마든지 행복해질 수 있는 것이다. 그만큼 행복은 흥미진진한 문제다. "어떤 사람에게는 세상이 황량하고 지루하고 무의미하며, 어떤 사람에게는 풍요롭고 흥미롭고 의미로 가득하다." 쇼펜하우어

어느 수행자는 말했다. "수행은 자신을 갈고 닦아서 이웃을 위해 사는

것이다. 수행자는 모름지기 안팎으로 깨끗하게 살아야 한다. 그래야만 그 정결함이 이웃에게 그대로 전해진다." 진선미는 평생 갈고 닦으며 수행해야 할 덕목이다. 이웃을 위해 나 자신이 죽어 한 알의 밀알이 되는 것이 수행이다. 모든 곳이 나의 수행처고 모든 사람이 나의 스승이다.

모든 배움은 삶 속에서 실천하는 수행으로 이어져야 한다. 수행을 통해 행복해져라. "행복이란 생각과 말, 그리고 행동이 조화를 이룰 때 찾아온다."간디

모든 일에는 뜸이 들 시간이 필요하다. 한 사람이 사람으로 성숙해지는데는 시간이 필요하다. 참고 기다릴 줄 알아야 한다. 참고 기다리는 인내를 모르기에 진선미의 미덕을 쌓지 못한다.

무엇이든지 단박에 빨리 이루려고 서두르지는 말라. 과학기술과 정보통신 사회에서는 시간을 다투기에, 도대체 참고 기다릴 줄을 모른다. 모든 것을 즉석에서 해결해야 하기에 진선미의 미덕이 고일 시간이 없다.

하나의 씨앗을 뿌려 꽃을 피우고 열매를 맺기 위해서는 사계절의 순환이 필요하다. 모든 것을 즉석에서 해결해야 직성이 풀리는 현대인에게는 진선미의 미덕이 쌓일 틈이 없다. 진선미의 열매를 맺기 위해서는 참고 기다릴 줄 알아야 한다.

진선미 습관ethos 길들이기

"인간은 그 본성은 비슷하나, 습관에 따라 그 삶이 크게 달라진다."공자

아리스토텔레스는 변함없이 지속되는 참된 행복은 머리로 배우는 것을

넘어서 '습관 길들이기'로 완성된다고 하였다. 결국 몸으로 체득되어야 한다. 그렇게 때문에 실천수양이 필요하다.

행복은 습관이다. 습관이란 실로 우리의 삶을 지배하는 것이다. 수행은 습관을 만들어 가는 것이다. 공자의 격언처럼 "타고난 본성은 서로 비슷하지만 습관이 차이를 만든다." 습관이 본성을 누를 만큼 힘이 있다는 이야기다. 결국 습관의 차이가 인생을 바꾸는 것이다.

공자는 인간이 현재 살고 있는 환경에 대해 중대한 선택권을 지니진 못한다는 사실을 인정하는 한편, 적어도 인간이 어떤 상황에서 어떻게 살 것인지를 결정할 수 있는 선택권만큼은 갖고 있다고 보았다.

공자의 생각을 조심스럽게 살펴볼 때 인간본성의 선한 면은 조심스럽게 지켜나가야 하고, 반면에 인간본성의 악한 면은 고쳐나가야 할 것이다. 이익을 바라고 어떤 행동을 하기보다는, 오히려 옳기 때문에 어떤 행동을 하는 것이 중요하다. 이러한 행동방식은 자기만의 행복의 바탕이 된다.

오랜 수행을 통해 습관으로 자리 잡았다는 것은 자기 자신을 정복했다는 것이다. "가장 아름다운 사람은 자신을 완벽하게 만들려고 최선을 다해 노력하는 사람이고, 가장 행복한 사람은 자신이 완벽해진다고 느끼는 사람이다."소크라테스

노자는 『도덕경』에서 "세계를 정복하는 사람은 위대하다. 그러나 자기 자신을 정복하는 사람은 전능하다"라고 말했다.

습관을 바꾸지 않고서 더 나은 미래를 꿈꾸지 마라. 어제와 같은 익숙한 인생이 펼쳐질 뿐이다. 진선미의 정신과 삶이 우리의 본성이 되어 습관으로 굳어져서, 그 꽃을 활짝 피워야 한다.

올바른 삶을 위한 수행은 바로 습관을 만들어 가는 것이라고 할 수 있

다. 그 습관이 만들어지지 않으면 내가 한 순간 감정으로 결심했던 것은 일상에서 적용되지 않는다. 계속 습관화하여 언제 어디서나 무의식적으로 진선미를 행하고 위악추를 거절하는 버릇이 나와야 한다. "나는 진선미와 황금률에 따라 살아가는가? 위추악과 탐진채를 따라 살아가는가?" 늘 살펴야 한다.

행복도 바이올린처럼 연습이 필요하다. 자주 반복하고 연습하여 좋은 습관이 몸에 자연스럽게 젖어들도록 해야 한다. 우리가 열심히 갈고 닦으면 행복은 습관으로 자리 잡을 것이다. 참된 행복에 이르는 것이 인생의 종착지다.

일회성에 그치는 좋은 생각, 좋은 언행은 우리를 참된 행복으로 인도해 주지 못한다. 좋은 생각과 언행이 습관으로 정착하여 자신의 제2의 천성이 되도록 노력해야 한다.

그러므로 진선미의 덕목이 습관화 될 때까지 수행하자. 진선미를 습관화한다는 것은 인생의 쾌락과는 동떨어진 희생과 헌신이지만, 그 덕목은 무엇과도 바꿀 수 없는 값진 행복이다. 누가 이것을 이해하며 실천할 수 있겠는가?

날마다 매 순간 진선미를 실천에 옮기고, 습관화해야 한다. 습관화하지 못한 덕행은 일시적일 뿐이다. 습관화된 진선미만이 진정한 행복을 보장한다.

4 사람이라면 모름지기 진선미답게 살아야 하네 _{소크라테스}

소크라테스(SocratesBC 470-399경)는 잘 알려져 있는 바와 같이 고대 아테네에서 서양철학의 기틀을 마련한 위대한 철학자다. 그러면 철학자 소크라테스가 추구하였던 것은 무엇인가? 그것은 진선미의 미덕이었다.

당시 아테네가 아포리아(혼돈) 상태로 전락해서 전통질서가 무너지고 물질만능주의와 외모지상주의가 만연하던 시기에 아테네인들이 돈과 쾌락에 빠져 진선미를 잃어 버렸을 때, 뜻밖의 인물이 등장했다. 바로 소크라테스다.

양심에 따라 자신을 일깨우고 진선미에 따라 이웃을 깨우쳐 주다

소크라테스는 당시 아테네 분위기와는 전혀 어울리지 않는 인물이었다. 그는 당시 세상풍조와는 달리 겉모습보다 내면을 아름답게 가꿀 것을 가르쳤다. 내면의 아름다움, 영혼의 최선의 상태, 자기를 성찰하는 삶, 진선미의 회복을 외쳤다.

소크라테스는 신탁神託을 받고 아테네인을 깨우기 위해 아고라 광장으로 나갔다. "나는 신의 명령으로 아테네인들에게 참되고 선하게, 아름답고 탁월하게 자신을 닦으라고 말했다."

그때 소크라테스의 나이가 대략 40세이었다. 그는 이솝 우화에 나오는 거북이와 같이 느리지만 꾸준한 철학자였다. 그는 남의 이목에 따라 행동하지 않고 오직 양심에 따라 행동하고 진선미를 가르쳤던 성인이었다.

"지혜와 권위에서 가장 명망이 높은 위대한 도시 아테네에 거주하는 시민들아, 당신들은 돈과 명예와 명성을 얻기 위해서는 가능한 모든 노력을 하면서도 깨달음과 참을 위해, 또 자신의 영혼이 잘 되기 위해서는 아무런 노력도 하지 않다니, 부끄럽지 않단 말인가?"_{소크라테스}

소크라테스는 당시 아테네인들이 구했던 돈과 쾌락과 명예에 상관하지 않고 오로지 진선미만 탐구하였다. 진선미를 탐구하는 것이 그의 평생 과업이었다. 진선미를 목숨처럼 여겼고 진선미는 그에게 있어 일종의 종교였다. 그는 진선미를 온몸으로 보여주고 진선미를 위해 순교했다. 진선미를 구현하고 양심을 지키기 위해 목숨을 기꺼이 버렸던 것이다.

소크라테스는 진선미가 얼마나 가치있는 것인가를 그의 삶을 통해서 분명히 보여 주었다. 그는 진선미가 무엇인지를 혼신의 힘을 다해 가르쳤다. "여러분의 혼을 진선미에 맞게 탁월하게 하라."

오늘날 전 인류가 무엇이 참되고 선하고 아름다운지 모르고 큰 혼란에 빠져 있다. 지금 이 광대한 혼돈 속에서 분명한 것은 단 한 가지, 그것은 진선미의 미덕을 회복하는 것이다.

이때에 우리는 소크라테스를 기억하고, 생명을 걸고 진선미를 지키려고 했던 소크라테스에게 배워야 한다. 세속화된 현대사회를 구원할 진선미를 실현하기 위해 혼신의 힘을 다해야 한다.

소크라테스는 양심에 따라 자신을 일깨우고 진선미를 따라 이웃을 깨우쳐 주었다. 진선미를 바탕으로 양심에 따라 황금률과 인류애를 온몸으로 실천하며 정도를 걸었던 성인이었다.

다시 말하지만 항상 진선미를 기억하자. 언제나 순전한 진선미에 따라 양심에 눈 뜬 밝은 마음으로 사는 것이 정도다. 이보다 더한 인생의 참된 가치와 행복이 있겠는가?

진선미를 마주하면 끝없이 마음이 밝아지고 행복해지는 것을 느낀다. 소크라테스에게 있어서 양심에 따라 산다는 것은 진선미답게 산다는 것이었다. 어쨌든 진선미의 길을 가면 모두가 행복해진다. 사람은 진선미의 본성에 따라 자연처럼 맑고 바르게 있으면 저절로 행복해진다.

시대를 밝힌 진선미의 빛

어둠 속 한줄기 빛과 같은 삶이 있다. 존재 그 자체만으로도 빛나는 사람이 있다. 존재 그 자체가 빛나는 삶이란 도대체 어떤 삶일까?

인류 역사상 그 존재가 가장 빛나는 인물은 4대 성인이다. 4대 성인처럼 인류애를 기반으로 나 자신보다 이웃을 위해 불태운 삶은 어두운 세상을 밝히는 등불과도 같은 삶이다. 그들은 그야말로 '등불을 든 현자'였다. 우리 모두가 추앙하는 경이로운 인물이다. 4대 성인의 빛나는 삶은 사람들의 마음의 어둠을 없애고 진선미의 밝은 세계로 이끄는 것이다.

한 시대의 어둠을 밝힌 그들의 삶과 가르침은 하늘의 태양처럼 빛으로 가득 차 있다. 마치 인생이 빛으로 가득 차 있지 않다면 인생은 살만한 가치가 없을 것이라고 말하는 것처럼.

공자는 무엇을 위하여 중국천하를 주유하고 제자들을 양육하였는가? 붓다는 무엇을 위하여 집을 떠나 갠지스 강가에서 고행하였으며, 소크라테스는 왜 아고라 광장과 시장에서 청년들과 대화했으며, 예수는 무엇을 때문에 광야에 들어가 금식하고 유대 땅 갈릴리 지방을 두루 다니며 외쳤는가?

4대 성인은 무슨 이유로 그렇게 하였는가? 그들은 진선미의 빛이 되어서 인류를 올바른 길로 인도하겠다는 커다란 이상을 품었기 때문이다.

일어나 빛을 발하라. 반딧불이 날갯짓을 할 때만 빛을 발휘할 수 있는 것처럼 우리도 자신을 불태울 때만 진선미의 빛을 발할 수 있다. 밤하늘에 떠 있는 달처럼 내 둘레를 두루두루 진선미의 빛을 비추며 살자. 이 세상을 참되고 선하고 아름다운 세상으로 만드는 '진선미의 빛'을 발하자.

4대 성인을 본받아 자기 자신을 불태워서 스스로 빛을 내며 타인을 비추는 태양과 같은 존재가 되자. 진선미로 인생에 빛을 더하라.

가장 좋은 삶의 자세는 진선미의 표본 곧 4대 성인의 삶을 본받는 것이다. 4대 성인처럼 태초로부터 유유히 흐르고 있는 진선미의 전수자가 되고, 이 땅에 진선미의 가치를 퍼뜨리는 진선미의 전파자가 되자. 진선미의 전파자는 스스로 빛을 내며 타인을 비추는 태양과 같은 존재다.

4대 성인과 함께 하는 삶이 필요하다. 끊임없이 그들을 생각하고, 그들이 당신에게 직접 말하고 있는 것처럼 그들에 관한 글을 읽음으로써 그렇게 할 수 있다. 그러면 그들의 깨달음이 우리에게도 전해질 것이다. 4대 성인을 본받아 진선미답게 산다면 우리도 그들처럼 고결한 존재가 될 수 있을 것이다.

우리가 알아차리지 못하지만, 세상이 험하면 험할수록 위대한 존재들이

이 땅에 등장하여 빛을 발할 것이다. 허둥대지 말고 그들을 향해 마음을 열고 있으라. 그러면 그들이 우리를 안전하게 인도할 것이다.

아낌없이 주는 나무

4대 성인을 떠올리면 셸 실버스타인의 작은 책 『아낌없이 주는 나무 The Giving Tree』가 떠오른다. 다 내어주고 그루터기만 남기까지 희생했던 진선미의 표상인 4대 성인, 나는 그런 성인을 아는 것만으로도 행복하다.

기꺼이 타인에게 나 자신을 아낌없이 내어주겠다는 마음이 있다면 우리는 이미 행복한 사람이다. 타인을 위해 산다는 것은 사람을 사람답게 하는 가장 큰 미덕이며, 어두운 세상을 환하게 밝히는 불꽃이다. 그리고 타인을 위해 살 때 마음에는 말로 형언할 수 없는 기쁨이 생겨나고 순전한 행복에 휩싸이게 된다. 자신을 온전히 불태우며 어둠을 밝히는 숭고한 인물들은 인류의 영원한 등대이며 진선미의 표상이다.

밀림의 성자 알베르트 슈바이처(Albert Schweitzer 1875-1965)는 편안한 생활, 돈, 명예, 인기 등을 버리고 '인류의 형제애'를 실천하기 위해 아프리카 오지에 갔다. 그는 병과 굶주림에 시달리고 있는 아프리카인들을 위해 기꺼이 평생 아낌없이 주는 나무가 되었다. 그는 그야말로 이 땅에서 불꽃같은 삶을 살았다.

소중한 인생을 숭고하게 살자. 숭고한 삶이 내뿜는 불꽃은 우리로 하여금 인생의 의미를 되새기게 하고 거룩한 헌신에 눈뜨게 한다.

그러면 숭고하게 산다는 것이 무엇일까? 이 땅에서 빛과 소금이 되고 한 알의 밀알이 된다는 것이다. "한 알의 밀이 땅에 떨어져 죽지 아니하면 한 알 그대로 있고, 죽으면 많은 열매를 맺느니라."요한복음 12장 즉 4대 성인을 본받아 희생과 봉사의 삶을 사는 것이다. 숭고한 삶은 일상의 평범함을 넘어서서 '성스러운 빛'을 발산한다. "인생은 단 한 번이다. 하지만 제대로 산다면 한 번으로도 충분하다."조 E. 루이스

슈바이처 박사처럼 병든 이를 위해 자신을 온전히 내어 준 한국인 아낌없이 주는 나무를 아는가? 진선미의 표상 장기려 박사(1911-1995)다. 1951년, 그는 복음병원(현재 고신대학교 복음병원)을 부산에 설립하고 초대 원장을 맡아 혼신의 힘으로 환자치료에 헌신하였다. 일종의 의료보험인 '청십자의료조합'을 만들어 의료복지운동을 전개하였다.

생전, 복음병원 원장으로서 큰 부를 손에 질 수도 있었겠지만, 그는 북한에 두고 온 부인과 자녀들을 생각해서 평생 재혼도 하지 않고, 가난한 자와 병든 자의 친구로 살았다. 그래서 사람들은 그를 '바보 의사'라고 불렀다. 1995년, 그는 진선미를 실천하며 살다가 무일푼으로 이 땅에서의 생을 마감했다. 그는 예수 그리스도의 가르침에 따라 이웃을 내 몸 같이 사랑하며, 무소유의 삶을 실천하며 희생과 봉사의 길을 묵묵히 걸었던 아낌없이 주는 나무였다.

진선미에 따라 세상을 밝힌 성인들

시대의 어둠 속에서 등불을 밝힌 대표적인 인물이 4대 성인이다. 그들은 먼저 '빛을 본 선각자'로서 세상을 '새로운 빛'으로 인도했던 인물이었다. 그들의 가르침 한마디 한마디는 단순한 생각이나 신

넘을 넘어서 세상의 빛이 되었고, 더 나아가 그들의 존재 자체가 영원한 빛으로 세상을 밝히고 있는 것이다.

4대 성인은 모두 세상은 어둡다는 것을 전제로 가르침을 펴며 살신성인殺身成仁의 삶을 살았다. 세상이 아름다운 것은 이러한 성스러운 인물들이 각자의 영역에서 빛을 밝혔기 때문이다. 지금도 여전히 그들의 생애와 가르침은 묵묵히 빛을 발하고 있다.

4대 성인을 본받아 우리도 어둠 속에 등불을 밝히자. 등불을 밝히는 사람들이 이 지구상에 하나 둘씩 늘어나는 것만큼 이 지구는 더 밝아질 것이다. 그리고 이러한 빛은 또 다른 존재를 빛으로 이끌 것이다. 그리고 언젠가 어느 순간 이 지구 전체가 밝게 빛나게 될 것이다.

어둠 속에서 길을 잃은 자에게 가장 필요한 것이 무엇일까? 저 멀리서 작은 불빛이 보인다면 어떻게 하겠는가? 당연히 그 불빛을 향해 나아갈 것이다. 그래야 어둔 심연에서 빠져 나올 수 있으니까? 비록 작은 불빛일지라도, 그 빛은 어두운 세상의 등대요, 희망이요, 구원이다.

성인들은 이 땅에 빛을 가져온 인물이다. 비록 처음에는 그 빛이 눈물과 고통스러운 긴장감을 가져다줄지라도, 결국 이 세상의 밝음과 행복을 배로 늘리는 것이다. 밤이 깊을수록 아침이 더욱 눈부신 것처럼, 시대가 암울할수록 성인들의 존재는 더욱 빛난다.

한 국가나 민족을 넘어서 전 인류를 위해 한 인간으로서 조금이라도 기여할 수 있는 길을 찾자. 우리는 내 안에 잠자고 있는 영혼을 일깨워 진선미를 향해 눈을 떠야 한다. 어두운 세상에서 진선미의 빛은 언제까지나 사라지지 않고 영원히 빛날 것이리라. 내 안에 빛이 있으면 스스로 빛나는 법이다.

"누구든지 등불을 켜서 그릇으로 덮거나 평상 아래 두지 아니하고 등경 위에 두나니 이는 들어가는 자들로 그 빛을 보게 하려 함이니라." 누가복음 8장

사실 인류역사 어느 시대를 보아도 어둡지 않았던 적은 없었다. 따라서 세상은 늘 어둠 속에서 길을 비쳐 줄 빛이 절실하였다. "시대는 늘 불확실한 것이지만 불확실한 시대에 오히려 새로운 제도나 사상이 나온다."

한 자루의 촛불이 어둠을 몰아내고 하나의 작은 희망이 사회에 활기를 불어 넣을 수 있다. 우리는 각자의 영역에서 어둠을 몰아내고 자기다움의 빛을 발할 수 있는 소중한 존재들이다. "자기 자신을 하찮은 사람으로 깎아내리지 마라." 니체

어둔 세상을 밝히는 불빛이 되자. 불을 밝히면 어둠은 물러가는 법이다. 그래서 어둠은 빛을 이겨본 적이 없다.

빛이 어둠을 이긴다. 어둔 세상을 밝히는 빛은 세상의 희망이다. 그리고 세상을 밝히는 빛나는 삶은 곧 자신과 이웃의 행복으로 이어진다. 이는 진선미 행복의 상호작용이자 나비효과다.

사람이 하늘처럼 맑아 보일 때가 있다

인간이 뜻을 두고 추구해야 할 목표는 진선미다. 진선미는 인류 최대의 미덕이다. 진선미의 미덕에 취해본적이 있는가?

나는 4대 성인에게서 진선미 냄새를 맡는다. 진선미 냄새가 나는 인물은 내 영혼을 맑게 하고 생기를 불어넣는다. 인생에서 이런 인물을 만나는 게 가장 큰 보배다. 스스로 진선미 냄새를 지닌 사람은 그런 보배를 만나게 될 것이다. 그런 보배를 만나는 삶은 날마다 봄날이다.

4대 성인은 하나같이 가난하게 살았다. 가난은 죄나 불행이 아니다. 가난 속에도 즐거움과 행복이 있다. 궁핍한 생활이라도 그 속에도 행복을 찾을 수 있다. "거친 밥을 먹고 물을 마시고 팔을 베고 누워 있더라도, 행복이 그 안에 있다. 정의롭지 못한 부귀는 나에겐 뜬 구름과 같다."_{공자}

성인들은 눈앞의 이익에 미혹되거나 생존에 급급한 삶을 살지 않는다. 부귀로도 성인들을 타락시킬 수 없고, 명예와 인기로도 성인들을 교만하게 할 수 없으며, 어떠한 권력과 무력으로도 성인들을 굴복시킬 수 없다. 그래서 우리는 그들을 성스런 최고의 인간 곧 성인이라고 부른다.

어느 수행자의 말처럼 스스로 택한 맑은 가난은 고귀한 행복이다. 그런 곳에서는 하늘 냄새 곧 진선미 냄새가 난다. 마음이 세속에 물들지 않고 진선미에 가까우면 성인의 경지에 이를 수가 있다.

5 누구나 진선미대로 살면 행복해진다

진선미 추구와 행복 추구는 동일한 선상에 있다. 진선미 행복에 눈뜨고, 진선미의 꽃이 만개하게 하라. 진선미에 빠져들면 천국을 오가는 행복이 깃든다. 주변의 환경에 아랑곳 없이 변함없이 지속적인 진정한 행복은 진선미의 행복이다.

동서양의 모든 인문고전의 공통점은 "인간에게는 진선미를 파악하는 능력이 있고, 이것을 잘 활용하면 올바르게 살아갈 수 있다"는 것이다. 인간은 누구나 진선미의 감각을 갖고 태어났지만 환경과 여건에 따라 그 감각이 퇴화되었다. 진선미의 감각을 회복해야 한다. 인간의 모든 행복과 불행은 사실상 진선미의 문제다. 진선미의 사람이 되면 저절로 행복해진다. 이는 인간과 우주의 본질을 함축하는 영원불변의 진리다.

진선미를 알 때 우리 마음은 선하게 살아나고 밝아진다. 진선미를 선명하게 아는 이는 절대로 사람들과 다투거나 해롭게 하지 않는다. 반대로 진선미를 모르면 마음이 어두워지고 행위가 악하게 된다. 제대로 알면 법을 어기거나 죄를 짓지 않는다. 그래서 무지가 악인 것이다. 깨어있어 양심에 따라 진선미를 따르고 황금률을 실천해야 한다.

진선미를 깨우치고 실천한다는 것은 삶의 목적을 달성했다는 뜻이고, 그것이야말로 궁극적인 행복이 아닐 수 없다. 따라서 우리가 지향하는 삶의 목표가 진선미를 깨우치는 데 있어야 할 것이다.

행복하려면 신의 뜻이자, 인간의 본성인 진선미에 부합된 삶을 살아야 한다. 진짜 행복은 진선미의 본성을 그대로 구현했을 때 온다. 진선미에 맞게 살 때 영혼이 건강해지고 진짜 행복해진다. 내 안에 있는 진선미의 본성을 밝혀서 탁월한 삶과 순전한 행복에 이르게 해야 한다.

진선미의 길은 행복의 길이다

진선미의 덕을 수행하는 것은 행복의 씨앗을 심는 일과 같다. 그렇게 할 때 행복은 저절로 자라나기 시작한다.

성현들의 행복은 진선미의 덕을 바탕으로 이루어졌다. 완전하고 철저하고 변치 않는 온전한 행복은 진선미의 덕을 토대로 이루어진다. 진선미를 따르는 사람은 결코 불행하지 않다.

진선미의 길은 행복의 길이다. 우리가 밟아 볼 수 있는 가장 행복한 길이다. 진선미의 덕을 갖춘 사람은 어떤 일에도 초연할 수 있고 완벽하게 자유로울 수 있다. 자유로워진다는 것은 어떤 욕심과 집착을 갖고 있지 않다는 것이다. 얼마나 근사한 일인가?

진선미의 덕이 점점 더 쌓이고 겸손해질수록 더 많은 자유와 행복감을 느끼게 된다. 진선미의 세계로 깊이 들어가면 갈수록 행복감이 더 해진다. 진선미는 '극히 값진 진주'다.마태복음 13장

평생에 걸쳐 따라야 할 가치는 무엇인가?

평생을 걸쳐 따라가야 할 올바른 가치는 무엇인가? 인생에서 추구해야 할 올바른 덕목은 무엇인가? 생존에 급급한 삶인가, 진선미를 추구하는 삶인가?

4대 성인은 하나같이 말한다. "어영부영 오래 사는 것이 중요한 것이 아니라 올바르고 선하고 아름답게 사는 것이 중요하다. 아침에 도를 들으면 저녁에 죽어도 좋다."_{공자}

"진리를 모르고 백년을 사는 것보다는, 진리를 알고 사는 하루가 더 낫다."_{붓다}

정도를 걸어야 한다. 옳지 않은 길이라면 눈길도 주어서는 안 된다. 좁지만 옳고 곧은 길을 걸어야 한다. 예수는 말했다. "좁은 문으로 들어가라. 멸망으로 인도하는 문은 크고 그 길이 넓어 그리로 들어가는 자가 많고, 생명으로 인도하는 문은 좁고 길이 협착하여 찾는 자가 적음이라."_{마태복음 7장}

진선미 곧 옳고 그름, 선함과 악함, 아름다움과 추함을 알지 못하고 어찌 참다운 행복을 이룰 수 있을까? 진선미 없는 행복은 없다. 진정한 삶, 참되고 선하고 아름다운 삶 가운데 참된 행복이 깃든다.

왜 진선미인가? 진선미는 무엇인가? 간단하다. 양심의 소리를 따르는 것이야 말로 진선미의 본질이다. 하지만 요즘 사람들은 자본주의의 무한 경쟁 사회구조 속에서 참됨^眞을 잃어 버렸다. 자본주의 소유와 탐욕에 물들어져서 선함^善이 실종되었다. 외형주의 성장과 외모지상주의에 빠져 참된 아름다움^美을 잃어 버렸다. 진선미는 없어지고 위악추^{僞惡醜}만 남았다.

그러한 가운데 인간성과 도덕성이 소멸되어 간다. 그러면서도 사람이 무엇을 위해 살아야 하는지, 어떻게 사는 것이 인간다운 삶인지를 알려고 하지 않는다. 인간의 본성과 삶의 올바른 방향을 제시하는 인문학도 역시 예외가 아니다. 인문학은 이제 자본주의의 시녀로 전락하고 말았다. 오늘날 자본주의는 인문학도 돈 버는 경제 수단으로 전락시켰던 것이다.

하지만 인문학은 돈 버는 것과는 상관이 없는 순수학문이다. 인류가 세상에 등장한 이후 수많은 사람들이 남긴 인문학적 질문에 답하고 지혜를 탐구하는 학문이다. 인문학은 '어떻게 사는 것이 인간답게 사는 것인가'에 대한 지혜를 준다. 사람은 어떻게 사는 것이 제대로 사는 것인지 묻고 또 물어야 한다.

진선미는 모든 사상과 학문의 완성이고 인생의 종착지다

시대와 공간을 초월하는 모든 사상과 학문의 기본정신은 진선미의 세계를 탐구하여 진선미의 삶을 사는 것이다. 진선미는 학문과 사상의 완성이고 최상의 행복이다.

진선미 탐구는 행복한 삶에 대한 인문학적 말걸기다. 말걸기 좋은 타이밍은 지금이다. 늘 근원적인 질문으로 진선미 탐구를 시작하자. 인문학人文學은 '인간은 무엇인가'를 묻고, '어떻게 인간답게 살 것인가'를 탐구한다. 근원적인 질문과 깊은 숙고 속에서 사람다운 삶과 순전한 행복을 모색하고 진선미의 가치를 되새기고 길러주는 게 인문학이다.

진선미의 세계는 고대 그리스 현자들이 추구했던 진리의 세계, 키케로를 비롯한 로마 사상가들이 추구했던 윤리적이며 선한 삶, 그리고 르네상스 시대에 인문주의자들이 추구했던 미적 탐구의 세계를 포함한다.

고대 그리스인들은 철학, 윤리학, 문학, 역사, 수사학, 문법, 수학, 음악, 지리학 등을 통해 인간됨의 본질에 도달할 수 있다고 믿었다. 그들은 그러한 인문학을 통해 이상적인 삶을 지향했다. 다시 말해 인문학을 통해 탁월하게 사는 것, 인간다운 삶을 사는 것이 그들의 목표였다.

우리는 인간이기에 '어떻게 살아야 하는가'를 놓고 고민할 수밖에 없다. 인문학은 바로 이 물음 때문에 생겨났고, 또 이 물음에 대하여 부단히 답하려고 애쓴다.

인문학은 인간을 대상으로 하는 탐구 작업이다. 인생을 논하고, 사람이 살아가는 모습을 논한다. '어떻게 살아야 올바른 삶일까'에 대해 논한다. 따라서 인간성이나 인간다움과 관련된, 인간에 대한 성찰이나 문화를 창출하는 인간의 속성 등이 바로 인문학이 지향하는 것이다.

현대인들이야말로 인문학이 절실한 사람들이다. 인문학에는 삶의 문제에 대한 해답이 들어 있기 때문이다. 인문학적 성찰을 한다는 것은 진선미의 세계를 탐구하여 진선미의 삶을 사는 것이다.

우리는 무엇으로 우리의 인생을 바꿀 것인가? 진선미를 탐구하는 인문학이다. 인문학은 사람들의 마음을 바로 잡아주고, 삶의 의미와 가치를 일깨워주는 학문이다.

인문학의 주인공은 사람이다. 인문학적 사고는 사물이 아닌 사람을 중심으로 생각한다. 언제나 사람을 우선에 둔다. 이렇게 모든 것을 사람 중심으로 놓고 생각할 때, 비로소 인문학적 사고전환이 일어난다.

호메로스는 그의 서사시 『일리아드』와 『오디세이』를 통해 인간의 탁월한 삶, 인간다움, 진선미에 대한 인간의 보편적인 덕목을 담아내려고 시도했다. '발이 빠른' 아킬레우스의 용기와 '지혜가 뛰어난' 오디세우스의 판단력과 자제력은 모든 그리스인이 본받아야 할 바람직한 덕목이었다. 용기와 지혜로, 탁월한 삶을 사는 것이 고대 그리스인들이 지켜야 할 인간의 이상적인 덕목이었던 것이다.

인문학은 출발 그 순간부터 인간을 위해 존재했다. "젊은 사람들의 마음을 바르게 지켜주고 나이 든 사람들의 마음을 행복하게 해 줄뿐만 아니라, 우리가 시련과 역경에 처해 있을 때 마음의 안식과 평화를 주는 원천이 바로 인문학이다." 그래서 고대 로마 사상가 키케로는 시련을 극복하고 불굴의 용기를 주는 힘이 인문학에 있음을 강조하였던 것이다.

깨달은 삶과 고결한 행복

깨달음이란 특별한 무엇이 아니다. 진선미가 깨달음의 실체이고, 이를 통해 인간은 궁극적인 지혜와 고결한 삶에 이른다.

4대 성인은 인간의 삶에 고결함을 부여하는 것은 부, 성공, 권력, 인기, 외모 등과 같은 것이 아니라 진선미라고 했다. 그러므로 진선미를 깨닫고 삶 속에 적용하는 것이 가장 탁월한 삶과 고결한 행복의 길이다.

하지만 진선미의 사전적 정의를 알았다고 해서 우리가 진선미를 제대로 깨닫고 실천하게 되는 것은 아니다. 진선미를 제대로 깨달으려면 오랜 사색과 명상, 그리고 깊은 통찰이 필요하다. 더 나아가 깊은 체험을 통해 궁극적인 지혜에 이르게 되는 것이다.

점점 품위가 떨어지는 이 세상에서 어떻게 품위를 유지하고 고결해지는가? 진선미를 통해 삶을 고결해진다. 고결한 삶은 행복으로 이어진다. 즉 고결한 행복을 누리게 된다.

대부분의 사람들은 무엇이 진정한 삶인지에 대한 어떠한 고민도 하지 않은 채 기존의 사회가 정해준 삶의 방식을 그대로 따르고 있다. 하이데 거와 같은 철학자는 그런 삶을 '세속적 삶', 니체는 '말세의 삶'이라고 불렀다. "세속적 삶이란 자기를 상실하고 세간의 가치를 추구하는 데 빠져 있는 삶이고, 말세인의 삶이란 밑바닥까지 전락한 인간의 삶이라는 의미다."^{박찬국}

우리에게는 두 가지의 서로 다른 삶의 표본이 제시된다. 첫째는 화려하게 반짝반짝 빛나지만 왠지 천박한 삶이다. 둘째는 비록 화려하게 빛나지는 않지만, 윤곽이 선명하고 우아하며 또 아름다운 삶이다. 전자가 목적 없이 헤매는 사람들의 주목을 끌어당긴다면, 후자는 열심히 배우고 신중하게 관찰하는 사람들의 관심을 받는다.

부와 명예, 권력으로 포장된 길은 화려하게 반짝이면서 우리를 끌어당긴다. 화려함이나 반짝임은 없지만 우아하고 아름다운 길, 지혜와 미덕을 추구하는 길이 더 낫다는 것을 굳이 설명하지 않아도 우리 모두는 잘 알 것이다.

안일함과 세속을 탐하는 '세속인'으로 살 것인가? 고결하고 기품있는 '진선미의 사람'으로 살 것인가? 진선미는 결국 나 자신의 품격을 높여주는 소중한 미덕이다.

오늘날 자본주의에 의해 도덕이 해체된 이 세계에서 어떻게 고결하게 살 수 있을까? 고결한 삶으로 가는 길을 궁극적으로 진선미에 있으며, 무엇보다도 그 안에서 우리 각자가 고결한 행복에 이를 수 있다.

진선미의 화신이 되어 고결한 행복을 환하게 꽃피우자

누가 됐건 사람의 한 생애는 세상의 빛이 되어야 한다. 진선미의 화신化身되어 자신의 불꽃을 쏘아 올려라! 세상은 작은 불꽃만 있어도 얼마든지 환하고 생기 있게 빛날 수 있다. "한 등불이 능히 천년의 어둠을 없애고, 한 지혜가 능히 만년의 어리석음을 없앤다."육조단경

우리의 내면 깊은 곳에 누구나 진선미의 씨앗, 행복의 씨앗을 가지고 있다. 진선미는 하나님이 인간을 창조할 때 우리 안에 심어놓은 '참 자아'다. 그 참 자아가 활짝 열리면 순전한 진선미의 행복이 만개한다. 이는 본래의 행복이다. 모든 이를 가슴 벅차게 하는 행복이다.

진선미에 대한 성찰이 행복한 삶을 위한 가장 완벽한 입문이 되며, 내면의 삶에 안정과 즐거움을 부여한다. 우리가 완전한 행복에 도달하기 위해서는 진선미를 배워야 한다.

불꽃으로 피어나라! 어둠 속 한줄기 빛과 같은 존재가 되자. 작은 불꽃이 되어 세상을 밝힐 때 당신의 인생도 빛나고 행복도 절정에 도달할 것이다. 작은 불꽃으로 세상을 따뜻하게 하자. 문제는 실천여부다. 백번 말해도 실천하지 않으면 아무런 소용이 없다. 그렇다면 일상생활 속에서 미미하고 조그마한 친절을 베푸는 일부터 시작하자.

거리에서 만난 사람들에게 미소를 지어라. 얼굴을 마주치면 가벼운 목례로 인사하자. 순순한 관심을 가지고 정답게 말을 건네자. 그런 작은 불꽃으로 살면 내 주위에 향기가 가득하고 벌과 나비가 날아든다. 그리고 삶은 부메랑과 같아서, 이웃에게 좋은 것을 나누어주면, 언젠가는 같은 것으로 나에게 돌아오는 법이다. 진선미의 미덕으로 몸과 마음을 갈고 닦아 수양해서 내 주위를 환하게 밝히자.

"지혜 있는 자는 궁창의 빛과 같이 빛날 것이요, 많은 사람을 옳은 데로 돌아오게 한 자는 별과 같이 영원토록 비취리라."다니엘 12장

4

4대 성인과 유토피아 사상

4대 성인은 하나같이 이상주의자다. 이상주의자는 이미 존재하는 세상을 두고 사진을 찍는 자가 아니라, 아직 존재하지 않는 세상을 상상하며 그림을 그리는 자다. 이상주의자는 미래의 변화될 세계를 상상하며 새로운 그림을 그리는 것이다.

4대 성인은 온전하게 행복한 세상 곧 지상천국을 꿈꾸며 그들의 사상을 가다듬고 가르침을 펼쳤던 것이다. 4대 성인뿐만 아니라 인간은 모두 이상향理想鄕을 꿈꾸며 살고 있다.

우리 인류가 살고 싶은 곳은 어디일까?

인류가 꿈꾸는 사람다운 삶은 어떤 삶일까?

우리 인간은 어디에서 어떤 삶을 살 때 가장 행복할까?

오랜 세월 인류가 꿈꾸며 입에서 입으로 전해온 이상향은 어떤 곳이며, 어디에 있는 것인가? 여기서 우리는 이상사회 곧 유토피아를 찾아 길을 떠난다.

유토피아는 인간이면 누구나 꿈꾸는 세계이며 한 번쯤 상상해 본 사회다. 따라서 그만큼 환상적이기도 하다. 하지만 실제 인간의 역사에서 유토피아가 실제로 존재한 적은 없었다. 그리고 앞으로도 그러한 이상적인 세상은 존재하지 않을지도 모른다. 그럼에도 불구하고 인간은 이상향을 늘 꿈꾸며 살고 있다. 인간은 본성적으로 행복한 세상을 꿈꾸는데, 그 꿈이 이상향으로 나타나는 것이 아닐까?

> "인류가 유토피아에 대해 관심을 가지고 꿈을 꾸는 것은
> 꽃들이 태양을 향하는 것과 같은 이치다."

알다시피 유토피아는 현실에 존재하지 않는 이상향이다. 사실 유토피아를 현실적으로 실현시키기 어렵다는 점은 누구나 동의할 것이다. 어떻게 보면 인간이 영구히 달성할 수 없는 것, 지상에는 영원히 존재하지 않는 사회가 유토피아며, 그 실현 불가능성은 유토피아의 숙명처럼 보인다.

인류 역사 이래 정치, 경제, 사회, 문화 지도자들은 각종 유토피아를 건설하겠다고 공언해 왔다. 하지만 그 유토피아는 아직 없다. 그러면 우리가 고대하는 이상향 곧 유토피아는 어디에 어떤 모습으로 존재하는 것인가? 유토피아는 살아있는 사람이 살아가면서 스스로 풀지 않으면 안 되는 숙제와도 같은 것이다.

'완전한 사회'에 대한 인류의 상상은 그치지 않을 것이다. 이것이 없이는 사회의 발전을 기대하기 어렵다. 이상적인 사회가 무엇인지 생각하고 알아야 이상적인 사회가 구현될 수 있다.

유토피아는 실제적으로는 불가능할지도 모른다. 그러나 이론적으로는 얼마든지 가능한 것이다. 우리는 실제적인 불가능성과 이론적인 불가능성을 구분해서 생각해야 한다. 이론적인 실현 가능성이 유토피아가 갖는 진

실성이며 현실 비판의 유용성인 것이다.

"유토피아가 없다면 미래의 희망도 없다고 봐야할 것이다. 왜냐하면 어제의 꿈이 오늘의 현실이 되고, 오늘의 꿈은 다시 내일의 현실이 되기 때문이다. 당시에는 어처구니 없는 환상이나 관념의 유희에 지나지 않았는데, 몇 세기가 지나고 나면 그것이 현실이 될 수도 있기 때문이다."_{김영한}

"역사란 역사는 모두 개인과 사회가 꾸어 온 꿈과 구상해 온 유토피아로 점철되어 있다. 늘 보다 나은 삶을 기대하면서 이를 위해 모든 노력을 경주하는 인간의 특성 덕분에 인류는 진보를 거듭했다."_{프레데릭 르누아르}

오늘날 모든 문명은 옛날 신화와 꿈이 현실화된 형태라고 볼 수도 있다. 어떻게 보면 과거 사람들이 꿈꾸어 왔던 신화 같은 일이 20세기 이후에 모두 실현되었다고 보인다. 하늘을 날고자 했던 꿈이 비행기로, 시공간을 초월해 전 세계에 존재하고자 했던 꿈이 인터넷으로, 과거에는 신화의 세계에서 신들의 영역에 속했던 것들이 오늘날에는 인간의 세계에서 현실이 된 것이다.

오늘날 첨단문명은 과거 이상주의자의 공상과 상상력이 과학의 힘을 통해 현실이 된 것이다. "만약 인문적 상상력이 없다면 문명이 나아갈 목표와 방향을 잃게 될 것이고, 과학의 힘이 없다면 우리의 모든 꿈과 상상력은 백일몽으로 끝날 것이다."_{김영한}

그런 점에서 앞으로 4차 산업혁명으로 인해 아무리 과학만능시대가 도래한다 할지라도 중요한 것은 그 과학을 올바르게 이끌어가는 인문적 상상력이 필요하다고 할 수 있을 것이다.

내 마음의 행복의 본* 모습으로서 유토피아

플라톤은 이상국가를 철학의 핵심주제로 삼고 탐구하였다. 플라톤에게 있어서 이상국가는 철학자가 왕이 되거나, 아니면 왕이 철학자가 될 때 실현되는 것이었다. 그러한 국가가 가능할까? 플라톤은 이상국가를 말했지만 이 땅에서 실현할 수는 없는 것으로 보았다.

"이상국가는 지상에 있지 않고, 저 하늘 위의 아마 하나의 본*으로서 위치해 있을 것이네. 인간의 내면에 있는 나라네. 그래서 쳐다보기를 원하는 사람은 그것을 쳐다보면서 스스로를 그렇게 꾸밀 수 있게끔 말일세. 그것이 정말 어디에 있는지, 또는 있을 것인지는 사실 별 상관이 없는 일이지. 그것을 쳐다보는 사람은 오직 그것에 속한 것만 행하지 다른 것에 속한 것은 행하지 않을 테니까."『국가』에서

플라톤은 내 마음의 행복의 본으로서 이상국가를 모색하면서 『국가』를 쓴 것이다. "이상사회의 실현은 지상에서 일어날 수 없을지도 모른다. 하지만 이상사회의 모색을 통해 행복의 본모습을 찾아낼 수 있다."

어느 현자는 "온전한 행복은 이 세상에서 얻을 수 있는 것이 아니다"라고 하였다. 사실상 충만하고 완전한 행복이란 이 세상에는 존재하지 않는다. 그것은 '상상 속의 이상향'에 지나지 않을지도 모른다.

우리는 인간이 가장 인간답게 살 수 있는 이상적인 세상에 대한 우리의 꿈을 버릴 수는 없다. 하지만 이상주의가 지나치면 망상주의가 된다. 과거 구소련을 비롯한 사회주의 국가들이 그 실례다.

하지만 우리가 유토피아를 꿈꾸며 유토피아를 지향하며 살면, 이 땅의 발전은 덤으로 일어날 것이다. 그래서 유토피아는 실현할 수는 없어도 유토피아를 꿈꾸어야 하는 것이 아닐까?

사실 4대 성인은 늘 유토피아를 지향하며 살았던 인물이었다. 이 땅에 유토피아를 이루고자 하는 그들의 열심은 특출하였다. 그들이 극심한 환경 속에서도 지구상에 진선미의 흔적을 남길 수 있었던 것은 그들의 마음이 유토피아에 사로잡혀 있었기 때문이다.

칸트의 유토피아 사상 : 최고선最高善이 구현된 세계

최고선을 구현하라. 여기서 최고선이라고 하는 것은 인간 행위가 지향해야 하는 근본적인 목표가 될 수 있는, 모든 종류의 도덕적 이상 가운데 최고 위치를 차지하는 것, 지고선至高善이다.

내가 먼저 도덕법칙에 따르는 존재가 되어 다른 이들도 그렇게 되도록 돕고, 그래서 모든 이가 최고선이 구현되는 세계를 이루는 것이 칸트의 유토피아 사상이다. 칸트는 우리가 추구해야할 것은 최고선의 경지라고 했다.

도덕법칙대로 살았을 때 행복해질 수 있는 사회를 구현해야 한다. 이상적인 사회는 모두가 도덕을 지키므로 행복하게 사는 세상이다.

도덕법칙을 지켰을 때 사람들이 행복하지 않으면 의미가 없다. 도덕법칙에는 행복이 꼭 따라와야 한다.

하지만 내가 도덕법칙을 지켰다고 행복해진다는 보장이 없다. 행복을 주는 존재로서 신이 전제되지 않으면 우리가 꿈꾸는 최고선의 실현이 불가능하다. 그래서 칸트는 행복을 주는 존재로서 신을 강력하게 요청한다. 도덕을 지켰을 때 행복을 주는 존재가 있어야 하는 것이다.

유토피아는 미래를 향한 향상심向上心이다

향상심은 더 높아지고 나아지고자 하는 마음으로서, 오늘의 세계를 만든 원천이고, 지금 이 시간에도 미래로 달려가게 하는 힘이다. 향상심이 없는 사회나 인간은 죽은 것이나 다름없다.

순수한 향상심으로 우리 사회를 높여가려는 자세에서 변화가 일어나고 참된 행복이 솟아난다. 자신이 동경하는 이상향을 향해 계속 화살을 쏘아대는 이상주의자가 되어야 한다.

하지만 현대인은 오늘날 거대한 자본주의 시스템에서 자신감이나 향상심은 커녕, 무력감을 느끼며 하루하루 흐지부지하게 시간을 보내고 있는 실정이다.

오늘날 향상심이 이상하리만치 빠르게 사라져가고 있는 것 같다. 향상심은 미래로 달려가는 청년들의 가슴에 새겨진 희망임에도 불구하고 대부분의 현대인들은 이를 피곤해하며 외면하고 있다.

사회가 발전하려면 지금보다 더 나은 사회를 만드는 것이 모든 이의 꿈이 되어야 한다. 그러기 위해서는 향상심이 필요하다. 향상심을 가진 이가 바로 세상이라는 들판에서 인류애의 깃발을 드높이는 사람이고, 니체가 말하는 초인을 닮은 사람이다. 니체는 흐지부지하게 살아가는 인생을 제일 싫어했다. '자기 인생에 온 힘을 쏟아 능력을 최대한 발휘하는 것'이 최고의 삶이라고 말했다.

"나는 그대가 희망과 사랑을 결코 버리지 않는 사람이기를, 그대의 영혼 속에 깃들어 있는 영웅을 절대 버리지 않기를, 그대가 희망하는 삶의 최고봉을 계속 성스러운 곳으로 여기며 똑바로 응시하기를 바란다."니체

플라톤의 '이상국가' 정의론

플라톤은 사회(국가)가 정의로워야 행복해진다고 생각했다. 정의로운 사회는 자기 재능을 마음껏 발휘할 수 있는 기회를 부여해 주는 사회 곧 자아를 실현할 수 있는 사회다. 인간은 자신이 선천적으로 타고난 재능을 최대한 발휘하면 행복해지는 법이다.

"개인의 적성을 살려서 사회 전체의 공동선을 기여할 수 있게 하는 사회가 정의로운 사회다."플라톤

오늘날 자본주의 사회에서는 '배분정의'에 큰 관심을 가지고 있지만, 플라톤은 배분정의보다 '역할정의' 곧 내가 사회에서 어떤 역할을 하는지에 대한 정의 개념에 더 큰 관심을 가졌던 것 같다. 플라톤의 정의의 핵심은 균형과 조화다.

정의는 국가의 각 그룹과 개인이 자신의 역할과 기능을 제대로 수행함으로써 조화를 이루는 것이다. "각 계급이 자신의 기능을 제대로 수행하면서 조화를 이루는 국가가 정의로운 국가다."플라톤

플라톤 자신도 정의로운 국가는 이 땅에서는 이루어질 수 없을 것이라고 생각했다. 『국가』의 집필 목적은 이상국가의 실현가능성 여부가 아니다. 플라톤에게 '이상국가를 실현하느냐, 못하느냐' 하는 문제는 둘째 문제다. 플라톤은 완성된 정의의 모습이 어떤 것인가를 보여 주고자 이상국가를 이야기했다. 플라톤은 이상국가를 구상하는 가운데 정의의 본 모습을 찾고자 했던 것이다. "이상국가의 실현은 지상에서 일어날 수 없다. 그러나 이상국가의 모색을 통해 정의의 본 모습을 찾아낼 수 있다."플라톤

정의는 영원히 탐구해야 할 과제다. 그리고 이상적인 행복과 이상사회 역시 영원히 탐구해야 할 인간의 과제다. 플라톤이 볼 때 이 땅에서 정의

로운 국가는 구현이 안 된다. "무엇이 정의이고 무엇이 공동선인지 아는 사람이 정치를 해야 하는데, 이것이야말로 일어날 수 없는 일이기에 그냥 이상국가일뿐이다."

이상국가는 시공을 초월한 이데아 세계에서는 가능할 것이다.

어디에도 없는 이상적인 행복한 나라, 유토피아

모든 인류가 꿈꾸는 이상사회 곧 유토피아는 어떤 곳 인가? 유토피아는 인간이 인간으로 인간답게 살 수 있는 모든 조건이 갖 추어진 진정한 삶의 공간 곧 진선미의 사회일 것이다.

고대 서양의 유토피아 개념은 플라톤의 저작에서 찾아 볼 수 있다. 그는 사라진 대륙, '아틀란티스 전설'을 일종의 행복한 이상향으로 이야기했던 것이다.

고대 동양의 유토피아 개념은 요순임금 시대의 태평성대, 공자의 대동 사회, 노자의 소국과민 등에서 찾아 볼 수 있다.

그 후 여러 작가의 작품에 이상사회의 모델이 등장했으나, 1516년 영 국작가 토마스 모어(Thomas More 1477-1535)가 쓴 정치적 공상소설 『유토피아』 가 가장 유명하다. '유토피아'라는 새로운 용어를 유행시킨 이 저작은 초 기 자본주의에 대한 신랄한 비판이라는 점에서도 주목을 끌었지만, 인류 의 영원한 염원 곧 자유와 평등이 실현된 이상사회에서 살고 싶다는 염원 을 대변하고 있다는 점에서 더욱 의의가 크다고 할 수 있겠다.

한편 유토피아Utopia는 '없다'라는 뜻의 그리스어 '유'ou와 '장소'를 뜻하 는 '토포스'topos가 결합된 합성어로서, 이름 그대로 '어디에도 없는 곳', '현실에는 없는 이상적인 사회', '몽상의 나라' 등을 의미하기도 하겠지만, 사실은 인간 각자의 마음속에 실재하는 '염원의 나라'인 것이다.

유토피아 개념에는 현실을 부인하고 피안의 세계로 도피하려는 '관념적 유희'가 있다. 하지만 바람직한 미래를 꿈꾸고 이상적인 사회를 설계하려는 성격도 함께 갖고 있다. 이러한 의미에서 유토피아는 우리 사회가 안고 있는 허다한 문제에 대한 훌륭한 해답도 될 수 있는 것이다.

1 인류의 유토피아 사상과 역사

현실에 완벽하게 만족하고 사는 사람은 없을 것이다. 특히 사회적 모순이나 국가의 폭력으로 피해를 입었거나 희생된 사람들은 자연히 현실 사회를 외면하고 이상적인 사회, 완벽한 국가를 꿈꾸게 될 것이다.

사람들이 세상에 대해 불만을 품은 것이 비단 어제 오늘의 일만은 아니다. 인류 역사에는 동서양을 막론하고 수많은 다양한 이상사회가 거론되었다. 그래서인지 역사를 살펴보면 인류는 다양한 형태의 이상사회들을 끊임없이 꿈꾸어 왔던 것이다.

그 실례로 스승 소크라테스가 아테네 사회체제에서 억울하게 사형을 선고받아 죽음에 이른 후, 제자 플라톤은 완전한 정의가 실현되는 이상적인 국가에 대한 구상을 전개했다. 그 이상국가는 그의 저서 『국가』에 제시된 소위 철학자가 통치하는 나라다. 플라톤은 이상국가를 꿈꾸며 『국가』를 집필하는 가운데 카타르시스를 느꼈을 것이다.

그런 연고로 인류 역사 이후, 오늘날까지 수많은 철학자와 사상가, 작가와 정치개혁가들이 이상적인 공동체를 꿈꾸며 유토피아 구현을 꾀하였다. 우리는 여기서 유토피아 사상과 수많은 사상가들과 작가들이 내놓은 인류의 이상사회 프로젝트를 살펴보고자 한다.

고대 유토피아 이야기와 작품

인류의 유토피아 사상은 고대로부터 지금까지 여러 가지 형태로 이어져 왔다. 어떤 학자는 호메로스의 『오디세이』를 이상사회 작품의 효시로 보았다. 『오디세이』에 이상향에 대한 서술이 있지만, 유토피아 작품의 출발점으로 보기에는 미흡하다. 그래서 일반적으로 플라톤의 『국가』를 유토피아 작품의 효시로 보고 있다.

플라톤은 자신이 꿈꾸어 온 이상향에 대한 동경심을 정치사상을 도입하여 철학적 이상사회를 구현함으로 유토피아 사상의 효시를 이루었던 것이다.

플라톤은 『국가』에서 이상적인 사회를 표방하였는데, 즉 통치자 계층, 방위자(수호자) 계층, 생산자 계층이 각각 지혜, 용기, 절제의 덕을 발휘하여 조화를 이루는 정의로운 국가다. 그에게 있어 이상국가는 정의의 덕이 실현되고 재산을 공유하는 공산사회다.

플라톤이 이상사회를 그린 작품으로 『국가』 외에도 또 다른 작품이 있다. 전설 속에 신비한 해저도시, '아틀란티스 제국'을 아는가? 실제로 아틀란티스가 존재했다고 믿는가? 플라톤의 '아틀란티스 이야기'는 수많은 유토피아 신화에 영감을 불어넣어 주었다.

사라진 미지의 해상국가 아틀란티스는 BC 335년경 플라톤이 쓴 『티마이오스』와 『크리티아스』라는 책에서 처음으로 언급된다. 소크라테스와 제자들이 가상으로 나눈 대화를 담은 책으로 주요 등장인물의 이름을 제목으로 취했는데, 티마이오스와 크리티아스는 당시 실존 인물이었다고 한다.

플라톤은 당시로부터 9천 년 전에 큰 대륙 아틀란티스가 헤라클레스 바위(지브롤터 해협 양쪽에 치솟은 바위) 저쪽 대서양에 있었으나, 지진과 홍수로 단 하루 만에 바다 속으로 가라앉았다고 기록하고 있다. 아틀란티스 제국은 북아프리카와 유럽 대부분을 정복했으며, 대도시는 포세이돈 신전을 중심으로 동심원을 그리며 건축되었고, 크게 번영했었다고 플라톤은 서술했다.

플라톤은 사라진 아틀란티스 제국 이야기를 사실로 믿었던 것 같다. 그렇지 않았다면 그토록 상세하게 이야기할 이유가 없기 때문이다. 하여간 플라톤의 저서로 인해 아틀란티스 제국의 신봉자들이 생겨나기 시작하여 고대문명의 근원지라는 이야기가 생겨날 정도로 발전하였다.

상상의 그곳, 미지의 해저대륙, 사라진 아틀란티스는 어디일까? 고대부터 지금까지, 아직도 여전히 미스터리로 많은 사람들의 상상을 자극하고 있다.

고대 중국의 이상사회는 전설 속에서 존재했던 '요순堯舜시대'였다. 일반적으로 요순시대라고 하면 현명하고 도덕이 높은 통치자가 이끄는 태평한 시절을 말한다. 공자는 요순시대를 이상사회를 생각해서 그 시대를 늘 꿈꾸며 그리워했다고 한다.

가령 공자는 성인 중 한 사람인 요임금에 대해 이렇게 말한 것으로 기록되어있다. "위대하시다! 요의 임금노릇하심이여! 높고 크다. 오직 저 하늘이 가장 크거늘, 오직 요임금만이 그와 같으셨으니. 그 공덕이 넓고 넓어 백성들이 무어라 형용하지 못하는구나."

요순은 중국의 전설상의 임금인 요임금과 순임금을 말한다. 하늘이 내린 천자天子라 일컬어지는 두 임금은 그 지혜와 어짊仁이 이를 데 없어, 그들이 다스리던 시절에는 태평성대를 구가했다.

사마천은 그의 저서 『사기』에서 요임금의 인물됨을 다음과 같이 기록하였다. "그의 어짊은 하늘과 같았고, 그의 지혜는 신과 같았다. 백성들은 그를 해처럼 따랐고 구름처럼 바라보았다. 부귀하면서도 교만하지 않고 사람을 깔보지 않았다."

순임금의 치세 때도 요임금 때와 못지 않은 태평성대를 구가하였으며, 어진 신하들이 순임금을 도와 더욱 빛나는 정치를 실현하였다.

공자가 현실 속에서 구상하였던 이상사회는 대동大同사회였다. 대동사회는 유교의 이상적인 인간상인 성인군자가 다스리고, 모든 사람이 커다란 가족과 같은 관계를 맺으며 공정한 분배가 실현되는 이상사회다. 누구나 자신의 능력을 마음껏 발휘하면서도 자신만의 이익을 추구하지 않고, 또 병든 자, 소외된 계층, 노인과 어린이와 같은 약자들이 잘 살 수 있는 이상사회다. 덕치德治가 실현되어 사회적 약자들을 비롯하여 모든 사람들의 인간다운 삶이 보장되는 이상사회다.

노자가 꿈꾸었던 이상사회는 소국과민小國寡民 사회인데, 인간의 자유로운 삶을 제약하는 각종 사회예식과 같은 인위를 거부하고, 자연에 따르는 삶을 주장했다. 노자는 적은 수의 사람들로 구성된 사회라야 인위적인 것을 최소한으로 줄이고, 자연에 따르는 삶을 살 수 있다고 주장하였다. 그래서 인위적인 규범이 없고, 무위無爲의 통치가 실현되는 사회다. '작은 나라와 적은 백성'을 지향하는 사회다.

근대 유토피아 개념들

유럽에서는 십자군 전쟁(十字軍戰爭 AD 11세기부터 14세기까지 회교도에게 빼앗긴 예루살렘을 탈환하기 위해서 유럽 기독교 국가들이 주도한 원정전쟁)이 끝난 때부터 동방에 큰 관심을 기울이게 되었다. 당시 많은 유럽인들이 터무니 없는 꿈에 사로잡혀 있었는데, 그 대표적인 인물이 항해사 콜럼버스(Christopher Columbus 1451-1506)였다. "나는 인도로 가는 빠른 길을 찾아낼 것이다. 황금이 모래보다 흔하다는 그 곳, 반드시 찾아내리라."

1492년, 콜럼버스의 신대륙 발견 후, 유럽에서는 유토피아의 꿈이 한층 부풀어 올랐다. "신대륙에 가면 진주와 향신료가 넘치고, 황금으로 꾸민 도시가 있다네."

플라톤 이후, 최대의 유토피아 작품은 토마스 모어의 『유토피아』라고 할 수 있을 것이다. 1516년, 영국작가 토마스 모어의 정치적 공상소설 『유토피아』를 출판했다. 모어는 『유토피아』에서 자신이 꿈꾸는 이상사회를 담담하게 그려냈는데, 이는 당시 산업자본주의 사회의 어두운 면을 반영하는 데에서 탄생한 작품이다. 여하튼 모어의 『유토피아』는 '이상향'에 대한 관심과 환상에 불을 지폈다.

토마스 모어는 가톨릭교회에서 성인으로 추대 받았을 만큼 고결한 인물이었다. 르네상스 시대 유럽 최고의 인문주의자요, 『우신예찬』으로 유명한 에라스무스는 토마스 모어를 극찬하였다. "영국의 대법관 토머스 모어, 그의 영혼은 새하얀 눈보다 더 순결했으며, 그의 천재성은 위대한 사상가의 산실인 영국조차 이전에 결코 가진 일이 없었고, 이후에도 다시는 얻을 수 없는 엄청난 것이었다."

모어의 『유토피어』는 그의 정치적 공상을 담은 이야기 형식의 소설인데 플라톤의 이상국가에서 영향을 받았다. 그 소설의 원제는 『사회의 가장 좋은 정치체제에 관하여, 그리고 유토피아, 새로운 섬에 관한 즐거움 못지 않게 유익한 황금의 저서』다.

그 내용은 포르투갈 선원 라파엘 히들로데우스Raphael Hythlodaeus가 우연히 발견한 섬나라 신세계에서 5년간 머물며 체험한 이야기를 모어가 공표하며, 서로 이야기를 나누는 형식을 취하고 있다.

『유토피아』에서 이야기를 이끌고 있는 화자話者 라파엘이 말하는 새로운 섬 유토피아는 소수의 법률과 규제만으로도 모든 일이 순조롭게 이루어지고 덕이 매우 존중되는 나라다. 여기서는 모든 사람들이 교육의 혜택을 받을 수 있었으며, 정치는 민주적으로 행해지며, 신앙의 자유가 보장되고, 국민은 올바른 도덕심을 갖고 있다.

"초승달 모양의 섬 유토피아는 같은 언어와 비슷한 풍습, 시설, 법률을 가진 54개의 마을로 구성되어 있다. 그곳의 시민들에게는 빈곤도 없고 사치나 낭비도 없다. 유토피아의 성인들은 남녀를 가리지 않고 생산적 노동에 종사한다. 노동은 매일 6시간으로 제한하고, 8시간 잠자고, 남은 시간은 정신적 오락이나 연구에 사용한다. 집집마다 열쇠를 채우거나 빗장을 거는 일은 절대로 없다. 왜냐하면 집 안에 들어간들 어느 개인의 소유란 것이 없기 때문이다. 그리고 그들은 10년 마다 제비를 뽑아 집을 교환한다."

모어의 『유토피아』는 모든 사람이 공동으로 작업하고 생산한 물건을 필요한 만큼 가져다 사용하며, 경제적으로 풍요로우며 도덕적으로 타락하지 않은 사회로 묘사되어 있다.

우리가 주목해야 할 점은 개인의 불행을 개인의 책임으로 넘기지 않고, 잘못된 사회적 제도에서 원인을 찾고 있는 모어의 관점이다. 부랑자, 거지, 도둑 등의 비참한 삶이 그들의 개인적 불운에 기인하는 것이 아니라, 소수의 부자들이 땅을 빼앗고 물건을 매점하여 대중을 궁핍으로 몰아넣고 있다는 것이다. 그리고 불의한 사회를 바로 잡도록 왕에게 충고하는 것이 철학자의 임무이듯, 모어는 영국사회의 불의를 풍자하며 고발하고 있는 것이다.

모어는 사회의 가장 큰 문제가 불평등에 있다고 보았다. 유토피아 섬에는 누구에게나 생산, 분배, 행복추구에 있어서 평등한 기회가 부여된다. 그로 인해 그의 『유토피아』는 사회주의 성격을 지녔다. "사실 사회주의 노선을 지지하는 사람들은 모어가 당시 대두하기 시작한 자본주의를 비판하고, 사회주의적 이념을 전파할 목적으로 이 책을 썼다고 주장하면서, 그를 사회주의의 선구자로 내세우고 있다."_{김영한}

원래 유토피아 이야기는 사회적, 정치적, 경제적, 도덕적으로 불안이 고조된 시대에 탄생한 것이다. 플라톤의 『국가』도 아테네의 불안을 배경으로 탄생한 것이다. 그런데 플라톤 이후 토마스 모어의 『유토피아』에 이르기까지의 약 2천여 년 동안은 이른바 유토피아 암흑시대다. 즉 플라톤의 『국가』 이후 『유토피아』가 발간되기까지 약 2천여 년 동안은 유토피아 작품이 점적해 버린 셈이다. 그 이유는 로마제국이 번성한 약 1천여 년은 로마제국 자체가, 그리고 중세 유럽의 기독교사회의 약 1천여 년은 기독교 사회 자체가 이른바 이상국가의 역할을 했던 것은 아닐까? 그래서 그 기간 동안은 유토피아 문학이 일어나지 않았던 것으로 추정되어진다.

중세 사람들은 마음 속 깊이 완전한 유토피아를 동경했고, 또 그 실현을 확신하고 있었다는 사실을 간과할 수 없다. 교회가 인류의 구원을 약속했고, 구원받은 자에게 약속한 천국은 인류가 꿈꿀 수 있는 최고의 유토피아가 아닐까? 그러므로 그러한 행복한 사람들로부터는 유토피아 문학이 나올 수 없었을 것이다.

그러나 중세 말기에 일어난 르네상스 운동으로 휴머니즘이 대두되고 중세의 봉건사회가 붕괴되면서 사회의 불안감이 조성되었지만, 동시에 새로운 세상에 대한 기대도 고조되기 시작하였다. 새로운 희망에 들뜬 인간은 에덴의 낙원처럼 하나님으로부터 주어지는 유토피아가 아닌, 인간 스스로의 힘으로 창조하는 유토피아를 그리워하게 되었다.

16세기 르네상스 시대가 유토피아 문학의 융성기라고 할 수 있는데, 이러한 융성기의 기수가 토마스 모어의『유토피아』인 것이다.

모어의『유토피아』는 '유토피아 문학'이라는 명칭을 탄생시켰고,『유토피아』가 출간된 이후 1932년의 헉슬리의『멋진 신세계』와 조지 오웰의 암담한 미래소설『1984년』에 이르기까지 수많은 유토피아 소설이 세상에 나왔다. 모어의『유토피아』는 어느 유토피아 문학보다도 사회사상에 많은 영향을 끼쳤을 뿐 아니라, 근대 유토피아 문학의 선구가 되었던 것이다.

1627년, 프랜시스 베이컨(F. Bacon 1561-1626)은 토마스 모어의『유토피아』와는 다른 유형의 이상향인『신 아틀란티스New Atlantis』을 출판하였다. 베이컨은 인간의 불행은 빈곤과 궁핍으로부터 오며, 그 원인은 생산기술의 낙후에 있다고 보았다. 그 해결책은 생산을 증대하기 위한 과학기술의 발전과 개인의 자유로운 경제활동에 있다고 보았다.

우리가 익히 잘 알고 있는 철학자 베이컨의 '아는 것이 힘이다'라는 말은 과학적으로 아는 것을 뜻한다. 과학적인 지식을 적절히 응용한다면 인류에게 유익한 결과를 가져올 수 있다는 것이다.

베이컨의 유토피아는 오늘날 우리 사회보다 훨씬 선진화된 그야말로 고도의 과학기술 문명사회다.『신 아틀란티스』는 과학기술자들이 지배하는 신비의 섬으로 과학기술의 발전에 의해 이루어진 유토피아다. 과학기술이 날씨를 조절하고, 무지개도 만들고, 에너지를 공급하는 드링크제를 발명해낸다. 이러한 과학기술을 통해 모든 주민들이 행복한 삶을 영위한다.

"베이컨의 유토피아에는 오늘날 우리에게 친숙한 과학기술문명의 생산품들이 모두 등장한다. 예를 들어 비행기, 잠수함, 전신전화, 현미경, 망원경이 소개되고 의술에서도 심장이식, 냉동마취 같은 첨단기술이 도입된다. 생명과학은 엄청난 발전을 보였는데, 파리를 누에로, 모기를 꿀벌로 만들고 해충을 이로운 곤충으로 변종시킨다."김영한

토마스 모어가 평등한 공산주의 사회에 초점을 두었다면, 베이컨은 과학기술을 통한 풍요로운 자본주의적 성격의 사회를 만드는 데 주안점을 두었다. 베이컨은 근본적으로 재화가 넘치고 남아돌게 한다면 불평등은 사라지고, 그러면 사람들이 굳이 도둑질을 하거나 살인을 저지를 필요도 없을 것이라고 생각한 것 같다. 그러므로 그는 모든 사람이 풍요롭게 살 수 있는 사회를 만들면 모든 문제는 자연스럽게 풀리게 된다고 생각했던 것이다.

『신 아틀란티스』는 그야말로 발달한 과학기술을 통해 인간의 모든 욕구와 수요를 최대한으로 충족시켜주는 과학적 이상사회다. 그래서 베이컨의 『신 아틀란티스』를 현대 산업기술사회가 추구하는 과학적 유토피아의 모델로 평가한다.

1726년, 조너선 스위프트는 그의 소설 『갈리버 여행기Guliver's Travels』에서 영국의 정치사를 풍자하면서 이상적인 정치가 무엇인지를 제시하려고 시도했다.

18세기에는 다양한 종류의 유토피아 문학이 있었는데, 19세기 전반에는 거의 자취를 감추었다. 이유인즉, 프랑스 대혁명과 영국 산업혁명 등을

통해 유토피아는 더 이상 꿈이 아니라, 현실에서 이루어질 이상사회로 간주되었기 때문이다. 이는 당시 사람들이 인간의 이성과 그에 의해 이루어질 미래사회에 얼마나 큰 기대와 믿음을 갖고 있었는가를 보여주는 단적인 예이기도 하다. 하지만 기대가 크면 실망도 큰 법이다.

유토피아의 문제점과 반대 의견들

          19세기 말이 다가오면서 사람들은 자신들이 기대하고 목격한 사회가 더 이상 유토피아가 아니라는 것을 점점 깨닫게 되었다.

유토피아는 어디에 있을까? 자유주의 유토피아든 사회주의 유토피아든 우리가 꿈꾸던 이상사회는 현실적으로 이루어질 수 없음이 드러나기 시작했던 것이다. 과학기술의 발전을 통한 풍요를 약속했던 자유주의 사회는 극심한 빈부의 격차, 인간의 소외를 초래했고, 평등이라는 희망을 심어준 사회주의 사회는 심각한 경제적 낙후와 체제적 억압과 폭력이 지배하는 전체주의 사회로 전락했기 때문이다.

"우리가 그리는 이상향을 유토피아라고 한다면, 거의 모든 사람들이 나름대로 유토피아를 가지고 있다고 생각한다. 더구나 권력과 힘이 있는 사람은 자신이 영원불멸하기를 원하는 만큼, 유토피아에 대한 동경이나 야망도 크지 않겠는가? 그래서 유토피아를 꿈꾼다는 것은 한편으로 바람직하고 좋은 사회를 갈망하는 것처럼 보이지만, 다른 한편으로는 본래 의도와는 달리 막대한 희생이 따르는 폭력사태를 불러온다든가, 전제정치를 수반하는 등의 부작용도 있다는 점은 우리가 한번 생각해 볼 문제다." 김영한

그래서 오스트리아 출신 철학자 칼 포퍼(Karl R. Popper 1902-1994)는 말했다.

"유토피아의 꿈을 버려라. 그것은 개방사회의 적이다. 유토피아는 실현될 수 없다. 실현될 수 없는 것을 무리하게 추구하면 결국은 전체주의의 폭력만을 자초할 뿐이다."

칼 포퍼에 따르면 결국 이 땅에 지상천국 유토피아를 건설하겠다는 욕망은 엄청난 탄압과 희생을 요구한다. 그렇다면 유토피아를 건설하겠다는 것은 불온한 생각일까?

애덤 스미스는 『도덕 감정론』에서 '시스템에 갇힌 몽상가'를 가장 경멸한다고 밝혔다. 시스템에 갇힌 몽상가란, 특정 설계나 비전에 따라 사회를 다시 세우려고 하는 이상주의자를 뜻한다. 시스템에 갇힌 몽상가는 이 거대한 사회의 구성원들을 자기 멋대로 쉽게 움직일 수 있다고 생각한다.

시스템에 갇힌 몽상가는 이상사회를 만들기 위한 비전에 너무 빠져든 나머지, 그것이 성공하지 못할 수도 있다는 생각을 안 한다. 자신이 만든 비전에 파묻힌 그들은 전체를 객관적으로 보지 못했다. 그로 인해 자칫 피해를 입게 될 사람들이나 계획의 실행과정에서 피해를 입는 사람들 역시 보지 못한다. 시스템에 갇힌 몽상가는 그 일에 몰두해버린 채, 계획을 제대로 실행하지 못하고 사회를 혼란스럽게 만들며 의도치 않은 결과를 만들어 낸다.

그런 몽상가는 인간과 사회는 얼마든지 개조할 수 있다고 주장하며 자신이 상상한 꿈의 체제를 일방적으로 수립하려고 한다. 그들이 지배하는 사회에서 지도자가 계획한 완벽한 비전에 반대한다고 알려지면 무참히 살해된다.

세상을 더 좋은 곳으로 만들고 싶은가? 세상을 더 좋은 곳으로 만드는 최고의 방법은 간섭하지 않고 때로는 그냥 놔두는 것일 수도 있다. 그래도 이상주의 사회를 만들고자 한다면 자세를 낮춰 구성원들과 대화부터 시작해야 할 것이다.

"세상은 복잡한 곳이다. 시스템을 바꾸기 위해 억지로 애쓰지 말자. 내가 손잡이를 힘껏 돌린다고 해서 세상의 모든 문이 다 열리는 건 아니다." 애덤 스미스

반 유토피아적 성격의 디스토피아 문학들

'디스토피아'dystopia는 유토피아의 반대어로 부정적인 암흑세계의 허구를 그려냄으로써 현실을 날카롭게 비판하는 사상과 문학작품을 가리킨다.

유토피아가 실제로 실현된 이상사회 아니지만, 그래도 거기는 행복하고 좋은 곳이라고 믿었는데, 막상 좋다고 해서 찾아가 봤더니, 전혀 그렇지 않고 오히려 악몽 같더라는 것이다.

그런 의미에서 유토피아를 추구하는 것은 오히려 바람직하지 않고, 그것이 실현되지 않도록 막아야 한다고 주장하며, 유토피아를 반대하는 디스토피아 작가들이 등장했던 것이다.

20세기 초반부터는 디스토피아 문학들이 쏟아져 나오기 시작했다. 이 땅에서 실험된 유토피아가 디스토피아에 불과하다는 것을 보여주고자 했다. 헉슬리의 『멋진 신세계』, 조지 오웰의 『동물농장』과 『1984』 등이 대표적인 작품이다. 실패한 유토피아의 현상을 그린 소설들이다. 인간의 존엄성과 가치, 그리고 자유를 박탈하는 전체주의와 그 속에서 인간이 맞이하는 비참한 상태를 묘사한 걸작들이다.

왜 황금빛 유토피아가 우울하고 추악한 디스토피아로 탈바꿈했는가? 권력을 가진 유토피아주의자들은 자신들의 목적에 동조하지 않거나 비판하는 사람들을 억압하고 결국에는 말살시켜버릴 수밖에 없다는 것이다. 수백만 명을 학살한 구소련의 공산당원들, 독일의 나치와 이탈리아의 파시스트들이 이를 증명해 보였다. 유토피아의 실패는 닫힌 사회가 되어서, 그 안에서 온갖 악행과 범죄가 난무했던 것이다.

1945년, 조지 오웰은 특이한 소설 한 편을 세상에 내놓았다. 우화 형식으로 쓴 『동물농장』은 인간에게 착취당하던 동물들이 인간을 내쫓고 동물농장을 세운다는 이야기다. 돼지들을 소재로 삼아 독재자와 사회주의의 문제를 풍자하였다. 그 이야기를 읽다 보면 자연스레 구소련의 정치상황이 떠오른다. 오웰은 돼지들을 통해 전체주의의 문제점을 이해하도록 도왔다.

이 소설은 스탈린 독재를 우화적으로 차용했지만 본질적으로는 파시즘과 나치즘을 비롯한 모든 전체주의를 겨냥한 작품이다. 지금도 이 땅 곳곳에서는 유사 동물농장들이 여전히 건재하다. 『동물농장』은 모든 억압과 인간성 말살에 대한 경종이다. 세계 유력 언론들은 『동물농장』을 20세기 최고의 문학작품 중 하나로 뽑았다.

그래서 포퍼는 그의 저서 『열린 사회와 그 적들』에서 말했다. "우리는 금수로 돌아갈 수 있다. 그러나 만약 인간으로 남길 원한다면 오직 하나의 길이 있다. 그것은 열린 사회의 길이다." 그가 말하는 열린 사회란 비판을 불허하는 닫힌 사회가 아니라, 비판을 허용하는 자유 사회다. 그리고 전체주의에 대립하는 개인주의 사회다.

결국 이 땅에 지상천국을 건설하겠다는 욕망에는 엄청난 탄압과 희생이 동반될 수밖에 없다. 그렇다면 유토피아는 영원히 건설될 수 없는 건가? 유토피아를 꿈꾸는 건, 불온한 생각일까?

"유토피아는 영원히 실현되지 않는 것이기에 우리에게 늘 새로운 꿈을 불어넣어 주고, 새로운 희망을 품게 하는 장점이 있지만, 그것이 실현되어 가는 과정을 보면, 거기엔 오히려 부작용이 아주 많다. 대개 폭력이나 억압이 동원된다. 왜냐하면 이상사회는 가장 좋은 사회이기 때문에 그것을 실현하는 사람한테는 두 개의 사회가 있을 수 없고, 오직 하나의 완벽한 사회를 추구한다. 그래서 그 이념에 맞지 않는 사람들은 전부 제거되거나 배제당할 수밖에 없다."김영한

구舊소련의 사회주의 유토피아

사회가 정의롭지 못하고 삶이 고단할수록 사람들은 평등하고 착취가 없는 세상을 꿈꾸게 마련이다. 그래서 모두가 잘 사는 세상, 공산사회를 위한 제안들이 쏟아져 나왔다.

공산주의는 자본주의의 착취와 인간소외가 없는 진정한 평등과 풍요를 누릴 수 있는 사회, 인간이 다른 인간에 의해 더 이상 비참해지지 않는 세상 곧 토마스 모어적 유토피아의 실현을 약속했기 때문에 많은 사람들의 주목을 받았다.

칼 마르크스의 사상이 수많은 사람들의 마음을 사로잡을 수 있었던 이유는 무엇일까? 그것은 그의 사상이 '공산사회'라는 인류의 오랜 꿈을 담고 있기 때문이다. 플라톤의 『국가』나 모어의 『유토피아』도 모두 공산사회라는 꿈을 담고 있는 책이다. 공산사회란 차별이나 억압 없이 모두가 평등하게 잘 사는 세상을 말한다. 마르크스 방식대로 말하자면 누구나 능력만

큼 일하고 필요한 만큼 소비하는 세상이 공산사회다.

세계는 산업혁명 이후 공산사회에 큰 관심을 가지게 되었다. 그래서 마르크스의 공산사회는 큰 이슈가 되었고 수많은 사람들의 마음을 사로잡을 수 있었다.

마르크스의 사상은 토마스 모어의 『유토피아』에서 유래된 공산주의 사상에서 영향을 받아서 형성되었던 것이다. 마르크스는 자본주의는 자체의 모순으로 인해 소멸되고 필연적으로 공산주의 사회로 나아간다고 보았다.

마르크스는 역사적 유물론을 주장했으며, 역사가 원시 공동체 → 노예제 → 봉건제 → 자본주의 → 공산주의로 발전한다고 보았다.

마르크스가 꿈꾸었던 이상향은 공산사회다. 사회주의라는 과도기를 거쳐서 이루어지는 공산사회는 어떤 사회인가? 사유재산과 계급이 소멸하고 생산력이 고도로 발전한 결과, 각자가 능력에 따라 일하고 필요에 따라 분배 받는 평등한 사회다.

1917년, 러시아 혁명의 성공으로 구소련은 억눌린 노동자 계급의 해방을 약속한 '사회주의 유토피아'를 제시하였다. 전 세계 지성인들은 새로운 문명이 탄생한 것과 같은 큰 기대감을 가지고 지켜보았다.

그러나 그것은 물거품과 같은 헛된 기대였다. 알다시피 우리 인간은 다양한 개성을 지니고 태어난 각기 다른 존재인 것이다. 사회주의의 밑바탕을 이루는 전체주의는 각 개인의 이상, 사상, 종교, 이데올로기를 깡그리 무시하고 일괄적으로 통제하려는 사상으로, 20세기를 광기로 몰아넣은 주범이다.

전체주의는 인간의 본질을 무시한 최악의 반인륜적 사상이다. 전체주의의 출현은 곧 인간성의 파괴를 의미한다. 전체주의는 지배하는 곳마다 인간의 본질을 파괴하기 시작한다.

그런 이유에서 유토피아를 추구하는 것이 좋지 않다고 주장하는 사람들이 있는데, 가장 대표적인 인물은 오스트리아 출신 철학자 칼 포퍼다. 그는 자유주의의 열렬한 대변인으로 전체주의와 사상적 투쟁을 벌였다. 그는 자신의 저서 『열린 사회와 그 적들』에서 열린 사회의 최대 적으로 플라톤과 헤겔을 지목하였고, 그들을 날카롭게 비판하였던 것이다.

존 스튜어트 밀의 민주주의 입문서 『자유론』은 전체주의의 획일성을 비판한다. "다른 사람에게 피해를 끼치지 않는 범위 내에서, 그리고 자신이 책임지는 한에서 개인은 무한한 생각과 행동과 표현의 자유를 가진다. 국가는 다른 사람에게 해를 끼치는 경우를 제외하고는 개인의 자유를 침해할 수 없다. 개별성이야말로 인간사회의 발전의 핵심요소다."밀 개별성을 짓밟고 획일화를 강요하는 체제는 그것이 국가이건 종교이건 간에 바람직하지 않다는 것이다.

공산 독재사회 내부의 체제적 폭력과 억압, 그리고 수많은 숙청은 억압과 통제에 의해 이루어지는 모어적 유토피아가 가진 위험성을 적나라하게 보여주었다. 전 세계 지성인들이 기대했던 자본주의 착취로부터 해방된, 평등하게 잘 사는 사회는 이루어지지 않고, 단지 생산력만 떨어졌던 것이다.

그로 인해 유토피아의 문제점을 지적하는 디스토피아에 관한 소설들이 출간되기 시작했다. 디스토피아 소설은 일종의 극약처방으로 유토피아를 조심해서 더 나은 사회를 만들자는 동기에서 쓰여졌을 것이다.

헉슬리의 『멋진 신세계』나 조지 오웰의 『동물농장』과 『1984』에 나오는 세상은 그야말로 디스토피아의 전형을 보여주는 사회다. 작가들은 『1984』 같은 작품을 통해 세계의 획일화된 모습이나 통제된 모습을 이야기하고 싶었을 것이다.

"디스토피아는 너무 낙관적인 세계관이나 유토피아의 위험성에 대한 경고는 될지언정, 새로운 세계를 꿈꾸는 인간의 근본적인 욕구를 억제할 수는 없을 것이다. 인간이 현실에 만족하지 못하는 한, 그리고 불만과 불평이 있는 한, 좋든 나쁘든 유토피아는 인간에게서 지우기 어려운 꿈이라고 생각한다."_{김영한}

그 후 베를린 장벽의 붕괴나 동유럽과 소련 등 사회주의 국가들의 와해로 사회주의는 실패로 끝났다. 그 결과 사회주의 유토피아는 디스토피아로 전락하였고, 지금은 그 막을 내리고 쓸쓸한 종말을 맞이하고 말았다.

유엔이 제창하는 '영원한 평화' 유토피아

누구나 한번쯤은 '세상이 왜 이 모양일까?' 하고 한탄한 적이 있을 것이다. 왜 인간들은 서로 화합하지 못하고 적대감을 가지고 싸우는 것일까?

인간들 간의 갈등과 싸움을 어떻게 극복할 것인가는 일찍부터 종교와 철학의 중요한 고민거리였다. 4대 성인을 비롯한 많은 사상가들은 어떻게 하면 인간 세상의 갈등과 싸움을 극복하고 '인간들이 서로 형제처럼 사랑하는 사회'를 만들 수있을지에 대해 고뇌했다.

철학자 임마누엘 칸트는 일찍이 '영원한 평화'를 위해 '국제연합'을 주장했다. 그는 영원한 평화는 세계 모든 공화국들이 국가연합을 형성함으로 실현될 수 있다고 보았다. 국제연합은 부동이화不同而和, 즉 서로 다르지만 화합한 상태다. 칸트는 각각의 나라가 독립해서 화합을 이루는 것을 이상적으로 보았다.

하지만 칸트는 '영원한 평화'는 국제사회의 최종 목적이기는 하지만, 실현될 수는 없는 이념이라고 보았다. 그렇지만 끊임없는 노력을 통해서 지속적으로 접근할 수 있는 이념이라고 하였다. 그러한 의미에서 공허한 이념이 아니고 인간이 부단히 다가서야 할 과제다. 영원한 평화는 인간이 인간답게 살기 위한 기반으로, 인류에게 하나의 과제다. 이것이 칸트의 평화 사상의 골격이다.

칸트는 그의 저서 『영구 평화론』에서 전쟁은 악이며 영구 평화야말로 인류가 도달해야 할 의무라고 하였다. 전쟁은 인간의 품위를 파괴하고 자유를 손상시킨다. 칸트는 영구 평화의 수립이야말로 법의 궁극적인 목적이며 정치의 최고선이라고 여겼다.

칸트는 세계정부수립이 아닌 자유로운 국가들 간의 연방 체제를 통해 영구 평화를 달성할 수 있다고 보았다. 국가들은 서로를 하나의 인격체로 대하고, 무력과 기만을 근절해 평화를 예비해야 한다. 공화국으로 전환한 계몽된 자유국가들이 연방을 결성하고, 호혜적인 질서를 수립함으로써 평화를 확정해야 한다.

칸트의 영구 평화론은 1차 세계대전 후의 '국제연맹'과 2차 세계대전 후의 '국제연합' 형성을 위한 이론적인 뒷받침이 되었다.

4차 산업혁명 시대에 새롭게 부각되는 『멋진 신세계』

인류는 과학기술의 발달로 인해 유토피아 사회를 맞이할까? 아니면 디스토피아 사회로 침몰할까? 4차 산업혁명은 우리에게 어떠한 기회를 부여할까? 미래학자들의 예견대로 일자리를 빼앗기는 심각한 부작용을 낳을까?

1932년에 출간된 올더스 헉슬리의 『멋진 신세계』는 과학기술의 발전이 미래에 가져올 인간적 비극을 경고한 작품으로 반 유토피아 소설의 대표작이다. 과학기술의 발달로 인간이 모두 수정실에서 인공적으로 제조되는 미래사회를 풍자적으로 그리고 있으며, 20세기 미래소설 가운데 가장 현실감 있는 작품으로 손꼽힌다.

이 소설은 주인공 존John이 신세계를 갈망하며 외친 대사 곧 셰익스피어의 『템페스트』 5막 1장에 나오는 "인간이란 얼마나 아름다운 존재인가! 오, 멋진 신세계여!" 에서, 그 제목이 유래되었다고 한다.

하지만 이 소설은 '멋진 신세계'가 결코 멋지지 않다는 것과 절대 행복하지 않다고 말해준다. 그러므로 일종의 반어법적인 제목인 것이다.

『멋진 신세계』의 줄거리는 복잡하지 않다. 문명화된 세계의 이단아 곧 야만인 존이 신세계에 적응하지 못하고 결국 떠나고 만다는 이야기다.

여기서 주인공을 야만인 존이라고 했는데, 이때 야만인은 정글에서 자라난 비문명인을 의미하는 것이 아니다. 치밀한 설계 아래 인공적으로 제조되지 않고, 부부관계를 통해 어머니 뱃속에서 간혹 태어난 구舊세계의 인간을 일컫는다. 그런 인간은 규격화된 신세계에 끼어 넣을 수 없기 때문에 따로 보호구역을 만들어서 분리시켜 버린다.

『멋진 신세계』는 오래 전에 발표된 소설임에도 불구하고 지금 우리에게 다시 각광을 받는 것은 4차 산업혁명 시대가 시작되었기 때문이다. 이 소설의 내용이 발표될 때는 그저 꿈같은 미래였을지라도, 이제는 실현 가능성이 눈에 보이기 때문일 것이다.

『멋진 신세계』는 지금부터 5백년 후, 25세기 미래사회에서 일어나는 이야기다. 미래의 과학기술문명이 이루어낸 세상 곧 멋진 유토피아가 등장한다. 과학기술이 사회의 모든 부문을 관리할 정도로 최고로 발달한 미래사회는 과연 행복할까?

"이곳에서는 어느 누구도 불행하지 않다. 가난, 기아, 전쟁, 질병 같은 육체적 고통뿐만 아니라, 염려, 우울, 불안, 고독, 외로움, 절망 같은 정신적 고통까지도 존재하지 않는다. 모든 것이 부족함 없이 생활하며 누구와도 섹스를 즐길 수 있는 데다, 어떠한 수고나 노력의 대가 없이도 끝없는 쾌락을 누릴 수 있는 이곳에서는 모두가 행복하다."

오늘날 자본주의 사회에서 모든 물건들이 대량생산 되듯이, 『멋진 신세계』에서는 인간들까지도 맞춤형으로 대량생산된다. 모든 사회구성원들은 모두 수정실受精室에서 인공수정에 의해 공산품처럼 대량생산된다. 인공부화장치는 96쌍을 한꺼번에 양산하는 기계로 알파, 베타, 감마, 델타, 입실론의 다섯 계급으로 나뉜다. '선별과 사육'은 신세계를 떠받치고 있는 두 기둥이다. 헉슬리의 『신세계』는 플라톤의 '자녀공유' 등 플라톤의 『국가』의 이상주의를 참고했음을 볼 수 있다.

이렇게 자라난 아이들은 성인이 되어서도 행복한 감정을 유발시키는 인공합성 음악을 듣게 된다. 또 밤마다 '오늘날은 모두가 행복하다'라는 주문이 최면을 통해 주입된다. 그렇게 해도 문제가 있을 때는 행복한 감정을 유지시키는 '소마'soma라는 묘약이 공급된다. 이것을 삼키면 부작용도 없이 종교와 마약의 효과를 얻을 수 있다. 소마의 덕택으로 인간은 항상 낙원의 생활을 향유할 수 있다.

신세계에서는 노화도 겪지 않고 도덕과 책임감도 없이 문란한 성생활을 즐기고 정신적 외로움도 느끼지 않고, 그들에게는 오직 쾌락과 만족이 있을 뿐이다.

혹 나쁜 기분이 들거나 고통스러운 일을 겪으면 항상 소마라는 묘약을 통해 즉각적인 쾌감을 경험하게 된다. 이 소마는 마약과도 같은 것인데 사람들의 정신을 지배하고 사고할 능력을 빼앗는다. 그래서 완벽한 유토피아는 누구나 다 행복하다.

이 신세계에서는 인간이 수정실에서 인공수정에 의해 제조되기 때문에 부모와 자식, 형제자매의 관계가 없으며 가족관계도 없다. 그리고 남편, 아내, 애인, 임신, 일부일처제라는 개념이 없다. 이것은 누구하고도 섹스를 즐길 수 있는 사회를 의미하는 것이다. 이곳에서는 섹스와 마약을 자유롭게 즐길 수 있으며, 행복이 최고의 가치가 된다.

하지만 『멋진 신세계』에서도 전체주의 체제에서 나타나는 문제가 발생한다. 그곳에서의 문제는 행복과 안정을 강압적인 방법으로 실현함으로써 인간의 기본적인 자유를 박탈하고 있다는 것이다.

어느 날 신세계와 격리된 원시지역에 살고 있었던 야만인 존이 우연히 신세계에 초대를 받는다. 존은 처음 보는 고도의 과학문명과 모든 것이 완벽하게 설계된 신세계에 감탄하지만, 소수의 지배자에게 통제 받으며 조작된 행복에 길들어진 백치와도 같은 사람들의 모습에 점차 환멸을 느끼게 된다. 결국 그는 문명에 절망하고 좌절한 채 다시 원시지역으로 떠나게 된다.

『신세계』는 미래의 과학기술의 진보가 전체주의 사상과 밀착될 때 어떤 인간적인 비극이 초래될 수 있는가를 회화적으로 묘사하고, 과학기술의 과도한 발전이 가져올 위험을 적나라하게 보여준 반 유토피아 소설의 대표적인 작품이다.

헉슬리는 오늘날 우리가 당연하게 여기는 과학기술문명이 극한까지 발달하고, 인간 스스로 발명한 과학의 성과 앞에 노예로 전락해, 마침내 인간의 가치와 존엄성을 상실할 지경에 도달하는 비극을 예언하고 있다. 그리고 희생이 뒤따르지 않는 진보는 결코 가능하지 않다는 헉슬리의 주장은 그의 역사관과 문명관의 핵심을 이루면서 과학기술의 발달에 도취된 현대인들을 통렬히 경고하고 있다.

또한 이 작품의 풍자적이고 희화적인 과장은 오늘날 우리가 현실로 느끼는 현대문명의 심각한 위기를 공감하게 한다.

그렇다면 헉슬리가 말하고자 하는 메시지는 명백하다. 인간에게는 행복과 안정보다도 더 중요한 것이 있는데, 그것은 자유다. 인간은 설사 불행해지는 한이 있더라도 자신의 삶을 스스로 선택하고 실행할 자유를 가질 권리를 원한다는 것이다.

헉슬리의 『멋진 신세계』는 만일 사회의 지도자가 개인의 삶을 스스로 선택하고 실행할 자유를 빼앗는다면, 설사 그 사회가 아무리 훌륭하고, 인간의 쾌락이 아무리 완벽하게 달성된다고 하더라도, 우리가 원하는 이상사회는 결코 아니라는 메시지를 전달하고 있는 것이다.

인간은 자신의 미래를 스스로 개척해나갈 자유와 권리를 가질 때 비로소 인간인 것이다. 타인에 의해 안정과 행복은 보장되지만 스스로 선택하고 희망한 미래가 없는 곳, 자기 고유의 길을 찾아가며 자기 자신에게 주어진 자유와 권리가 없는 그곳이 '멋진 신세계'일까? 자유와 개성을 박탈당한 획일화된 사회에서 살고 싶을까?

행복은 자동차처럼 생산되는 것이 아니다. 컨베이어 벨트에 실려 만들어지는 게 아니다. 모든 욕망이 거세되고, 걱정을 도려내고 불행을 차단시켜버린 행복은 결코 진정한 행복이 아니라는 것을 『멋진 신세계』는 보여주고 있다.

미국의 자본주의 유토피아

21세기 미국은 과학기술의 발전을 통해 자본주의 유토피아의 절정기를 맞이하고 있다. 알다시피 한국은 미국의 축소판이다. 한국은 미국적 자본주의 곧 아메리카 드림을 동경하며 코리아 드림을 시도하고 있다.

과학기술과 자유시장경제의 발달로 물질적으로 풍요롭고 개인의 각종 자유를 우선시하는 미국은 '자본주의 유토피아'의 상징이자 베이컨의 '신 아틀란티스' 스타일의 유토피아를 향해 질주하고 있다. 지금도 뉴욕 항구에 우뚝 서 있는 '자유의 여신상'이 바로 그것을 과시하고 있다. 예나 지금이나 세계인은 미국을 '자유와 기회의 나라'로 여기며 동경하고 있다.

하지만 실상은 그렇지 않다. 미국은 물질적 풍요와 번영에도 불구하고 극심한 빈부의 격차와 인종차별, 인간의 존엄성 상실, 물질문명에 의한 인간소외 등이 진행되고 있다. 더욱 심각한 것은 모든 사람들이 돈의 노예가 되어 자기 자신의 삶이 가진 진정한 의미와 가치 조차 잃어버리고 있다는 것이다.

그 결과 매춘, 마약, 폭력, 도박 등과 같은 도덕적 타락에 시달리게 되었다. 이러한 미국의 모습에서 더 이상 유토피아의 모습을 찾아볼 수 없게 되었다. 미국보다 더 미국적인 한국도 마찬가지다.

현재 미국이 주도하고 있는 자본주의 유토피아도, 과거 구소련이 주도했던 사회주의 유토피아도, 결국 우리 인류가 꿈꾸는 이상사회가 아니라는 것이 드러난 것이다.

그러면 우리 인류가 꿈꾸는 유토피아는 무엇인가? 현재 자본주의 유토피아와 과거 사회주의 유토피아가 실패했다고 해서, 유토피아에 대한 이상과 꿈마저 버릴 수는 없는 것이다.

단 한번도 세상에 이상사회가 이루어진 때는 없었다. 그러나 이상사회는 항상 시도되어 왔었고, 앞으로도 계속 시도될 것이다. 여기서 우리는 또 다른 새로운 유토피아를 모색할 수밖에 없는 것이다.

2 공자의 유교사회 유토피아

4대 성인은 하나같이 이상주의자였다. 공자도 예외가 아니었다. 공자는 이상국가의 꿈을 품고 고대 중국천하를 주유하며 다양한 군주들을 만났다. 그는 인仁과 예禮로 다스리는 덕치국가를 건설하려고 했다. 하지만 공자가 꿈꾼 이상사회는 현실과는 너무나도 동떨어진 사회였다.

공자는 세상이 타락한 것은 도덕성이 결여되었기 때문이라고 보았다. 그래서 도덕성의 회복을 통한 이상사회를 꿈꾸었다. 그의 이상사회의 전제 조건은 바로 보편적인 도덕률인 진선미가 실현되는 사회였던 것이다.

'대동大同사회' 유토피아

공자의 이상사회는 모든 사람이 더불어 잘 사는 대동사회다. 모두가 한 가족처럼 살아가는 이상사회를 구현하기 위해서는 인과 예를 바탕으로 한 덕치주의가 기반이 되어야 한다.

대동사회는 어질고 능력있는 성인군자聖人君子가 다스리는 이상국가다. 수기이안인修己以安人, 즉 내가 먼저 성인군자가 되어서 솔선수범하여 나라를 다스리면 자연스럽게 백성들이 평안해지는 이상사회가 이루어진다는 것이다.

대동사회는 생산된 재화의 형평성衡平性 있는 분배 곧 균형적인 분배가 반드시 실시되어야 한다. 공자의 이상사회에서는 경제의 효율성보다도 형평성 있는 공평한 분배가 더 중요했던 것이다. 대동사회는 오늘날의 이상적인 사회 곧 복지국가다.

공자는 '모든 인간이 서로 형제처럼 사랑하는 사회'인 대동사회를 품고 이상적인 정치를 펼치려고 하였다. "도道가 실현된 세상에서는 천하가 모두의 것이 된다. 현명하고 유능한 사람을 뽑아 나라를 다스리게 하며, 자기 부모나 자기 자식만 사랑하지 않고 남의 부모나 자식도 사랑한다. 늙은이는 편안하게 삶을 마칠 수 있고, 젊은이는 일할 자리를 얻으며, 고아와 과부 그리고 병든 사람들이 부양을 받는다."공자

한편 공자의 대동사회는 노자의 소국과민小國寡民 유토피아와는 서로 비교가 된다. 노자는 공자의 반대편에서 대동사회를 비판하였는데, 나라가 커지면 커질수록 행복은 멀어진다고 보았던 것이다.

노자의 이상사회는 작은 영토에 적은 수의 백성으로 구성되어, 사회구성원들이 자연에 따라 인간본연의 모습을 회복하여 살아가는 사회다. 인위적인 것이 아니라 대자연을 닮은 자연스러운 것을 추구하는 무위자연을 주장하였다.

개인의 행복이 이웃과 국가의 행복으로

공자는 왜 학문을 했고 인격을 수양했는가? 학문을 통해 자기 자신을 갈고 닦음으로서 이웃을 행복하게 하고, 인류애를 실천함으로 성인의 길을 걷고자 함이었다. 그러한 성인의 길을 걷는 자에게는

인자무적仁者無敵, 즉 대적할 상대가 사라진다. 공자는 말했다. "덕이 있는 사람은 외롭지 않으니, 반드시 이웃이 생긴다."

학문과 수행을 통해 깨달음을 얻고 나에게로 국한된 작은 자아에서 무한한 큰 자아로 거듭남으로써 개인의 행복을 주변에까지 확대해 나감으로써 이웃이 행복하도록 인도하여, 다함께 행복하게 살아가는 사회를 완성하는데 있다. 결국 주변이 '모두' 행복할 때 비로소 '나'도 행복할 수 있다.

공자의 인간관은 현실의 삶 속에서 끊임없이 자신의 수양에 힘써야 하는 윤리적 인간관이다. "자기를 극복하여 예禮로 돌아가는 것이 인仁이다. 하루만이라도 극기복례하면 모두가 인으로 돌아갈 것이다."공자

여기서 자기를 극복한다는 말은 자기의 이기심을 극복하고 선한 본성에 따르는 삶으로 돌아간다는 뜻이다. 선한 본성이 인仁이고, 사랑의 마음이고, 진선미다. 선한 본성은 우리 내면에 들어있는 맑고 아름다운 마음이다. 그 마음은 나를 살릴 뿐만 아니라 이웃도 살리는 마음이다.

이러한 이상적인 사람들이 살아가는 사회가 대동사회인데, 이는 모두가 이타적인 사랑으로 살아가는 사회다. 이러한 사회가 유토피아가 아닐까?

수신제가치국평천하修身齊家治國平天下

먼저 자기 자신의 몸과 마음을 갈고 닦은 후, 집안을 다스리고, 나라를 다스리는 것이 올바른 순서가 아닐까?

문제는 자기 자신을 갈고 닦는 것이다. 평상시에 꾸준히 교양을 쌓는 것을 맑은 물로 자기 자신을 닦는 것과 비교해 '수신'修身이라고 부른다. "세계를 정복하는 사람은 위대하다. 하지만 자기 자신을 정복하는 사람은 전능

하다."노자

그러면 우리는 어떻게 자기 자신을 바르고 깨끗하게 닦으며 가꿀 수 있는가? 수신에는 여러 가지 방법이 있는데, 첫째는 학문을 연마하는 일이다. 군자에게 학문은 자신의 인격을 갈고 닦는 일이었다.

또 한 가지 중요한 것은 가장 바람직한 사람이라고 생각되는 인물을 정해서, 그 인물에 자신을 비추어 보며, 그 인물을 연구하고, 또 그 인물의 인격과 삶을 본받으려고 노력하는 일이다.

그렇다면 세계 4대 성인이라고 일컫는 공자, 석가, 소크라테스, 예수의 인격과 언행을 모범으로 삼는 것도 좋을 것이다. 4대 성인을 본받아 닮으려고 늘 애쓰면 자연히 수신의 자세를 갖추게 될 것이다.

공자는 오랜 동안 자신을 갈고 닦은 후, 70세의 나이에 세상의 이치를 통달하니, 비로소 성인의 경지에 도달했다. 그때 공자는 '종심소욕 불유구' 從心所欲 不踰矩 곧 '내 마음대로 행동을 해도 규범에 어긋남이 없다'고 했다. 이것은 수신의 절정으로서 자기가 하고 싶은 것과 해야 되는 것이 하나가 된 상태다.

먼저 자기 자신을 갈고 닦아서 모든 사람들과 함께 행복하고자 했던 과거 선비들의 선비정신과 진선미 행복철학을 우리 시대에 다시 불러내고자 한다. 과거 선비들의 행복철학은 시공간을 초월하여 오늘날 보편적 도덕률이기도 하다.

수신제가를 했던 성인군자 공자는 어느 누구보다도 치국평천하를 향한 자신감이 넘쳤다. 치국평천하의 야심을 품은 공자는 제자들에게 호언장담했다. "진실로 나를 등용할 군주가 있다면 1년 안에 나라의 기강을 바로 세우고 3년 안에 평천하의 뜻을 성취하리라. 나는 그 나라를 동쪽의 주나라로 만들 것이다."

공자는 세상을 바꾸고 싶어했다. 그는 불의한 세상을 바꾸지 않고 다른 일을 하며 살 수는 없었다. 하지만 공자가 만난 군주들은 하나같이 속물이었다. 부국강병과 자기 이익 챙기기에 환장한 군주들을 만난 자리에서 인과 예를 말했으니 그들은 크게 비웃었을 것이다. "세상물정을 몰라도 이렇게 모르는 사람이있는가." 공자의 주장은 군주들의 비웃음만 사며 답답하게 했을 것이다. 수신제가했던 공자는 치국평천하의 꿈을 꾸었지만, 그 꿈을 이루지 못했다.

공자는 14여년에 걸쳐 주유천하했지만 자신의 뜻을 알아주는 군주를 만나지 못했다. 그는 군주들에게 푸대접을 받았다. 그 결과 공자는 초상집의 개처럼 초라한 신세가 되었다. 속물근성의 군주들로부터 받은 냉소는 공자를 몹시 괴롭게 했을 것이다. 치국평천하의 길은 멀고도 멀었다.

공자의 이상적인 인간형, 군자君子와 성인聖人

공자의 치국평천하의 꿈은 실패하였다. 그 대신 이상적인 인간형 곧 군자와 성인의 모범을 남겼다. 먼저 사람이 되라. 사람다운 삶을 살아라. 이것이 선비정신이요 군자의 길이다. 이것이 공자를 비롯한 4대 성인의 가르침과 삶이다.

공자는 사람들의 등급을 신분의 높낮이에서 인격의 높낮이의 구분으로 전환시켰다. 그는 군자와 성인을 이상적인 인격의 상징으로 표방하였던 것이다.

공자는 이상적인 인간형은 성인과 군자인데, 그들은 이상적인 인격의 완전한 모범으로, 인격의 최고의 경지에 이른 인물이라고 할 수 있다. 성인은 군자보다 높은 경지다.

공자의 제자들은 공자를 성인으로 보았으나. 공자 자신은 그것을 인정하지 않았다. 심지어 공자 자신이 하늘과 같이 위대하다고 칭송했던 요순임금도 성인의 경지에는 이르지 못했다고 보았다.

요순임금도 온전히 성인이 될 수 없었는데, 일반인은 당연히 바랄 수도 없는 노릇이다. 그렇다면 공자에게 있어서 성인은 현실에서는 존재하지 않는 이상적인 인물이라고 할 수밖에 없는 것이다. 그러므로 공자는 말했다. "내가 성인을 만나 볼 수 없으면, 군자만이라도 만나 보면 된다."

"공자는 왜 현실 속에 존재하지 않은 성인을 설정했는가? 그 이유는 성인을 최고의 이상 인격으로 삼아, 사람들로 하여금 시종일관 현실적 나를 초월할 필요가 있음을 역설하고, 이상 인격을 추구함에 영원히 태만할 수 없도록 하기 위함이다."_{중국문화경영연구소}

공자가 생각한 현실적으로 가능한 이상적인 인간형은 군자다. 군자는 한 마디로 인과 예의 덕을 갖춘 인간다운 사람이다. 그리고 배움과 수행에 힘쓰는 사람이다. 배움과 수행이 인간을 인간답게 만든다. 그러면 갈수록 아름다운 삶이 되어진다. 우리는 배우고 익히고 실천하는 군자의 길을 가고 있는가? 『논어』에는 '군자'란 말이 107회나 등장하는데, 즉 『논어』는 군자로 시작해서 군자로 끝난다고 볼 수 있겠다.

"군자는 자기수행을 통해 추구하던 도를 실천하면 무엇보다 즐거워하지만, 그 도를 실천해 내지 못하더라도, 그 과정만으로도 기뻐하느니라. 이처럼 군자는 근심걱정을 할 틈이 없구나. 평생 즐거움만 느낄 뿐이다. 하지만 소인들은 그렇지 않다. 소인들은 원하는 바를 얻지 못할까 걱정하고,

원하는 바를 이루어도 이를 잃게 될까 근심한다. 그러므로 소인들은 평생 근심걱정만 할 뿐 제대로 된 즐거움을 느끼지 못하느니라."공자

옛 성인들의 가르침을 삶으로 실천하고자 했던 과거 선비들을 거울로 삼자. 그들은 배우고 읽히며 마음을 갈고 닦으며 선한 일을 일삼으며 행복한 삶을 살고자 했다.

군자는 내면의 진리를 구현함으로써 개인의 행복을 실현한 인물이다. 그들은 나뿐만 아니라 이웃도 행복해질 수 있도록 이끌어 주며, 궁극적으로 행복한 사회를 구현함으로써 군자로서 과업을 완수하려고 하였다.

양심으로 욕망을 완전히 정화할 수 있어야 참된 군자가 될 수 있다. 동서고금을 통해 인류가 걸어온 길 중에, '군자의 길' 곧 '양심의 길' 만큼 복된 길은 없다.

"군자는 의리로써 바탕을 삼고, 예의로서 그것을 행하며, 겸손으로써 그것을 내며, 믿음으로써 그것을 이룬다."공자

노자의 소국과민小國寡民 유토피아

노자의 이상사회는 문명에서 벗어나 작은 공동체를 이루며 평화롭게 사는 사회인 소국과민이다. 작은 나라에 적은 백성, 즉 문명의 발달이 없는 자연 그대로의 무위와 무욕의 이상사회를 추구한다. 그 사회는 인간의 자연적인 삶을 제약하는 '인위'를 거부하고 인간본연의 모습을 회복하는 사회다. 노자는 공자의 인과 예는 인간 본래의 자연스러운 삶을 제약한다고 보았다.

노자의 이상적인 인간상은 세속을 초월하고 대자연과 하나가 되는 자

연적 인간관이다. 자연의 흐름에 따라 살아가는 사람으로, 지인至人, 진인眞
人, 신인神人, 천인天人이다.

노자는 삶과 죽음은 자연의 변화의 과정이므로, 생사에 대해 초연하게
대처할 것을 주장한다. 노자의 생사관은 철저히 자연에 순응하고 조화를
이루는 것이다.

유교(성리학, 주자학)의 나라, 조선

우리나라는 불교가 들어온 시기와 비슷한 AD 4세기
즈음에 중국에서 유교가 들어왔다고 한다. 불교가 번창했던 삼국시대와
고려시대에도 유교는 국가를 운영하는 철학과 생활윤리로서 명맥을 유지
했다. 그 후 조선시대에 이르러 유교는 크게 융성했다. 조선은 유교의 분
파인 중국의 성리학(주자학)을 국가의 통치이념으로 받아들였던 것이다.

전 세계에서 유교가 가장 큰 영향력을 미친 나라가 바로 조선이다. 유교
는 중국에서 태동했지만 조선에서 꽃을 피웠던 것이다. 조선은 정도전의
유교 이상주의에 의해 기획된 나라다. "성리학이 조선 왕조의 통치이념이
되고 중심적인 사상이 되어야 한다." 조선의 지도계급은 유교의 한 갈래인
성리학으로 500여년을 통치했다.

정도전을 비롯한 신진 사대부들은 이성계를 중심으로 쿠데타를 일으켜
국가를 뒤엎는데 성공했다. 이들은 조선이라는 새로운 왕조를 세우고, 전
왕조인 고려의 불교를 멀리하고, 새로운 사상과 문화를 토대로 새 나라를
만들어 가려고 하였다. 그 새로운 사상과 문화가 바로 유교, 그중에서도
성리학이었다.

주자의 성리학의 가르침 가운데 신진 사대부들의 마음을 사로잡았던 구절은 '위기지학'爲己之學의 이념이었다. 이는 학문과 수양의 목적은 성인이 되는 데 있지, 출세하여 부귀영화를 누리기 위함이 아니라는 뜻이다. 이러한 위기지학 정신은 신진 사대부들에게 큰 힘을 주었다.

조선의 성리학적 이상사회 유토피아는 삼봉 정도전에서 시작하여 정암 조광조, 그리고 퇴계 이황과 율곡 이이로 이어졌다. 그들의 사상과 가르침은 조선 성리학 발전의 밑거름이 되었다.

한편 조선의 국가철학인 성리학은 통치철학으로서 치명적인 결함을 가지고 있었다. 삶의 현장이 아닌 서원과 서당에서 양반계급을 중심으로 이루어지는 유교수업은 실사구시實事求是의 부족, 탁상공론, 명분논쟁, 허례허식, 형식주의, 소모적인 당파싸움 등에서 문제점을 드러냈던 것이다. 따라서 조선시대의 정치는 정책 대결보다는 명분 싸움으로 흐르는 경우가 많았다.

조선은 세계 어느 곳에서도 유래가 없을 정도로 유학교육을 발전시켰는데, 중앙에는 성균관을 설치하고 지방에는 향교나 서원을 설립하였다. 관학 외에 민간에도 무수히 많은 서당이 있었다. 그야말로 유교가 학문과 생활의 중심이 되었다.

조선은 유교이념국가로서 법과 윤리를 일치시킨 국가였다. "윤리적으로 훌륭한 사람이 관직에 있어야 한다." 오늘날에도 유교의 윤리는 한국인의 일상생활 곳곳에 깊숙이 스며들어 있다.

관료들이 정사를 나눌 때는 공자와 맹자 등이 불려지고, 민간에서 도덕을 이야기할 때는 『사서오경四書五經』을 근거로 하였다. 과거제도에 있어서는 문관뿐만 아니라 무관을 선발할 때도 유교의 경전으로 시험을 치렀다.

우리나라의 수도 서울은 유교의 가르침인 인의예지신仁義禮智信으로 설계되었다. 즉 동쪽은 흥인지문興仁之門, 서쪽은 돈의문敦義門, 남쪽은 숭례문崇禮門, 북쪽은 홍지문弘智門, 가운데는 보신각普信閣이다. 인의예지신이 서울 도심에 새겨져 있는 것이다.

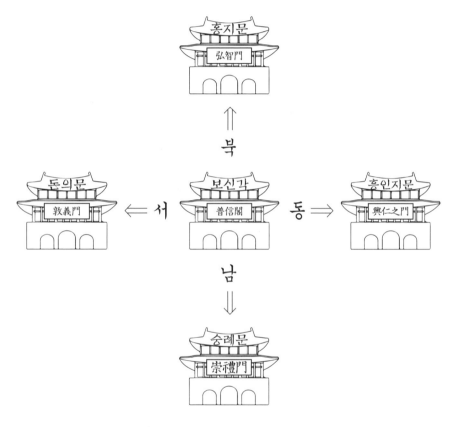

서울에 새겨진 인의예지신

유교는 어느 나라보다도 한국에서 깊이 뿌리를 내렸다. 이른바 삼강오륜三綱五倫의 윤리는 중국보다 우리나라에서 오랫동안 사회의 기본윤리로 존중되어 왔다.

중국에서는 한때 유교는 나라를 망친 원흉으로 지탄의 대상이 되기도 했다. 즉 유교는 낡은 봉건주의 사상으로 현대화를 가로막은 장애가 된다는 것이었다.

하지만 우리나라에서는 유교를 꾸준히 존중하였고, 오늘날 유교는 한민족의 사상과 문화의 기틀로 자리잡고 있다.

3 붓다의 불교 유토피아

붓다는 고통이 없는 유토피아를 꿈꾸었다. 그래서 그는 스스로 깨달은 진리를 바탕으로 이상적인 불교 공동체를 건설하고자 했던 것이다.

"세상을 고통의 바다로 만든 것은 인간이다. 세상은 붓다(깨달음을 얻은 자)의 나라가 될 수 있다. 세상을 고통의 바다가 아니라 붓다들의 나라로 만드는 게 우리가 할 일이다. 여러분이 붓다가 되어야 한다. 모든 생명체는 벌레들까지도 불성, 즉 붓다의 씨를 가지고 있다. 깨달음의 씨를 가지고 있다. 붓다가 될 수 없는 존재는 아무도 없다. 누구나 붓다가 될 수 있다."붓다

여기서 '붓다'는 '깨달음을 얻은 자'를 뜻한다. 붓다의 가르침은 추상적인 것 같으면서도 구체적이고 현실적이다. "다른 사람은 모두 고통의 바다에서 허우적거리고 있는데 나 혼자만 섬처럼 행복해지는 것이 가능할까?" 그래서 붓다는 다같이 모두 행복해지는 유토피아를 꿈꾸었다. "살아있는 것들은 다 행복하여라."

불교의 행복론은 연기론을 바탕으로 발전했다. "이것과 저것은 늘 연결되어 있다. 우주만물은 서로 연결되어 있다. 사람은 혼자서 살아갈 수 없다. 가족 안에서 사회 안에서 살아갈 수밖에 없다. 사람은 쉼 없이 남들과 상호작용을 주고받는다. 행복은 다른 사람과의 관계 속에서 생

겨난다."

연기론에 따르면 행복은 모든 것이 서로 이어져 있고, 서로 섞여 있고, 연결되어 있음을 이해할 때 생겨난다. "원하든 원하지 않든 간에 우리는 서로서로 연결되어 있다. 그래서 나 혼자만 따로 행복해지는 것은 생각할 수도 없다." 달라이 라마

붓다의 불교 공동체

붓다는 많은 시행착오 끝에 깨달음을 얻었다. 깨달음을 얻은 붓다는 인도의 북동부 갠지스 강 유역을 돌아다니면서 설법을 했다. 붓다로부터 최초로 설법을 들은 5명의 옛 동료들은 제자가 되기를 청하고, 이는 승가의 기원이 되었다. 지금도 최초의 승가였던 사라나테의 흔적이 남아있다.

붓다가 가는 곳마다 새로운 제자들이 생겨났다. 승려가 아니라도 누구든지 그의 제자가 될 수 있었다. 붓다는 모든 이에게 가르침을 베풀었다. 제자들이 시행착오를 겪지 않도록 함께 수행하는 공동체를 만들었다. 붓다는 수행자들과 함께 생활하면서 그들이 올바른 깨달음을 얻도록 도왔다.

그 당시 붓다의 가르침은 큰 지지를 받았다. 붓다는 탁발승의 공동체인 승가설립을 위해 많은 노력을 기울었다. 승가는 붓다가 설립한 이상적인 공동체였다. 인도 동북부의 거의 모든 지역에서 승가가 설립되었다.

당시 붓다의 공동체는 카스트 계급을 초월하고, 게다가 여성 수행자들을 받아들임으로서 엄청난 충격을 주었다. 그야말로 혁명적이었다. 이는

대중의 해방, 여성의 해방이었다.

'정토'淨土 유토피아

"청정 국토는 깨끗한 세상, 이상 세계를 말한다. 청정 국토에 사는 사람은 누구나 마음이 깨끗하다. 항상 기쁘고 즐겁고 사람들과 사이좋게 살아간다. 청정 국토는 자연환경이 아름답다. 자연은 아름답고, 사회는 평화롭고, 개인은 행복한 세상, 그런 세상을 청정 국토 곧 정토라고 한다." 법륜

왜 세상 사람들은 정토 이상향을 염원하는가? 그것은 그 만큼 이 세상이 괴롭고 행복하지 못하기 때문이 아닐까? 이 세상의 불행에서 벗어나고 싶은 것이다. 법륜에 따르면 정토를 크게 셋으로 나눌 수 있는데, 타방정토, 미래정토, 유심정토가 그것이다.

타방정토他房淨土는 갈등이나 싸움도 없고, 기아나 질병과 전쟁도 없고, 자연까지 아름다운 완벽한 유토피아다. 그곳에서는 오직 성불에만 관심이 있고 언제나 붓다를 공경한다. 그러한 타방정토가 동서남북 사방과 위와 아래에 있다.

타방정토 중에서 가장 대표적인 정토가 서방에 있는 극락정토極樂淨土다. 불교도들은 죽어서 극락정토에 다시 태어나는 극락왕생極樂往生하기를 간절히 염원한다. 극락정토에 있는 붓다는 아미타 붓다고, 그 붓다를 도와 중생을 인도하는 보살이 관세음보살이다. 그래서 불교도들은 '아미타불 관세음보살'하고 염불하며 수행 정진한다. 즉 관세음보살을 청해서 극락정토로 인도되어 아미타 붓다를 친견하고 마침내 성불하기를 간절히 비는

것이다.

미륵정토^{彌勒淨土}는 우리가 사는 이 땅에서 이루어질 미래의 정토다. 도솔천 내원궁에 있는 미륵보살이 이 땅에 내려오면, 이 세상이 모두가 행복하고 평화로운 정토가 되는 것이다.

유심정토^{唯心淨土}는 깨달음을 얻어 내 마음속 번뇌가 사라지고, 내 마음이 깨끗해지면 세상이 청정해지는 정토다. 정토가 다른 곳이나 미래에 존재하는 것이 아니라. 내가 깨닫는 즉시, 이 세상이 유토피아라는 것을 알게 된다. 일체유심조 곧 내 마음 하나만 바꾸면 모든 것이 달라 보이고 행복해지는 것이다.

불교에서는 타방정토, 미래정토, 유심정토는 서로 분리되는 것이 아니라, 그 셋이 통일된 정토 유토피아를 꿈꾼다고 한다. 불교도의 삶 속에서 언제나 동시에 추구해야 할 정토라는 것이다.

붓다는 이상주의 사회체제를 표방한 혁명가였다

붓다는 힌두사회를 억누르고 있는 브라만 계급의 횡포에 실망했다. 승려들로 구성된 브라만은 카스트 제도의 최고의 계급이다. 붓다는 브라만 계급의 횡포에서 벗어나려면 카스트 제도를 타파하지 않으면 안 된다는 것을 깨닫게 되었다.

브라만에 속한 사람들은 아무 일도 안 하면서 호화로운 생활을 누렸다. 붓다는 생각했다. "우리의 피는 누구나 붉은데 왜 어떤 사람은 브라만이고 어떤 사람은 수드라일까? 인간은 평등한 존재다."

붓다에게 카스트 제도는 대단한 충격이었다. 그는 깨달음을 얻은 후 평등사상을 가르쳤다. "모든 인간은 평등하게 태어났다. 굳이 계급을 나누어야 한다면 선행을 하는 사람은 높은 계급에 속하고, 악행을 하는 사람은 낮은 계급에 속한다." 붓다는 출생과 재물에 따른 차별이 아니라, 그 사람의 행위에 따른 차별을 이야기했던 것이다. 인도에서는 많은 사람들이 카스트 제도의 차별로 고통을 받고 있기에 붓다의 평등사상은 인도인들에게 큰 위안이 되었다.

힌두교의 카스트 제도에 대한 붓다의 반감은 힌두교 종교에 대한 거부로 이어졌다. 그는 힌두교의 신들을 통해 깨달음을 얻는 대신 홀로 명상과 수행을 통해 깨달음의 길을 찾았던 것이다.

붓다는 어느 누구도 차별하지 않고 가르쳤다. 그는 심지어 여성 수행자도 받아들였다. 당시로서는 혁명적인 일이었다. 붓다는 사실상 급진적인 혁명가였다.

붓다는 사람은 누구라도 붓다가 될 수 있다고 하였다. 남자건 여자건 신분에 상관없이 누구나 깨달음을 얻으면 붓다가 될 수 있다는 것이다.

평화의 종교

불교는 평화의 종교다. "불교는 종교라는 이름으로 다른 종교를 탄압하고 폭력을 쓰거나 종교재판과 종교전쟁을 일으키지 않은 유일한 종교다." 칼 야스퍼스

불교는 어느 곳으로 전파되어 가든 충돌 없이 그 나라 고유의 풍습을 그대로 껴안으며 민간으로 퍼져 나가는 융화력을 지녔다.

불교는 붓다가 가르친 모든 생명을 존중하는 정신과 비폭력 평화정신

을 오늘날까지 이어 오고 있다.

부탄의 불교 유토피아

　　　　　세계가 자본주의 체제에 따라 경제적 가치를 최우선
시할 때 행복의 가치를 최우선시하는 나라가 있다. 히말라야 산맥 기슭,
척박한 땅에 위치한 부탄이다.

결과적으로 부탄은 작고 가난하지만 세계에서 가장 행복한 나라가 되
었다. 부탄은 군인보다 승려가 더 많고 도축이 불가한 불교국가다. 국민들
은 '현재에 만족하라'는 불교의 가르침에 따라 '욕심 없는 삶'을 추구하고
있는데, 그것이 그들이 행복한 이유 중에 하나다. 부탄 국민의 97퍼센트가
행복하다고 한다.

부탄은 강대국을 지향하지 않고, 부자를 꿈꾸지 않고, 자연보호를 가장
중요시하고, 행복해지기 위해 서두르지 않는다. 척박한 땅을 일궈 살아가
면서도 "생명을 해치지 말고, 남의 것을 탐내지 말고, 가진 것에서 만족함
을 알라"는 붓다의 가르침을 실천하고 있다. 그들의 행복은 결코 멀리 있
는 것이 아니라, 붓다의 가르침을 실천하는 마음에 있다.

불교가 국교라고 해서 부탄에서 다른 종교를 믿으면 안 되는 것은 아니
다. 신앙의 자유는 보장되어 있다. 그럼에도 국가행사나 가정 내 행사가
모두 티베트 불교에 뿌리를 두고 있어서 다른 종교를 갖는 것이 그리 쉬운
일은 아니다.

부탄은 '국민 총행복 지수'(Gross National Happiness, GNH)를 '국민 총생산 지수'
(GNP)보다 중요시 하는 나라다. '국민 총행복'은 부탄이 1970년대에 만들어

낸 행복개념인데, 이는 전통문화와 환경보호, 부의 공평한 분배 등을 통한 국민의 삶의 질을 높이겠다는 부탄의 국정 운영철학이다.

모두가 안 된다고 고개를 저울 때, 부탄은 자국민의 행복을 국가운영 최고의 가치로 두고 입법화했다. 세계는 지금, 미래국가의 모델로 부탄을 주목하고 있다.

부탄은 금연국가이고 교육과 의료는 무료이고 관광객을 제한하고 맥도날드와 같은 패스트푸드 가게가 없다고 한다.

부탄은 경제발전보다 자연보호가 우선이다. 그래서 자연이 잘 보전되어 있다. 눈 쌓인 설산, 드문드문 있는 집들, 푸른 숲, 힘차게 흐르는 강물 등 부탄의 아름다운 자연은 마치 전설의 이상향, 샹그릴라를 연상케 한다.

부탄에 첫눈이 내리는 날은 휴일이라고 한다. 그래서 모든 관공서가 쉰다. 부탄에서 첫눈은 행운의 상징이므로 첫눈이 내린 날은 축제일이 된다. 눈이 내리면 부탄 사람들의 마음은 어린아이처럼 들뜨고 모두가 행복해한다고 한다.

오늘날 세계인들은 부탄에 큰 관심을 보이고 있다. 이런 관심은 부탄이 행복지수가 높은 나라로 소개되면서 '가난한 나라가 어떻게 행복한 나라가 될 수 있는가' 하는 기대감과 호기심에 기인한 것 같다.

물론, 부탄에도 크고 작은 자본주의 체제의 영향을 받고 있다. 그러나 그 정도는 극히 원시적인 수준에 머물러 있고, 사람들의 정신을 황폐시키고 인간성을 현저하게 파괴하며, 투기적인 금융거래가 벌어지는 정도까지는 가지 않고 있다.

부탄이 아직까지는 글로벌 자본주의 체제를 도입하지 않았기 때문에 자본주의의 문제점이 나타나지 않고 있다는 점, 즉 사회적으로 피폐되지 않았다는 것, 인심이 황폐화되지 않았다는 것, 환경파괴가 없다는 것, 인간 소외 현상이 없다는 것 등은 다행스러운 일이 아닐 수 없다.

자본주의 사회가 아니기 때문에 부탄의 생산성과 소득은 낮다. 가옥이나 자동차 등의 현대적 상품도 극히 빈약하다. 그러나 부탄인은 명랑하고 낙천적이며, 사람을 속이는 야비함이 없고 순수하다.

4 소크라테스의 철학 유토피아

어느 누군가가 말했다. "어둡다고 불평하는 것보다 촛불 하나라도 켜는 것이 낫다." 소크라테스는 이 잠언을 그대로 실천하는 모범생이었다. 그는 아테네가 깊은 어둠에 잠겨 혼미한 상태에 놓여 있을 때 진선미의 가치를 내세우며 한 자루의 촛불을 켰다. 진선미의 가치를 따르는 삶은 필연적으로 나와 너, 우리 모두를 행복으로 인도할 것이다.

우리 시대는 어느 때보다 어둠이 깊다. 하지만 불평하지는 말자. 세상이 어둡다고 불평하기보다는 촛불 하나라도 켜는 편을 택해야 하지 않겠는가? 백 마디의 말보다 작은 실천이 낫다. 한 사람 한 사람이 어둠을 밝히는 촛불이 되자. 우리는 세상의 어둠을 몰아내는 빛이 되고, 진선미의 화신으로 거듭나야 한다.

소크라테스는 한 시대를 '올바르고 선하게, 아름답고 탁월하게, 그리고 인간답게' 살았던 진선미의 표상이었다. 그래서 그는 진복자眞福者다.

한 시대를 진복자로, 그리고 철학자로 살았던 소크라테스, 그는 철학적 유토피아를 꿈꾸며 아테네 아고라 광장과 시장에 나아갔다. 지나가는 아테네 시민들을 붙잡고 질문을 던지며 대화하였다. 그러한 일이 사명임을 깨닫고 자신의 삶 전체를 불태웠다.

결국 소크라테스, 플라톤, 아리스토텔레스 등과 같은 고대 그리스 철학자들은 서구 철학의 기틀을 마련하고, 철학 유토피아로 가는 길을 닦았다.

소크라테스의 제자인 플라톤은 이상국가의 철학으로 유명한데, 그의 이상국가 철학에는 그의 스승인 소크라테스의 생각과 모습이 고스란히 담겨져 있는 것이다.

철학자가 통치하는 유토피아를 꿈꾸며

소크라테스의 유토피아 사상은 플라톤의 저서를 통해 알 수 있다. 알다시피 『국가』는 플라톤의 대표적인 저작인데, 소크라테스가 주인공으로 등장한다. 사실 소크라테스가 직접 저술한 책은 한 권도 없고, 이렇게나마 플라톤의 책을 통해 소크라테스를 만나볼 수 있다.『국가』의 내용을 이끄는 화자는 소크라테스이지만, 그 모든 내용은 플라톤의 생각이라는 것이 일반적인 견해다. 하지만 플라톤은 그의 스승인 소크라테스의 사상을 바탕으로 그의 생각을 전개했을 것이다.

『국가』 1권은 주로 '정의'에 관한 토론이 등장하고, 흔히 '대화'편이라고 불리는 2권부터 플라톤의 사상이 본격적으로 전개된다. 플라톤은 스승 소크라테스의 모습을 기억하며 진선미가 구현되는 이상적인 국가를 꿈꾸었으리라. 플라톤의 저서에서 주인공으로 등장하는 소크라테스는 그 누구보다도 열심히, 그리고 철저하게 진선미를 추구한 사람으로 그려져 있다.

플라톤은 '어떻게 사는 것이 올바른 삶인가' '정의로운 국가는 무엇인가' 등의 문제를 놓고 제자들과 대화하며 집필했다. 이러한 배경 속에서 탄생한 것이 바로 『국가』다. "공화국을 만드는 우리의 목적은 특정 계급이 행복한 세상이 아니라 모두가 가장 큰 행복을 누리는 세상을 만드는 데 있다."

철학자에 의해 통치되는 플라톤의 정의로운 이상국가를 들여다보면 그 속에는 지혜, 용기, 그리고 절제를 한 몸에 구현한 정의의 화신, 소크라테스의 진선미 모습이 깃들어 있음을 알게 된다.

지혜와 용기와 절제가 스승 소크라테스의 삶 속에서 온전히 구현되었 듯, 각자가 자기에게 주어진 역할에 충실하면 우리는 소크라테스처럼 진선미의 이상적인 삶을 누리는 진복자가 될 수 있을 것이다.

플라톤은 이데아 사상을 정치에 이식해 철학자 곧 이데아적 인간이 세상을 통치해야 한다고 주장했다. 그는 주인공 소크라테스의 입을 빌려 이렇게 말했다. "이상국가란 말일세, 철학자들이 국가를 통치하지 않는 한, 혹은 철학을 공부해 국가를 다스리지 않는 한, 실현되기 어려울 것일세."

플라톤의 이상국가 프로젝트

플라톤의 명저 『국가』는 모두가 행복한 세상 곧 이상국가 프로젝트다. 그는 『국가』를 집필하면서 이상적인 정의로운 국가를 만드는 기획자가 되었던 것이다.

플라톤은 이상국가 건설에 뜨거운 열정을 품은 철학자였다. 플라톤의 이상국가의 핵심은 '철인정치哲人政治와 각자의 역할 분담'이다.

플라톤은 올바른 나라, 정의로운 국가, 이상적인 정치형태를 철인정치에서 찾았다. 소크라테스의 지론을 '최선자 정치'라고 명명한다면, 이 최선자 정치가 플라톤에게 넘어와 '철인정치'가 된 것 같다. "정치란 고도의 기

술이어서 최고로 훌륭한 자가 담당해야 한다. 어중이떠중이들의 제비뽑기에 맡겨두어서는 안 된다."소크라테스

그는 이상국가를 실현하는 과정에서 통치자들의 부정부패를 엄단하기 위해선 모든 통치자들의 사유재산을 금지해야 한다고 했다. 그리고 통치자들은 모든 것을 공유해야 함으로 심지어 부인과 자식까지도 공유하자고 제안하였다. 현실적으로 실현하기 어려운 이상주의다.

플라톤에게 이상국가 건설의 핵심은 이상적인 통치자 집단의 육성에 있었다. 그는 철학자가 통치자가 되거나 통치자가 철학자가 되는 나라를 꿈꾸었다. 나라 전체를 어떻게 이끌어갈지를 결정하는 것은 철학적 사유에 정통한 철인집단의 몫이다.

철인집단은 그 어떤 사욕에도 이끌리는 일 없이 오직 나라의 보편적인 이익만을 위해 헌신한다. 플라톤이 세워나가는 이상적 국가건설 프로젝트는 기초부터 철저히 실용적이고 유물론적이다.

플라톤과 공자의 유토피아 사상은 서로 닮은꼴이다

서양 철학자 플라톤과 동양 사상가 공자가 마치 '평행이론' 같이 서로 닮아있다. 플라톤과 공자는 모두 국가를 매우 중요시했는데, 플라톤의 이상국가는 공자의 대동사회와 많이 닮았다.

플라톤이 제시하는 이상국가를 간단하게 정리하면 "각자 자신이 재능이 있는 직분을 맡아 서로의 자리를 넘보지 않고 분수를 지키며 자신의 직분에 최선을 다하는 것이다."

플라톤이 각 계급은 그 위치에서 각자의 역할을 다하여야 한다는 생각

도 공자의 정명正名사상, 즉 왕은 왕다워야 하고 신하는 신하다워야 한다는 생각과 비슷하다.

플라톤이 제시한 이상국가론은 고대와 중세에 서구 신분제의 정당성을 뒷받침해 주는 사상적인 기반이 되었다. 왕은 왜 왕이고, 귀족은 왜 귀족이며, 농노는 왜 농노인가를 밝혀 준다. 이는 공자의 정명사상이 과거 중국의 봉건제도와 신분사회의 바탕이 된 것과도 닮아 있다.

플라톤과 공자의 이상주의는 현재 처해진 자신의 자리에서 자신의 의무를 잘 수행함으로 평온하고 안정된 세계가 이루어진다고 한다. 계급별로 자신이 할 일이 정해져 있고, 자신의 일을 할 때 가장 행복하기 때문에 다른 계급의 일과 특권을 넘보는 일이 생기지 않는다. 또 그러할 때 이상적인 사회가 되고 행복할 수 있다고 가르치고 있다.

플라톤의 철인정치는 공자의 성인정치와 닮아 있다. 플라톤은 통치하는 직분은 철학자가 맡아야 한다고 주장했는데, 공자 역시 통치자는 성인군자가 되어야 한다고 했던 것이다.

플라톤은 공자처럼 비록 현실정치에 그의 정치사상을 구현하여 성공하지는 못했어도 정치에 관심이 많았다. 그는 시칠리아의 참주 디오니시오스 2세의 초청을 받고 현실정치에 참여하였으나, 왕의 도량이 그에 미치지 못했으며 기존세력의 반발 때문에 결국 실패하였다. 그 후 아테네로 돌아와 아카데미아 학원을 설립하여 80세까지 살면서 제자양육에 전념했다. 이런 플라톤의 인생여정은 여러모로 공자를 생각나게 한다.

공자 역시 그의 이상 정치론을 현실정치에 구현하고자 군주들을 찾아 여러 나라를 방랑하였지만, 실제로는 아주 제한적인 현실정치에 참여할 수밖에 없었다. 결국 그는 실패하여 고향으로 돌아와 제자양육과 학문연구에 전념하였던 것이다.

플라톤과 공자는 자타가 인정하는 이상주의자였다. 공자의 행적을 기록한 『논어』에는 공자에 관한 재미있는 일화가 나온다. 어느 날 공자가 보이지 않을 때 공자의 제자가 공자가 어디에 있는지 알기 위해 사람들에게 물었다. "혹시 공자 선생님을 보셨습니까?" 그때 어떤 사람이 말했다. "아니 될 줄 알면서도 행하는 자, 그 사람을 찾는 것입니까?" 공자는 당시 일반 사람들에게도 '아니 될 줄 알면서도 행하는 자' 곧 이상주의자의 모습으로 보였던 것이다. 플라톤도 공자 못지 않게 당시 대중들에게 이상주의자의 모습으로 보였을 것이다.

플라톤의 이상국가와 스파르타

플라톤이 그의 저서 『국가』에서 그린 이상사회는 당시 스파르타의 모습과 닮아 있다. 플라톤은 조국 아테네가 부패하고 쇠락하자 이웃 도시국가인 스파르타에게 눈길을 돌렸던 것 같다.

플라톤의 이상국가는 통치자는 지혜를, 수호자는 용기를, 생산자는 절제를 잘 구현하여 개인과 사회가 온전히 제 기능을 다하게 되면 정의가 이루어진다는 것이다. 그런데 지혜, 용기, 절제, 정의는 사실 스파르타가 지향했던 덕목이었다.

결국 플라톤이 그린 이상국가에는 도시국가 스파르타의 체제 속에 아주 유사하게 구현되어 있었던 것이다.

플라톤의 이상국가 철학은 본능적 욕구에 휩쓸려 비판정신을 잃은 천민 민주주의에 대한 강한 혐오감에서 나왔다. 그가 스파르타에서 찾은 이상국가의 모습은 민주주의가 극단의 이기심으로 흐르는 것을 예방하는 백신의 역할이 아니겠는가?

인간 내면의 원형原型으로서 이상국가

　　　　　　　　플라톤은 처음부터 그의 이상국가는 이 땅에서는 실현이 불가능한 것으로 보았다. 그는 이상국가를 내 마음의 본本이라고 생각하였던 것이다.

　"그 나라는 지상에 있지도 않는 저 하늘 위에 아마 하나의 원형(모델)으로서 위치해 있을 것이네. 그래서 쳐다보기를 원하는 사람은 그것을 쳐다보면서 스스로를 그렇게 꾸밀 수 있게끔 말일세. 그것이 정말 어디에 있는지, 또는 있을 것인지는 사실 별 상관없는 일이지. 그것을 쳐다보는 사람은 오직 그것에 속한 것만 행하지. 다른 것에 속한 것은 행하지 않을 테니까."『국가』에서

　플라톤의 철학은 그 자체가 이상주의idealism다. 그에게 현실은 모두 불완전한 것이고, 현실 너머에는 모든 게 완전한 세상 곧 이데아idea의 세계가 있다. 그러므로 플라톤은 사람이라면 누구나 당연히 현실을 이데아처럼 만들기 위해 노력해야 된다고 생각했다.

　플라톤이 제시한 이상국가는 고도의 상상력의 산물임은 분명하다. 플라톤은 스스로 이 점을 고백하고 있다는 사실이 놀랍다. "이상국가는 우리의 추론에만 존재한다. 그것은 지상의 어느 곳에도 없기 때문이다. 이상국가는 단지 하늘에 그 모델이 있을 것이다."

　그의 이상국가론은 어디까지나 사고와 상상의 유희였던 것이다. 하지만

알고 보면 그의 상상은 어디까지나 현실에 뿌리박고 있다. 즉 그 당시 아테네의 정치실정을 알고 나면 플라톤의 상상국가가 이해가 된다.

그렇다면 상상은 결국 현실을 떠날 수 없다는 말이 아닌가? 다시 말해서 모든 상상은 곧 현실의 다른 모습이 아니겠는가?

5 예수의 기독교 유토피아

기독교 경전, 성경은 인류의 기원, 죄의 기원, 고통과 죽음, 생명과 영생, 천국 등을 그려낸 인류 최대의 이야기다. 성경은 '에덴동산' 유토피아에서 시작해서 '새 하늘과 새 땅' 유토피아로 마무리하고 있다. 기독교는 그야말로 유토피아 종교다.

예수는 사역 초기부터 '기독교 유토피아'를 목표로 삼고 '하나님의 나라가 가까이 왔다'고 선포하였다. 예수의 '하나님의 나라' 개념은 독특하다. 그의 하나님의 나라는 현재성과 미래성을 동시에 지녔기 때문이다. 즉 하나님의 나라는 이미 현재 이 땅에 임하였지만, 지속적으로 성장하여 장차 미래에 완성될 종말론적인 성격을 지녔다.

하나님의 나라가 이미 도래했는데, 왜 세상이 지상천국이 되지 않는가? 그것은 하나님의 나라가 이미 시작되었으나, 아직 충분히 성취되지 않았기 때문이다. 시작된 하나님의 나라가 충분히 성취되기까지는, 그 나라는 성장과 확장을 거듭해야 하는 것이다.

성경 전체가 보여주는 하나님의 무조건적인 사랑과 창세기가 보여주는 하나님이 창조한 이상향 곧 에덴동산과 마태복음에 기록된 '팔복'八福의 '행복선언' 등을 두고 볼 때, 하나님은 모든 피조물이 행복하기를 바란다는 점에서 "행복은 하나님의 뜻이다."데살로니가전서 5장 태초의 창조계획에 인간이 행복해야 한다는 의도가 분명히 포함되어 있다. 하나님이 원하는 것은 분명 우리 모두가 행복의 세계 속으로 들어가는 것이다.

'에덴동산' 파라다이스

에덴동산은 하나님이 창조한 최초의 인간인 아담과 하와가 살았던 낙원(파라다이스)이다. 그야말로 인간이 살기에는 가장 완벽한 곳이었다. 그래서 오늘날 에덴동산은 낙원의 대명사로서 사람들에게 전형적인 유토피아로 인식되고 있다.

에덴동산은 인류 최초의 멋진 이상향이다. 에덴동산은 이 땅의 모든 만물들이 다 함께 나누고, 다 함께 행복해지는 이상향을 상징하는 이름이다.

에덴동산은 비극의 땅이기도 하다. 즉 에덴동산의 주인, 아담과 하와는 '선악과를 따먹지 말라'는 하나님의 명령을 어김으로 죄를 짓고, 죽을 운명에 처해졌고, 에덴동산에서 추방되었던 것이다. 그 후 인간의 궁극적인 희망은 '낙원으로의 복귀와 영원한 생명'이 되었던 것이다.

기독교 유토피아는 에덴동산의 향수와 더불어 미래에 그 낙원을 재건하겠다는 의지, 나아가 마지막 시대 곧 종말에 하늘로부터 내려올 새로운 낙원 곧 '새 하늘과 새 땅'에 살고자 하는 희망을 가꾸어왔다.

'젖과 꿀이 흐르는 가나안 땅' 유토피아

'가나안 땅'은 하나님이 아브라함과 그의 후손들에게 주겠다고 언약한 '약속의 땅'이다. 하나님은 이스라엘 민족의 조상 아브라함에게 말했다. "네 나라와 네 친척과 네 아비의 집을 떠나 내가 너에게 보여 줄 땅으로 가라." _{창세기 12장}

그러한 약속은 구약성경에 자주 되풀이 되어 나타난다. 그 땅은 성경 안에서 '무척 좋은 땅', '젖과 꿀이 흐르는 땅'으로 묘사되고 있는 이상향이다.

하나님은 모세를 통해 이집트에서 노예생활하는 이스라엘 백성에게 유토피아를 약속하며 가나안 땅으로 인도하였다. "여호와께서 너희의 조상들에게 맹세하여 그들과 그들의 후손들에게 주리라고 하신 땅 곧 젖과 꿀이 흐르는 땅에서 너희의 날이 장구하리라." _{신명기 11장}

구약시대에 하나님은 '젖과 꿀이 흐르는 가나안 땅' 유토피아를 제시하며, 그의 백성들을 새로운 곳, 약속의 땅 가나안으로 인도하였던 것이다.

'새 하늘과 새 땅' 유토피아

성경은 기독교인들이 궁극적으로 살게 될 곳이 '새 하늘과 새 땅'이라고 이야기한다. 이는 영혼과 몸이 온전한 상태에서 가장 완벽한 행복을 누리게 될 곳, 하나님의 나라 또는 천국이라고 할 수 있다.

"내가 새 하늘과 새 땅을 보니 처음 하늘과 처음 땅이 없어졌고 바다도 다시 있지 않더라....하나님이 그들과 함께 계시리니 그들은 하나님의 백성이 되고 하나님은 친히 그들과 함께 계셔서 모든 눈물을 그 눈에서 닦아 주시니 다시는 사망이 없고 애통하는 것이나 곡하는 것이나 아픈 것이 다시 있지 아니하리니 처음 것들이 지나갔음이러라." _{요한계시록 21장}

기독교에는 마지막 때에 예수 그리스도가 재림하면 만물이 새롭게 되어 지상낙원이 이루어진다는 종말론적 유토피아 사상이 있다. 그런 종말론적 기대 때문에 과거 초대교회 시기에는 수많은 박해와 고난을 이겨 낼 수 있었던 것이다.

오늘날에도 기독교인들은 완벽한 이상향, '새 하늘과 새 땅'에 대한 믿음과 소망을 가지고 삶 속에서 일어나는 온갖 장애와 환란을 견디며 살아가고 있는 것이다.

기독교에서 말하는 '새 하늘과 새 땅'은 더 이상 눈물과 고통이 없는 종말론적 유토피아다. 기독교인들은 장차 임할 '새 하늘과 새 땅'을 열망하며 살아가는 사람들이다.

기독교는 장차 임할 '새 하늘과 새 땅'에서의 지복을 누리기 위해 지금 누릴 수 있는 지상의 행복을 보류하거나 희생하기도 한다.

새 하늘과 새 땅은 기존의 질서, 기존의 인간과는 전혀 다른 새로운 질서와 새로운 인간의 시작이라는 점에서는 아담과 하와가 살았던 파라다이스 곧 에덴동산에서조차 경험해보지 못한 새롭고 완전한 세계다.

새 하늘과 새 땅은 원수들 곧 이리와 어린 양이 평화롭게 살며, 표범이 새끼 염소와 함께 노는 이상향이다.

"그때에 이리와 어린 양이 평화롭게 살며, 표범이 새끼 염소와 함께 누우며, 송아지와 새끼 사자와 어린 황소가 함께 다니고, 어린 아이가 그것들을 이끌고 다닐 것이다. 암소와 곰이 사이좋게 풀을 뜯을 것이며, 그것들의 새끼들이 함께 누우며, 사자가 소처럼 풀을 먹을 것이다. 젖먹이가 독사의 구멍 앞에서 장난치고, 어린 아기가 살모사의 굴에 손을 넣을 것이다."^{이사야 11장}

성경, 요한계시록은 이전 하늘과 땅과 바다가 다 사라지고 완전히 새롭게 창조된 새 하늘과 새 땅을 이야기 한다. 그곳은 하나님께서 새롭게 창조하신 곳이며, 끝임없이 새로워지는 낙원이다. 이 지구와 해와 달, 그리고 우주에 있는 모든 별까지 사라지고 하나님이 완전히 새로운 세상을 다시 창조한다.

이 새로운 세상에서 하나님은 우리의 눈물을 닦아 주시니 다시는 사망이 없고, 애통하는 것도 울부짖음도 아픈 것도 다시는 없다. 이제 우리를 괴롭게 하는 모든 것들이 다 사라졌기 때문이다.

하나님은 세상 만물을 다시 새롭게 창조하신다. 우리가 상상할 수 없는 기쁨과 즐거움이 가득한 유토피아다. 그곳은 날마다 새로워지는 곳, 항상 새로워지는 그 아름다움을 보고 늘 감탄하며 즐거워하면 되는 곳, 그곳이 바로 하나님이 우리를 인도하려는 하나님의 나라다.

모든 기독교인들은 궁극적인 목적지를 '새 하늘과 새 땅'이라고 생각하고, '새 하늘과 새 땅'에서 비로소 영혼과 몸이 온전한 상태에서 가장 완벽한 행복을 누리게 될 것이다.

'중세 기독교' 유토피아

유럽의 중세中世는 일반적으로 476년 서로마 제국의 멸망부터 르네상스(14-16세기)까지의 천 년의 시기를 말한다.

흔히 중세를 암흑시대라고 한다. 하지만 중세는 어느 시대보다 유토피아 사상이 크게 일어났던 시대였다. 중세 유럽 시대의 기독교 지도자들은 이 땅 위에 기독교 유토피아 건설을 위해 열심을 냈다.

중세 사람들은 마음 속 깊이 기독교 유토피아를 동경했고, 또 그 실현을 확신하고 있었다는 사실을 간과할 수 없다. 교회가 인류의 구원을 말하고, 구원받은 자에게 약속한 천국은 인류가 꿈꿀 수 있는 최고의 유토피아가 아닐까?

천국에 대한 확고한 소망 속에서 살았던 중세 사람들은 당시의 고달픈 삶 속에서도, 천국에 대한 기대감으로 인해, 어느 정도까지는 위로를 받으며 살았을 것이다.

지금, 인류는 어디를 향해 가고 있는가?

오늘날 우리 사회는 정치적으로는 서구의 민주주의, 경제적으로는 서구의 자본주의를 골격으로 세워졌다. 여기에 서구의 개인주의 문화가 사회 구석구석까지 퍼졌다. 그런데 개인주의는 다른 사람에 대한 배려와 존중을 빼버리면 이기주의 민낯이 드러난다. 그러한 사회에서 행복이 가능할까?

자본주의는 필연적으로 과도한 경쟁, 빈부격차, 비교사회, 인간소외, 도덕붕괴 등을 초래한다. 그 결과로 금세기 사회는 전례가 없을 정도로 윤리적으로, 가정적으로, 사회적으로 큰 위기를 맞고 있다.

우리는 자본주의의 덫에 걸려 꼼짝할 수 없이 삶의 한가운데에서 불안과 초조 속에서 하루하루를 보내고 있지는 않은가? 함정으로 변한 이 세상에서 인간에게 삶이란 어떤 의미가 있는가?

알다시피 '인생은 속도가 아니라 방향이다.' 그렇다면 우리는 앞을 향해서 마구 치닫기만 할 것이 아니라, 삶의 순간순간마다 자신이 올바르게 가고 있는지, 삶의 방향을 점검할 필요가 있다.

지금, 여기가 어디지?

나는 어디로 가고 있는가?

우리 인류의 지향점은 어디일까?

자본주의의 속성에는 욕구불만이라는 씨앗이 들어 있으므로 행복한 삶과는 근본적으로 거리가 멀다. 예기치 않은 뜻밖의 상황을 맞이하여 현대인들은 당황하고 있다. 새로운 돌파구를 찾고 있다. 그 돌파구가 무엇일까?

이제 우리는 각자가 출세해서 나 홀로 잘 사는 길보다 인류가 함께 살 길을 찾아야 한다. 정말 놀라운 사실은 4대 성인 당시의 과거 사람들도 오늘날 우리와 똑같은 문제로 고민하고 괴로워했다는 것이다. 당시의 문제와 오늘날의 문제가 별 다르지 않다는 것이 신기하다. 과거 4대 성인을 탐구하면서 오늘날의 해결책을 찾는 것도 지혜로운 방법이 아닐까?

지금 현재 인류가 위험에 처해 있다는 걸 어떻게 알려줄 수 있을까? 자본주의의 노예가 되어 하루하루 암묵적인 희생을 강요당하고 있다는 사실을 대관절 어떻게 설명해 줄 수 있겠는가? 도대체 인류를 잠에서 깨워 자본주의의 노예상태에서 벗어나게 하려면 어떻게 해야 하는가?

제롬 데이비드 샐린저의 소설 『호밀밭의 파수꾼』의 주인공 홀든 콜필드처럼 나는 지금 아득한 절벽 위에 서 있는 기분이다. 자본주의 체제에 길들여진 현대인들은 앞뒤 생각 없이 마구 내달리고 있는 형국이다. 그럴 때는 그들이 떨어지지 않도록 붙잡아 주는 사람들이 필요하다. "내가 할 일은 그들이 절벽으로 떨어질 것 같으면, 재빨리 붙잡아 주는 거야. 말하자면 호밀밭의 파수꾼이 되고 싶다고나 할까. 『호밀밭의 파수꾼』에서

이 시대의 위기를 극복하려면 무엇보다도 이 시대가 아득한 절벽 위에 있음 곧 위기의 시대임을 깨달아야 한다. 더 나아가 온몸으로 뼈저리게 느껴야 한다.

왜 오늘날 4대 성인을 또다시 불러내야 하는가?

왜 오늘날 4대 성인인가? 4대 성인의 시대 곧 예전의 기축시대에도 오늘날과 같이 전통적으로 믿어 왔던 것들이 붕괴하면서 아포리아 상태에 빠졌다. 그때 4대 성인들이 등장하여 인류가 나아가야 할 올바른 길을 제시하였던 것이다. 그래서 4대 성인의 사상과 삶에 주목하고 그들의 가르침에 귀를 기울이는 것이다. 그러다 보면 깨달음의 순간이 마법같이 올 수도 있다. 4대 성인은 우리의 갈 길을 섬광처럼 가르쳐 준다.

4대 성인은 깨달은 자다. 4대 성인의 가르침에서 해법을 찾아야 한다. 만약 인류가 4대 성인의 가르침을 그대로 따르기만 한다면 사회의 모든 부조리와 악행은 사라지고 모든 사람이 완전히 자유롭고 행복해질 것이다.

"모든 존재가 행복하길 기원하노니, 이미 생명을 가진 것이든 가질 것이든 남김없이 지고의 행복을 누리기를!"붓다

사람은 어떻게 행복해지는가? 내 안에 새겨진 진선미가 제대로 발현될 때 사람은 진정으로 행복해진다. 진선미는 삶의 의미를 부여하고 삶의 가치를 깨닫게 하며, 더 나아가 삶의 기폭제 역할을 한다. 삶에 강력한 활력을 제공한다. 인류의 미래는 진선미의 회복여부에 달려있다. 진선미 부활에 인류의 미래가 있다.

4대 성인이 이 땅에 와서 그들이 태어난 곳의 형편과 처지를 고려해서 다양하고 많은 것을 가르쳤지만, 우리는 그들이 갖고 있는 보편적인 도덕률을 봐야 한다. 그들이 제시한 황금률과 진선미, 그것만이 살길이다.

진선미에 대한 나의 열정은 이 책 전체에 하나의 맥으로 이어지고 있다.

나는 인간의 한계를 뛰어넘는 지나치게 완전한 세상을 추구함으로, '완벽주의의 덫에 걸린 것은 아닐까' 하는 의구심이 들기도 한다. 하지만 이왕이면 최상의 세상과 행복을 추구하고 싶었다. 그리고 진선미 행복을 통해 인류가 도달할 수 있는 최고의 행복이 어떤 행복이고, 어떤 행복이 참된 행복인지를 말하고 싶은 것이다.

깨달음의 문이 열리면 행복의 길이 보인다

　　　　　　　모든 속박에서 벗어나 자유로운 사람이 되고, 모든 불행에서 벗어나 행복한 사람이 되고 싶으면 깨달아야 한다. 가장 좋은 방법은 스스로 깨닫는 것이다. 참 자유와 참 행복은 깨달음을 통해서만 가능하다.

깨달음은 제대로 모르고 있던 사물의 본질이나 진리 따위의 숨은 참 뜻을 비로소 제대로 이해할 수 있게 되는 것이다. "잠자는 자여, 깨어나라! 그러면 행복의 길이 보일 것이다."

깨달음의 환희를 아는가? 사람들은 깨달음을 얻으면 너나 할 것 없이 엄청난 희열에 휩싸이곤 한다. 깨달음에 이르면 어느새 나도 모르게 자유롭고 행복한 사람이 되어 있는 자신과 만나게 될 것이다.

깨달음의 문이 열리면 삶의 길이 보인다. 그러면 삶은 자유롭고 행복하다. 지금 이 순간 깨어 있는 삶으로 밝게 살아야 한다. 항상 깨어 있기는 어렵다. 깨달음이 지속되려면 모든 욕망에서 벗어나야 한다. 마음이 깨끗해야 한다.

행복하려면 기본적으로 행복에 대한 기준과 삶의 방식을 바꾸는 가치관의 전환이 일어나야 한다. 일종의 의식혁명 곧 깨달음이 일어나야 한다. 깨달음이 곧 행복이다.

그러면 깨달음은 어떻게 일어나는가? 여기서는 4대 성인과 함께 여행을 떠날 것을 추천한다. 여행은 무엇인가를 깨닫기 위한 좋은 기회다. 여행을 하다보면 자기도 모르게 깨달음의 순간이 온다. 그래서 여행길은 깨달음의 길이다.

여행 중에 자신의 삶을 바라보며 깊이 생각해보는 시간이 필요하다. 여행은 구경이 아니라 사색이다. 여행길이 깨달음의 길이 되기를 바란다.

천하에 진선미의 도가 제대로 서 있다면, 모든 이가 행복할 터인데...

"진선미가 마비되어 선악을 구분하지 못하는 인간, 그들이 인류를 불행에 빠트리는 원흉이다." 소크라테스

오늘날 세계의 위기는 갑자기 진선미의 수준이 급격히 떨어졌다는 것이다. 진선미의 침체현상이 나타나면 보편적인 도덕이 사라지고, 도덕의 혼미현상이 일어난다.

오늘날 전 세계가 무엇이 참되고, 선하고, 아름다운지 모르고 헤매고 있다. 그러므로 진선미의 바른 정립이 필요하다. 세상을 구하는 길은 다른 것이 아니라, 오직 잃어버린 진선미를 다시 찾는 것일 뿐이다. 진선미가 혼미한 세상을 구할 것이다.

인류를 행복의 길로 이끄는 것이 무엇인가? 과학기술인가? 진선미인가? 과학기술문명이 현대인에게 큰 기대감을 준 것은 사실이다. 하지만 그것은 잠시였다. 곧이어 그 위험 때문에 불안과 두려움에 휩싸이게 되었다.

요즈음 사람들은 여전히 과학기술의 발전이 가져다 줄 유토피아의 환상을 이야기하지만, 그 환상이 실현될 것이라고는 더 이상 믿지 않는 것 같다. 즉 과학기술이 인류의 모든 문제를 해결해 주고 유토피아 사회를 건설해 줄 것으로 기대하지 않는 것이다.

　인간에 대한 깊은 이해가 없으면 과학기술의 발전은 오히려 인간에게 재앙이 될 수 있다. 그러므로 우리는 이런 질문을 던질 필요가 있다. "과학기술이 인간에게 무엇이어야 하는가?"

　오늘날 자본주의에 물든 세속적 행복관에서 온전한 삶과 참된 행복이 무엇인지 분별하는 것조차 힘들게 되었다. 진선미의 삶과 행복은 이제 불가능한 신기루처럼 보인다.

　모든 현자들은 인류의 문제를 해결할 답으로 '진선미'를 한 목소리로 외치고 있다. 진선미만 회복되면 이 사회는 저절로 정화된다는 것이다. 진선미는 사람을 본래의 모습으로 되돌려 놓고 세상을 정화시킨다. "법과 훈육으로는 세상을 바로잡을 수 없다. 인간이면 거부할 수 없는 양심에 따른 진선미만이 모든 부패와 분열을 정화할 수 있다. 오직 진선미만이 세속화된 인간과 세상을 새롭게 하리라."

　그래서 4대 성인은 하나같이 진선미를 외쳤다. 그들은 이 세상에 살았지만 이 세상에 속하지 않아서 세속화되지 않았다. 그들에게는 아무도 빼앗아 갈 수 없는 확신이 있었다.

　고대 그리스가 돈맛을 알고 아테네인들이 돈에 미치고 신흥부자들이 창궐하여 온갖 사치와 부패가 난무할 때 소크라테스가 등장하여 진선미를 외쳤던 것이다.

이 땅에서 '진선미 유토피아'는 이룰 수 없는 꿈인가?
그러면 불가능한 꿈에 도전하라!

처부술 수 없다고 하는 무적의 상대와 싸우라

견딜만하게 보이는 슬픔 그 이상을 견뎌라

용감한 사람도 감히 발을 디디지 않는 곳을 찾아 가라

가장 멀리 있는 별일지라도 팔을 힘껏 뻗어라

돈키호테 뮤지컬 『맨 오브 라만차 Man of La Mancha』에서 주인공 돈키호테가 무대 중앙에 나와 '이룰 수 없는 꿈'The Impossible Dream을 노래한다. 풍차를 공격한 무용담에 대한 찬가다.

소설 『돈키호테』를 읽은 사람이라면 어떤 상황인지 이해가 될 것이다. 장엄하고 극적인 모습이 눈에 떠오른다. '불가능에 도전하라'는 이야기에 마음이 움직이게 되는 순간이다.

세르반테스가 창작해 낸 '돈키호테'라는 인물은 깊은 신념이 있다면 뭐든지 할 수 있다고 믿는 사람, 게다가 그 신념을 앞뒤를 가리지 않고 실천하는 사람을 상징한다. 그는 커다란 실패 앞에서도 결코 좌절하거나 포기할 줄을 모르는 영웅이다.

어느 때 부터인가 나는 돈키호테를 동경하게 되었다. 그는 우리시대에 인간으로서 갖추어야 할 모습, 즉 진정으로 필요로 하는 '인간상'人間像이 아닐까? 나 역시 돈키호테처럼 노래한다.

어서 나오라. 이상주의자여!

다 함께 4대 성인을 부활시키자.

진선미 유토피아를 실현하기 위해

다같이 혼신의 힘을 다해 보자.

인간의 진실함과 선함과 아름다움을 구현하는 진선미 유토피아는 그냥 환상일 뿐인가? 이 땅에서 실현하는 것은 불가능한 것인가? 내세에서만 가능한 것인가?

나는 돈키호테처럼 미래에 대해 무한한 희망을 품고 있다. 내가 희망을 갖는 이유는 단 한 가지, 인간의 본성에 내재해 있는 진선미 때문이다. 따라서 진선미의 본성이 발현되기만 하면, 그리고 진선미에 따라 살기만 하면, 이 땅에 유토피아는 구현될 수 있을 것이다.

미래에 어두운 전망의 세계를 그리는 '디스토피아 세계관'보다 미래에 대한 깊은 애정과 희망을 가지고 밝은 전망의 세계를 그리는 '유토피아 세계관'을 가지고 사는 것이 무엇보다도 중요하다.

진선미 유토피아가 세상에 꿈과 희망을 불어넣고, 진선미가 세상을 구할 것이다. 진선미를 알 때 우리 마음은 선하게 살아나고 밝아진다.

내 안에 있는 인간의 선한 본성 곧 진선미를 깨워서 유토피아가 이 땅에 구현되도록 해야 한다. 우리 모두가 그렇게 살아가려고 노력한다면, 이 세상은 결국 지상낙원이 될 것이다.

참고문헌

간디. **내 삶이 내 메시지다.** 존 디어 엮음. 이재길 역. 샨티. 2004.

김나미. **세계종교여행.** 사계절. 2008.

김누리. **우리의 불행은 당연하지 않습니다.** 해냄출판사. 2020.

김병수. **나에게 어울리는 삶을 살기로 했다.** 여름오후. 2018.

김용규. **철학카페에서 문학 읽기.** 웅진지식하우스. 2006.

-----. **철학카페에서 시 읽기.** 웅진지식하우스. 2011.

김영하. **여행의 이유.** 문학동네. 2019.

곰돌이 푸. **곰돌이 푸, 행복한 일은 매일 있어.** 정은희 역. RHK. 2018.

-----. **곰돌이 푸, 서두르지 않아도 괜찮아.** 정은희 역. RHK. 2018.

공자. **논어.** 김형찬 역. 서책. 2011.

게오르그 짐멜. **돈의 철학.** 김덕영 역. 길. 2013.

니카타니 이와오. **자본주의는 왜 무너졌는가.** 이남규 역. 기파랑. 2009.

니체. **차라투스트라는 이렇게 말했다.** 김인순 역. 열린책들. 2015.

노자. **도덕경.** 김홍경 역. 들녘. 2015.

달라이 라마. **달라이 라마의 행복론.** 류시화 역. 김영사. 2001.

대니얼 길버트. **행복에 걸려 비틀거리다.** 최인철, 서은국 역. 김영사. 2015.

데이비드 번즈. **관계 수업.** 차익종 역. 흐름출판. 2015.

데이비드 흄. **인간 본성에 대한 논고.** 이준호 역. 서광사. 1994.

라이언 홀리데이. **에고라는 적.** 이경식 역. 흐름출판. 2014.

리즈 호가드. **행복.** 이경아 역. 예담. 2006.

리처드 스코시. **행복의 비밀.** 정경란 역. 문예출판사. 2013.

리처드 칼슨. **우리는 사소한 것에 목숨을 건다.** 강미경 역. 창작시대. 2004.

리하르트. D. 프레히트. **나는 누구인가.** 백종유 역. 21세기북스. 2008.

레스터 레빈슨. **깨달음 그리고 지혜2.** 이균형 역. 정신세계사. 2019.

레슬리 스티븐슨 외 1인. **인간의 본성에 관한 10가지 이론.** 박중서 역. 갈라파고스. 2006.

루이스 C. S. **순전한 기독교.** 장경철 역. 홍성사. 2001.

마더 데레사. **아름다운 선물.** 이해인 역. 샘터. 2001.

마르쿠스 아우렐리우스. **명상록.** 천병희 역. 숲. 2016.

마이클 샌델. **정의란 무엇인가.** 이창신 역. 김영사. 2010.

-----. **왜 도덕인가?** 안진환 역. 한국경제신문. 2010.

-----. **돈으로 살 수 없는 것들.** 안기순 역. 와이즈베리. 2012.

마틴 셀리그만. **완전한 행복.** 곽명단 역. 물푸레. 2004.

-----. **긍정심리학.** 김인자, 우문식 역. 물푸레. 2014.

맹자. **맹자.** 박경환 역. 홍익출판사. 2005.

미셸 드 몽테뉴. **수상록.** 민성사. 1999.

미하이 칙센트미하이. **몰입의 즐거움.** 이희재 역. 해냄. 1999.

바버라 프레드릭스. **긍정의 발견.** 최소영 역. 21세기북스. 2009.

바버라 해거티. **인생의 재발견.** 박상은 역. 스몰빅인사이트. 2017.

박도현. **인문학으로 행복 찾기.** 북코리아. 2015.

박수밀. **오우아.** 메가스터디북스. 2020.

박찬국. **삶이 왜 짐이 되었는가?** 21세기북스. 2017.

-----. **사는 게 힘드냐고-니체가 물었다.** 21세기북스. 2018.

배철현. **심연.** 21세기북스. 2016.

배철현 외 7인. **낮은 인문학.** 21세기북스. 2016.

버트란트 러셀. **행복의 정복.** 이순희 역. 사회평론. 2011.

법륜. **깨달음.** 정토출판. 2012.

법정. **인도기행.** 샘터. 2008.

-----. **스스로 행복하라.** 샘터. 2020.

베르트랑 베르줄리. **행복생각.** 성귀수 역. 개마고원. 2007.

보에티우스. **철학의 위안.** 이세운 역. 필로소픽. 2014.

빅터 프랭클. **죽음의 수용소에서.** 이시형 역. 청아출판사. 2005.

빌헬름 바이셰델. **철학의 에스프레소.** 안인희 역. 프라하. 2011.

사마천. **사기.** 신동준 역. 학오재. 2016.

사라 밴 브레스낙. **혼자 사는 즐거움.** 신승미 역. 토네이도. 2011.

사라 베이크웰. **어떻게 살 것인가?** 김유신 역. 책읽는수요일. 2012.

사이토 다카시. **곁에 두고 읽는 니체.** 이정은 역. 홍익출판사. 2015.

사이토 도시야. **행복한 나라 부탄의 지혜.** 홍성민 역. 공명. 2012.

생 텍쥐페리. **어린 왕자.** 문학동네. 2007.

손기원. **공자처럼 학습하라.** 새로운제안. 2012.

서은국. **행복의 기원.** 21세기북스. 2014.

쇼펜하우어. **의지와 표상으로서의 세계.** 김중기 역. 집문당. 1995.

-----. **인생론 에세이.** 이동진 역. 해누리. 2004.

세네카. **세네카의 행복론.** 정영훈 엮음. 정윤희 역. 소울메이트. 2016.

신영복. **강의.** 돌베개. 2004.

-----. **담론.** 돌베개. 2015.

스티븐 코비. **성공하는 사람들의 7가지 습관.** 김영사. 1989.

슬라보예 지젝. **멈추라, 생각하라.** 주성우 역. 와이즈베리. 2012.

아리스토텔레스. **니코마코스 윤리학.** 이창우 외 역. 이제이북스. 2008.

아우구스티누스. **고백론.** 선한용 역. 대한기독교서회. 1992.

아틀 가완디. **어떻게 죽을 것인가.** 김희정 역. 부키. 2015.

악셀 하케. **무례한 시대를 품위 있게 건너는 법.** 장윤정 역. 쌤앤파커스. 2020.

안젤름 그륀. **머물지 말고 흘러라.** 서문연 역. 21세기북스. 2008.

-----. **하루를 살아도 행복하게.** 이미옥 역. 봄고양이. 2017.

알베르트 슈바이처. **나의 생애와 사상.** 천병희 역. 문예출판사. 2016.

알랭. **행복론.** 김병호 역. 집문당. 2015.

알랭 드 보통. **여행의 기술.** 정영목 역. 청미래. 2011.

-----. **불안.** 정영목 역. 은행나무. 2012.

엄정식. **소크라테스, 인생에 답하다.** 소울메이트. 2012.

에리히 프롬. **자유로부터의 도피.** 원창화 역. 홍신문화사. 2006.

-----. **소유냐 존재냐.** 최혁순 역. 범우사. 1999.

-----. **사랑의 기술.** 황문수 역. 문예출판사. 2006.

-----. **나는 무기력을 왜 되풀이 하는가?** 장혜경 역. 나무생각. 2016.

에른스트 디터 란터만. **불안사회.** 이덕임 역. 책세상. 2019.

에피쿠로스. **쾌락.** 오유석 역. 문학과지성사. 1998.

에크하르트 톨레. **삶으로 다시 떠오르기.** 류시화 역. 연금술사. 2013.

에마 세팔라. **해피니스 트랙.** 이수경 역. 한국경제신문. 2017.

엘리자베스 로스, 데이비드 케슬러. **인생수업.** 류시화 역. 이레. 2006.

-----. **상실수업.** 김소향 역. 이레. 2007.

요가난다, 파라마한사. **영혼의 자서전.** 김정우 역. 뜨란. 2014.

욘케이 린포체. **티베트의 즐거운 지혜.** 류시화, 김소향 역. 문학의 숲. 2009.

외제니 베글르리. **더 나은 삶을 위한 철학자들의 제안.** 이소영 역. 책보세. 2009.

유발 하라리. **사피엔스.** 조현욱 역. 김영사. 2015.

-----. **호모 데우스.** 김명주 역. 김영사. 2017.

윤홍식. **양심이 답이다.** 봉황동래. 2013.

-----. **인성교육, 인문학에서 답을 얻다.** 봉황동래. 2016.

이상만. **영성이 이끄는 삶.** 오이코스. 2009.

-----. **해피니스.** 오이코스. 2018.

이시한. **지적 현대인을 위한 지식 편의점.** 흐름출판. 2020.

이정진. **우리는 행복한가.** 한길사. 2009.

이중텐. **사람을 말하다.** 심규철 역. 중앙북스. 2013.

-----. **이것이 바로 인문학이다.** 이지연 역. 보아스. 2015.

임석민. **돈의 철학.** 다산북스. 2020.

자사. **중용.** 황종원 역. 서책. 2011.

장길섭. **명상. 삶을** 예술로 가꾸는 사람들. 2008.

장사오형. **느리게 더 느리게.** 다연. 2014.

-----. **철학을 읽는 밤.** 리오북스. 2015.

장석주. **단순한 것이 아름답다.** 문학세계사. 2016.

장영희. **문학의 숲을 거닐다.** 샘터. 2005.

조태연 외. **행복의 인문학.** 석탑출판. 2013.

존 러벅. **삶에서 가장 중요한 것들.** 이순영 역. 문예출판사. 2004.

존 스튜어트 밀. **자유론.** 서병훈 역. 책세상. 2005.

줄리아 카메론. **아티스트 웨이.** 임지호 역. 경당. 2012.

중국문화경영연구소, **인간경영 공자 오디세이.** 김찬준 역. 아이템북스. 2010.

-----. **인간경영 노자 오디세이.** 김찬준 역. 아이템북스. 2010.

차동엽. **행복선언.** 위즈앤비즈. 2009.

최인철. **프리젠트.** 한즈미디어. 2015.

-----. **프레임.** 21세기북스. 2016.

칼 야스퍼스. **위대한 사상가들.** 권영경 역. 책과 함께. 2005.

칼 포퍼. **열린 사회와 그 적들.** 이한구 역. 민음사. 2006.

-----. **더 나은 세상을 찾아서.** 박영태 역. 문예출판사. 2008.

칼 폴라니. **거대한 전환.** 홍기빈 역. 길. 2009.

켄 가이어. **묵상의 창.** 윤종석 역. 두란노. 2000.

-----. **영혼의 창.** 윤종석 역. 두란노. 2000.

크리스티나 뮌크. **행복을 찾아가는 자기 돌봄.** 박규호 역. 더좋은책. 2016.

탈 벤 샤하르. **해피어.** 노혜숙 역. 위즈덤하우스. 2007.

-----. **행복을 미루지 말라.** 권오열 역. 와이즈베리. 2013.

-----. **행복이란 무엇인가.** 왕옌밍 엮음. 김정자 역. 느낌이 있는 책. 2014.

토마스 모어. **유토피아.** 황문수 역. 범우사. 2003.

틱낫한. **마음에는 평화 얼굴에는 미소.** 류시화 역. 김영사. 2002.

파커 J. 파머. **삶이 내게 말을 걸어올 때.** 한문화. 2001.

플라톤. **국가-정체.** 박종현 역. 서광사. 2005.

-----. **소크라테스의 변명/국가/향연.** 왕학수 역. 동서문화사. 2007.

프레데릭 르누아르. **젊은 날, 아픔을 철학하다.** 강만원 역. 창해. 2011.

-----. **행복을 철학하다.** 양영란 역. 책담. 2014

-----. **철학, 기쁨을 길들이다.** 이세진 역. 와이즈베리. 2015.

-----. **그리스도 철학자.** 김모세, 김용석 역. 연암서가. 2009.

-----. **소크라테스, 예수, 붓다.** 장석훈 역. 판미동. 2014.

피에르 쌍소. **느리게 산다는 것의 의미.** 김주경 역. 동문선. 2000.

하오런. **하버드 강의노트.** 레몬북스. 2017.

하이데거. **존재와 시간.** 전양범 역. 동서문화사. 2016.

하워드 가드너. **진선미.** 북스넛. 2013.

하임 샤피라. **행복이란 무엇인가.** 전지현 역. 21세기북스. 2013.

한나 아렌트. **예루살렘의 아이히만.** 김선욱 역. 한길사. 2006.

한형조. **왜 동양철학인가.** 문학동네. 2009.

헨리 데이비드 소로. **월든.** 강승영 역. 이레. 2000.

헨리 솔트. **헨리 데이빗 소로우.** 윤규상 역. 2001.

헬레나 N. 호지. **오래된 미래.** 양희승 역. 중앙북스. 2015.

헬렌 니어링. **아름다운 삶, 사랑, 그리고 마무리.** 이석태 역. 보리. 1997.

헬렌 켈러. **사흘만 볼 수 있다면.** 이창식, 박에스더 역. 산해. 2005.

황경식. **존 롤스의 정의론.** 쌤앤파커스. 2018.

*일반 독자들이 파악하게 쉽게 동서고금 저자들을 구별하지 않고, 우리가 흔히 부르는 이름을 따라서 그대로 〈가나다라〉 순으로 정리하였음.